Kuwana Haulsey

DER ENGEL
VON HARLEM

Kuwana Haulsey

DER ENGEL
VON HARLEM

Die Lebensgeschichte
der ersten farbigen Ärztin in New York

Roman

Aus dem Amerikanischen
von Dieter Fuchs

Urachhaus

Für meine Mutter, Janis Dansby,
deren Liebe alles möglich macht.

Die Originalausgabe erschien 2004 unter dem Titel
Angel of Harlem bei One World / Ballantine Books, New York

ISBN 978-3-8251-5276-5

🖳 auch als eBook erhältlich

1. Auflage 2021
Erschienen im Verlag Urachhaus
www.urachhaus.com

Vorbemerkung des Übersetzers

In seinem 1926 erschienenen Erfolgsroman *Nigger Heaven* schrieb Carl Van Vechten in einer Fußnote zu dem Ausdruck Nigger: »Wird diese Bezeichnung auch von Schwarzen im Umgang miteinander problemlos verwendet, und zwar nicht nur als Schimpfwort, sondern ebenso gern als Kosewort, ist seine Verwendung durch eine weiße Person jederzeit strengstens abzulehnen.« (Carl Van Vechten: *Nigger Heaven*, University of Illinois Press, Urbana & Chicago 2000; S. 26.)

Es soll hier ausdrücklich festgehalten werden, dass die im vorliegenden Buch vorkommende Verwendung von Rassenbezeichnungen wie »Neger«, »Schwarzer«, »Farbiger« oder gar »Nigger« sowie Hautfarbenbezeichnungen wie schwarz, hell, dunkel, braun in verschiedenen Abstufungen oder karamell-, butter-, zitronenfarben etc. reine, wörtliche Übertragungen der von der afroamerikanischen Autorin des Romans, Kuwana Haulsey, verwendeten Formulierungen darstellen und keinerlei darüber hinausgehende Wertung oder gar abfälligen Unterton enthalten.

Auf den Seiten 409–415 werden im Text vorkommende Eigennamen, Lokalitäten, Ereignisse sowie Spezialausdrücke erklärt.

TEIL EINS

Kapitel 1

Dreiundsiebzig Jahre brauchte mein Vater zum Sterben. Er wartete, in einen breiten Umhang der Erinnerung gehüllt, und starrte aus dem Fenster hinunter auf das weite Tal des Winters. Die Erinnerung hatte neue Furchen und Wegzeichen in sein Gesicht gebracht; sie verliefen ostwärts, Richtung Fluss. Wenn die Erinnerung ihn verließ, folgte er ihr und suchte mit den Augen die durchhängenden, weißen Dächer draußen ab, bis er gefunden hatte, wonach er suchte. Aber Papa wollte einfach nicht in die Strömungen seines Verstandes waten, wagte sich nicht vor, obgleich er es gekonnt hätte, wollte nicht weit genug gehen, um endlich erlöst zu werden.

So starrköpfig, dieser alte Mann. Richtig anstrengend.

Und ich bin nichts anderes als seine Tochter.

Mein Papa schaffte es bis an den Rand des Frühjahrs 1936. Februar und März waren erdrückend gewesen in der ganzen Stadt, besonders aber in Harlem. Rinnsteine erstarrten zu eisigen Rutschbahnen. Straßen waren ohne Farben und Düfte, abgesehen vom penetranten, abgestandenen Geruch des Schnees.

Monate zuvor, als er noch geglitzert hatte, hatte ich mit den Nachbarskindern in den Haufen herumgetollt und kleinen nussbraunen Jungs mit ungekämmten Haaren und unbedeckten Köpfen Schneebälle nachgeworfen. Sie rannten weg, sammelten sich und krochen wieder heran wie kleine Kätzchen, mit funkelnden Augen, vorsichtig tapsend und wurfbereit. Die Kinder trugen geflickte Mäntel aus Sackleinen; manche hatten Schals, manche

Handschuhe, aber niemand hatte beides. Hätte ich ihnen die Schuhe ausgezogen, wären sie zum Vorschein gekommen, ihre Fußsohlen, tätowiert mit Druckerschwärze, die kleinen, aschgrauen Zehen, vom Abenteuer zerfurcht.

Ich liebte diese Kinder innig, hatte zwei oder drei von ihnen selbst zur Welt gebracht, die, die mich Mama May nannten und nicht Dr. May oder Ma'am.

An diesen Spätnachmittagen, wenn die Sonne sank und ihr Licht wie Getreidegarben oder wie eine dicke Sahneschicht über die Straßen legte, gaben diese Kinder mir das Gefühl der Wahrhaftigkeit. Sie lehrten mich, dass Spielen eine Menge unerwarteter Freude erzeugt und gleichzeitig die Wahrheit ans Licht bringt – man ist nicht Gegner, sondern Mitverschwörer im Spiel.

Mit ganzem Herzen musste ich mich an sie erinnern, an die Weisheit, die aus der Unschuld kommt, um mich in ihren Augen zu sehen und diese unverdorbene Vorstellung schätzen zu können.

Also kreischte ich wie ein junges Mädchen, wenn sie »Auf sie!« riefen und mir Schneebälle in den Kragen stopften. Ich tat, als würde ich wegrennen, sodass sie mich festhalten und mir dabei noch mehr Schnee in die Taschen meines schicken Covert-Mantels stecken konnten, des ersten guten Mantels seit drei Jahren. Das machte nichts. Ich kicherte trotzdem und leckte mir den Schnee von den rosigen Handflächen, ehe die Schneeflocken schmolzen und ihre gläserne Form verloren.

Doch im März war alles anders.

Die Straßen waren geschwärzt von knatternden Lastwagen und Füßen und Maultieren und menschlichem Unrat, besonders dort, wo die Gullideckel auf den Straßen regelmäßig vor Kälte anschwollen und zerbarsten. Matschige Schlieren bildeten sich auf Eis und Asphalt und schlängelten sich entlang der Straßen den ganzen Weg hinunter, bis zum Fluss, der selbst ergraut, erstarrt, vom Frost in Stillstand versetzt war.

Als der März kam, waren die Kinder längst nach Hause gegangen. Jetzt waren die Straßen leer, es sei denn, irgendeine Arbeit konnte nicht warten. Und so kam es, dass niemand sich aufmachte, um zu Füßen meines Vaters Totenwache zu halten. Kein Freund aus alten Tagen flüsterte meiner Mutter Trost oder Beileidsbekundungen ins Ohr. Keine Nichte oder Kusine schaute vorbei, mit einem Gemüseauflauf oder knusprigem Hasenbraten als Liebesgabe.

Nicht einmal seine verlorenen Töchter kehrten zurück, um ihn zu verabschieden. Den Monat zuvor hatte ich noch an Irene geschrieben, und sie hatte geantwortet: »Ich schaff's nicht. Zu viel los hier. Aber ich sag's weiter. Sag dem alten Mann, ich drück' ihm die Daumen.«

Eine solche Nachlässigkeit verletzte Papa mehr, als der Tod es je hätte tun können.

Er wollte eigentlich zurück nach Chinn Ridge in Virginia, wo alles um seinen Tod herum von der Wärme und dem Staub der *Road Songs* sowie von einer gewissen Süße durchdrungen gewesen wäre. Hier lagen heimliche Erinnerungen, wie Schätze versteckt in den schwellenden, ockerfarbenen Hügeln. Auch Leute hatte er in diesen Hügeln. Die meisten von ihnen waren schon lange tot, aber manche lebten noch und erzählten von Dingen, die nur er noch wissen und beurteilen konnte. Ob wahr oder falsch, konnte nur er sagen. Mein Papa sehnte sich danach, von Menschen umgeben zu sein, die ihm seinen Raum ließen. Zum Schluss war er aber einfach zu schwach für die Reise.

So sehr er sich auch anstrengte, das letzte Flüstern des Winters abzuwarten und davonzukommen, starb mein Papa kalt. Zitternd wie ein Windhauch starb er in seinem Bett, während meine Mutter, die die Sonne war, an seinem Kopf stand und immer wieder »Pennies from heaven« auf dem Grammophon abspielte, um ihn zu wärmen. Mit Branntwein und Musik bekämpfte sie seine Fieberschauer, denn die Depression war in dem Jahr so unerbittlich, dass wir einfach keine Zusatzdecke mehr hatten. Ohne nachzudenken, hatte ich all unsere Decken an meine Patienten weggegeben, eine nach der anderen. Ich war eine derart schlechte Tochter, dass ich nicht einmal eine einzige warme graue Decke behalten hatte, auf der mein Vater sterben konnte.

Ich schämte mich für meinen Egoismus und meine Gedankenlosigkeit. Um all das irgendwie wettzumachen, umsorgte ich ihn und versuchte Sachen aufzutreiben, die er nicht brauchte: eine gar nicht jahreszeitliche Aprikose, ein wenig weichen, himmelblauen Kattunstoff, Tannenzapfen, die er sich über den Bart und die runden, geröteten Wangen streichen und anschließend auf die Kohlen im Ofen werfen konnte. Die Wohnung roch dann nach Holz, so wie er es als Junge gekannt hatte. Er lächelte und ließ mich all diese Dinge tun, denn er liebte mich mehr, als ich je gedacht hatte, ihn zu lieben. Aber mir war klar, dass ich ihn vernachlässigt hatte. Ich war abgelenkt gewesen durch meine Arbeit, in meine eigenen Gedanken verkrochen und mit anderen Dingen beschäftigt. Ich hatte einfach nicht Acht gegeben.

Jedes Mal, wenn meine Mutter an seinem Bett vorbeiging, formte Papa mit seinem Mund ihren Namen ... *Lulu.* Sein Blick folgte ihr und verschlang, was er kriegen konnte – ihre schwarzen Augen, ihre butternussfarbene Haut, ihre Ruhe.

Um ihr nahe zu sein, weilte sein Geist immer noch im Raum, als er sich körperlich schon lange verabschiedet hatte. Papas Fleisch war da schon aufgedunsen, fett und überreif vom Verfall. Trotzdem blieb er. Nach einer Weile begann sich meine Mutter Sorgen zu machen, nicht um das Wohlbefinden seines Körpers, sondern um den Weg seiner Seele. Eines Abends schließlich setzte sie sich an den Rand seines Bettes und nahm seine Hand. Sie beugte sich über ihn, küsste seine Augenlider und flüsterte: »Es ist gut, William. Du kannst gehen. Geh.«

Sie erlöste ihn.

Und er, nach all der Warterei, ging einfach.

Kein Wort wurde mehr zwischen ihnen gewechselt, nur ein Blick, mit einem Ausdruck des Erstaunens, der sich über Vaters Gesicht legte, als er losließ. Es war ein Ausdruck der Dankbarkeit der sagte, es sei ihm nicht klar gewesen, dass Sterben so leicht sein kann.

Meine Mutter sprach erst wieder, als wir Papa in der Kirche aufgebahrt hatten. Sie strich seine Haare glatt und zog seine Krawatte fest, wie um ihn auf die Härte des Erdbodens vorzubereiten. Aber auch da konnte sie nur sagen:»Wenn die Schatten fliegen, bedecken sie die Steine unter sich. Denk dran, May.«

Dann verschwand alles Negroide aus ihrem Gesicht, und sie wurde eine Chickahominy, so still, dass ich ihren Atem nicht mehr hörte, so uralt und gewaltig, dass ihre Gegenwart sich so unausweichlich und doch unberührbar anfühlte wie der morgendlich violette Himmel. Als schwarze Frau zeterte und sang sie, schaute sie einen scharf an. Als Chickahominy war sie frei. Lulu wurde immer dann eine Chickahominy, wenn sie auf meinen Vater wütend war. Als sie nun am Fußende des Sarges stand, die Hände in die Seiten gestemmt, und frei wurde, war mir klar, dass auch sie ihn vermisste.

Nach einer Weile fragte ich:»Was willst du damit sagen, Mama?«

Nicht, dass ich das unbedingt wissen wollte, aber die unglaubliche Dauer ihrer Einsamkeit war einfach zu viel für mich. Ich wollte ihr das abnehmen, es wie eine Stoffbahn in meinen Armen abrollen. Ich wollte den gedämpften Bumms hören, wenn sie wirbelnd und drehend auf dem Boden zu meinen Füßen aufschlug. Aber ich konnte nicht. Der Raum, den sie füllte, war zu groß, zu dicht, mehr wie das fließende Wasser eines Flusses als wie irgendein trockenes Stück Stoff.

Neben meiner Mutter zu stehen, fühlte sich an, wie mit den Füßen durch den Sand am Grunde eines Stromes zu waten. Ihre Einsamkeit nahm noch zu und erfüllte das reifende Rot des Teppichs, den samtigen Faltenwurf der Vorhänge und sogar die grauen Aufschläge von Papas Anzug. Sie seufzte ganz leicht, und ich merkte, dass dies eine Mal ihre Erinnerung an meinen Vater rein gar nichts mit mir zu tun hatte.

»Ich glaub«, erwiderte sie langsam, »ich meine einfach, man kann die Vergangenheit nicht von der Gegenwart trennen.« Sie griff hinter sich, streckte sich energisch und seufzte noch einmal. »Na ja, immerhin war das eine gute Liebe, und sie hielt lange. Viel mehr kann man nicht verlangen.«

Ich war da anderer Meinung, sagte aber nichts. Das musste ich auch nicht – sie wusste bereits, was ich dachte. Sie wusste das immer. Die letzten vierzig Jahre hatte sie es gewusst.

Wie zum Beweis hüstelte Mama höflich in ihren Handrücken, hob den wollenen Saum ihres Hauskleides und humpelte Richtung Hinterausgang. Als sich die Tür öffnete, spürte ich einen Luftzug durch den Bestattungsraum wehen. Er fuhr durch die schweren Vorhänge, hob die alten Spitzendecken von den Mahagonitischen in der Ecke, wirbelte durch die Sitzreihen – ein Luftzug mit genügend April darin, um Schmetterlinge zu fangen. Trotz der Kälte hatte mein Vater es geschafft, für seine Beerdigung einen Nachmittag hinzukriegen, der viel zu schön war für die Jahreszeit. Ich musste lächeln.

»Ich seh mal kurz nach dem Wagen. Bin gleich zurück, Ladybug.«

Der Kutschwagen stand hinten schon bereit und wartete darauf, uns von Harlem zum Woodlawn-Friedhof in der Bronx zu bringen. Das wussten wir beide. Aber so gab sie mir Gelegenheit, einen Moment lang allein zu sein und mich meiner Trauer hinzugeben.

Ich starrte hinunter auf meinen Vater William und berührte seine weiche, feste, bleiche Haut. Mein Vater hatte sich geweigert, die gekringelten Äderchen um seine Nase und auf seinen Wangen zur Kenntnis zu nehmen. In meinen Gedanken sah ich in seine strahlenden, haselnussbraunen Augen, und ich nahm mir einen Moment Zeit, mich daran zu erfreuen, wie sie tanzten. Es waren seine Augen. Die gaben den Ausschlag. Als ich schließlich nicht mehr so tat als ob, sondern wirklich hinuntersah auf seine Augen. Die eingesunkenen Lider, von Adern durchzogen, so zerbrechlich, wie Papier, als ob mein Finger, würde ich auch nur leicht draufdrücken, geradewegs hindurch stoßen würde. Da dämmerte es mir, dass mein Vater mich nie wieder ansehen würde. Es war vorbei. Er war von uns gegangen.

Für einen Augenblick dachte ich, ich sei tot. Es wurde schwarz um mich – kein Licht mehr, kein Geräusch, kein Atem, keine Haut. Kein Herzschlag, kein Schmerz. Und aus dem Nichts, aus dieser Abwesenheit aller Dinge erwuchs ein Gedanke, nicht aus mir heraus, sondern von irgendwo anders her, ein Kinderspielzeug auf dem Ozean, das langsam vorbeizog: *Das ist wunderbar.*

Ein Schmerz brach aus im Inneren meines Körpers. Er explodierte mit einem fürchterlichen Schlag, der mich zusammenknicken ließ, als hätte man mich in die Brust getreten, stärker als Papa je gewagt hatte, mich zu schlagen. Ich brach über dem Sarg zusammen, krallte meine Fingernägel in seine Seitenkerben und verharrte ohne sicheren Halt, zitternd vor Schmerz. Ich wollte laut weinen für meine Mutter, tat es aber nicht. Ich konnte nicht. Stattdessen öffnete ich mich für die Trauer. Ich ließ sie hereinkommen und mich abwaschen, reinigen.

Mein Vater war ein Sklave gewesen, sein Vater wiederum ein Herr. Welcher Herr, wusste er nie, aber auf jeden Fall ein Herr. Diese Frage, diese Ungewissheit, hatte ihn sein ganzes Leben hindurch verfolgt. Er hatte immer geglaubt, sein Vater sei Master Benjamin, aber Grandma Susan wollte es ihm einfach nicht sagen, solange er ein Kind war. Die Frage nach seiner Abstammung wurde voll und ganz als etwas angesehen, das nur Erwachsene zu interessieren hat – und deshalb nicht ihn.

»Schu, kleiner Puh, lass mich in Ruh«, sang Grandma Susan und schob ihn weg mit ihrem Besen oder jagte ihn mit einem frischen Küchenhandtuch zur Tür hinaus.

»Aber Ma'am …«

»Kind, ich weiß, du hast nicht vor, mir mit dieser Fragerei auf die Nerven zu gehen, stimmt's? Nicht heute. Und jetzt geh raus und *kümmere dich nicht um Erwachsenen-Dinge*.«

Und damit hatte es sich dann. Als er schließlich alt genug war, um die Wahrheit zu erfahren, war er schon viele Jahre alleine und auf sich selbst gestellt – Grandma Susan war längst gestorben. Bis heute glaube ich, dass Vaters Unklarheit über diese Sache der wahre Grund dafür war, dass er nie herrschen konnte, ohne zu kontrollieren, nie kontrollieren konnte, ohne zum Tyrann zu werden, und nie erkennen konnte, dass es weise ist, das loszulassen, was einem ohnehin nie gehört hat.

Er war so stolz und einnehmend, dass weiße Leute William Chinn oft auch für einen Weißen hielten. Andere Neger hingegen machten diesen Fehler nie. Seine Körperhaltung und sein übertrieben würdevolles Auftreten verrieten ihn als einen der ihren, auch wenn das seine Hautfarbe nicht tat. Aber so sehr er sich auch bemühte – Vergebung für sein früheres Leben konnte er nie finden, ebenso wenig wie einen passenden, schmerzfreien Platz in der Gegenwart. Die Erwartungen, die er nie erfüllen konnte, ketteten ihn an seine Vergangenheit, weil die Vergangenheit das Einzige war, was er sich vorzuwerfen hatte.

Als Kind habe ich diese Dinge natürlich nicht verstanden. Ich wusste nicht, was für Gefühle das waren oder wie ich sie benennen sollte. Aber immer wenn ich spürte, dass die Traurigkeit ihn überfiel und sich dick an seine Füße klebte wie Schlamm, dann kroch ich hinter Mutters alten, dickbauchigen Ofen und weinte.

Als ich dann älter war, versuchte ich seine Launen zu ignorieren, genauso wie er geschworen hatte, mich für den Rest meines Lebens zu ignorieren, als er erfuhr, dass ich ihn entehren wollte, indem ich zur Uni ging. Als Mama ihm erzählte, dass ich mich entschieden hätte, Medizin zu studieren, war er aus dem Haus gerannt und drei Monate lang weggeblieben. Als er dann wieder daheim war, flehte er meine Mutter an, diesen Unsinn zu beenden. Wenn es wirklich richtig wäre, dass eine farbige Frau Ärztin wird, so argumentierte er, warum hat man dann nicht schon längst von irgendjemand anders hier in der Stadt gehört, von einer anderen Ärztin? Weil irgendjemand anders das nicht machen konnte, erklärte sie ihm. Diese Tätigkeit hätte auf mich gewartet.

Papa strafte mich mit Missachtung. Wieder einmal. Ungeachtet der Tatsache, dass wir in derselben Wohnung wohnten, weigerte er sich, auch nur ein Wort mit mir zu sprechen. Er beschwerte sich über mich bei meiner Mutter, durch den Luftschacht hindurch bei unseren Nachbarn oder einfach in den Himmel hinein, wobei der Tenor seiner Klage war, dass ein krähender Hahn und ein gackernde Henne nie und nimmer zusammenpassen! Um es auf den Punkt zu bringen, so sagte er, gab es genau zwei Dinge, an die er einfach nicht glauben wollte: an den lieben Gott und an Ärzte. Und jetzt sah er sich mit einer Tochter konfrontiert, die meinte, beides zu sein. Mama fuhr bei solchen Anlässen einfach fort, ihren Samtstoff zu nähen, einen Kochtopf auszuwaschen oder das Klavier abzustauben. Ich las weiterhin still meine Anatomiebücher. Für gewöhnlich schlich er sich dann zur Tür hinaus, mit nichts in der Tasche als dem, was eine Flasche kostete.

Fast zehn Jahre lang war ich Luft für meinen Vater. Dann, eines Nachts, vor acht Jahren, ging es fast mit ihm zu Ende. Inmitten dieses ersten, dieses Beinahe-Todes fiel er hin und sagte das Wort, das eine Wort, das dafür sorgte, dass alles andere in meinem Leben anfing, einen Sinn zu ergeben.

Ich taumelte frühmorgens heim, zu einer Zeit, in der man den Sonnenaufgang riechen kann, lange bevor man ihn sieht. Der leichte Grasgeruch der Dämmerung drang vom Fluss her, als ich die Straßenbahnschienen auf der Lenox Avenue überquerte und in die 138. Straße einbog. So unmöglich das auch scheinen mag, aber von meiner Wohnung war es nicht mehr als ein Fußmarsch von zwei Blocks zum Harlem General Hospital, wo ich arbeitete. Meine Waden spannten und entspannten sich krampfartig, wie ein Herzschlag, und ich stolperte über den Randstein, sodass ich beinahe den Laternenpfahl an der Ecke angerempelt hätte. Atemlos murmelte ich einen Song vor mich hin, irgendetwas, um mich abzulenken von dem Feuer, das in meinem Rücken brannte, weil ich das Gewicht eines erwachsenen Mannes stemmen und herumhieven musste.

Epiphanias! Licht vom Lichte, welches strahlte, noch bevor die Welt entstand. Komm näher und erleuchte die Herzen aller Menschen. Zugschwellen und Schraubnägel hatten nicht nur mein langes, weißes Kleid zerfetzt, sondern auch die Haut meiner Knie darunter. Mein Gesicht war voll mit schwarzem, schmierigem Fett. Aber in mir stieg ein Gefühl von Unermesslichkeit, von Freiheit auf, etwas, das stärker war als meine Müdigkeit, so stark, dass ich es heraussingen musste.

Ich hatte in dieser Nacht jemanden gerettet. Und obwohl ich mich kaum bewegen konnte, obwohl niemand davon erfahren würde, tanzte Freude durch meine Finger und Zehenspitzen. Ich wusste es. Das reichte.

Mondlicht schimmerte durch die Äste der Ahornbäume. Es glitt wie über Spiegel entlang der Fenster der fünfzig Jahre alten Sandsteingebäude und der heruntergekommen Mietshäuser, die sich auf beiden Straßenseiten aneinanderreihten. Ich war die einzige Person auf den Beinen, doch ich wusste, dass die Straße sich binnen zwanzig, dreißig Minuten biegen und dehnen und für den

Tag lebendig werden würde. Horden von Menschen würden zur Avenue schwärmen, beinahe Schulter an Schulter zusammengedrängt, im Gewimmel einer schwarzbraunen Welle. Ich lächelte bei dem Gedanken, dass ich dann schon warm und faul im Bett schlummern würde.

Ich ging mit halbgeschlossenen Augen und setzte meine Schritte aus der Erinnerung, hob das Bein vor Nr. 165, um den Eichenwurzeln auszuweichen, die eine Delle im Gehsteig machten, vor Nr. 167 dann links um die Mülltonne der Wilsons herum. Das Bündel vor unseren Eingangsstufen sah ich nicht, bis ich darüber stolperte. Ich war mitten in Gedanken, so flogen meine Füße unter mir weg, und landete unsanft auf der Betontreppe. Der Schatten am Boden krümmte sich zusammen und versuchte, mit einer Hand seinen Kopf zu schützen. Er stöhnte. Als ich den kratzigen Atem hörte, wusste ich Bescheid. Ich musste ihn nicht umdrehen oder seinen Namen rufen. Ich wusste Bescheid. Scham durchschnitt meinen Körper, kühl und glatt und hell wie die Morgensonne.

Papa lag am Boden, auf der Seite zusammengerollt, er roch alt und streng, stank nach billigem Schnaps. Er hatte sich selbst angekotzt. Auch das konnte ich riechen. Die Gerüche drangen herüber zu mir, und mein eigener Atem begann, bitter zu werden.

Schau, Papa,

»Schau«, sage ich, »schau, das Pferd.« Das Pferd stürmt aus dem Stall und an uns vorbei über den Rasen. Über seine grauen Nüstern ziehen sich Streifen von Spucke und Schaum. Die anderen Männer gehen in Deckung, während das kleine blonde Mädchen im Sattel versucht, nicht herunterzufallen, schreit, weint und an der Mähne des Pferdes zieht, anstatt die Zügel zu nehmen.

Papa springt von unserer Decke auf, fasst, als es wieder vorbeikommt, das Pferd beim Hals und schafft es irgendwie, sich auf seinen Rücken zu schwingen. Das Pferd wiehert und scheut, und das Mädchen rutscht ab. Doch bevor es unter die Hufe gerät, ist Papas Arm da und fängt es auf. Ein erleichterter Aufschrei ertönt aus der Menge. Er hält das Mädchen am seidenen Stoff seines kleinen blauen Kleides, bis er das Pferd beruhigt hat.

Sofort sind eine Menge Leute um ihn herum, Männer, die den beiden beim Absteigen helfen und ihm auf die Schultern klopfen, und Frauen, die angesichts seiner Heldenhaftigkeit in Tränen ausbrechen und es nicht fassen können, dass jemand so etwas überhaupt wagt. Er steht da, schwitzend und bebend, so herrlich, dass ich mich von meiner Mutter losreiße und auch anfange zu weinen. Die Menge steht viel zu dicht, ist viel zu begeistert ob seiner Großartigkeit, als dass er mich bemerken könnte. Ich bin drei Jahre alt und zu klein, um gesehen zu werden.

»Kommen Sie, guter Mann, gehen wir rein, Sie haben sich ein paar Drinks verdient. Mein Gott! Habt ihr gesehen, was er gemacht hat?«

Papa bleibt stehen. Starrt geradeaus. Er kann nicht reingehen. Der Reitverein in der 126. Straße gewährt Farbigen keinen Zutritt. Deshalb picknicken wir jedes Wochenende außerhalb, auf dem Rasen. Die Männer verstehen nicht. Sie sehen sein Gesicht, die strahlenden Augen und die Haarsträhnen, die auf der verschwitzten Stirn kleben, und wollen ihn am liebsten umarmen.

»Oh! Was ist los, guter Mann? Die Familie irgendwo hier draußen? Dann nehmen Sie sie mit!«

»Ja, bitte«, sagt der Vater des blonden Mädchens. »Bitte, ich muss Ihrer Frau erzählen, was Sie gemacht haben. Sie sind ein Held, Mister. Das Leben meiner ...« Er kann nicht weiter. Er bricht in Tränen aus. Die Frauen umringen ihn und applaudieren sanft.

»Wo sind Ihre Leute, Mann? Gehen wir rein und feiern!«

Langsam dreht sich mein Vater um zu meiner Mutter und mir; wir sitzen immer noch auf unserer abgewetzten Baumwoll-

20

decke. Er sieht nicht direkt zu uns, sondern über unsere Köpfe hinweg. Er wirkt vollkommen schlaff. Papa ist auf einmal traurig, und ich weiß nicht warum.

Obwohl wir jetzt die Einzigen sind, die noch auf dem Rasenstück sitzen, verstehen die Männer immer noch nicht. Für einen Moment herrscht ein wohlwollendes, leicht irritiertes Schweigen. Dann wird der Gesichtsausdruck eines der Herren leer. So wie ein Ameisenhaufen, den man mit der Hand aushebt. Erst ist alles voller Leben, dann vollkommen öde. Man könnte denken, da sei ja gar nichts gewesen.

»Ein Farbiger.« Der Mann verzieht das Gesicht. »Der ist ein Nigger.«

»Wie bitte?« – »Ja. Schauen Sie genau hin.« – »Nein.« – »Doch. Schauen Sie ihn an, verdammt. Schauen Sie hin.« – »Mein Gott. Es stimmt, oder? He, Junge, schau mich an. He! Ich rede mit dir. Ja, sehen Sie ihn an. Ich wette, er ist einer.« – »Du liebe Zeit, der Nigger hatte seine Hände an Ihrer Tochter.«

Die Menge ist unruhig, manche bewegen sich von Papa weg, andere kommen näher, so vorsichtig wie entschlossen. Etwas braut sich zusammen. Ohne abzuwarten, was passiert, löst Papa sich aus der Menge, eilt zu uns und scheucht uns auf. Ich höre Stimmen, laut und lauter. Aber ich verstehe nichts. Ich weiß nicht, ob es Ärger oder Dankbarkeit, Freude oder kochende Wut ist. Mama drückt mich zu sehr an sich, zerquetscht mich fast. Papa hat die Decke im Arm, stopft unsere Leberwurstsandwiches in den Korb und seine Fiedel gleich hinterher, sodass sie voll mit Wurst und Marmelade ist. Wir fliegen, wir fliegen. Dann sind wir weg. Ab jetzt picknicken wir irgendwo anders.

Schau dich an, Papa.

Einen Moment lang sah ich zu, wie er versuchte, den Kopf zu heben. Dann stand ich auf und drehte mich um, um die Treppe ohne ihn hinaufzugehen. Aber ich konnte mich nicht bewegen. Tränen sammelten sich hinten in meiner Kehle, schossen in meinen Oberkörper und brachen auf wie Samen. Vaters ganze Würde war ein Schwindel. Er war nichts als ein dreckiges Bündel in einem Hauseingang.

Aber wenn er nichts ist, wie kann ich dann mehr sein?

Ich sah noch einmal hin und bemerkte, dass seine Jacke offen war. Er trug seine grüne Wollweste, aber keinen Schal. Nie dachte er an seinen Schal. Ich griff nach ihm, bereit, meine Hand auf die weiche Stelle oberhalb seines Kehlkopfs zu legen. Aber ich hielt inne und blickte schnell um mich. Die Vorstellung, ihn zu berühren, ängstigte mich so, dass ich nicht mehr denken, nicht mehr klar sehen konnte. Was, wenn ich meine Hand auf ihn legen und er sich nicht bewegen würde?

Sie ist so schlau, dass sie schon wieder dumm ist. Immer gekrümmt unterwegs, um gerade zu gehen. Lulu, siehst du das?

Mein Vater war im Besitz so vieler verletzender Eigenarten, so vieler ekelhafter und niederschmetternder Wahrheiten. Er benutzte sein Schweigen so lange als Klinge, bis mein Herz klares Wasser wurde und mein Wille ein Schleifstein – kantenlos, schwer, aber unzerbrechlich.

Das war es, was er wollte. Der alte Mann soll also in dem Bett liegen bleiben, das er sich gemacht hat.

Und zwar wörtlich.

Ich wandte mich erneut zum Gehen. Aber ich wusste nicht, wohin. Bestimmt nicht nach oben zu meiner Mutter, die wahrscheinlich gerade finster in ihren Kaffee starrte, weil wir beide immer noch draußen waren, irgendwo auf der Straße. Es schien besser, einfach im Dunkeln sitzen zu bleiben und unsichtbar zu werden. Das war viel sinnvoller. Ich könnte mich entspannen, mich beruhigen und im Nichts versinken. Genau wie er. Sich abzumühen, brachte sowieso gar nichts.

Alles, was ich mir von ihm wünschte, war, dass er mich erkannte, dass er sich aufrichtete, so hoch wie ich, und mein Gesicht hielt und *Ja!* sagte. Dann wäre alles andere egal.

Ich drehte mich um, kniete neben ihm nieder und rüttelte ihn. »Papa? Papa, steh auf. Komm jetzt.« Als er nicht reagierte, nahm ich sein Handgelenk. Sein Puls schlug stetig unter dem Druck meines Daumens, und sein Atem kam in kurzen, flachen Stößen. Ich zog sein unteres Lid herunter. Seine Augen waren blutig vor lauter geplatzten Äderchen, zurückgerollt in seinen Kopf.

Ich packte ihn am Arm und zog ihn auf die Knie. Dann legte ich seinen Arm über meine Schulter und richtete mich langsam auf, vorsichtig gegen sein schwankendes Gewicht kämpfend, das drohte, mich wieder nach unten zu ziehen.

Schritt für Schritt erklommen wir die Treppe, kämpften uns durch die schwere Tür und begannen den Aufstieg zum fünften Stock. Jedes Mal, wenn wir an einem Treppenabsatz die Richtung ändern mussten, verkrampften sich meine Beine und weigerten sich weiterzugehen. Aber das spielte keine Rolle. Wir ließen meine Beine hinter uns und kletterten weiter, vorbei an den Gedanken in meinem Kopf und vorbei an meinem brennenden Oberkörper. Wenn ich jetzt anhielte, würde ich einfach liegen bleiben, bis uns jemand fand und »Ho!« zu meiner Mutter rief – nur, dass es dann zu spät wäre.

»Papa? Kannst du mich hören? Komm schon, bleib bei mir, Papa. Rede mit mir.«

Die Augen meines Vaters blinzelten, und sein Kopf sackte vor, als er versuchte, sich dorthin zu drehen, woher meine Stimme kam.

»Genau, Papa! Weißt du, wo du bist? Sag mir, wer ich bin, Papa. Kannst du das? Wer bin ich?«

»*Fanny?*«

23

Mein Körper knickte nach vorn, und ineinander verkeilt gingen wir vor unserer Wohnungstür zu Boden. Papas Körper landete auf mir. Er stank nach Branntwein und Asche und ich stieß ihn weg, weil ich nicht atmen konnte, so nah, wie er mir war. Meine Haare hingen mir ins Gesicht, als ich vornüber gebeugt zur Tür kroch, um meine Mutter zu rufen.

Dann ging die Tür auf und Lulu war da und wir waren drin. Sie brachte Papa ins Schlafzimmer und schubste mich auf die Wohnzimmercouch. Sie rannte zur Tür hinaus und rief irgendwas von »einen anderen Arzt holen«, jemand anderen als mich, denn wir wussten beide, dass das etwas war, worauf mein Vater bestanden hätte, wäre er nur in der Lage gewesen zu sprechen.

Es schien, als sei die Tür gerade erst zugegangen, als sie sich schon wieder öffnete und ich die hohe Stimme und die ausgreifenden Schritte von Dr. Jackson hörte, der an mir vorbei ins Schlafzimmer ging. Dann war er schon wieder draußen, im Treppenhaus, klopfte an Türen, rief Männer zu Hilfe, um Papa wieder runterzutragen. Sie wickelten ihn in eine karierte Decke und beförderten ihn die Straße runter ins Harlem General. Als ich aufstand, um mitzugehen, sagte Mama: »Nein, du bleibst hier«, und zog hinter sich die Tür zu.

Etwa eine Stunde später war sie wieder da. Alleine.

»Dr. Crump hat ihn gleich in den OP geschickt. Blinddarmdurchbruch, so wie's aussieht.«

Sie machte es sich am Fußende der Couch bequem.

»Geh mal besser und sieh nach ihm. Sag, was du sagen musst, auch wenn du's ihm nicht ins Gesicht sagen kannst.«

»So schlimm?«

»Sie war'n sich nicht sicher. Kann sein. Dr. Crump sagt, wenn er die Operation überlebt, ist das schon ein gutes Zeichen. Komm, Liebes, setz dich auf. Du bist okay. Ich reib dich mit ein bisschen Öl ein und pack Verbandszeug auf die Wunden da am Bein. Dann kannst du rübergehen. Bleib nicht zu lange. Du musst schlafen.«

»Wer ist Fanny?«

Mama sah mich mit einem derart leeren Gesichtsausdruck an, dass jeder andere gedacht hätte, sie weiß es nicht.

»Geh dein Gesicht waschen«, sagte sie. »Ich helf dir. Du musst heut Abend wieder arbeiten.«

Ich antwortete nicht, also fuhr sie fort: »Weißt du, wenn mein Vater Sachen machte, die böse waren oder die ich nicht verstand, und ich danach fragte, dann sagte mein Großvater: ›Die Wahrheit erzählt lebhafte Geschichten, die im Mund der Zeit fortbestehen.‹ Kann sein, dass durch die Übersetzung was verloren geht, aber das war gemeint. Worum es geht, ist: Ich wusste, dass ich da besser nicht mehr nachfrage.«

»Wer ist sie?«

Mama schnaubte und sah mich scharf an. »Welchen Teil von ›Kümmere dich um deinen eigenen Kram‹ hast du nicht verstanden?«

»Mama –«

»Das sind Sachen, die *er* dir sagen muss, nicht ich.«

»Und wenn er nicht kann?«

»Hör zu, May, lassen wir das bis heute Abend oder vielleicht morgen. Wir reden weiter, wenn du morgen Früh genug heimkommst. Wie klingt das?«

Sie präsentierte mir das wie eine Frage, so war es an mir, so zu antworten, als ob ich mehrere Möglichkeiten hätte und eine Wahl treffen könnte. In Wahrheit war das Thema erledigt. Ich sagte also: »Klingt gut«, um das Gesicht zu wahren und sie zur Tür hinausrennen zu lassen.

Die Sonne war schon aufgegangen. Sie war spät dran.

Kapitel 2

Emmaline Miller war sechzehn und über und über mit verkrustetem Schweiß bedeckt. Sie hievte ihren Körper aus dem Bett und rieb ihren Rücken an dem Schreibpult in der Ecke wie eine Katze. Als das nichts half, heulte das Mädchen voller Verzweiflung auf und versuchte, ihr Rückgrat gegen die Kante des Pults zu rammen. Ich sprang hin und konnte gerade rechtzeitig noch meine Hand dazwischenstecken. Mein Handrücken wurde an die spitze Kante des Holzes gedrückt, direkt auf den Knochen, und ich spürte einen stechenden Schmerz.

»Ich kann das nich machen«, jammerte sie.

»Doch, du kannst, Emmy. Du machst es bereits.«

Ich flüsterte ihr zu, leise und unnachgiebig, während meine Hände ihren Kopf hielten, sodass sie nicht anders konnte, als mir in die Augen zu sehen. Ihre Schulmädchenzöpfe gingen auf und umspielten meine Finger, zusammengeklebt von ihrem Schweiß. Sie hatte Blut in den Haaren, in die Kopfhaut einmassiert wie ölige Flecken. Es war das helle und strähnige Rouge, das sich von ihren Wangen abgelöst hatte.

Emmy schrie erneut, lang und laut. Sie schrie, bis sich die Tür öffnete und ein braunes, besorgtes Gesicht im Türspalt erschien. Ich hob eine Hand, die verletzte, und die Tür schloss sich schnell mit einem leisen Klicken.

»Sch, sch, sch, meine Kleine. Bald ist es vorbei, versprochen.«

Vornüber gebeugt kuschelte sich ihr massiver Körper in den meinen, sie schniefte und gluckste. Ich sang für sie, erfand Lieder ohne Worte, ohne störende, einengende Worte, und wischte den Speichel ab, der von ihren Lippen tropfte wie bei einem Baby. Ich hielt sie so, wie mein Vater mich gehalten hatte, als ich ein kleines Mädchen war, in Sicherheit und geschützt vor all dem Wissen.

»Versprochen?«, fragte sie.

»Ja.«

Emmy nahm meine beiden Hände in die ihren und legte sie auf die Unterseite ihres Bauches.

»Hol es jetz raus«, flüsterte sie.

»Noch nicht«, erklärte ich ihr. »Aber bald.«

Wir gingen rüber zu dem kleinen Bett in der Mitte des Raumes und ich drückte sie hinunter auf die durchnässte, plattgewalzte Matratze. Sie leistete keinen Widerstand, hatte gar keine Energie dazu, aber die Tränen schossen ihr in die Augen, als ihr Körper die grobe Decke berührte, die über das Bett geworfen war. Es war grobe Wolle, kratzig und rau, und sie tat weh. Alles tat ihr weh in dem Moment.

»Wenn du Angst hast«, sagte ich, »tut es noch mehr weh. Hab keine Angst. Es gibt nichts, wovor du Angst haben musst. Das gehört dazu: Du streckst dich nach dir selber aus. Erinnerst du dich? Atme, Baby. Fühlst du es? So leistest du deinen Beitrag zu Gottes Werk.«

Erstaunlich, wie sehr ich wie meine eigene Mutter klang. Ich verstand nicht einmal alles, aber was machte das schon? Es funktionierte. Die Augen meiner jungen Tochter wurden weich und ruhig. Sie nahm meine Hand und presste sie an ihr Herz.

Emmalines Baumwollkleidchen war einmal blau wie ein kleines Vogelei gewesen. Sie hatte es vollkommen verdreckt, den Stoff im Blut ertränkt. Es war wertlos. Ich zog es ihr über den Kopf, ließ es zu Boden fallen und wickelte eine saubere Decke um ihre Schultern. Die Decke hatte ich von zu Hause mitgebracht, extra für sie, sie war weich und roch frisch. Sofort nahm sie einen Zipfel zwischen ihre geschwollenen, ovalen Lippen und begann zu kauen. Ich weiß nicht warum, aber ich musste lachen. Sie versuchte auch zu lächeln, doch eine erneute Wehe setzte ein, und das Lächeln verwandelte sich in ein Wimmern, dann in einen Schrei.

So zerbrechlich, dieses Kind. So zart. Emmaline gehörte nicht hierher, in diesen Raum, in all diesen Schmerz. Sie gehörte in die Sonne, am besten daheim in Kingston, wo sie zur Welt gekommen war, irgendwo unten am Meer.

Ich massierte ihren Bauch mit Mandelöl, das mit Salbei versetzt war. Am oberen Rand, dort, wo die Rippenbögen sich teilen und wie Flügel öffnen, genau in der Mitte zwischen ihren Brüsten, konnte ich ein anderes kleines Köpfchen spüren.

Während ich ihren Bauch mit großen Kreisbewegungen einrieb, fiel mir ein Traum ein, den ich in der Nacht zuvor gehabt hatte. Am frühen Abend, kurz bevor ich aufwachte, hatte ich von Emmaline geträumt, wie sie vor mir stand, nackt und aufgebläht und braun, wie gebrannter Ton. Sie lächelte und sagte ohne die Spur eines Akzents: »Du bist der Dunst über dem Ozean, der Rauch, der vom Meer aufsteigt. Danke.« Dann verschwand sie.

Es war ein harmloser Traum, der unter anderen Umständen ohne Bedeutung gewesen wäre. Wahrscheinlich hätte ich mich nicht einmal an ihn erinnert. Doch ich wachte auf und wusste, dass sie mich gerufen hatte, auch wenn es fünf Wochen zu früh war, und ich wusste überdies, dass ich, egal, was passieren mochte, weder sie noch ihr Kind sterben lassen würde. Ich wusste nicht genau, was ich dafür zu tun hätte, aber das war auch nicht wichtig. Alles würde schon zu mir kommen.

Ich rieb über Emmys Haut, bis sie warm war und glänzte. Dann legte ich eine heiße Kompresse auf ihren Magen und griff hinunter, um ihre Beine zu spreizen. Ich tauchte meine Finger in

Öl, ließ zwei von ihnen in sie hineingleiten und drückte gegen ihren Muttermund. Auch diesen Körperteil massierte und streichelte ich, drückte ich auseinander, machte ich weiter, geschmeidiger, dehnbarer. Sie öffnete sich wie eine Blume in meiner Hand und alles war plötzlich voll Flüssigkeit, mehr und immer mehr, strömend und unnachgiebig.

»Es ist soweit, meine Kleine. Ich möchte, dass du dich auf den Boden legst.«

Von mir gestützt setzte Emmaline sich auf und glitt aus dem Bett. Ihre Mutter hatte ihr eine Geburtsmatte gewoben, mit einem Muster aus Wurzeln und zerfließenden, korallenen Blüten eines Flammenbaums. Den Stamm herab kletterte eine dickbusige schwarze Frau mit Ästen aus abstehenden Haaren, ausgebreiteten Armen und weit geöffnetem Mund, ihr Gesang in die Fäden eingearbeitet. Auf allen vieren, unten auf dieser grob gewirkten Matte, die ihre Mutter geflochten hatte, begann Emmaline zu pressen.

Als das Knie zum Vorschein kam, stieß Emmy einen durchdringenden Schrei aus und versuchte wegzukriechen. Doch der Schmerz verfolgte sie, hielt sie auf und ließ sie zitternd am Bettrand verharren, weinend und den Kopf gegen das kühle Metall des Rahmens gepresst.

Als sie aufschrie, fingen die vier Frauen draußen vor der Tür ein Wehklagen an, zuerst leise, mit Stimmen, die rissig wurden und aufbrachen, genauso wie der Körper, der aufbrach, dann lauter, ganz so, wie der Körper sich immer mehr dehnte und aufs Loslassen vorbereitete. Tiefe und hohe Klänge ohne Worte verschmolzen zu Grund und Gischt eines Flusses und boten so dem Kind sicheres Geleit bei seinem Eintritt in die Welt.

»Hör mir zu, Emmy. Hörst du mich? Nicht weiterpressen. Erst, wenn ich's dir sage. Was immer auch ist. Noch nicht pressen. Hast du verstanden?«

Mir schien, sie sagte ja, aber ganz sicher war ich mir nicht. Mit einer Hand unter ihrem Bauch wiegte ich sie hin und her, mit der anderen Hand schob ich das Knie des Babys wieder hinein. Emmy bäumte sich auf und schrie, als ich den Fuß des Babys ertastete und ihn herauszog. Dann griff ich nochmals in sie hinein, streckte das andere Bein des Babys und zog auch diesen Fuß heraus.

»Okay, pressen, Emmy! Pressen!«

Den Rücken gekrümmt und den Kopf am Rand des Bettes vergraben, gab Emmaline Beine und Becken ihres Kindes frei. Die Stimmen auf dem Gang wurden lauter.

»Braves Mädchen! Ein kleiner Junge ist unterwegs. Wie stolz ich auf dich bin!«

Das Baby begann herauszugleiten und ich ließ den Jungen zwischen ihren Beinen baumeln, sodass sein eigenes Gewicht ihn weiter nach unten zog. Dann hielt er inne, gehalten von seinen eigenen Armen.

»Ich press jetz. Es kommt.«

»Warte! Noch nicht.«

Vorsichtig nahm ich den kleinen Körper an der Hüfte und drehte ihn hin und her.

»Okay. Jetzt!«

Emmaline presste, während ich ihn drehte und dabei erst den einen, dann den anderen Arm befreite.

Grunzend presste sie nochmals und die Schultern des Babys glitten heraus. Dann schloss sich die Öffnung um seinen Hals und ließ den Kopf drinnen stecken. Ich ließ ihn wieder baumeln und griff mit der linken Hand nochmals hinein, um sein Kinn zu finden. Es gelang mir nicht.

Mittlerweile hatte die Nabelschnur aufgehört zu pulsieren, was bedeutete, dass sie keinen Sauerstoff mehr in sein Gehirn pumpte. Binnen einer Minute würde das Kind in seinem eigenen Geburtskanal ersticken.

Ich schob meine Hand in Emmy hinein und drückte von oben auf den Kopf des Babys. Sein Kinn streifte meine Fingerspitzen und ich griff zu.

»Emmy, press!«

»Kann nich.«

»Und ob, Baby. Du musst jetzt pressen. Jetzt!«

Aber sie war kurz vor der Ohnmacht. Ich wusste nicht, ob sie mich überhaupt hören konnte.

»Emmaline!«

»Dr. May, ich kann's nich.«

»Du musst aber. Bitte, einmal noch. Fertig?«

Sie war heiser. Sie konnte nicht mehr schreien, deshalb keuchte sie, keuchte und knurrte und presste. Als sie presste, zog ich. Der Gesang der Frauen erreichte seinen Höhepunkt und löste sich in Schweigen auf, just als der kleine Junge in Unmengen von Blut und Flüssigkeit herausgeschwemmt wurde.

Er war zierlich und grau, bedeckt mit Geburtsüberbleibseln, zäh wie Schleim. *Mein Gott, wie wunderbar!*, dachte ich. Wie wunderbar lebendig und gesund.

Erst als ich ihn umdrehte, um Nase und Mund zu säubern, entdeckte ich das Glückshäubchen. Ein dünnes Gewebe, wie durchsichtige Haut, überzog sein Gesicht. Ich hatte davon gehört, wusste, was es bedeutete, aber ich hatte nie zuvor gesehen, wie ein Kind damit zur Welt kam. Der Junge war also nicht nur wunderbar schön und kräftig, sondern war auch in der Lage, mit geschlossenem Auge zu sehen. Vorsichtig entfernte ich das Glückshäubchen und legte es beiseite, verknotete dann die Nabelschnur und durchtrennte sie.

Er schnappte dreimal nach Luft und öffnete seine Augen.

»Du hast es geschafft, Emmy«, flüsterte ich.

»Ich will's sehn.« Sie drehte den Kopf dorthin, woher das Wimmern des Babys kam, und ich hielt es ihr näher hin, damit sie sich nicht so sehr krümmen musste. Emmy musterte ihr neugeborenes Kind sorgfältig, machte jedoch keine Anstalten, es in die Arme zu nehmen. Sie starrte es nur an und versuchte, so schien es, Teile davon wiederzuerkennen oder sich zu erinnern, woher sie es kannte.

Ich hatte eine Schüssel mit warmem Wasser auf einem Hocker bei der Tür vorbereitet. Wir gingen rüber zu dem Wasser, um zu baden, dieses Kind und ich. Als der Junge sauber war, wickelte ich ihn in eine Decke und legte ihn in ein Körbchen am Boden. Ich holte weiteres Wasser für Emmy, half ihr auf die Beine und reinigte sie, wusch sie zärtlich ab, mehr wie das Kind, das sie gewesen, als wie die Mutter, die sie geworden war. Dann streifte ich ihr ein frisches Baumwollnachthemd über den Kopf und drehte die Matratze um, mit der trockenen Seite nach oben, damit sie und ihr Sohn ausruhen konnten. Das Mädchen kletterte in das Bett und streckte jetzt, das erste Mal, die Hände nach dem Baby aus.

»Wie heißt er denn?«, fragte ich, als ich ihn in ihre Armbeuge bettete.

»Was würden Sie sagen?«

»Nun«, antwortete ich langsam, »für mich sieht er aus wie ein David. Oder vielleicht ein Michael.«

»Michael. Das is, was meine Mamsie auch gesagt hat. Wenn's ein Junge wird, dann Michael. Und Michael Anthony? Wie finden Sie das?«

Sie sprach den Namen aus wie Ant'ny, sodass es einen Moment dauerte, bis ich verstand, was sie meinte. Als ich dann kapierte, sagte ich: »Ja, das ist ein schöner Name. Der Name eines wirklich starken Mannes.«

Emmys Gesicht strahlte, als ich das sagte, und ich wusste, dass ich das Richtige gesagt hatte.

Der Junge suchte bereits nach ihrer Brust. Als er sie durch das

Nachthemd hindurch nicht finden konnte, fing er das erste Mal an zu weinen.

»Was'n los, Junge? So'n kleines Ding und so'n großes Geschrei?«

Sie nahm Baby Michael in den Arm und ergab sich und ihren ausgelaugten Kinderkörper seinem suchenden Drängen. So einfach fanden sie zusammen. Diese beiden, Mutter und Sohn, wurden auf so natürliche Weise in einer Liebe verknüpft, so natürlich und instinktiv, wie er seinen ersten Atemzug getan hatte.

Meine Kehle schnürte sich zusammen, als ich die beiden so sah, und mein Mund füllte sich mit einem sauren Geschmack, von dem ich wusste, dass es Sehnsucht war. Sehnsucht nach der Vergangenheit. Sehnsucht danach, die Fülle, Schwere und Reichhaltigkeit meiner eigenen Fährte zu spüren, wie Wurzeln und Spuren, die eingebettet sind ins Erdreich. Das war, was ich dringend brauchte, aber nie besitzen würde.

Ein Teil von mir wollte nicht glauben, dass das immer noch so weh tat, nach so vielen Jahren. Diesen uralten, unauslöschlichen Kummer sollte es immer noch geben? Das konnte nicht sein. Ich musste doch die Kraft aufbringen können, einen Schmerz abzuwehren und zu vergessen, der so alt war, dass er schon bröckelte. Bloß wie? Besonders, wenn er sich teilen, weggleiten und abtropfen konnte, wie Wasser aus einer geöffneten Hand. Das Beste, was ich machen konnte, war, mich zu entfernen und die Traurigkeit jemand anderem zu überlassen. Ich gab sie an ein anderes Mädchen weiter, an eine, die viel jünger war als ich und dumm genug, nichts zu bemerken.

Ich ging zu dem kleinen Fenster und sah hinaus, runter auf die Straße hinter dem Gebäude. Im Zickzack hingen Wäscheleinen voller Westen und Röcke und Leintücher zwischen den hölzernen Fensterbrettern. Wäschestücke flatterten im Dunkeln, vom Wind umhergewirbelt, als ob sich bereits Leute darin befänden. Im

Morgengrauen würde man die Kleider dann hereinholen, flach-pressen und zusammenlegen; dann würden die Frauen zur Arbeit gehen.

Ich gab mir Mühe, Emmys Augen nicht zu begegnen, als ich meine Aufmerksamkeit wieder auf den Raum richtete und mich an meine Arbeit machte. Auch wenn ich nicht saubermachen musste, wollte ich es doch tun. Es schien mir meine Aufgabe zu sein, dieses Kind mit dem zweiten Gesicht in angemessener Weise zu präsentieren. Gleichzeitig wollte ich mich selbst ablenken von dem Gefühl der Enge, das in meinen Brustkasten gekrochen war und sich dort festgesetzt hatte.

Ich drückte das Gefühl der Einsamkeit, des Abgetrenntseins, weit hinunter in meine Hände und spülte es aus, indem ich den Boden schrubbte. Auch die Eifersucht wurde abgerieben, als ich saubermachte, mit dem Blut und der Nachgeburt auch die Trau-rigkeit wegwischte und bei all dem darauf achtete, dass ich auch unter das Bett und in jede Ecke kam. Ich steckte die Geburtsmat-te und Emmys altes Kleid in einen Sack zum Verbrennen. Das Glückshäubchen bewahrte ich für den Tee gegen böse Geister und zur weiteren Untersuchung auf.

Emmy hatte Probleme mit Michael. Als sie anfing, ihn zu stillen, bekam sie Schmerzen. Es war an der Zeit, die anderen Frauen hereinzurufen; ich hätte gern hinübergegriffen und ihr geholfen, doch das war die Aufgabe ihrer Mutter. Ich machte die Tür auf und sagte: »Kommen Sie rein. Er ist da.«

Ruth Miller und ihre drei Schwestern stürmten ins Zimmer und stürzten sich auf das Kind, bevor ich noch die Tür richtig aufgemacht hatte.

»Schaut da«, sagte die älteste Schwester, Rose. »Schaut euch den großen Kerl da an.«

Sie waren verliebt. Michael Anthony, der einzige Mann im Haus.

»Der kann sich schon sehen lassen, oder nicht?«, fragte Miss Ruth.

»Dies Baby hier sieht genauso aus wie mein Henry, kurz bevor er starb, der Arme«, sagte Tante Lucy.

Annie, die jüngste und kräftigste der Schwestern, beugte sich vor und rümpfte die Nase.

»Was hast du denn jetzt schon wieder, Annie?«, fragte Rose streng. »Was machst du wieder für Grimassen?«

»Mit dem Baby stimmt was nich«, sagte Annie.

Die anderen Frauen begannen sofort, sie im Patois-Dialekt auszuschimpfen – das meiste davon verstand ich nicht. Aber Annie ließ sich nicht einschüchtern.

»Nee«, wiederholte sie, »der Junge riecht schlecht. Schlecht, sag ich. Kann nur nich sagen, was für'n Geruch das is.«

»Annie –«, fuhr Miss Ruth sie an.

»Ich sag's euch im Ernst, der riecht.« Jetzt leuchtete Annies Gesicht auf. »Ich hab's! Ich weiß, nach was er riecht.«

»Nach was?«, fragte Tante Lucy.

»Der riecht nach *Muschi*!«

Die Frauen kreischten allesamt vor Lachen, ließen sich prustend gegen die Wand fallen, aufs Bett, gegen das Schreibpult, tanzten lachend ein paar Cakewalk-Schritte und drehten sich gackernd umeinander. Dieses Baby war ein Fest. Es verdrehte den Frauen völlig den Kopf.

Ich hingegen war völlig schockiert, dass anständige Frauen solche Worte benutzten. Mein Vater hatte mir nicht einmal erlaubt, v-e-r-d-a-m-m-t zu sagen. Wenn ich je wütend genug war, um zu fluchen, legte ich eine Hand aufs Herz und sagte: »Du liebe Zeit!«

Je mehr ich errötete, desto lauter lachten sie natürlich.

»Hört auf!«, kreischte Lucy. »Schaut, was ihr gemacht habt. Ihr habt unsere Ärztin erschreckt.«

»Ach was! Frau Doktor hat auch eine, genau wie –«

»Bitte nicht!«, riefen die anderen Frauen, denen die Tränen übers Gesicht liefen.

Dann kam mir Tante Rose zu Hilfe. Wenn man so will. »Gute Ärztinnen sagen solche Sachen nicht«, klärte sie ihre Schwestern auf. »Ist es nicht so, Dr. May? Und außerdem hat Miss Landry vom Frisiersalon unten an der Lenox neulich gesagt, Dr. May hat noch nie einen Mann gehabt. Deshalb ist sie besonders empfindlich bei solchen Sachen.«

Die Frauen rangen nach Luft und warfen die Hände in die Höhe. Dann fingen sie an, durcheinander zu reden, so schnell, dass ich fast nicht mitkam.

»Kein Mann! Wie lebst du denn ohne Mann, Kind?« (Tante Lucy)

»Is nich wahr.« (Tante Annie)

»Ist das die Möglichkeit?« (Miss Ruth)

»In deinem Alter, Liebes.« (Tante Rose)

»Sie sieht so jung aus.« (Miss Ruth)

»Wie ein Baby«. (Tante Lucy)

»So jung is sie gar nich.« (Tratschtante Annie)

Dann sagte Tante Lucy: »Raus mit der Sprache, Mädchen. Was für einen Mann hast du?«, und im Raum kehrte Ruhe ein.

Nach einem Moment Pause schnalzte Annie mit der Zunge. »Sie weiß nicht, was sie sagen soll.«

»Das *denkt* sie nur!«, sagte Tante Lucy.

Unter diesen Umständen blieb mir nichts anderes übrig – ich wich wie ein Feigling aus und hielt das Glückshäubchen hoch.

Die Frauen schlugen sich vor Schreck mit der Hand auf den Mund (*endlich doch still*) und traten den Rückzug an bis hinten an die Wand.

»Das wollen Sie sicher behalten«, sagte ich ihnen. »So kam er raus, mit dem hier auf dem Gesicht.«

»Ja, Dr. May«, sagte Miss Ruth leise. Sie streckte die Hand

aus, um es mir abzunehmen, hielt dann jedoch inne und zog die Hand wieder zurück. Sie schien vor dem Ding Angst zu haben. Ich kam mir vor wie ein Schuft. Ich hatte die ganze Fröhlichkeit aus dem Raum gesogen, von einer Sekunde auf die andere. Geburten sind doch eigentlich erfreuliche Anlässe. Aber auf einmal sahen diese Frauen ernst und eingeschüchtert aus. Miss Ruth stand da und starrte auf das Glückshäubchen, die Hände vor sich verschränkt, als ob sie es nicht anfassen wollte. Ich ging rüber zum Schreibpult und wickelte es in ein Stück weichen Stoff, der neben meiner Arzttasche lag.

»Mamsie, sein Name is Michael Anthony.«

So sanft wie deutlich brachte uns die Hoffnung in Emmys Stimme alle wieder zur Besinnung. Miss Ruth wandte ihre Aufmerksamkeit jetzt ihrer Tochter und ihrem Enkel zu. Die Frauen schienen ihn noch einmal ganz neu anzusehen, mit neuen Augen. Das Baby gähnte und dehnte sich und beendete mit seiner bloßen Vollkommenheit die Spannung.

»Schaut euch dieses faule Bürschchen an«, gurrte Tante Rose.

»Ja, Ma'am. Ich hab ihm noch nich mal Arbeit gegeben, und trotzdem tut er schon so, als ob er schläft«, sagte Miss Ruth.

Und mir nichts, dir nichts war der Raum wieder von Lachen erfüllt.

Es war weit nach vier in der Früh, als ich wieder die Lenox Avenue entlang Richtung Krankenhaus ging. Ich hatte keine Uhr, doch ich wusste einfach, wie die Zeit verstrich. Ich war so an die Nacht gewöhnt, dass ich die Stille, die um 2 Uhr 45 herrschte, von der um 3 Uhr 30 unterschieden konnte. Es gibt einen speziellen Geruch, einen anderen Geschmack in der Luft, wenn die Sterne wandern und untergehen. Man kann es kaum erklären, aber je später es wird, desto freier wird die Nacht. Und wenn dann die Dämmerung kommt, gibt es fast nichts mehr, was sie einengt.

Gegenüber dem Krankenhaus kam ich an *Rudy's Recovery Room Bar & Grill* vorbei und überlegte kurz, ob ich nicht reinschauen sollte. Der Laden sollte eigentlich seit Stunden geschlossen sein, aber ziemlich oft saßen der alte Rudy und seine Kumpane, zu denen hie und da auch Papa gehörte, noch da und krakeelten herum, bis die Sonne aufging.

Was würden all die Taugenichtse und Säufer denken, wenn sie mich sehen würden, wie ich reinkomme, um noch einen zu nehmen? *Skandal!* Noch vor dem Mittagessen wüsste jeder hier in Harlem Bescheid. Die normalen Leute würden frömmelnd und peinlich berührt davon erzählen und die Säufer würden nur den Kopf schütteln können, *hm-hm-hm.*

»*Dr. May? Lil' Bit May von hier um die Ecke? Bei Rudy's? Nee, Alter. Du lügst doch.*«

»*Kannste ruhig glauben, Mann. Hab's selbst gesehn. Sie kommt rein, in aller Herrgottsfrühe, frech wie Oskar. Und ich sag' dir: Die hatte schon'n bisschen was getankt.*«

Bei dem Gedanken musste ich lachen, ein kurzes, teuflisches, niederträchtiges Lachen. Als ich so lachte, konnte ich atmen. Ich stand am Bordstein, wippte mit den Zehen und ließ ein Maultiergespann vorüberziehen, und das eigentlich nur aus Höflichkeit, denn außer diesem Ding bewegte sich rein gar nichts auf der Straße.

Der Haupteingang des Krankenhauses lag direkt gegenüber auf der anderen Straßenseite. Im dritten Stock, im Nordwestflügel, lag mein Vater und erholte sich. Er hatte die Operation überlebt, und auch wenn niemand das sicher sagen konnte, hofften alle, er würde die Nacht überstehen.

Ich wollte schon loslaufen und reingehen, da hielt ich inne. Mir wurde klar, dass ich dort gar nicht hinwollte. Vielleicht starb mein Vater ja, und ich musste zusehen. Das konnte ich nicht. Wenn er schon sterben musste, dann musste er das ohne mich tun, ohne dass ich mich über ihn beugte und Gelassenheit vortäuschte. Es gab zu viele unerledigte Dinge zwischen uns. Ich konnte mir einfach diese Lüge nicht für den Rest meines Lebens auf meine Schultern laden.

Ich spürte Wind aufkommen und mir ins Gesicht blasen – einen wohlriechenden Wind, süß und köstlich. Dankbar für die Ablenkung folgte ich ihm weg vom Krankenhaus, um die Ecke und wieder die 137ste Straße entlang Richtung Eighth Avenue. Manchmal machte Harlem einfach solche Dinge, wisst ihr? Es öffnete und offenbarte sich mit kräftigen Gerüchen, vielfältig und durchdringend, übergoss und umhüllte einen mit Klängen und ließ sie üppig herumwirbeln wie Herbstfarben. Schon wenig später wusste man nicht mehr, was was war oder wo die Wahrnehmung herkam.

Die meisten Menschen wissen es nicht, aber genau in diesem nebligen Nebeneinander von Wahrnehmungen entstehen Songs, hier werden sie erstmals entworfen, als Geschichten im Zweivierteltakt. Schließlich werden die Geschichten zu Wahrheiten, werden in komplexere Strukturen eingestreut, in den Rhythmus eingelagert, denn der geht nicht verloren. Er ist unzerstörbar und gehört uns, unverschämt unsterblich und frei.

Achtelnoten kamen vom Hang des Sugar Hill, und weil sie mich riefen und dabei lächelten, dachte ich nicht mehr an das Krankenhaus, sondern ging ihnen nach. Etwas anderes konnte ich nicht tun – nur ihnen antworten und folgen.

Ich musste mich einfach von dem Gefühl befreien, in meinem Körper gefangen zu sein, das Objekt der Erwartungen so vieler Menschen zu sein. Ich musste nachdenken, und im Krankenhaus konnte ich das nicht. Mittlerweile wussten sicherlich alle, dass Dr. Crump angeboten hatte, für Papas Operation und Krankenhausbett aufzukommen. Die anderen würden erzürnt und feindselig sein, würden wissen wollen, warum. Was machte

William Chinn zum Vorzugspatienten in einem Krankenhaus, das für 200 000 Menschen nur 273 Betten hatte? Es würde lautes Murren und böses Gerede über »Sonderbehandlungen« geben. Vergeltungsmaßnahmen. Es gab schon zu viele Menschen, die mich beobachteten, obwohl sie vorgaben, das nicht zu tun. Nein, noch schlimmer: Sie erwarteten allen Ernstes, dass ich vortäuschte, mir sei nicht bewusst, dass *sie* es waren, die etwas vortäuschten. Dieses Theater war schnell mühsam und lästig geworden. Es war der wahre Grund dafür, dass ich meinen Tutor gebeten hatte, mich dem Sanitätsdienst draußen zuzuteilen.

In den vergangenen Jahren hatten nur eine Handvoll Frauen (von der ersten bis zur letzten weiß) ein *Internship*, die praktische Ausbildung, absolviert. Keine hatte Sanitätsdienst machen dürfen. Die Männer wurden regelmäßig eingeteilt, aber um die Sicherheit einer Frau aufs Spiel zu setzen, war Harlem viel zu gefährlich, zu widerspenstig und unvorhersehbar. Die anderen Ärzte hatten keine Ahnung, warum ich darauf bestand und nicht locker ließ. Aber sie mussten ja auch nicht die Augen ertragen. Ihnen war ja auch nicht auferlegt, *nicht* zu wissen, was sie wussten, und sich bei all dem an alles zu erinnern, was man sie aufgefordert hatte zu lernen – nur um diese Augen zufriedenzustellen.

Die meisten von ihnen wollten mich loswerden, sowohl Ärzte als auch *Interns*, Assistenzärzte, aber wo sollte ich denn sonst hin? Wo sonst wurde ich gebraucht, wenn nicht hier, bei meinen Patienten? Sie waren meine Anker, strategisch angeordnet, um mich zu halten, Zahnräder, die mich mit meinem Leben verbanden. Ohne sie konnte ich jederzeit wegtreiben, ein neues und womöglich nicht wiederzuerkennendes Ding werden. Und was sollte ich dann machen?

Ich bog um die Ecke und überquerte die Straße an der Stelle, wo der Gehsteig nach Pfefferöl und Schweinebraten roch, und das, obwohl Pig Foot Mary erst wieder gegen zehn am Vormittag dastehen und Klatsch, gebutterte Süßkartoffeln und Innereien in ihrem Handkarren anbieten würde. Dann wieder stadtauswärts, nein, doch weiter Richtung Downtown, vorbei an den Sandsteinhäusern mit ihren bröckelnden Ziegelfassaden, vorbei an den rötlich-beigen Mietshäusern, die im Sommer brodelten und stanken, egal, wie sehr die Frauen auch putzen mochten. Vorbei an den ungestrichenen Bruchbuden, die im Winter schwer atmeten, sich dehnten und ihre Knochen und Fenster knacken ließen, sodass die Wärme nicht drinbleiben konnte und die Kälte einfach nicht draußenbleiben wollte.

Hier wohnte ich, hier fühlte es sich an, als ob ich schon immer hier gewohnt hätte.

Ich fragte mich, ob der kleine Michael schon eingeschlafen war und ob Emmy daran gedacht hatte, eine warme Kompresse auf ihren Busen zu legen, so wie ich es ihr gesagt hatte. Ich musste wieder einen Besuch machen und nach ihr sehen, vielleicht gleich morgen, um sicherzugehen, dass alles in Ordnung war. Ich würde hingehen, bevor ich abends die Spätschicht antrat. Die anderen Frauen waren sicher noch munter und stießen auf das neue Leben an. Mama war noch nicht wach, würde aber bald aufstehen, in ein paar Minuten. Dann wären wir beide auf und könnten aneinander denken; damit fühlte ich mich gleich viel besser.

Beim Gedanken an Mama fiel mir ein, dass ich mich für die Nacht abmelden musste. Es gab noch etwas zu besprechen.

Ein Teil von mir sträubte sich gegen den Gedanken an ein Gespräch, gegen diesen plötzlichen Drang, der in mir entstand. Es konnte doch nicht richtig sein, dass ich auf die Meinung anderer Leute angewiesen war, um mich wohl in meiner Haut zu fühlen. Andererseits war ich es leid, allein zu sein; es kam mir vor, als hätte ich so viele Dinge, so viele Menschen in meinem Herzen aufgenommen, als Teil von mir, auch wenn sie sich offenbar nicht genötigt fühlten, den Gefallen zu erwidern.

Und was ist, wenn er wirklich stirbt?

Der Gedanke kam von ganz allein und flüsterte in mein rechtes Ohr, dasjenige, das mehr dem Straßenpflaster zugewandt war. Was, wenn er stirbt und nichts zwischen uns beiden geklärt ist? Um wie viel schlimmer wäre dann alles? Ich drehte mich um Richtung Harlem. Beinahe so wütend darüber, dass ich plötzlich losrennen wollte. Nein, ich rannte nicht. Aber ziemlich schnell ging ich die leere, ruhige Straße hinunter. Ich konnte es noch schaffen.

Ich öffnete die Tür, als Mama sich gerade im Wohnzimmer an den Küchentisch setzte. Sie pustete Wellen in ihren Kaffee und ließ den Dampf aufsteigen bis an ihr Haar, wo er einen Moment lang hängenblieb, wie ein schickes Hütchen, und sich dann auflöste. Ihr gegenüber stand eine zweite Tasse Kaffee und wartete.

Ich huschte leise hinein, vergaß jedoch, die Tür zu schließen – wieder einmal. Mit gesenkten Augen erinnerte mich Mama daran. Sie hatte natürlich recht. Schon zweimal war mir jemand nach Hause gefolgt, um mich auszurauben, mir das Kodeinpulver und die Morphiumpillen aus der Tasche zu nehmen; einmal mit vorgehaltener Waffe. Aber irgendwie schien ich das nicht wahrhaben zu wollen. Als ich die Tür geschlossen hatte, ging ich zum Tisch und rückte meinen Stuhl so nah wie möglich an ihren.

»Morgen, mein Liebling.« Sie lächelte, als ob sie mich gar nicht erwartet hätte. »Du bist früh dran.«

»Morgen.«

»Wie geht's deinem Vater?«

»Unverändert. Sein Zustand ist der gleiche wie am Abend.«

»Wie war's bei der Arbeit?«

»Gut«, sagte ich. »Das Miller-Baby kam zu früh.«

»Aber das wusstest du doch. Geht's ihm gut?«

»Ja, Ma'am. Er und die Mutter sind wohlauf.« Ich pustete auf das Zimtpulver auf meinem Kaffee und nahm einen Schluck.

»Gott sei Dank.«

»Er hatte sogar ein Glückshäubchen über dem Gesicht.«

»Was du nicht sagst.« Mama seufzte und schloss die Augen. Ganz leicht, wie abwesend, mit geschlossenen Augen, strich sie mit ihren Fingerspitzen über meine Wange. »Möchtest du wirklich wissen, wer Fanny ist?«

»Ja, Ma'am.«

»Warum? Warum willst du das wissen?«

Ich zuckte mit den Achseln, obwohl sie mich gar nicht ansah. »Ich kann es nicht wirklich erklären. Aber ich spüre, dass es wichtig ist.«

Das war nur zur Hälfte wahr, aber jetzt war nicht der Zeitpunkt, um das auszudiskutieren. Ich legte meine Finger um die schwere, metallene Kaffeetasse, damit sie nicht sehen konnte, wie sehr meine Hände zitterten.

»Also gut«, sagte sie.

Es dauerte eine ganze Weile, bis meine Mutter weitersprechen konnte. Als sie dann schließlich ihre schwarzen Augen öffnete und zu erzählen begann, war sie schon längst ganz woanders.

Kapitel 3

Susan behielt den Namen Chinn bei, weil ihre Mama Patty und ihr Papa John den Namen Chinn beibehielten. Sie alle waren Eigentum eines Mannes namens Gibson, hielten jedoch unerbittlich an dem Namen Chinn fest, auch wenn die vielen Jahre, in denen Männer gekauft und weiterverkauft wurden, diese Verbindung ziemlich gelockert hatten.

Papa John bestand hartnäckig darauf, dass sie dasselbe Recht auf diesen Namen hatten wie ein weißer Mann. Und so wurden Klein-William und seine Zwillingsschwester Fanny ebenso wie alle anderen acht Kinder von Susan, ihre Tanten, Onkels, Vettern und Kusinen mit dem Namen Chinn versehen und losgeschickt, um sich in den Hügeln und Maisfeldern der Fleetwood-Plantage zu tummeln.

Fleetwood hatte mit die beste, dunkelste Erde des ganzen Prince William County. Mama Patty, Papa John, ihre Kinder und Enkel bearbeiteten John Gibsons Land, als sei es ihr eigenes. Sie pflügten und säten burgunderfarbene Felder, wo die Erde so regen-und-honig-süß war, dass die Kinder darin verlorengingen, sich in der Krume wälzten, die so weich und köstlich wie Lehm war und wie gemacht dafür, darin zu träumen.

William und Fanny waren stets die Ersten, die verlorengingen. Irgendwann entdeckte man sie dann, wenn die Maisstängel wackelten, zu deren Füßen sie Pfirsichkerne einbuddelten. Das sorgte dafür, dass im Frühjahr der Mais aufplatzte und weiße Kolben mit herrlich süßem Fruchtfleisch enthüllte. Einmal fand

man sie, wie sie sich in der Scheune versteckten, die Backen
verschmiert mit Butter und vollgestopft mit geklauten Keksen.
William lag am Boden der Box der dicken Sally, den Mund weit
geöffnet, während Fanny versuchte, aus einem der Kuheuter in
seine Richtung zu zielen. Manchmal verschwanden sie aber auch
einfach.

Niemand bestrafte die Zwillinge je allzu streng. Miss Frances,
nach der Fanny benannt war, hob nie die Hand gegen sie; auch
ihre Mutter Susan nicht. Und sogar die schwarzen Aufseher
ließen im Fall der Zwillinge fünfe gerade sein. Für ihre Diszi-
plin war immer Mama Patty zuständig gewesen, doch als die
Zwillinge ihren zehnten Sommer erlebten, war Mama Patty tot,
und Papa John tat selten mehr, als ungefähr in ihre Richtung zu
schlagen.

Im großen und ganzen war man sich einig, die Zwillinge in Ruhe
zu lassen, denn die Erwachsenen hatten Mitleid mit Fanny, die
mit einem Klumpfuß zur Welt gekommen war. Sie hinkte so stark,
dass niemand ihr je eine harte Arbeit abverlangte, nur hie und da
ein bisschen Bügeln vielleicht, oder Kuchenbacken. Weil William
nie von ihrer Seite wich – es sei denn, er wurde dazu gezwungen –,
lernte auch er, zu backen und zu nähen und einen abstehenden
Hemdkragen glattzubügeln. Die anderen Kinder hänselten ihn,
nannten ihn Wilhelmina und stolzierten mit schwingenden Hüften durch die Küche. William zuckte dann nur mit den Achseln
und schob sich einen weiteren Keks in den Mund.

Die Nicht-Chinn-Kinder verspotteten ihn, riefen »He, weißer
Junge!«, oder »Schaut nur – der junge Massa Will«, weil er genau wie seine Geschwister glatte Haare, haselbraun-und-blaue
Augen hatte und so als Weißer durchgehen konnte. William trug
den Spott mit schüchternem Lächeln und Schweigen. Manchmal
aber gingen die anderen Jungs zu weit, und wenn das passierte,
war es Fanny, die aus der Haut fuhr.

»Ihr eingebildeten Blödiane, legt euch nicht mit ihm an, sonst setzt es was, kapiert?«

Da rannten die Kinder weg, denn auch wenn William in eigener Sache nie einen Finger rühren würde, wussten sie: Sollte irgendjemand Fanny auch nur schräg ansehen, würde er auf sie losgehen, um sich schlagen, beißen und schreien, bis zwei oder drei Erwachsene es endlich schafften, ihn festzuhalten. Er war ihr Beschützer und sie war sein Herzblatt – die zwei verstanden, worauf es ankam in der Welt, und das ohne große Worte. War er hungrig, hatte sie Brot. War sie durstig, brachte er Wasser von unten am Fluss anstatt vom Brunnen direkt am Haus, denn Fanny trank gern an einem Tag das eine, am nächsten Tag das andere Wasser.

Im März sprossen die grünen Walnüsse an den Bäumen, hart wie kleine Murmeln und genau richtig zum Werfen – die perfekte Munition, um einer Kuh Angst einzujagen, oder natürlich den bösen Jungs. Die Luft, warm und flirrend, gab die ersten Anzeichen des Sommers.

Es war das Jahr 1862, und um sie herum tobte der Krieg. Doch daran dachten die Kinder kaum. Ihr alltägliches Leben verlief wie zuvor. Aber eines Abends kam Master Benjamin Chinn von den Chinns aus Lancaster zu uns nach Fleetwood, um mit John Gibson zu reden. William und Fanny kannten Benjamin Chinn gut, den jüngeren der beiden Chinn-Söhne. Er kannte ihre Mutter Susan von Geburt an, denn Mama Patty und Papa John hatten einst seinem Vater gehört, dem Master John Chinn. Immer wenn Benjamin Chinn Fleetwood besuchte, gab es viel Gerede und Getuschel. Stets kam er so unbeschwert und locker in die Sklaven-Quartiere geschlendert, als hätte er gar nichts Besonderes im Sinn, außer vielleicht einem Spaziergang. Aber jetzt war er wieder in Fleetwood, und diesmal sprach er von nichts anderem als dem Krieg.

Die Unionstruppen waren auf der Halbinsel gelandet, etwa hundert Meilen südöstlich von Richmond. Alle Männer im waffenfähigen Alter packten ihre Gewehre ein und machten sich auf den Weg nach Richmond, um die Hauptstadt zu verteidigen. Manassas war jetzt ganz ohne Männer und die Nigger rannten weg, nutzten jede Gelegenheit, um quer durch Wälder und Sümpfe die Linien der Union zu erreichen. Es herrschte totales Chaos. Der Unions-Schlachtruf »Booty and Beauty!« – Beute und Schönheit – war erklungen und schien endlos anzuhalten, während die Flammen eine kostbare Stadt des Südens nach der anderen verschlangen.

Er selbst war Anfang letzter Woche gezwungen gewesen, zwei seiner besten Nigger zu erschießen – und das auch noch am Tag des Herrn. Was sind das für Kreaturen, die am Tag des Herrn erschossen werden wollen? Dummes Pack. Samstagabend waren sie irgendwann abgehauen. Es war nicht schwer gewesen, ihnen zu folgen, und eigentlich wollte er glimpflich mit ihnen umgehen, sie fesseln und wieder heimbringen. Aber als seine Leute sie dann in die Enge getrieben hatten, zog einer eine Pistole und drückte ab. Da blieb ihm dann nichts anderes übrig. Immerhin beerdigte er sie noch anständig, fast wie normale Männer, bevor er heimritt, um seine Verluste zu zählen. Danach schickte er fast all seine Sklaven runter nach Lancaster, von wo sie nicht so leicht fliehen konnten. Er war allerdings überrascht, wie schwer ihm die Arbeit dann doch fiel. Ob John vielleicht ein oder zwei Sklaven entbehren könnte, bis die Lage sich ein wenig beruhigt hatte? Einen, der auf der Farm hilft, könnte er gut gebrauchen. Sie entschieden sich für William, weil jeder wusste, dass er niemals ohne Fanny wegrennen würde, und Fanny konnte nicht rennen. William war eine sichere Sache.

Master Benjamin lebte mit seiner Familie im Chinn-Haus draußen auf der Hazel Plain. Das ganze Frühjahr hindurch putzten

William und Fanny bei seiner Frau, Miss Edmonia, ernteten dann Mais, Pfirsiche und Walnüsse und trainierten Master Benjamins Pferde. So gut wie nie wurde eine Arbeit nur einem von beiden aufgetragen; stets hieß es:»William und Fanny, lagert mir diese Kartoffeln unter dem Haus«, oder:»William und Fanny, jetzt müssen die Kühe hinter dem Haus gemolken werden«. Und manchmal hieß es auch:»William und Fanny, wie oft muss ich euch noch zeigen, wie man ein Hemd bügelt, ohne dass Falten bleiben? Zum Kuckuck!« Wo es für alle Beteiligten das Einfachste war, die elfjährigen Zwillinge als eine einzige Person zu behandeln, vergaß Master Benjamin es manchmal – oder machte absichtlich eine Ausnahme –, was dann dazu führte, dass William eine Tracht Prügel erhielt. Wenn William angewiesen wurde, etwas zu tun, das Fanny nicht tun konnte, wie etwa am Warrenton Turnpike vorbei zur Farm der Cushings zu laufen, eine Nachricht zu hinterlassen und vor Einbruch der Dunkelheit zurück zu sein, machte William das einfach nicht.

»Geh nur, Willie«, sagte Fanny dann.»Ich bleib hier bei Miss Edmonia.«

»Glaubst du, dass ich dich hier lasse und erlaube, dass dieser weiße Mann dich anstarrt, grad wie es ihm gefällt? Du spinnst ja wohl.«

»Wie kommst du dazu, mich Spinner zu nennen, wenn immer du es bist, der Dresche kriegt?«

»Denk, was du willst. Trotzdem rühr ich mich nicht vom Fleck.«

»Weißt du was? Dann lass ich zu, dass Raw Head und Bloody Bones dich kriegen, wenn du heut Abend ins Bett gehst. Ich sing sie einfach nicht weg wie sonst.«

»Ich bitte dich. Das sind doch Märchen. Edmonia sagt das, damit wir abends drin bleiben und nicht die Pfirsiche von ihren geliebten Bäumen mopsen. Ich glaub nicht an das alte Zeugs.

Ich hab so getan als ob, damit *du* dir nicht in die Hosen machst. Du liebe Zeit. Ich schnapp mir Raw Head und Bloody Bones am Kragen und mach Eintopf aus ihnen. Was sagst du jetzt?«

Dann drehte William sich weg und tat so, als hörte er nicht, was seine Schwester noch sagte, egal was es war.

Mitte August packte Master Benjamin dann seine Familie und seine Sklaven zusammen und brachte sie in ein Lager der Konföderierten. Die Kämpfe hatten sich Manassas unaufhaltsam genähert, bis die Unionstruppen die Stadt schließlich einnahmen. Dass sie von ihrem Land verdrängt wurden, vergalten die konföderierten Soldaten, indem sie Geschäfte, Geräteschuppen, Kaufhäuser, Lagerhallen und alles, was sonst irgendwie wertvoll war, umstellten und bis auf die Grundmauern niederbrannten, bevor sie südwärts abzogen. Die Unionstruppen sollten nichts, aber auch gar nichts gegen die Konföderierten verwenden können, sollte es zum Kampf kommen.

Und dieser Zeitpunkt rückte näher. Mutige Männer sahen, wie ihre Stadt, ihre Häuser, überrannt wurden von Geistern in blauen Filzmänteln und mit Colt-Revolvern und Säbeln, die an ihrer Seite baumelten. Sie stampften mit den Füßen, ballten die Fäuste und leisteten feierliche Schwüre, diese gottverdammten Schweine aus dem Land zu jagen, damit alles so wie früher wird. Aber William hörte zufällig, wie Master Benjamin und ein paar andere weiße Männer leise darüber sprachen, dass nach dem Ende des Indian Summer der Regen dafür gesorgt hatte, dass am Fuß von Matthew's Hill Bäche von Blut hervorquollen. Tausend Männer waren dort unter der weichen, staubigen Erde begraben; allesamt Opfer der letzten Schlacht im vorigen Jahr. Konnte die Erde noch mehr Tote aufnehmen?

William und Fanny hörten auch andere Gerüchte, unterdrücktes, vereinzeltes Gemurmel, demzufolge sich Negerfrauen und Männer in den Wäldern und Feldern außerhalb von Manassas sammelten und auf den richtigen Moment warteten, der ihnen die Freiheit bringen würde. Wenn sie es bis zum Hauptquartier der Unionstruppen in der Stadt schaffen würden, wären sie frei. Frei. Nicht nur für eine Stunde oder einen Tag, sondern frei für immer. William hörte das Wort »frei« im Mund der schwarzen Männer rasseln, und zum ersten Mal machte ihn das Wort durstig. Wie sehr wünschte er sich an einen Ort, wo man Kinder nicht von ihren Eltern, Brüder und Schwestern trennen konnte, grad so, wie es irgendeinem Fremden einfiel. Die Sehnsucht machte ihn fahrig und unbeherrscht. Er schlug Pferde und zerbrach Besenstiele. Er schlief auf den Feldern und betete um Regen. Fanny sagte ihm, sein Wunsch nach Freiheit würde ihn noch um den Verstand bringen.

»Jetzt lauf schon weg, Willie«, drängte ihn Fanny. »Geh besser jetzt, solange du noch kannst. Wer weiß schon, was morgen ist? Vielleicht vertreiben sie die Yankees, dann hast du Pech gehabt. Dann kommst du nie frei.«

»Fanny, dein Fuß ist nicht Ordnung. Du kannst es nicht schaffen.«

»Ich rede nicht von mir, Dummkopf, sondern von dir. Geh ohne mich!«

»Halt jetzt die Klappe, oder ich vergesse mich. Wenn du nicht gehen kannst, kann ich es auch nicht. Also, wenn du etwas Gutes tun willst, dann denk drüber nach, wie wir beide die Linie erreichen. Wenn nicht, halt die Klappe.«

»Ich halt das nicht aus! Du bist der dämlichste, hässlichste Muli-Nigger, den ich je gesehen habe!«

»Ich weiß, Fanny. Ich weiß. Glaubst du, das macht mir was aus?«

Jeden Tag die gleiche Klage, und immer die gleiche Antwort. Gehen oder bleiben – das war abgesehen von Maiskuchen und Williams Arbeitsbereitschaft das Einzige, worüber die Zwillinge stritten.

Eines späten Nachmittags, als der Himmel sich schon in samtige Holzkohle verwandelt hatte, rief Master Benjamin die beiden zu sich. »William, lass uns schnell aufbrechen. Du kommst mit mir nach Camp Pickens. Dort hilfst du mir Vorräte aufladen.« William hob Fanny auf den Wagen und kletterte dann selbst hinauf. Als sie Camp Pickens erreichten, war es fast ganz dunkel. Master Benjamin sprang vom lederbezogenen Bock des Wagens und ging weg Richtung Vorratszelt, wo es Korn und Futter zu kaufen gab. William hüpfte herunter und drehte sich, um Fanny bei der Hüfte zu halten, während sie an den Rand des Wagens rutschte.

»Lass mal, mein Junge, ich helfe dir mit der jungen Dame.«

Ein weißer Mann mit breiten Hüften und üppig-blondem Bart schob William beiseite und packte Fannys Taille. William erbleichte angesichts der schwieligen, rosafarbenen Hände, die seine Schwester umfassten, und seine Hände ballten sich zu Fäusten. Er senkte den Kopf, um dem Mann in den Rücken zu springen, doch bevor William sich noch bewegen konnte, rief Master Benajmin herüber: »Lass gut sein, Kumpel. Sind keine weißen Kinder. Bloß Nigger.«

Der kräftige Mann sprang von Fanny weg, als ob er sich an ihr verbrannt hätte. Er schaute die Zwillinge an, als ob sie ihn absichtlich hinters Licht geführt hätten, aus reiner Bosheit, spuckte dann auf den Boden und ging. William sah den Fremden in der Menge verschwinden und wusste nicht, wofür er ihn mehr hassen sollte – dafür, dass er seiner Schwester geholfen, oder dafür, dass er ihr nicht geholfen hatte.

Sie blieben die Nacht in Camp Pickens; die Kinder schliefen hinten auf dem offenen Wagen, Master Benjamin in einem Zelt. Bei Tagesanbruch wurden William und Fanny von Siegesgeschrei und jubelnden Männern geweckt, die durch die schmalen, staubigen Straßen tanzten, laut »Hurra!« brüllten und dem Son-

nenaufgang zuprosteten. Stonewall Jackson hatte Popes Vorrats-
lager in Manassas erobert und die Yankees verjagt. Manassas
war frei! Benjamin sank auf die Knie, streckte die Arme in die
Luft und rief: »Gelobt sei Jesus Christus!«

Fanny sah William mit Tränen in den Augen an, und William
merkte, dass er sie nicht trösten konnte, egal wie keck oder tief-
sinnig er es auch anstellen mochte. Er fühlte sich schwach und
wertlos. Also tat der kleine Junge, was kleine Jungs eben tun: Er
presste die Fäuste auf die Ohren, kickte Dreck an ihr Schienbein
und schrie: »Ich kann dich nicht hören! Es ist mir egal!« Und er
rannte weg und versteckte sich hinter einem der Munitionszelte.
Als Fanny dann schließlich ihm nach und hinter das Zelt ging, war
es Williams sehnlichster Wunsch, sich zu versöhnen. Sie ließ sich
neben ihm nieder. Er holte seinen geliebten, rot angemalten Kie-
fernzapfen und eine Pfefferminzkugel voller Fussel aus der Tasche
und drückte ihr beides in die Hand. Sie ergriff seine Hand, legte
ihren Kopf auf seine Schultern, und damit hatte es sich dann.

Sie ließen den Rauch, die Flucherei und das Gelächter von
Camp Pickens erst am nächsten Vormittag hinter sich. Master
Benjamin hatte einen Kater und rieb sich unablässig über die
struppigen Stoppeln, die seinen Wangen entsprossen, gerade so,
als schmerze ihm der Kiefer, nachdem er ihn die ganze Nacht auf-
und zugemacht hatte zum Trinken. Seine Beschwerden schienen
ihn mit Feuer zu erfüllen. William konnte es ihm einfach nicht
recht machen. Saß er ruhig hinten auf dem Wagen neben Fanny
und legte seinen Kopf in ihren Schoß, war er nicht behilflich genug. Kletterte er auf den Bock des Wagens zu Master Benjamin,
war er viel zu nahe. Und wenn er nicht schnell wieder abhaute,
musste er damit rechnen, seine verdammte Nigger-Fresse poliert
zu kriegen.

William saß still hinten und überlegte, wie er sich verhalten
sollte, als Master Benjamin »Brrrr!« rief und den verschwitzten

Braunen an den Straßenrand lenkte. Die Kinder linsten über den Rand des Wagens und sahen den Lehrer Brice, der winkend aus einem Kiefernwäldchen auf sie zuhumpelte. Der Lehrer zog ein Bein nach, genau wie Fanny, nur war es bei ihm kein Klumpfuß, sondern die kaputte Hüfte eines alten Mannes.

»Fahr nicht da lang!«, rief er. »Dreh um!«

»Was ist los, Jerrod?«, fragte Master Benjamin. Alle Trägheit war plötzlich aus seiner Stimme verschwunden, und seine müden, geröteten Augen verengten sich.

Der alte Mann hielt sich am Wagen fest, atmete schwer und stöhnte. Schweißtropfen standen auf seiner Glatze und tropften ihm über Gesicht und Nacken. Der Lehrer schlug auf seine kaputte Hüfte, verzweifelt und vom Schmerz gezeichnet.

»Du kannst nicht den Berg rauf oder ins Lager«, keuchte er. »Es hat angefangen.«

»Sag, was los ist, Alterchen. Was hat angefangen? Raus mit der Sprache.«

»Stonewalls Leute greifen die Unionstruppen bei Warrenton an. Überall wird gekämpft.«

»Wo sind unsere Leute? Die Gaskins, die Monroes, die Dogons?«

»Alle – die Frauen, die Kinder, einfach alle – sind weg nach Catlett. Schon gestern. Was an Männern übrig ist, sammelt sich bei Groveton.«

Master Benjamin zog seine Peitsche und trieb sie mit einem lauten Knall in die Flanke des Pferdes. Der Fuchs bäumte sich auf und schlug aus, sodass die Kinder nach hinten in die aufgestapelten Mehl- und Kornsäcke purzelten. William blickte zurück zu Lehrer Brice, doch alles, was er sehen konnte, war eine schwankende Person, gefangen in einer Staubwolke. Den alten Mann so ganz allein mitten auf der Straße stehen, ja, vielleicht ihn dort sogar sterben zu lassen, kam ihm grausam vor. Aber

Master Benjamin hielt nicht an. Er peitschte das Pferd und trieb es immer schneller die Old Alexandria Road entlang, ohne Rücksicht auf Schlaglöcher oder Verwerfungen.

William warf sich über Fanny, damit sie nicht hinten vom Wagen hinunter flog. Als sie schließlich die Abzweigung zur Lewis Lane erreichten, hielt Master Benjamin am Straßenrand an. Er drehte sich um und starrte William an, der sofort die Augen senkte, die Schultern hängen ließ und so seine Konturen weicher erscheinen ließ, ganz so, wie seine Mutter es ihm beigebracht hatte.

»Hör zu, Junge«, sagte Master Benjamin. »Du musst etwas für mich tun. Ein großes Ding. Weißt du, ich kenne dich, seit du auf der Welt bist. Verstehst du? Deine Familie ist für mich fast so etwas wie ... Verwandtschaft. Ich zähle jetzt auf dich, Junge. Ich möchte mich auf dich verlassen können, William. Kann ich mich darauf verlassen, dass du tust, was ich sage?«

»Ja, Sir«, nuschelte William.

Mittlerweile war entfernter Kanonendonner zu hören, und durch die Weidenbäume im Norden sah man Rauch aufsteigen wie Nebel.

»Ich möchte, dass du diese Vorräte nach Catlett bringst. Übergib sie dort dem ersten Menschen, den du triffst, und sag, du kommst von mir. Lass dann Fanny und den Wagen in Catlett. Hörst du, Junge? Es ist wichtig. Es ist für Fanny zu gefährlich, dir zu folgen. Sie wird sterben, und du wirst schuld sein. Verstehst du das? Lass Fanny zurück, spann den Fuchs aus und nimm ihn für dich. Dann schau, ob du mein Pferd findest. Wenn nicht, nimm irgendein anderes gutes Pferd, das sie haben, und triff mich dann in Groveton. Traust du dir das zu, William?«

»Ja, Sir.«

»Guter Junge. Also los.«

Master Benjamin sprang vom Führerstand und lief auf eine

Gruppe moos- und efeubedeckter Zedern zu. Er winkte kurz zurück und war nicht mehr zu sehen, verschwand einfach im Wald neben der Straße.

»Was wirst du machen, Willie? Nach Catlett gehen?«

»Ja, *spinnst* du, Mädchen? Was glaubst du? Ich und nach Catlett gehen?«

»Aber was dann?«

»Wir gehen nach Pennsylvania. Dann komm' ich wieder und kämpfe auf der Seite der Yankees.«

»Du hast ja 'n Knall, Nigger! Nach Pennsylvania schaffen wir's nie. Außerdem nehmen die Yankees sowieso keine Nigger-Soldaten. Und selbst wenn sie's täten, wie willst du's anstellen, dass sie dich für sechzehn halten? Du bist ja gerade erst eine Minute alt. Denk nach, Junge. Das ist kein Spiel.«

»Was schlägst du vor, Frau Großmaul?«

»Lauf weg, Willie. Mach das Pferd los und flieh. Auf einem Pferd kann dich niemand einholen. Ich komm schon allein zurück nach Catlett. Und verraten tu ich nichts. Ich sag, die Yankees haben dich geschnappt.«

»Das ist kompletter Blödsinn.«

»Willie …«

»Nein! Ich lass' niemanden hängen.«

»Willie, kannst du mir nur ein einziges Mal zuhören? Bitte. Wenn du hier mit mir die Zeit verplemperst, erwischen sie dich, und dann bringt Master Benjamin dich um.«

»Mir egal«, knurrte William.

»Ach so?«

»Mh-hm. Ist so.«

»Na prima! Wenn's dir egal ist, ist es mir auch egal! Der gute alte Ben dreht dir den Kragen um und das geschieht dir recht.«

»Wir müssen von dieser Straße runter. Jeden Moment können hier Soldaten auftauchen.«

Fanny fing an zu schniefen und zu heulen, aber William ignorierte sie und tat so, als sähe er es nicht. Er lenkte den Wagen von der Fahrbahn und versteckte ihn hinter einer Gruppe stämmiger Sumpf-Eichen an einem steilen Hang. Dann spannte er das Pferd aus, nahm Fanny an der Hand und ging ostwärts in den Wald, Richtung Chinn-Haus.

Der Wald war gesteckt voll mit riesigen, dürren Bäumen, deren Äste sich weit streckten, um das Sonnenlicht abzufangen, das die Luft in ein kühles Grün tauchte. Die Füße der Kinder glitten über die warmen Moosbetten und durch tote Blätter, die wie ein Teppich auslagen, während um sie herum, an verborgenen Stellen, die Erde brüllte und Rauch ausstieß. William versuchte, Fannys Gang zu beschleunigen, indem er die langen Schößlinge zurückbog, damit sie vorwärts konnte, ohne sie ins Gesicht zu kriegen und gepiekst zu werden. Kein Hirsch glitt leise hinter den üppigen Farnen vorüber, kein Vogel brachte beim Auffliegen die Zweige zum Rascheln. Die Tiere waren schon längst geflohen.

Je weiter die Kinder im Wald vorwärtsdrangen, desto lauter und schrecklicher wurden die Geräusche vor ihnen. Das Bellen grober, panischer Schreie brach durch die Bäume und kam unaufhaltsam näher. Fanny kauerte sich an Williams Brust, als in der Ferne das *Tat-tat-tat-tat-tat-tat* von Artilleriefeuer und das Grollen abgefeuerter Kanonen zu hören war. Sie quetschte seine Hand, bis sie taub war, und William erwiderte den Druck, streifte dabei weiter und gab sich Mühe, so dreinzublicken, als wüsste er, wohin er sie führte. Aber es war die Gewohnheit, die ihn nach Osten führte, nicht etwa ein Plan, sie in Sicherheit zu bringen. In seinem Herzen hatte er sich verlaufen und fragte sich, ob sie sterben würden, genau wie ja mit Sicherheit auch der Lehrer Brice tot war.

Sie eilten am Chinn Branch entlang, einem Bach, der geradewegs östlich am Chinn-Haus vorbeiging. William schaute nach rechts und sah irgendetwas, das sich träge im Wasser bewegte. Der Knoten zwischen seinen Rippen begann zu pochen, und plötzlich spürte er ein Brennen im Bauch, so grässlich, dass er dachte, er würde sich in die Hosen machen. Doch er ließ Fannys Hand los, gab ihr die Zügel des Pferdes und ging ans Bachufer, um zu sehen, was das dort war.

Ein Unionist hing in der Strömung, verfangen im Ufergestrüpp. William sah das Blau der Uniform und kletterte hinunter, um dem Mann aus dem Wasser zu helfen. Aber er hielt an, als er erkannte, dass die Brust des Mannes weit aufklaffte und sein Herz an einem glänzenden Metallknopf baumelte. Der Soldat war aufgeweicht und schon dabei, sich aufzublähen, mit weit aufgerissenem Mund, in dem blutiges Wasser schwappte.

William schreckte zurück und drehte sich um, um Fanny zu sagen, sie solle weglaufen. Doch bevor er etwas sagen konnte, hörte er das Pfeifen und Zerbrechen von Ästen, und er wusste, dass es zu spät war.

Die Kanonenkugel schlug direkt neben ihnen ein, und die Wucht des Stoßes schleuderte ihn zurück in den Fluss, geradewegs in die Arme des Unionisten. William zappelte wild im Wasser, schlug und kratzte den toten Soldaten, riss ihm dabei Körperteile, Herz und Knöpfe ab, als er panisch freizukommen versuchte. Seine nackten Füße spürten Boden unter sich, und er hechtete vorwärts und warf sich ans schlammige Ufer. Dann fiel er auf die Knie und erbrach den metallenen Geschmack des Wassers aus seiner Kehle.

»*Fanny!*«

William eilte zurück zu der Stelle, an der sie gestanden hatte. Fünf Meter seitwärts sah er das blondmähnige Pferd auf der Seite liegen. Ein Schrapnell hatte den Bauch aufgerissen, und die dampfenden Innereien drangen heraus auf den kühlen Waldboden.

William spürte, wie ihm das Leben aus den Fußsohlen wich. Sein Körper wankte, so wie er den Lehrer Brice durch eine Hülle von orangefarbenem Staub hatte wanken sehen, und er dachte, *Ich bin auch nur aus Staub, mehr nicht, nur Staub.* Dann drehte er sich zum Wasser und dachte darüber nach, ob er sich nass und damit schwerer machen sollte, ob er zurück in die Strömung gleiten sollte, um sich so ein Bett zu machen und hinzulegen.

Dann hörte er ein Geräusch, das Röcheln seiner Schwester, und er wusste, sie war am Leben und versuchte, seinen Namen zu rufen. Panik durchzuckte seinen Körper und er drehte sich weg vom Wasser und rief Fannys Namen, ohne Rücksicht darauf, dass jemand anderes ihn hören könnte. Er rannte um den Körper des Pferdes herum und fand sie an den Stamm einer zerborstenen Kiefer gelehnt.

»Fanny«, rief er. »Bist du okay? Bitte sag, es geht dir gut.«

Er strich ihr die Haare aus dem Gesicht und beugte sich zu ihr, so dicht, dass ihre Nasen sich berührten.

»William?«

»Ja, ich bin hier. Ich geh nirgendwo hin. Ich bin hier bei dir.«

Er versuchte, sie dazu zu bringen, ihn anzusehen, aber ihr Blick ging weiter einfach ins Leere. Kaum verstand er ihre Worte, als sie murmelte: »Willie, ich glaub, mein Bein ist im Arsch.«

William hob den blaukarierten Saum ihres Kleides und sah ihr rechtes Schienbein, das des kranken Beins, durch ein Loch in ihrem Fleisch herausragen. Er konnte hineinsehen bis zum dunklen, sturmgrauen Mark, und er musste daran denken, wie ihre Mutter, wenn sie ein Hühnchen tötete und kochte, gern diesen Teil des Knochens aussaugte, weil sie sagte, dass man davon stark wird.

Sie wird sterben und du wirst schuld sein. Verstehst du das?

Die Stimme, die er hörte, war so deutlich, dass William sich umsah, bevor er merkte, dass sie in seinem Kopf war.

»Steh auf, Fanny«, flehte er.

»Mh-mh. Ich kann nicht.«

»Dann trage ich dich.«

Sie wollte etwas sagen, aber die Worte kamen einfach nicht heraus. William nahm ihren Arm und bückte sich darunter, sodass er beim Aufrichten über seiner Schulter lag und er sie stützen konnte. Halb trug er sie, halb zog William Fanny durch den Wald, duckte sich, wenn in der Nähe Gewehrfeuer zu hören war, und kauerte sich hinter Gebüsch oder Gestrüpp oder sonstigen Verstecken nieder, wenn durch die Bäume hindurch grau gekleidete Schatten zu sehen waren.

Zu seiner Linken konnte William durch die Bäume hindurch die weißen Fassadenbretter des Chinn-Hauses erkennen.

»Fanny? Geht's dir gut? Sprich mit mir, Fanny. Sag was, okay?«

Sie antwortete nicht, und William hatte viel zu viel Angst, um ihr in die Augen zu sehen oder auch nur anzuhalten. Er ging weiter auf das Haus zu. Der seitliche, rote Ziegelschornstein war jetzt direkt vor ihnen. Aus beiden Rohren des Doppelschornsteins auf der anderen Hausseite stieg spiralförmiger Rauch auf. Von seinem Blickwinkel aus schien der weiße Rauch aus der zerzausten Krone des Walnussbaums im Hof aufzusteigen. William hielt inne.

Rauch. Jemand war drinnen.

Er wusste nicht, was er machen sollte. William stand zur Seite gebeugt, knickte langsam unter Fannys Gewicht nach rechts, war drauf und dran zu zerbersten und sich in seine Einzelteile aufzulösen. Aber das konnte er nicht. Fanny würde sterben, und er allein wäre schuld daran. Eine schnell abgefeuerte Salve aus dreißigpfündigen Parrott-Gewehren entlud sich irgendwo in der Ferne, doch William hatte keine Ahnung, wie nah oder wie weit weg die Kämpfe waren. Was er hörte, waren die Schreie von Männern, die er nicht sehen konnte.

Und jemand war im Haus.

Von rechts hinter dem Feld wurde gleißendes Licht von den Metallaufsätzen der Bajonette geschleudert. Das Licht lenkte Williams Blick auf die Marschkolonne grauer Geister, die nach Norden durchs weizengelbe, kniehohe Präriegras davonstapfte. Der Hof war leer, und er beschloss, es zu riskieren.

William führte Fanny unter einem Vorhang von grünen Schatten hervor und hinein in einen leuchtenden Strahl aus flirrendem, goldenem Licht. Er senkte den Kopf auf die Brust, packte Fanny fest um die Hüfte und ging los, über den Hof auf den Keller des Chinn-Hauses zu. Fannys Gesicht und Lippen waren ganz weiß geworden, aber William konnte nicht anhalten, um nachzusehen, wie es ihr ging oder ob sie wach war. Er setzte einen Fuß vor den anderen, zog sie nach und rechnete jeden Augenblick damit, hinter sich den Knall eines Mississippi-Gewehrs oder einer 54er zu hören. Dichter, blauer Rauch drang jetzt langsam aus den Bäumen über den Hof und kroch am Boden entlang wie Nebel. Binnen Sekunden bedeckte er die Kinder und machte sie unsichtbar. Plötzlich war William ebenso ein Geist wie die Männer, die ihnen in seiner Vorstellung nachgejagt waren und sie gestellt hatten.

Sie erreichten das Haus und William ließ Fanny vorsichtig bei einem der Kellerfenster zu Boden gleiten. Der Keller des Chinn-Hauses lag ebenerdig. Das Fundament des Hauses war aus roten Sandsteinblöcken gefertigt, die fast bis zu Williams Hüfte reichten. Dieser eine Meter zwischen dem Erdboden und der Holzkonstruktion des Hauses, die auf dem Steinfundament ruhte, diente als Keller. Master Benjamin lagerte sein Korn, seine Kartoffeln und sein Obst in diesem Teil des Hauses, weil es hier am kühlsten war. Zu betreten war er durch eine Klappe im Boden des Wohnzimmers oder durch eines der vier ins Fundament eingelassenen Fenster.

William schob die hölzerne Fensterklappe zurück, legte sich auf den Bauch und schob sich mit den Füßen voran durch das Fenster hinein. Als er zur Hälfte drinnen war, griff er nach Fanny und versuchte, sie hinter sich herzuziehen. Da sie bewusstlos war, musste William sich umdrehen und seine Füße gegen die Wand neben dem Fenster stemmen, um genügend Kraft zu haben und ihren schweren Körper bewegen zu können. Schließlich war Fanny drinnen und er schob die Fensterklappe wieder an ihren Platz und verriegelte sie.

Der Keller war schwarz wie Erdöl oder wie Wasser, in dem sich der aufgewühlte Nachthimmel spiegelt. Es gab nicht den geringsten Widerschein, nichts, aber auch gar nichts, das sich ihm zeigte und das er erkennen oder berühren konnte. Es gab nur gedämpften Atem, den herben Geruch von Äpfeln und den stechenden Rauch, der durch jede Ritze und Spalte des Gemäuers hereindrang. Die Schwärze war wie ein lebendiges, atmendes Ding, das mit weichen Flügeln gegen seine Wangen schlug. Sie sorgte dafür, dass der Erdboden kühl blieb und hart wie der Marmor an Miss Edmonias Kamin. Er kroch durch die Dunkelheit und bat sie dafür um Verzeihung, während er versuchte, sich zu erinnern, wo die Dinge waren. Als ihm das nicht gelang, versuchte er, nicht zu fluchen oder zu weinen, denn er war davon überzeugt, dass das irrsinnige Klappern in seinem Kopf nichts als die Dunkelheit war, die ihn auslachte.

Hinter einem Stapel von Säcken, die allem Anschein nach mit Hafer gefüllt waren, fand er einen Platz zum Verstecken. Da es zu eng war, um aufzustehen, kroch und krabbelte William zu der Stelle zurück, an der er seine Schwester gelassen hatte, und zog sie – auf den Knien rückwärts rutschend – hinter die Mauer aus Getreide. Er legte sein Ohr an ihren Mund und schwor, dass er, sollte er nichts hören, die Bodenklappe öffnen und das Licht hereinlassen würde. Dann gäbe es keinen Grund mehr, sich zu verstecken, keinen Grund mehr, noch länger davonzulaufen.

Als sie keuchte und murmelte: »Geh runter von mir, du Idiot. Was machst du?«, war William außer sich vor Glück.

»Halt die Klappe, dummes Ding«, flüsterte er und fiel an ihrer Schulter vom einen Moment auf den anderen in einen tiefen Schlaf.

Das Knarren der Bodenklappe weckte sie auf. Gelbes Kerzenlicht drang auf den Boden und kroch über Säcke und Kisten.

»Was ist da unten?«

Williams Hand legte sich schnell auf Fannys Mund. *Nicht bewegen.* Er hauchte die Worte in ihr Ohr, und obwohl sich ihr Körper anspannte und bebte, gab sie kein Geräusch von sich.

»Hier sind nur Vorräte, Dr. Wheeler. Wenn Sie wollen, seh ich mir am Morgen mal an, was es hier alles gibt, Sir.«

»In Ordnung. Aber mach das auf jeden Fall, bevor Colonel Corse hier durchkommt.«

»Jawohl, Sir«, sagte die junge Stimme und machte die Klappe wieder zu.

Die Dunkelheit schlängelte sich durch Williams Kopf, schnitt in seine nackten Fußsohlen und lachte. Lachte die ganze Zeit. Nur der Druck von Fannys Körper gegen seinen eigenen hielt ihn davon ab, sich an die Steine zu kauern und zu schreien.

»Fanny, steh auf. Wir müssen hier abhauen.«

»Willie, ich kann mich nicht bewegen. Ich schwöre bei Gott – ich kann nicht.«

William tastete im Dunkeln nach ihrem Bein. Es war hart und auf mehr als den doppelten Umfang angeschwollen. Er konnte spüren, wie ihr Körper sich aufbäumte, als sie versuchte, beim Weinen keinen Laut von sich zu geben.

»Oh bitte, Gott, bitte. Willie, fass es nicht an. Bitte nicht.«

»Fanny, ich weiß nicht, was ich machen soll.«

»Lauf weg, Willie«, hauchte sie. »Du musst hier weg. Du kannst nicht hierbleiben. Sie bringen dich um.«

»Hör auf, Fanny!«

»Aber was soll ich denn ohne dich machen? Wenn du wegrennst, kannst du wenigstens später zurückkommen und mich holen, und dann können wir gemeinsam nach Norden gehen. Wenn du tot bist, kann ich nirgendwo hingehen.«

Das brachte William dazu, innezuhalten und nachzudenken. Aber trotzdem schüttelte er den Kopf, und weil es zu dunkel war und Fanny nichts sehen konnte, sagte er nochmals laut: »Nein.«

Fanny erwiderte nichts. William hörte sie neben sich atmen, und er wusste, dass sie nicht schwieg, weil sie einverstanden war, sondern weil die Schmerzen zu groß waren. Er wusste außerdem, dass ihre Wangen, sollte er sie berühren, nass waren. Er rieb ihre Schulter mit der Handfläche und legte seinen Kopf an ihren Hals; unter ihrer Haut konnte er das Blut rauschen hören. Das Geräusch machte ihn müde und er fiel in einen unruhigen Schlaf.

Er träumte von vieläugigen Kreaturen mit blutroten Lippen und Flügeln über dem Herz, und Fanny war auch dabei und gehörte zu ihnen. Er hörte sie »William, William, wach auf!« rufen, und als er erwachte, schrie er bereits.

Fanny schrie auch, sie hatte solche Schmerzen, dass seine Arme sie nicht festhalten konnten, und zunächst konnte William ihre eigenen Schreie gar nicht unterscheiden von dem wilden Gejohle und Gekreische, das von oben herabdrang.

Männer. Rundherum überall Männer, die auf dem Boden über ihren Köpfen umhergingen. William konnte Blut und Dreck riechen, und er konnte nicht aufhören zu schreien, weil er dachte, er würde auch ihren Schweiß riechen, und der roch, als wäre es sein eigener. Er wusste nicht, wo er war. Die Dunkelheit krähte triumphierend und pickte nach ihm, und er versuchte aufzustehen, versuchte wegzulaufen, doch er schaffte es nicht. Es gab nicht genug Platz. Sein Kopf schlug an die Bodenbretter über ihm, und da fiel ihm wieder ein, wo er war. Im Keller. Er kniete sich wieder hin, tastete im Dunkeln nach Fanny und nahm ihre Hand. Aber sie weinte und rief nach ihrer Mutter und Miss Frances. Sie nahm gar nicht wahr, dass er auch da war.

William ließ ihre Hand los und kroch weg, weil er nicht ertragen konnte, sie derart leiden zu hören. Er wusste, dass Master Benjamin ihm Vorwürfe machen würde. Seine Schuld. Alles war immer seine Schuld. William kroch unter die Bodenklappe, die Fäuste fest gegen die Vertiefung in der Mitte seines Oberkörpers gepresst, schaukelte vor und zurück, hörte Stimmen, hörte Worte und Namen, die gerufen wurden, für ihn aber keinerlei Sinn ergaben. Das Einzige, was klar zu ihm durchdrang, waren die Schreie und das deutlich hörbare Geräusch einer Säge, die sich durch etwas hindurchmühte, was William sich nur als Knochen ausmalen konnte.

Den ganzen Tag und eine weitere Nacht hielten sie sich im Keller versteckt. Fanny hatte jetzt Fieber, und es wurde immer schwerer, sie aufzuwecken. Als William sie nicht dazu bringen konnte, sich zu rühren, ließ er sie einfach, prüfte nur hin und wieder, wenn Sorge in sein Herz stach, ob sie noch atmete, und wischte ihr den Schweiß vom Gesicht. Ihm war lieber, sie wachte nicht so oft auf, da die schreienden und fluchenden Männer über ihren Köpfen ihr nur Angst gemacht hätten. Der Gestank nach Blut und wundem, verrottendem Fleisch verursachte ihr Übelkeit. Jedes Mal, wenn ein Stiefel auf die Bodenklappe krachte, dass sie klapperte, schlug sie jammernd ihren Kopf gegen den Sandstein. William musste sie unbedingt da rausbefördern.

Er versuchte, durch die Bodenritzen hindurch irgendwelche Neuigkeiten zu erhaschen, die ihm Hinweise darauf geben konnten, was er machen sollte. Aber von all dem Geschrei und Durcheinander über ihnen war nicht viel verstehen.

Die Unionstruppen hatten Groveton angegriffen (dort war Master Benjamin), und Männer starben in Flüssen und Wäldern, lagen ausgebreitet in Weizenfeldern oder zusammengekrümmt in Büschen, ohne Gesichter, ohne Herzen, ohne Beine. Es fehlte die Zeit, die Verwundeten zum Arzt im Stone-Haus in der Nähe der Sudley Road zu bringen. Dort gab es sowieso schon genug Tod. Mehr als genug. Der Arzt hier im Chinn-Haus musste reichen.

Weiches Blei erschüttert harten Knochen nun mal, und der Arzt musste so gut wie immer schneiden. *Was soll mit den Armen und Beinen geschehen, Sir?* William hörte den Arzt nie darauf antworten.

Dann setzte das Dröhnen ein – es klang, als sei das Haus von Donner umhüllt –, und William konnte hören, wie sich draußen die konföderierte Armee versammelte. Dass es Konföderierte waren, erkannte er an der Art, wie die Männer im Haus johlten und schrien. Die marschierenden Soldaten weckten Fanny auf, und William zog sie zu sich und hielt sie ganz fest. Sie wussten nicht mehr, ob es draußen Tag oder Nacht war, ob die Unionstruppen auf dem Vormarsch oder auf dem Rückzug waren. Das Einzige, was sie wussten, war, dass sie in der Falle saßen. Es war sogar möglich, dass Master Benjamin draußen vor dem Fenster stand und wartete. William hielt diese Ungewissheit nicht länger aus.

»Was sollen wir machen, Willie?«

»Ich glaub, ich seh mal nach, was da draußen los ist.«

»Nein, Willie. Du kannst nicht rausgehen. Die Männer töten dich. Lass es bleiben!«

»Ich geh ja nicht raus. Ich schau nur.«

Als Fanny zu wimmern anfing, legte William die Arme um ihren Nacken und sagte: »Schwesterherz, wir haben zu lange gewartet. Ich muss wissen, was los ist, sonst sind wir hier unten vielleicht für immer eingesperrt.«

Fanny antwortete nicht, lockerte aber ihren Griff um Williams Nacken, und er kroch zu dem Fenster, das zur Vorderseite des Hauses hinausging. William öffnete den Riegel und schob das Brett ein paar Zentimeter zur Seite. Rauch und Hitze und Licht drangen durch den Spalt und blendeten ihn, sodass er sich rasch wieder vom Fenster abwandte und fluchte. Aber gleich war er wieder zurück – und auch wenn Tränen aus seinem brennenden Auge liefen, presste er jetzt sein Gesicht fest an das Holzstück.

Linkerhand hörte er den Hufschlag von Pferden. Aber die Soldaten versperrten ihm die Sicht.

Graugekleidete Soldaten waren über das Haus gekommen. Sie waren überall. Es gab keine Stelle in seinem begrenzten Sichtfeld, das nicht voll von ihnen war. Der Himmel war grau, ebenso die Luft und die Blätter auf den Bäumen. Die Soldaten standen stramm, die Musketen und Gewehre mit den blitzenden Bajonetten im Anschlag. William hörte eine Männerstimme ein Kommando geben.

Wie ein einziger Körper, ein einziges Wesen begannen die Soldaten daraufhin zu marschieren. Sie waren Donner, schwanger in der Luft, bereit, die Erde abzugrasen und zu erschüttern. Unbesiegbar. Sie gingen nach Norden in Richtung des wackligen Zauns, der die Grenze von Benjamin Chinns Hof markierte. Die erste Reihe der konföderierten Soldaten war gerade hundert Meter marschiert, gerade bis zum Zaun, als die Luft um sie herum aufriss und Männer begannen, der Reihe nach umzufallen. Die Unionstruppen kamen im Schutz des Rauchs aus der Deckung und eröffneten von jenseits des Zauns das Feuer.

Es dauerte ungefähr eine Viertelstunde. Vielleicht auch weniger. Aber William sah fasziniert zu, als ob da die Götter Krieg führten – Götter, die keinen Gedanken an Tag oder Nacht verschwenden, Götter, die jetzt und immerdar zwischen ihren Zähnen die weniger Glücklichen, die Menschen, die das Pech haben, die Ewigkeit nicht zu kennen, zermalmen und ihre Knochen ausspucken.

Blauer Rauch rollte über die Felder und bettete die fallenden Männer weich. Gewehrfeuer brüllte auf, durchschlug Körper, zerfetzte Männer und Pferde. Die Toten lagen in Verrenkungen übereinander gehäuft, während die, die im Sterben lagen, schrien und sich wie Regenwürmer durchs hohe Gras wanden. Wie viele? Sicher Hunderte. Hunderte von Männern im Handumdrehen tot. William hielt die Luft an, um alles sehen zu können. Er hörte nicht, wie Fanny bettelte, er solle das Fenster schließen und zu ihr kommen. Er öffnete das Fenster immer weiter und hustete nicht einmal, als Rauch und Staub sich in seine Lunge bohrten.

Eine Gefechtspause trat ein. William konnte sie sehen. Die Föderalistischen. Sie kamen, um ihn und Fanny zu holen. Die beiden würden frei sein!

Doch dann hörte William den Befehl zum Sammeln, der die Infanteristen des Siebten und Elften Regiments anwies, sich in die Schlacht zu werfen. Plötzlich dröhnte Kanonendonner als Antwort auf das Geschrei der Soldaten, und die Föderalistischen wurden zurückgedrängt. Nur wenige Meter vom Haus entfernt, nah genug für William, um ihre Bärte und das Blut in ihren Gesichtern zu sehen, und sie wurden zurückgedrängt. Er wartete und sah, wie Menschen zu Tieren wurden, aufeinander einschrien, einhieben, einstachen und sich gegenseitig niederschossen. Ein Offizier galoppierte mit erhobenem Säbel mitten in das Gewühl hinein und schlug einem Mann den Arm an der Schulter ab. Als der Mann zu Boden ging, trampelte das Pferd des Offiziers über ihn hinweg. Aber William blickte immer noch nicht weg. Selbst als er sah, wie die Föderalistischen den Rückzug antraten,

wartete er am Fenster, denn er wusste, dass die Soldaten zurückkommen würden, um sie zu holen. Sie mussten einfach.

Etwa eine Stunde später verschwand das Kampfgeschrei langsam hinter den Hügeln. Als er schließlich hörte, wie die grauen
Geister riefen:»Auf nach Henry Hill!«, musste er sich eingeste-
hen, dass die Föderalistischen nicht zurückkommen würden. Die
Konföderierten waren im Begriff, ihnen bis in ihr Lager nachzu-
setzen, um sie zu vernichten.

William bewegte sich vom Fenster weg, legte den Kopf auf
Fannys Schulter und schluchzte.

»Was musst du denn noch alles sehen, Willie? Du weißt doch,
dass du hier weg musst.«

Er versuchte nochmals, *Nein* zu sagen, doch alles, was er her-
vorbrachte, war ein leises Krächzen.

»Du musst hinter ihre Linien kommen, bevor sie die Unionstruppen endgültig besiegen, Willie. Wenn du fort bist, kann ich
hier irgendwie raus und Hilfe für mein Bein suchen.«

Er konnte nicht gegen sie ankämpfen. Sie hatte recht und er
wusste es. Aber wie konnte er ihr erklären, dass der Gedanke,
sie zu verlassen, allein in der Welt zu sein, ohne jemand, der ihn
liebte, ihm furchtbare Angst einjagte?

»Wenn ich gehe«, flüsterte er,»komme ich wieder und hole
dich. Ich lass dich hier nicht lange allein. Sobald ich frei bin,
komme ich wieder, und dann bist du auch frei. Glaubst du mir,
Fanny?«

»Ich glaube dir, Willie.«

Er berührte die weichen Locken auf ihrem Kopf. Es gab nichts
mehr zu sagen oder zu tun. Irgendwie schaffte er es, sich von ihr
abzuwenden.

»Nicht vorne rausgehen«, rief sie.»Geh nach hinten und verschwinde im Wald, sonst erschießen sie dich.«

»Ich komme wieder.«

»Ich weiß, Willie.«

William schob die Holzabdeckung von einem der rückwärtigen Fenster und entdeckte, dass die Öffnung versperrt war von einem riesigen Haufen amputierter Arme und Beine. Die Männer hatten die nutzlosen Glieder offenbar einfach aus dem Fenster im Erdgeschoss geworfen. Eine Wand aus Fliegen hatte sich versammelt und auf dem weichen, verrottenden Fleisch niedergelassen. William hielt den Atem an und stieß die abgetrennten Gliedmaßen beiseite. Er rutschte auf dem Bauch aus dem Fenster und rannte davon.

Rund um ihn her war der Boden mit Toten übersät. Er rannte durch das ockergelbe Präriegras, das ihm gegen die Schenkel schlug, und durch aufgeregte Wolken von Stechmücken und Fliegen hindurch, die gekommen waren, um ein Festmahl zu feiern. Mit gesenktem Kopf und pochendem Herzen rannte William durch den Rauch und sprang über zahllose, auf dem Bauch liegende Leichen. Männer wanderten benommen über die Felder und blickten zum Himmel. Sie reagierten nicht auf das Artilleriefeuer und die Kanonen in der Ferne. William rannte an den Männern vorbei. Sie waren ihm egal. Ihm war egal, wer ihn sah oder hörte oder versuchte, ihn aufzuhalten. Er rannte weiter, bereit zu kämpfen und zu sterben, gerade so wie diese Männer gekämpft hatten und gestorben waren. Nur jemand, der bereit war, ihn zu töten, würde ihn davon abhalten, Henry Hill zu erreichen. Er rannte hinunter zu den in Rauch gehüllten Pappeln und sprang über Baumwurzeln, die aus Strömen von Blut tranken. William rannte, bis die Bäume nurmehr undeutliche Schatten waren und das Gras unter seinen Füßen wegflog. Er rannte, bis er das Blau sehen konnte.

Seine Schwester sah er nie wieder.

Kapitel 4

In mir ruht ein Wissen, das weiter reicht als Küste und Meer. Es sagt mir, dass meine Liebe oftmals eher einem Rinnsal in einem Sieb gleicht als einem weiten Strom. Deshalb ist mir das Gefühl der Erfüllung fremd.

Dieser Gedanke spielte in meinem Kopf, lange bevor ich aufwachte. Als ich die Augen öffnete, kam er mir alt vor, wie ein schaler Aufguss einer Einsicht, die jemand anders gehabt hatte. In meinem Schlaf hatte ich zu sehen begonnen, wie bestimmte Schmerzen danach streben, ihre Berechtigung in weiteren Schmerzen zu suchen. Und was mit mir geschah, wenn ich das zuließ.

Dies waren die ersten Gedanken, nachdem ich nach einer Reihe lebhafter und doch farbloser Träume aufgewacht war – in der zweiten Nacht, nachdem ich meinen Vater bewusstlos am Fuß der Treppe aufgelesen hatte. So viel zum Nachdenken. Die Zeit reicht nie.

Ich blieb noch ein Weilchen auf dem Bett liegen und ließ die Dämmerung ihre Schatten um mich herum drapieren. Dann tapste ich über den kalten Boden in die Küche, um Wasser für ein Bad heiß zu machen. Mama war noch nicht von der Arbeit zurück und Papa war noch im Krankenhaus, deshalb war ich ganz allein in der Wohnung. Ich konnte in Ruhe Papas Vergangenheit, seine Schwester, seinen Schmerz von meinem Rücken abreiben und meinen Bauch massieren. Konnte in Ruhe die Beine ausstrecken und beobachten, wie das Wasser schwappte und meine Beine umspülte. Ich wollte zu meinem Papa laufen und ihn umarmen und ihm sagen, dass ich ihn verstehen konnte. Zumindest ein bisschen. Ich konnte helfen, wenn er es nur zuließ. Und er konnte sich endlich erlauben, mich zu beschützen, ohne Angst zu haben. Liebe, die aus der Angst kommt, ist für gewöhnlich groß, laut und ganz leer. Es würde uns sicher schwerfallen, unsere innige Liebe wiederzufinden. Aber wir könnten es schaffen. Mein Vater hatte sein Leben lang dieses leere Gefühl der Angst gehabt, mal mehr, mal weniger. Eine andere Art Sklavenzeichen. Wäre das nicht gewesen, hätten er und seine Schwester das Haus verlassen und auf einer anderen Straße direkt über die Hügel gehen können. Wie Papa selbst sagte, waren alle Weißen, die ihn hätten erkennen können, weit weg, etwa in Groveton oder Catlett. Für diese fremden Soldaten wären er und seine Schwester nichts anderes als arme weiße Kinder gewesen, die sich verlaufen hatten. Wären sie mutig genug gewesen, hätten sie ein neues Pferd und Wegbeschreibungen erhalten können. Aber in ihren Herzen waren sie gezeichnet. Sie trugen ihre schwarze Sklavenhaut auch nach innen. Wie sollte da je Freiheit möglich sein?

Ich goss Wasser auf die braunen und purpurnen Abschürfungen auf meinen Beinen und drückte auf die Krusten, die vom heißen Wasser aufgeweicht waren. Würde ich sie abziehen, käme Blut heraus. Es gab noch keine Haut darunter.

Der Krankenwagen dröhnte mit Glockengebimmel die St. Nicholas Avenue entlang, als wir durch die Dunkelheit auf die Jungle Alley zurasten. Die Menschenmenge vor dem Gebäude an der Ecke zur 133sten Straße gestikulierte und zeigte auf eines der oberen Stockwerke. Ich packte meine Arzttasche und sprang vom Krankenwagen, noch bevor er richtig anhielt.

»Welche Nummer?«, rief ich über die Schulter nach hinten.

Keiner meiner beiden Fahrer antwortete. Das war ihre kleine Übereinkunft, wie sie mich davon abhalten wollten, Häuser wie dieses allein zu betreten – eines der vielen in Harlem, das die Polizei nur in Gruppen von mindestens vier Männern betrat. Wir hatten Order (und speziell ich – *ich* hatte Order), auf keinen Fall auch nur *einen* Fuß in Häuser wie St. Nicholas Avenue Nr. 454 zu setzen, bevor nicht eine Polizeistreife eingetroffen war.

Robert O'Neill und Andrew Fabiano, die beiden Fahrer, die mich begleiteten, warteten draußen geduldig auf den Streifenwagen. Beide Männer waren mindestens zehn Jahre älter als ich. Sie hatten klargestellt, dass sie nicht die Absicht hatten, sich wegen meiner kindischen, weiblichen Dummheit die Schädel einschlagen zu lassen. Es hatte Momente gegeben, da war ich auf irgendwelche Onkel, kleine Brüder und sogar Großmütter angewiesen gewesen, um Patienten raus zum Wagen zu tragen, und alles nur, weil die Polizei nicht kam und die Fahrer sich ohne sie nicht von der Stelle rührten. Wenn dann alles vorbei war, schimpften Robert und Andrew mich immer wieder aus. Sie waren überzeugt – und besprachen das manchmal über die Köpfe der Patienten hinweg –, dass genau das der Grund dafür war, dass Frauen einfach keine Ärzte sein konnten. Wir seien sorglos und emotionsgetrieben, ohne jede Möglichkeit, mit unseren Gefühlen richtig umzugehen, nicht einmal mit der Sorge um die eigene Sicherheit.

Ich kümmerte mich nicht um die beiden. Stattdessen fragte ich eine Frau auf dem Gehsteig: »Der Mann, der erstochen wurde – wo ist er?«

Sie wandte mir den ganzen dunklen Mond ihres Körpers zu, legte den Kopf auf die Seite und runzelte die Stirn. »Vierter Stock. Apartment F.«

Hinter mir hörte ich jemanden sagen: »Wer ist die farbige Frau? Eine Krankenschwester?« Einige Leute zeigten jetzt nicht mehr auf das Gebäude, sondern auf mich.

Ich drückte die Metalltür auf und ging hinein. Im Eingang hingen etliche Leuchten von der Decke. In jeder einzelnen waren die Birnen zerschlagen. Glasscherben knirschten unter meinen Füßen. Ich hob den Rock, um ihn nicht durch die Scherben zu ziehen, außerdem rochen die Fliesen nach frischem Urin. Während ich mich durchs Dunkel tastete, öffneten sich quietschend Türen und warfen düster-gelbe Lichtstreifen ins Treppenhaus. Sobald ich näher kam, wurden sie zugeworfen, dann wieder langsam geöffnet, wenn ich vorbei war. Alle hier waren begierig, etwas über die Dinge zu erfahren, von denen sie nichts wissen wollten.

Erst als ich fast beim Treppenaufgang war, merkte ich, dass da vielleicht doch Ärger auf mich wartete.

Es waren Leute unter der Treppe.

Ich konnte sie atmen hören. Und auf die geringe Entfernung konnte ich sie auch riechen. Den Alkohol, den Schweiß, das Säuerliche. Sie waren der Grund dafür, dass die weißen Männer mir nicht hereinfolgten. Die hier hatten auf mich gewartet. Ich musste an die kleinen Plastiktütchen mit Kodeinpulver in meiner Tasche denken, die ich hochhob und an meine Brust presste.

Einer von ihnen kam unter der Treppe hervorgekrochen und murmelte, während er auf mich zuging.

»Keinen Schritt weiter. Hörst du? Bleib stehen. Genau da. Oder willst du, dass ich dich hole …?«

Ich rannte an ihm vorbei die Treppe hinauf. Der Mann griff nach mir. Er schlug mit der Hand hinten auf meinen Mantel, konnte ihn aber nicht festhalten. Mit gerafftem Rock nahm ich je drei Treppenstufen auf einmal und rannte hinauf, ohne mich umzusehen.

Auf dem Treppenabsatz zwischen drittem und viertem Stock rief ich laut: »Der Arzt ist hier!«

Ein Mann hörte mich rufen und öffnete die Tür.

»Hier ist einer erstochen wurden, Ma'am. Wo bleibt der Arzt?«

»Der Arzt bin ich«, sagte ich und eilte an ihm vorbei, ohne ihn überhaupt anzusehen. Er brauchte ein oder zwei Minuten, bis er mir das glaubte. Als aber hinter mir niemand mehr die Treppe hochkam, folgte er mir schließlich.

Ich ließ meinen Blick durchs Wohnzimmer streifen, während ich Atem schöpfte und kurz überlegte, was ich tun sollte. Eine Reihe Holzstühle mit hoher Lehne lag umgeworfen vor mir. Zerbrochene Gläser lagen verstreut am Boden, die Leute hatten ihre Highballs panisch fallen lassen und versucht wegzukommen. Jemand hatte Fußabdrücke hinterlassen in der verschmierten Blutspur, die vom Sofa aus zum Körper eines Mannes führte, der zusammengekauert in der Küchenecke neben dem großen, gusseisernen Ofen lag. In einer Blutlache kniete eine braunhäutige Frau in lohgelbem Arbeitskittel und küsste die Hand des Mannes. Sie weinte und schluchzte in brüchigen, abgerissenen Tönen. Zwei Männer und zwei andere Frauen standen vor ihr und starrten an die Wand oder auf ihre Füße. Niemand sah ihr in die Augen.

»Ich bin Dr. Chinn«, sagte ich in den Raum. »Ma'am, Sie müssen ein Stück zur Seite gehen.«

»Wer sind Sie?«, fragte die Frau.

»Dr. Chinn«, wiederholte ich und sah ihr direkt in die Augen. Sie nickte mir zu, rührte sich aber nicht vom Fleck.

In der Zwischenzeit ließ ich meinen Blick durchs Zimmer schweifen auf der Suche nach einem Platz, wo ich den Mann ausziehen und untersuchen konnte. In der Küche gab es nur den schwarzen Ofen, eine Badewanne ohne Abdeckung, ein Waschbecken, ein paar kleinere Ablagen und ein Bügelbrett, das in der Ecke stand.

Das Bügelbrett würde wohl herhalten müssen.

»Wie heißen Sie, Ma'am?«, fragte ich die schlanke Frau hinter mir.

»Elena Chiefs, Miss ... Ma'am.«

»Miss Chiefs, stellen Sie mir das Bügelbrett dort in die Mitte des Zimmers unter die Lampe. Wenn es noch andere Lampen oder Leuchten hier in der Wohnung gibt, brauche ich die auch. Ma'am? Ja, Sie im blauen Kleid. Genau, Sie. Machen Sie etwas Wasser heiß und bringen Sie Ihre Freundin« – ich wies auf die Dame in Gelb – »ins Wohnzimmer. Sorgen Sie dafür, dass sie dort bleibt. Meine Herren, Sie helfen mir, wenn ich es sage, diesen Mann hier –«

»Oliver«, sagte die blutverschmierte Frau. »Er hat einen Namen. Und der ist Oliver Joseph.«

»Gut, Misses Joseph. Warten Sie inzwischen im anderen Zimmer. Also, wenn ich ›jetzt‹ sage, helfen Sie mir, Mister Joseph auf das Bügelbrett zu heben, und dann stützen sie es an den Enden. Sind Sie bereit?«

Niemand rührte sich.

Immer wieder erlebte ich das. Der Gedanke, mich aus diesem Käfig herauskämpfen zu müssen, täglich, für den Rest meines Lebens, machte, dass ich schreien wollte.

Als ich das nächste Mal den Mund öffnete, sprach ich mit der Stimme meines Vaters, tief und kalt und scharf, so leise, dass man mich kaum hörte.

»Dieser Mann verblutet hier am Boden«, sagte ich. »Wenn das für Sie in Ordnung ist, nehme ich jetzt meine Tasche und gehe. Sie alle können der Polizei ja erklären, was geschehen ist, wenn sie dann irgendwann eintrifft. Wenn Sie wollen, dass er wenigstens am Leben bleibt, dann schlage ich vor, Sie bewegen sich – und zwar auf der Stelle.«

Es dauerte eine Sekunde, bis diese Worte einsickerten, doch dann machten sich die Frauen schnell an ihre Aufgaben. Auch die Männer waren plötzlich bereit, und zusammen hievten wir Oliver Joseph auf das hölzerne Bügelbrett. Die ersten beiden Männer hielten das Brett fest, während der dritte, der schließlich aufgehört hatte, im Treppenhaus herumzustehen und auf Hilfe zu warten, mir die Ledertasche auf- und in Reichweite hielt. Ich zog Mister Joseph in der Mitte der Küche splitternackt aus und begann, seine Wunden zu zählen.

Mein Gott.

»Was ist mit diesem Mann geschehen?«

Ein guter Arzt hat eine antrainierte Unvoreingenommenheit. Etwas Unfehlbares, Zuversichtliches wird Teil seiner Persönlichkeit. So hatte ich das gelernt. Doch als ich hinunter auf den zerstörten Körper vor mir starrte, vergaß ich das alles. Meine Frage flatterte und schrumpfte in der Luft und ließ mich – auch für meine eigenen Ohren – wie ein verschüchtertes Kind klingen.

»Es gab 'ne Party«, sagte der Mann mit den Sommersprossen, der bei Mister Olivers Füßen stand. »Ein Typ kam rauf mit ein paar Freunden, sie haben laut geredet und Streit angefangen. Er grabschte an der Lady von O.J. herum, und als der sagte, er soll die Finger von ihr lassen, zog er das Messer.«

Zehn, fünfzehn, zwanzig. Ich hörte auf zu zählen. Olivers Oberkörper war voll offener roter Augen. Augen, die blinzelten, während sie mühsam atmeten, Augen voller Tränen, die aufs Holz hinuntertropften und es überzogen wie mit Rost. Hier ein Fetzen Lunge, da eine blutende Ader, auf die ich drücken musste, um Ruhe zu haben. Augen in seinen Weichteilen, bedeckt von einer glitschigen Matte aus Schamhaar und nach unten gerichtet auf einen leeren Hodensack.

Was war mit diesem Mann geschehen? Mehrere Venen und Arterien waren beschädigt. Ich wies Elena Chiefs an, ihre Hände mit antiseptischer Seife zu waschen und dann die aufgeschlitzten Enden einer Beinarterie zusammenzupressen.

Druck auf die Fleischwunden ausüben, um die Blutung zu stoppen. Die Haut etwas weiter aufschneiden, das Skalpell, lang wie mein Ringfinger und mit einer Klinge wie ein Nagel, tiefer einführen, um in einem beschädigten Organ den Alpha-Punkt der Wunde zu finden.

Oliver Joseph zuckte auf dem Tisch zusammen, und Elena schrie auf und warf sich nach hinten gegen die Wand. Befreit vom Druck bäumte sich die kaputte Arterie auf und blutete wieder. Oliver wurde ganz kalt in meiner Hand. Schock. Ich drückte fest auf seinen Brustkorb, um das Herz zu stimulieren. Aber es wurde schwächer und schlug langsamer. Zu schwach. Kein Blut mehr übrig, um es zu füttern.

Ein stämmiger, rothaariger Polizist trat mit gezogener Waffe die Türe ein. Vier weitere Polizisten kamen hinter ihm hereingedrängelt, gefolgt von Robert und Andrew mit einer Bahre aus Leintuch. »Polizei!«, rief er.

Niemand antwortete. Niemand bewegte sich, bis ich Oliver Josephs Brustkorb losließ und mich von den Polizisten wegdrehte, um mir die Hände zu waschen.

»Gut gemacht«, sagte ich nach hinten über die Schulter. »Sie kommen gerade recht, um das Leichenhaus anzurufen.«

Als wir in die 103te Straße einbogen, war ich müde. Ich hakte die neue Adresse in meinem Protokollbuch ab; es war der fünfzehnte Notruf in den vergangenen acht Stunden. Vier Stunden hatten wir noch vor uns.

Gott sei Dank war dies nur eine kurze Schicht.

Der Krankenwagen passierte die Ziegelbögen der Park Avenue-Hochbahn und fuhr geradewegs auf die Lexington Avenue zu. Das Mount Sinai Hospital lag viel näher, nur zwei, drei Blocks entfernt. Aber die Adresse war Spanish Harlem, ein Viertel, das nicht (unter keinen Umständen) dem Zuständigkeitsbereich von Mount Sinai angehörte. Nur einen Block weiter östlich, wo die Italiener wohnten, wäre ein anderer Arzt gerufen worden. Aber so ging eben ich.

Der Krankenwagen hielt vor einem schmalen, rußbedeckten Mietshaus. Das Gebäude stank, schon seit der Kurve, nach Rauch, nach einem nicht sonderlich lange zurückliegenden Feuer. Robert und Andrew folgten mir mit Abstand, als ich durch eine Gruppe Frühaufsteher hindurchging, die auf dem Treppenabsatz und im Eingang lungerten. Eine Kerosinlampe hing an einem Haken in der Wand und warf Licht in das Vestibül. Doch die Dunkelheit war hartnäckig, verschluckte häppchenweise das Licht in den Ritzen, legte am Boden Schatten über die dreckigen Fliesen wie Teppiche. Sackleinen war an die Wände geklebt und mit weißer Farbe bemalt. Auch das Blechdach war weiß gestrichen. Doch selbst im Dunkeln konnte man sehen, dass die Farbe rissig war, abblätterte und durch die Luft schwebte wie Asche aus der Öffnung einer Verbrennungsanlage.

»*Medico*«, rief ich. »Der Arzt ist hier.«

Im ersten Stock ging ich an einer der Toiletten vorbei, die sich in Häusern wie diesem mindestens vier Familien teilten. Linkerhand ging eine Tür auf, und ein Junge von acht oder neun Jahren streckte den Kopf erst heraus und zog ihn dann wieder rasch zurück.

»¡*Mami*«, schrie er, »*la doctora es una mujer! Una mujer negra. ¡Papi se va a morir!*« – Der Doktor ist eine Frau. Eine Negerin. Papi wird sterben.

»¡*Cállate!*« – Sei still!

Die Frau warf die Tür so heftig auf, dass sie hinten an die Wand knallte und den Verputz abbröckeln ließ. Er rieselte sanft auf die Frau und bedeckte ihren Kopf mit pulvrigen Flocken. Ihr dichtes, drahtiges Haar glänzte im Licht und sah aus, als sei es mit Spinnweben überzogen. Als die Frau mich erblickte, riss sie die Augen auf und versuchte, hinter mich zu sehen, über meinen Kopf hinweg. Da Robert und Andrew die Treppe heraufstapften, lächelte sie voll Dankbarkeit und lehnte sich erleichtert gegen den Türrahmen. Als die beiden herankamen, drängelte sie an mir vorbei und fing an, im Treppenhaus wild zu gestikulieren und auf Spanisch fieberhaft auf sie einzureden.

»Nein.« Robert sah sie nicht einmal an. »Nein. Gehen Sie zu ihr. Sie ist die Ärztin. Nicht ich. Sie.«

Andrew zeigte auf mich und machte eine Husch-husch-Geste mit den Händen, als würde er mit Wasser spritzen. Die Frau drehte sich zu mir um und bedeckte ihre bebenden Lippen mit der Hand. Als sie zu weinen begann, drehte ich mich weg und betrat die Wohnung, um meinen Patienten zu suchen.

Die breiten Holzdielen am Boden waren verzogen und schalenförmig aufgebogen. Hinter dem Bett krümmte sich ein Berg von einem Mann gegen splitterndes Holz, eingezwängt in eine gewaltige, verbeulte Wanne. Ich konnte sein Alter nicht schätzen, doch was seine Größe anging, war er irgend etwas zwischen eins fünfzig und eins sechzig. Er wog mindestens vierhundert Kilo. Außer abgewetzter grauer Unterwäsche und Socken hatte er nichts an. Schweiß glänzte auf den Speckrollen und in den Falten seiner Haut.

»*Dios*«, schrie er ein ums andere Mal und knurrte dann tief in seiner Kehle, wenn eine weitere Welle des Schmerzes ihn traf.

»Spricht hier jemand ein bisschen Englisch?« – *¿Un poquito ingles?*

Der kleine Junge trat zu mir und schüttelte den Kopf.

Ich kniete neben dem Mann nieder. »Können Sie mich verstehen, Sir? Wie heißen Sie? Ähm ... *¿se llama?*«

»Raphael DeLeon.« Die Frau stand im Türrahmen, sie weinte immer noch.

»Señor DeLeon, me llama Dr. Chinn. Sie müssen sich hinlegen, damit ich Sie untersuchen kann und weiß, was Ihnen fehlt.«

Aber entweder verstand er mich nicht oder er konnte vor lauter Schmerz nicht tun, was ich ihm sagte. Irgendetwas schien mit seinem Bauch nicht in Ordnung zu sein, so wie er ihn festhielt. Als ich meine Hand über die verschwitzte Wölbung seines Unterleibs gleiten ließ und ihn abtastete, schrie er auf und schlug mit den Fäusten um sich, sodass er fast meine Nase traf.

»Sollen wir ihn festhalten, Chinn?«, fragte Andrew.

»Nein. Mir wäre lieber, wir könnten ihn irgendwie für eine genauere Untersuchung ins Krankenhaus bringen. Ich kann hier nicht wirklich etwas machen. Was denkt ihr, passt er durch die Tür?«

Robert warf einen Blick zu Andrew, der sich am Kopf kratzte und mich voller Zweifel ansah. Dann schauten wir alle drei auf die Bahre aus Leintuch, die die beiden zwischen sich hielten.

»Wir werden Unterstützung nötig haben.«

Also holten wir die Männer vom Treppenaufgang, die sehr gern mithalfen, weil sie hier echte Arbeit verrichten konnten und mit bloßen Händen etwas richtig Schweres bewegen mussten. Wir riefen im Krankenhaus an, und vier zusätzliche Helfer kamen mit Tragen. Robert hielt einen Mann an, der einen Lieferwagen mit tiefliegender Ladefläche fuhr, und gab ihm Geld aus eigener Tasche, um das Fahrzeug benutzen zu können. Alles in allem benötigten wir dreizehn Personen, eine Axt und einen leeren Kohlenlaster, um Raphael DeLeon in die Notaufnahme im Harlem Hospital zu bringen.

Ich klingelte an der Nachtglocke am Hintereingang, und nach wenigen Minuten öffnete mein Tutor, Dr. Sterling Fields. Er war Leiter des medizinischen Ausbildungsprogramms, und alle neunzehn *Interns*, darunter auch ich, unterstanden ihm. Fields war ein aufbrausender, rotgesichtiger Mann mit opulentem Bauch und einer rahmenlosen Brille, die oben auf seinem lichten, silbernen Haar saß. Wenn er unkonzentriert war oder sich unbeobachtet glaubte, legte er seine diversen Klemmbretter und Unterlagen auf seinen Bauchansatz und seufzte wie ein gebrochener, alter Mann. Er war alt. Und auch gebrochen. Aber ich hatte den Verdacht, dass das, was ihn so wütend machte – wütend auf sich selbst, seine Patienten, seine Mitarbeiter und insbesondere mich –, nicht die Tatsache war, in diesem gebrochenen Zustand leben zu müssen, sondern nicht die Kraft zu haben, das wirksam zu verbergen.

Dr. Fields hasste mich. Er suchte nach Möglichkeiten, grausam zu sein. Wenn ich an bestimmten Tagen keinen einzigen Fehler machte und er nicht einmal einen noch so sehr an den Haaren herbeigezogenen Grund finden konnte, ließ er mich einfach links liegen.

Während meine Leute Mister DeLeon in das Untersuchungszimmer schoben, versuchte ich mich zu sammeln. Eine Gruppe Assistenzärzte scharte sich um ihn, manche grinsten bereits hämisch.

»Nun, was haben wir denn hier, Dr. Chinn?«

»Das ist, ähm, Mister Ralph, ich meine Raphael DeLeon. Hispanoamerikaner, männlich, Alter ungewiss, ich schätze vierhundert Kilogramm. Er hat starke Bauchschmerzen.«

»Sehr gut, Doktor. Aber lassen Sie doch zur Abwechslung mal die Raterei und das Umhertasten im Dunkeln.«

Die anderen kicherten und stießen sich an.

»Das wird gut«, sagte ein Assistenzarzt namens Edward. Die beiden Männer links und rechts von ihm grinsten.

»Nun, Sir«, fing ich an, »um ehrlich zu sein, ich konnte nicht feststellen, was Mister DeLeon fehlt. Die Bedingungen in der Wohnung … waren nicht eben … förderlich … für eine richtige Untersuchung. Sein Puls ist leicht erhöht und er hat leichtes Fieber, doch es gibt … eine Sprachbarriere …«

»Wie bitte? Eine Sprachbarriere? Ich bitte Sie, Dr. Chinn. Ich dachte, Sie alle sprechen die gleiche Sprache.«

Offenes Gelächter jetzt. Raphael starrte mich ängstlich an. Er wandte die Augen nicht von meinem Gesicht.

»Also sehen wir mal. Haben Sie seinen Blinddarm schon ge-
prüft, Dr. Chinn?«

Seinen Blinddarm! Wie konnte ich das nur übersehen? Oh
mein Gott. Ich Idiot.

»Äh, nein, Sir.«

»Nein? Haben Sie Nein gesagt? Ein Mann wälzt sich vor
Schmerz und hält sich den Unterleib und Sie vergessen, seinen
Blinddarm zu überprüfen?«

»Sir, ich, äh …«

»Ich glaube Ihnen nicht. Was haben Sie denn zwei Jahre lang
hier gemacht? Vielleicht sollte ich Ihnen die Behandlungsbefugnisse wieder entziehen und Sie ein paar Toiletten putzen lassen,
dann fühlen Sie sich vielleicht wohler, hm?«

Das Lachen hörte auf. Niemand wagte, sich zu rühren. Es war,
als ob alle verdunstet wären.

Ich war allein.

Dr. Fields hob eine Hautfalte an und berührte darunter die
rechte Seite, direkt oberhalb des Geschlechts. Als der Arzt die
Stelle berührte, brüllte Mister DeLeon, bäumte sich auf und versuchte, sich vom Tisch zu werfen. Vier Assistenzärzte sprangen
schnell an Dr. Fields' Seite und drückten Raphael nach unten.
Fields stocherte weiter und wollte den Mann schon auf die Seite
drehen, als ihm etwas auffiel. Er stieß in Raphaels gewaltigen
Bauch. Der riesige Mann kreischte auf und fing an zu beten.

Dr. Fields zog seinen Plastikhandschuh ab und wandte sich an
eine Schwester, die in der Tür stand.

»Machen Sie den Mann fertig zur Operation, Dolores. Jetzt
gleich.«

Zu mir drehte er sich und sagte: »Nun, Dr. Chinn, es sieht so
aus, als wäre das doch keine Blinddarmentzündung.«

»Was ist es denn?«, fragte ich. Ich hasste meine dünne Pieps-
stimme. Kratzig wie bei einem Kind, und das vor all den Männern.

»Es sieht so aus, als hätte Mister DeLeon einen niedlichen kleinen Einschuss, zwanzig Zentimeter unterhalb und acht Zentimer
rechts von seinem Bauchnabel.«

Er ließ das Gewicht, das Ausmaß meines Fehlers im Bewusstsein der versammelten Männer gemütlich Platz nehmen. Dann
verließ er den Raum, ohne sich mir zuzuwenden, hielt jedoch
noch einen Moment inne und wunderte sich. »Wie um alles in
der Welt, Dr. Chinn, schafft man eine Fehldiagnose bei einer
Schusswunde?«

Die Tränen warteten nicht, bis ich zu Hause war. Wenigstens
konnte ich sie in meinem Kopf zurückhalten, bis ich die Metalltür hinter mir schlagen hörte und im Wind das bewegte Wasser
des Flusses riechen konnte. Mein Vater wirbelte mit in diesem
Wind. Er war die ganze Nacht bei mir gewesen – im Schleifen
meines Kleides auf den Treppen, im Schatten der flackernden
Kerze und in den angstvollen Augen, die in mir etwas gänzlich
Neues sahen. Er war auch tief im Inneren der Augen, die überhaupt nichts sahen.

Meine Mutter war auch in dem Wind. Ihre Stimme begleitete
mich nach Hause.

Ich hatte mich vor Fields selbst gedemütigt, weil ich wusste, dass
er mich längst aus dem Ausbildungsprogramm entfernen wollte.
Ein Teil von mir, derjenige, der mit jeder Kränkung, jeder Abfuhr,
jedem ›Streich‹ auf meine Kosten größer wurde, riet mir, es damit
gut sein zu lassen und einfach wegzugehen. Aber es gab auch einen
anderen Teil, der Fehler und Unschlüssigkeit sah und sagte: *Was
erwartest du denn?* Ich wusste nicht, was ich diesem Teil erwidern
sollte. Ich wollte mit mir selbst über mein Problem streiten. Da
eine Lösung zu finden, konnte doch nicht so schwer sein.

Ich schleppte mich heim und blieb für einen Moment vor unserer Wohnungstür stehen, um meinen müden Gesichtsausdruck

aufzusetzen. Ich musste sicherstellen, dass meine Maske fest saß, damit Mutter sie nicht runterziehen und dahintersehen konnte. Wie hätte ich ihr sagen können, dass ich es vielleicht doch nicht verdient hatte, eine Ärztin zu sein? Womöglich hatte doch Papa recht gehabt und nicht wir beide.

»May? Bist du's?«, rief Mama durch die Tür. »Was machst du?«

Sie zog, ich drückte, und beinahe knallten wir mit den Köpfen aneinander. Mama lachte und zog mich hinein. Zum Glück hatte sie es an diesem Morgen eilig. Sie sah mich kaum an.

»Ich muss heute früher da sein, weil mir ein paar Stunden fehlen. Misses Dawson gibt eine Party, du weißt, was das heißt.«

Schuld breitete sich in meinem Brustkorb aus. Neben allem anderen hatte Mama auch noch Herzbeschwerden. Dr. Jackson hatte ihr befohlen, mit der Arbeit ganz aufzuhören, weil sie ihr Herz zu sehr belastete. Der Druck könne sie umbringen. Sie warf ihn aus dem Haus und riet ihm, keine Märchen mehr zu erzählen, sonst würde sie sich ernsthaft mit ihm befassen müssen. Und wenn der Fall einträte, hätte er nichts mehr zu lachen.

Mama arbeitete sechs Tage die Woche vom Morgengrauen bis fünf Uhr abends, um mich zu unterstützen. Mein Vater hatte mir seit zehn Jahren keinen Bissen in den Mund gesteckt. Sie machte das. Und sie tat es, weil sie einen Traum hatte, einen Traum für mich. Ich sollte die erste schwarze Ärztin New York Citys werden. Natürlich hatten schon ein paar Frauen im 19. Jahrhundert auf Long Island und draußen im Brooklyn County praktiziert. Aber hier in der City, wo ich lebte, hatte es so etwas noch nie gegeben. Bis ich kam.

Mama, ich habe heute fast einen Mann getötet. Ich sah einen sterben, und dann – vielleicht weil ich nicht wollte, dass er einsam ist – versuchte ich, ihm Gesellschaft zu schicken. Ich weiß nicht, ob ich das noch weitermachen kann.

Was ich sagte, war: »Also bis nachher, Mama.«

»Papa kommt heute Abend nach Hause. Sie sagen, er wird wieder gesund, aber er muss sich eine ganze Weile ausruhen. Und du musst ihn jeden Morgen rasieren, May.«

»*Warum? Warum* denn ich?«

Mama sah mich scharf an. »Na, ich mach's nicht. Dieser Mann geht mir so was von auf die Nerven. Der Doktor meint, er hat schon ziemlich lange böse Schmerzen. Und sagt er etwas? Natürlich nicht. Das wäre ja zu einfach. Und Gott weiß, dass William Chinn nie etwas Einfaches machen kann. Ich schwöre, ich kann diesen Mann im Moment nicht ansehen. Du musst ihn rasieren und anziehen, bis es ihm besser geht und er es selber machen kann. Du weißt, wie stolz er ist. Wenn niemand von uns es tut, probiert er es selbst und tut sich noch weh. Und ich mach's nicht, also bleibst nur du übrig.«

Sie küsste mich auf die Stirn und eilte zur Tür hinaus, bevor ich widersprechen konnte. Was blieb mir also anderes übrig?

So pflegte und kleidete ich meinen Papa jeden Tag, sechs Wochen lang, bis es ihm besser ging und er aufstehen und auf eigenen Beinen umhergehen konnte. Das Einzige, was er in der ganzen Zeit zu mir sagte, war *Gu'n Morgen*.

Ich erwiderte den Gruß stets höflich und bemühte mich, ihm weder zu lange in die Augen zu sehen noch ihn zu schneiden. Seit Jahren hatten wir nicht mehr so viel Zeit miteinander verbracht, und in gewisser Weise fing ich an, das zu genießen.

In gewisser Weise.

Es war nämlich auch ziemlich anstrengend. Ständig musste ich auf der Hut sein, denn die Enttäuschung, die Bitterkeit, war immer auf der Lauer und bereit, hereinzukriechen.

Ich musste mir immer wieder in Erinnerung rufen, dass es zwischen uns nicht immer so gewesen war.

Es hatte eine Zeit gegeben, vor vielen Jahren, da hatten wir drei uns sehr geliebt.

Kapitel 5

Great Barrington, Massachusetts – 1894

Es war am Hang eines Berges in der Abenddämmerung, an dem meine Mutter mich empfing und erstmals an mich dachte, und das erste Geräusch, das an ihr Ohr drang, nachdem sie wusste, dass ich zuhörte, war das von plätscherndem Wasser. Wasser, das Moos in Schwämme verwandelt und den Regen in ein Sommersonnwendlied. In diesen Bergen gab es Leuchtkäfer und Wildkatzen. In diesen Bergen gab es Bären und weiße Männer, die jagten. Und es gab Lulu und William, tief versteckt in den Kiefern und aufmerksam dem leisen Rauschen meines Atems lauschend, das sich zu der Zeit noch eher anhörte wie das Rauschen des Windes.

Meine Mutter erzählte mir die Geschichten rund um ihr Kennenlernen und meine Geburt so oft, dass ich sie abrufen kann, eine nach der anderen, um sie nach Belieben vor mir zu sehen und auszukosten. Manchmal wirbeln die Geschichten herum und schmecken bitter, wie starker Tee. Manchmal zerschmelzen sie wie Schnee oder Zucker in der Wärme meiner Zunge. Ich erfinde dazu, was ich nicht weiß, denn tief in meinem Herzen bin ich mir sicher, dass nur meine Version die einzig richtige sein kann.

Mein Vater war damals schon ein alter Mann von vierzig Jahren und er hatte bereits eine Frau und drei Kinder. Meine Mutter war ein sechzehnjähriges Mädchen, drall und fruchtbar und dunkel wie Eichenholz, mit Haaren, die wild um ihre Schultern tanzten, und einem Gesicht, das nur selten lächelte. Sie war noch nicht lange in den Bergen von Massachusetts und scheute sich nicht, ihren Unmut darüber zur Schau zu stellen, dass hier farbige Leute nicht einfach an der Straßenecke stehen und Passanten begrüßen konnten, weil sie sonst Angst haben mussten, als ›gewöhnlich‹ bezeichnet zu werden.

Die ersten paar Male, die sie Papa in der Stadt gesehen hatte, war sie sich nicht einmal sicher, ob er überhaupt ein Farbiger war. Nie trug er Kleidung aus Sackleinen, nicht einmal, wenn er hinter dem Verkaufstresen im Drugstore arbeitete. Immer wenn sie ihn sah, trug er einen nagelneuen Prince-Albert-Cutaway wie ein feiner weißer Mann. Dann eines Tages, als sie einfach zu neugierig war und es nicht mehr aushielt, betrat sie schließlich den Drugstore und erlaubte ihm, ihren Blick zu erwidern. Und er lächelte ihr zu. Da verstand Lulu, wer dieser Mann war, sah es sonnenklar, und sie sah eine gute, lange Reise in seinen Augen. In dem Moment beschloss sie, dass er ihr gehörte. Voller Zufriedenheit mit dieser unheilvollen Tatsache drehte sie sich um und verließ den Drugstore, ohne etwas gekauft zu haben.

Monatelang tanzten sie umeinander her, mit verstohlenen Blicken und geflüsterten Worten, die tief im Herzen nichts mit dem zu tun hatten, worüber sie eigentlich sprachen. Dann, an einem flirrenden Nachmittag im August, gab er ihr Nachricht, dass er keine Minute länger warten wollte. Lulu fragte sich, warum er sich so lange Zeit gelassen hatte, aber was sie antwortete war: »Gib Bescheid, und ich werde kommen, wohin du willst.«

Der Sommerhimmel war gelbrot wie Ingwer und als sie zusammenkamen, oben am Hang des Berges, leuchteten bereits die ersten Sterne.

Sie lagen auf der Kuppe des Berges, den die Weißen »Monument« nannten, den aber meine Mutter und die, die aussahen wie sie, als »Nest, das auf dem Kopf steht« bezeichneten. Dort gewann er sie für sich, mit einer Geschichte.

»Es war einmal ein Mädchen, das schönste aller Indianermädchen, mit strahlenden Augen, rabenschwarzen
Zöpfen, schlanker Figur und frohem Herzen. Über der
Tür ihrer Hütte hallten die weiten Wälder den ganzen
Sommer lang wider von ihrem Gesang und ihrem hellen
Lachen. Sie war verliebt in ihren Cousin; solch eine Liebe
galt bei jenen strengen Stämmen als inzestuös, und sie
kämpfte lange und mit aller Kraft gegen ihre Liebe an
und versuchte innig, sich selbst Vernunft beizubringen, so
gut ein einfaches Indianermädchen das eben konnte. Aber
vergebens.«

Meine Mutter lauschte mit der gleichen Verzückung wie das
Mädchen, das sich vor Liebeshunger verzehrte. Seine schläfrigen
grünen Augen weilten in der Ferne und leuchteten wie der Sonnenuntergang, während Lulu wie gebannt dasaß und versuchte,
zu sehen, was er sah.

»Um zu weinen, ging sie fort, dorthin, wo kein Auge
sie sah und niemand sie finden konnte. Sie sagte: ›Ich will
nicht mehr leben. Die ganze Nacht weine ich im Dunkeln,
und der Morgen wirft sein Licht auf mich wie auf ein ver-
fluchtes Ding, das nichts verloren hat auf dieser Welt. Ich
kann aus meinem Herzen die Liebe, die es umklammert,
nicht ausreißen, und ich muss sterben.‹«

Lulu war von Ehrfurcht ergriffen. Dieser Mann trug tatsächlich
viele Reisen in sich und ließ sie von seinen Lippen strömen wie
frische, süße Milch. Doch es war nicht die Dichtung, die ihr so
gut gefiel. Im Gegenteil, sie fand, dass das, was da erzählt wurde,
spröde und lieblos und falsch war. Noch nie hatte sie von einer
Indianerin gehört, die eine derartige Seelenpein im Inneren mit

sich selbst ausmachte. Diejenigen, die sie kannte, ließen ihr freien Lauf, wo es nur ging; richteten sie an den Mond und den Fluss, an die Fährten in den weichen Blättern am Boden, oder vielleicht auch über die Obstgärten hinweg in Richtung Süden.

Nein, die Dichtung beeindruckte sie nicht sonderlich, denn die wusste von nichts. Was sie bewegte, was sie tief in ihrem Brustkorb zum Summen brachte, war, dass sie ihm einfiel und wie er sie erzählte. Seine Erzählweise war reichhaltig und prallvoll mit leuchtenden Farben. Ihr ganzes Leben lang behielt sie seine Erzählweise als ein lebhaft tanzendes Ding in Erinnerung, das mit Grün und Gold behängt war und nach Mandeln duftete. (Mandeln deshalb, weil sein Mund danach roch, nachdem er eine ganze Tüte gegessen hatte, ohne ihr auch nur eine einzige anzubieten.) Alles an dieser Erzählung gefiel ihr, von Anfang an; wie seine Stimme sich hob am Ende der Sätze und wie die Amseln über ihnen kreisten und immer höher aufstiegen, je näher das Mädchen dem Tod kam. Die Gewissheit in seiner Stimme ließ sie ihren Kopf nach unten in seinen Altmännerschoß legen. Sie hielt ihr den Mund verschlossen, als er langsam begann, ihren Kopf mit seinen langen, ovalen Fingernägeln zu kraulen.

William beendete seine Dichtung und wartete still, bis die Sonne die Oberkörper der Bäume hinabgeglitten war und Schatten in die Ritzen und Knoten der dürren Eichen getrieben hatte.

Schließlich flüsterte Lulu: »Du warst ein Sklave.«

William nickte.

»Wieso erzählst du dann so gut? Kannst du lesen?« – »Ja« – »Haben dir das deine weißen Leute beigebracht?«

»Nein, nein. Ein Junge von hier hat's mir gezeigt, da war ich vielleicht achtzehn oder neunzehn. William DuBois hieß er. Er war noch ein Junge damals, nicht älter als acht oder neun, aber schlau wie ein Erwachsener. Nur wegen ihm kann ich jetzt so gut lesen und schreiben wie jeder weiße Mann in der Stadt.«

Sie saßen schweigend nebeneinander, während Lulu all das verdaute. William brach das Schweigen, indem er sanft fragte: »Liest du denn?«

Lulu hatte in ihrem ganzen Leben noch nie die Notwendigkeit irgendeiner Schulbildung verspürt. Aber als er fragte und sie merkte, dass sie *Nein* sagen musste, begann sie sich furchtbar zu schämen.

Hitze fuhr ihr über Gesicht und Arme, bis sie schließlich ihre Qual in einem Kuss verbergen musste, der bis lange nach dem Heranreifen und Aufblühen der Nacht dauerte.

Klarerweise ließ William das Thema fallen und wandte sich anderen Dingen zu. Doch täuschen ließ er sich nicht. Das Letzte, was er zu ihr sagte an dem Abend, bevor sie voneinander Abschied nahmen, war: »Keine Sorge, Lu. Ich bring dir alles bei, was ich weiß.«

Dann ging William heim zu Frau und Kindern, und Lulu kam heim mit mir.

Sechs Monate später fuhr mein Vater, wie es sich gehört, mit wirbelnden Wagenrädern, deren Speichen sorgfältig enteist waren, quer durch Great Barrington, über den Housatonic River und dann leicht nach Süden zum Butternut Basin. Meine Mutter wartete vor ihrem Zimmer im Sklavenquartier hinter dem Sheffield-Anwesen. Sie hielt eine Reisetasche mit Küchengerät fest vor ihren dicken Bauch gepresst, und außerdem einen alten Tweed-Mantel ihres Besitzers Mister Martin Sheffield. Als sie auf den Wagen stieg, überreichte sie den Mantel meinem Vater, der ihn gierig anstarrte, dann aber doch zu stolz war, ihn gleich anzuziehen. Stattdessen legte er ihn hinter sich auf die Ablage. Meine Mutter zuckte die Achseln und tat so, als bemerkte sie gar nicht, dass er immer noch den Prince-Albert-Mantel trug, in dem sie ihn kennengelernt hatte, und darunter ein paar abgewetzte Arbeitshemden und einen Wollschal, der ziemlich kratzig aussah. William ließ die Zügel schnalzen, und Lulu wandte den Blick auch von seinen zitternden Händen ab, deren weiße Fingerknöchel jetzt knallrot vor Kälte waren. Schweigend fuhren sie zurück über den Fluss.

Er hatte in Bessie Cullens Pension unten am Ende der Rossiter Street zwei Zimmer gemietet. Williams vorige Frau Martha und seine drei Töchter wohnten in einem Hinterhof in der Elm Street, direkt am Ende der krummen Stichstraße, die beide verband.

Wenn er sich anstrengte, konnte er durch das dichte Netz verdorrter Weinranken hinter Misses Cullens Haus hindurch sehen, wie seine alte Familie sich hinter ihrem Fenster zum Abendessen setzte. Wenn die Luft sauber genug war, konnte er das Essen sogar riechen. Eine unglückliche und peinliche Situation, um nicht mehr zu sagen, aber es war nicht zu ändern. In Great Barrington gab es nur zwei Straßen, in denen eine afroamerikanische Familie sich niederlassen konnte, ohne die Feindschaft anderer Familien zu riskieren.

Als William und Lulu vor Misses Cullens Haus anhielten, standen Martha und ihre Mädchen da und warteten. Das älteste Kind (sie hieß Irene) war nur etwa fünf Jahre jünger als Lulu, und sie wirkte groß und aufgebracht genug, um ihr etwas antun zu können. Lulu nahm das ältere Mädchen aus dem Augenwinkel heraus wahr und legte instinktiv die Arme schützend über ihren gewölbten Bauch. Sie warf einen Blick auf die Jüngeren, die sich an den Händen hielten, sich mit rotzverschmierten Backen der Kälte wegen aneinanderdrückten und mit gesenkten Augen ihre Schuhe fixierten. Als Lulu bemerkte, dass keine Möglichkeit bestand, um sie herumzugehen, holte sie tief Luft, stieg vom Wagen und stapfte durch den eisigen Matsch die Stufen zur Veranda hinauf.

Martha Chinn, die blaue Augen hatte und wunderschönes Haar, das ihr bis zur Hüfte reichte, starrte ungläubig auf meine

Mutter. Mama erwiderte den Blick, traurig, beinahe schmerz-voll; aber ohne Bereitschaft zur Entschuldigung. Marthas Augen vergrößerten sich, und sie legte die Finger an den Hals, um den Wind abzuwehren.

»Ich wollte dich nur mal ansehen«, flüsterte sie. »Aber wieder-kommen tu ich nicht.«

Sie nickte meiner Mutter zu, doch Mama bewegte sich nicht. Dann verschwanden Martha und ihre Kinder im Haus, um den Hof zu überqueren und die Abkürzung über den Gartenweg zu nehmen.

Misses Cullen beobachtete alles wie ein Richter vom Wohn-zimmerfenster aus, die Bibel im Schoß und ein Ofenrohr als Ge-richtshammer, dabei von den Lippen ablesend, denn es war zu kalt, um die Fenster hochzuschieben. Aber sie kriegte genug mit. Die alte Cullen tratschte schnell herum – pünktlich zum Abend-essen wusste bereits jeder Bescheid –, dass William Chinn etwas mit einer halbindianischen Zauberfrau angefangen hatte (die, ne-benbei gesagt, nicht halb so hübsch war wie die hellhäutige, fast goldgelbe Martha), ohne Herz und ohne einen Funken Anstand.

Meiner Mutter blieb nicht verborgen, was da vor sich ging, und bettelte meinen Vater an, sie doch bitte von der Rossiter Street weit weg zu bringen.

Er leckte sich die schmalen Ränder seines Schnurrbarts und sagte: »Sei doch nicht kindisch, Lulu. Nigger reden nun mal. So sind sie eben. Manchmal ist das das Einzige, was sie überhaupt machen. Wenn du dich daran immer noch nicht gewöhnt hast, wirst du es nie schaffen.«

Dann nahm er seinen Hut und ging.

Drei Jahre lang wohnten meine Mutter, mein Vater und ich in den beiden hinteren Zimmern von Misses Cullen. Nur wenige Leute waren freundlich zu uns, aber nach einer Weile machte uns das nichts mehr aus. Meiner Erinnerung nach (auch wenn es mehr ein Gefühl als ein echtes Wissen ist) waren wir glücklich. Außerhalb unserer Räume ertrugen wir gemeinsam das Schweigen, benutzten es wie ein Schild, eine hohe, graue Wand, außen hart und innen hohl. Aber drinnen, dort, wo wir unter uns waren, dachten wir uns bunte Geschichten voller Liebe und Gelächter aus. In diesen Geschichten war mein Vater der, der erzählte, und meine Mutter die, die tanzte und alles aufschrieb. Ich war ein cremefarbenes Engelchen, warm und schläfrig vor lauter Liebe.

Papa hielt Wort und brachte Mama das Lesen bei. Sie war eine gelehrige und begierige Schülerin und verschlang ganze Kapitel der Bibel, aus denen sie unbedingt lernen wollte, auf die aber mein Vater, der Atheist, nicht um alles in der Welt einzugehen bereit war. Sie einigten sich schließlich auf das Hohelied Salomons, und mit diesen Worten spielten sie fast jeden Abend miteinander.

Ich weiß noch, wie Mama zu mir sagte: »Lern das. Du wirst das lernen, May. Du wirst diese Geschichten erzählen, so wie dein Papa das kann, und ich nicht. Du kannst es.«

Dann wandte sie sich von mir ab und fing an, um meinen Vater herumzuwirbeln, der sie stets in großen Zügen einzuatmen schien, bevor er sprach.

An solchen Abenden sagte er Sachen auf wie: »›Wie schön ist deine Liebe, meine Schwester, liebe Braut! Deine Liebe ist lieblicher als Wein. Von deinen Lippen, meine Braut, träufelt Honigseim. Honig und Milch sind unter deiner Zunge, und der Duft deiner Kleider ist wie der Duft des Libanon. Meine Schwester, liebe Braut, du bist ein verschlossener Garten, eine verschlossene Quelle, ein versiegelter Born ... ein Gartenbrunnen bist du, ein Born lebendigen Wassers ...‹«

Und ich konnte zusehen, wie meine Mutter größer wurde. Sie wurde zu Amanda – zu dem purpurnen Berg der Geburt und der Erlösung in Salomons Lied, zur Bauchhöhle des Wüstenflusses

Abana, um den herum urzeitliche Stämme atmeten und die Siedlungen Gebete verrichteten.

Und sie antwortete ihm mit den Worten, die er ihr gegeben hatte. Ihre Stimme richtete sich auf und trat der seinen gegenüber, noch unbeholfen am Anfang, so wie man sich Lazarus vorstellen mag, der sich von seinem Totenbett erhebt. Als sie schließlich groß und frei genug war, begann sie zu sprechen.

»›Da ist die Stimme meines Freundes!‹«, sagte sie. »›Siehe, er kommt und hüpft über die Berge und springt über die Hügel. Mein Freund antwortet und spricht zu mir: Steh auf, meine Freundin, meine Schöne, und komm her! Denn siehe, der Winter ist vergangen, der Regen ist vorbei und dahin. Die Blumen sind aufgegangen im Lande, und die Turteltaube lässt sich hören in unserm Lande. Mein Freund ist mein, und ich bin sein, der unter den Lilien weidet …‹«

Das war unser Lebensquell, unsere Kirche, in der mein Vater, der Wächter über die Worte, meine Mutter und mich zu beten lehrte.

Damals war ich noch so klein, deshalb erinnere ich mich nicht wirklich an das, was gewesen ist; alles wirkt wie vergilbte Fotos. Doch um die Wärme und die Wahrheit in dieser Liebe weiß ich immer noch, selbst jetzt, da ich alt werde.

So lebten wir, in einer eigenen Welt voller Gedichte und Lieder, bis zu dem Abend, als mein Vater nicht zur gewohnten Zeit heimkam.

An den Abend erinnere ich mich kaum. Ich weiß nur noch, dass meine Mutter mich allein im Bett zurückließ und die Straßen nach ihm absuchte. Ich weiß, dass sie ihn dann hereinschleppte und ich – zum ersten Mal in meinem Leben, glaube ich – den schweren Schnapsgeruch in seinen Kleidern riechen konnte. Sie stand schweigend da, während er auf die Wände einhämmerte und so dafür sorgte, dass die alte Cullen zur Tür hereingestürmt kam, wie ein Pferdekutscher fluchte und mit Kündigung drohte. Ein hitziges Wortgefecht brach aus, es ging um Martha. Dann, nach großer Aufregung, zog meine Mutter ihre Reisetasche unter dem Bett hervor und warf alle drei Kleider hinein, die sie besaß.

Ich weiß nicht, was dann geschah. Ich weiß nur, dass wir kurze Zeit später den Zug Richtung New York City bestiegen und ich Great Barrington nie wiedersah.

Als wir in New York ankamen, besorgte mein Vater uns eine Einzimmerwohnung mit kaltem Wasser an der 60sten Straße Ecke First Avenue, inmitten einer Reihe heruntergekommener Häuser. Die umstehenden Mietshäuser sorgten dafür, dass kein einziger Sonnenstrahl, keine frische Luft eindringen konnte, sodass unser Haus in einem Schleier ewiger Schatten blieb. In dem modrigen Hinterhof, der unser Haus mit drei weiteren verband, kämpften streunende Katzen, Hunde und Obdachlose um einen Platz zum Schlafen.

Die Räume im Inneren waren in einem furchtbaren Zustand. Laut Gesetz musste jedes Zimmer ein Fenster haben. Also schlugen die Vermieter ein Quadrat oben in jede Innenwand und setzten eine Glasscheibe hinein. Doch die meisten dieser ›Fenster‹ waren schon gesprungen oder zerbrochen. Scherben und Splitter und Rattenkot lagen verstreut über den Boden des Hausgangs. Mama trug mich am ersten Tag hinein. Sie ließ mich nicht herunter, während sie das Zimmer inspizierte, das von jetzt an ihr Zuhause sein sollte.

Im Vergleich zu den anderen Zimmern im Haus war unseres ziemlich geräumig. Es war einmal das Wohnzimmer einer Vierzimmerwohnung gewesen. In der Ecke bei der Tür stand eine Badewanne. Wenn gerade niemand badete, legte meine Mutter zwei lange Sperrholzbretter darüber und benutzte sie als Tisch.

Auf der anderen Seite der Tür hing ein kleines Waschbecken mit verrostetem Hahn an der Wand. Neben dem Becken stand ein dickbauchiger Ofen, der Holz und Kohle verbrannte. In die beiden verbleibenden Ecken des Zimmers schob Papa zwei kleine Betten mit schmiedeeisernem Gestell. Um zur Toilette zu gelangen, mussten wir durch das Zimmer der Johnsons gehen. Die Wilsons von nebenan mussten durch unsere Wohnung *und* die der Johnsons.

Ich ärgerte mich jedes Mal, wenn ich auf die Toilette musste. Das feuchte, kleine Kabuff stank entsetzlich nach Ausscheidungen. Nachts froren die Abflussrohre ein. Bei Tag, wenn sie aufgetaut waren, lief oft eine dicke Suppe mit Fäkalien und Urin heraus auf den Boden und quer durch den Hausgang.

Diese und andere Zumutungen führten dazu, dass meine Mutter immer besorgter und in sich gekehrter wurde. Papa hielt sie im Arm und murmelte ihr leise Versprechungen ins Ohr, wenn sie auf ihrem Bett lagen. Ich hörte ihm von meinem Bett aus zu, dem warmen, direkt beim Ofen, während er Freiheit und Sicherheit ankündigte, sobald nur die Straßen nicht mehr verschneit wären und er Arbeit hätte.

Die Monate vergingen, die Versprechen blieben die gleichen, doch Arbeit wollte sich nicht einstellen. Mama fand wenige Wochen nach unserer Ankunft in New York einen Job als Hausmädchen. Aber Papa konnte einfach keine Arbeit finden. Mama flehte ihn an, doch einfach da und dort vorbeizugehen, tagsüber, während der Arbeitszeit, um einen guten Job auf dem Bau zu kriegen, so wie all die Polen, Iren und Italiener. Er lehnte ab. Es dauerte nicht lange, und meine Eltern begannen zu streiten. Der erste Krach, an den ich mich erinnere, brach aus, weil ich vier Jahre alt und hungrig war.

Es gab weder Brot im Haus noch Milch, kein Mehl für Kekse, kein Holz für den Ofen. Keinen Zucker für Zuckerwasser.

Da weinte ich. Ich weinte, bis mein eigenes Weinen mir Angst machte und ich anfing, gegen das kaputte Holz an der Wand in der Ecke bei meinem Bett zu treten. Mama stand hinter mir und ließ mich treten und schreien, bis ich müde wurde und in ihren Armen einschlief.

Ich wachte mitten in der Nacht auf, als ich sie sagen hörte: »Wo warst du, William?«

Dann ging knarrend die Tür zu, und Papas Stimme flüsterte: »Der Vorarbeiter auf der Baustelle drüben an der Fifth und 33sten hat gesagt, ich soll warten ...«

»Nigger, sag mir, woher kenne ich bloß diese Geschichte?«

»Lulu, ich tue, was ich kann. Das weißt du. Warum fängst du jetzt an ...?«

»Sag mir einfach, wo du bis jetzt warst. Bei einem Vorarbeiter sicher nicht.«

»Bitte, ich möchte mich nur ein bisschen hinlegen ...«

»Du hast getrunken, William.«

Papa sog schwer den Atem ein. »Nee, Lulu. So war das nicht.«

»Lüg mich nicht an, William. Bitte.«

»Wie soll ich denn was trinken, Lu? Ich hab doch kein Geld zum Trinken.«

»Hast du doch«, flüsterte sie. »Gestern Abend hab ich meinen letzten Dollar in deine Tasche gesteckt, damit du mich heut Morgen nicht wieder anbetteln musst. Red nicht so mit mir, ich bin doch nicht von vorgestern.«

Mamas Stimme erschlaffte unter dem Gewicht ihrer Worte. Je mehr sie sich aufregte, desto ruhiger schien sie zu werden.

»Du hast es versprochen, William. Du hast versprochen, du bringst heute etwas mit heim. Jetzt stehst du da, mit leeren Händen. Wieder mal. Du weißt, dass May seit gestern Abend nichts gegessen hat. Was willst du ihr sagen?«

»Lulu, das ist nicht fair ...«

»Komm du mir nicht mit fair. Du hast keine Ahnung, was fair ist. So wie du auch keine Ahnung hast, was Stolz ist. Wenn du mich fragst, kümmert sich ein Mann, der auch nur einen Funken Würde und Anstand im Leib hat, um die Seinigen. Denkst du nicht? Andererseits bist du dafür ja nicht gerade berühmt, oder? Sieht so aus, als hätte ich mir das alles viel früher überlegen sollen.«

Papa fuchtelte mit seinem Stock im Zimmer herum. »Ich bin ein erwachsener Mann«, murrte er. »Jeden Tag strenge ich mich an, da draußen Lebensmittel einzupacken oder Löcher zu graben oder irgendwas anderes zu tun, damit ich etwas hierher nach Hause bringe. Ich lass mir diesen Quatsch von dir nicht bieten.«

»Was hast du also vor? Hm? Abhauen?«

Papa schwieg.

»Raus mit der Sprache, Mann. Was hast du vor? Willst du abhauen? Denn, wenn du abhauen willst, dann bitte, nur zu. Ist mir egal. Wenn du's genau wissen willst, es wär' mir sogar recht, wenn du abhaust.«

Mama ging zur Tür und riss sie auf. »Mach schon. Geh und hau ab. Los.«

»Lulu, du bist nur wütend. Reg dich nicht auf. Das meinst du nicht ernst.«

»Nigger, sag mir nicht, was ich ernst meine und was nicht. Ich sagte, hau ab.«

»Baby, warum willst du denn mit mir streiten? Warum willst du unser Ladybug-Käferchen hier aufwecken und unsere Angelegenheiten so ausbreiten, dass alle Leute uns hören? Jetzt beruhig dich schon. Komm, lass uns ins Bett gehen. Wir sind beide müde.«

»Nein, mein Lieber. Du bist nicht müde. *Ich* bin müde, weil *ich* es bin, die den ganzen Tag gearbeitet hat.«

Papas Stimme war klein, so klein, dass man sie fast nicht hörte.

Er sagte leise: »Ich möchte nicht gehen, Lulu.«

»Wie bitte?«

»Ich hab gesagt, ich möchte nicht gehen. Ich möchte nicht von dir weg. Ich möchte nicht.«

Mama seufzte. »Du meinst, du weißt nicht, wo du sonst hinsollst«, sagte sie und machte die Tür wieder zu.

Mama schlief danach eine ganze Weile bei mir im Bett. Papa gab sich alle Mühe, wieder mit ihr gut zu werden. Er stand jeden Tag im Morgengrauen mit ihr auf. Nach einem schnellen Frühstück, bestehend aus Kaffee und Brot, zog Papa seinen grauen dreiteiligen Anzug und seine Melone an, holte seinen Stock hinter der Tür hervor und klapperte Baustellen, Pferdeunterkünfte und Kurzwarenläden ab, um nach Arbeit zu fragen. Jeden Tag redete er davon, dass er wegziehen wollte.

»Wartet nur«, sagte er. »Es wird drei, nein, *vier* Zimmer geben und eine richtige Küche, wie Misses Cullen eine hatte, damit du deine Eintöpfe machen kannst, so wie früher. Ich weiß, ich habe unserem Ladybug-Käferchen zu Weihnachten ein Steckenpferd versprochen, und sobald wir umgezogen sind, mache ich ihr auch eins. Ich weiß schon, wo ich gutes Holz dafür herkriege. Und das wird gar nicht teuer sein. Wir werden in einer guten Gegend wohnen, in der Bronx, und es wird so gut dort sein, dass das Käferchen den ganzen Nachmittag draußen auf ihrem Steckenpferd reiten kann und man sich nicht die geringsten Sorgen machen muss.«

Wenn er in der Nacht zuvor nicht allzu spät heimgekommen war, hörte Mama ihm zu und machte ihm Mut. Sie sagte ihm, dass er mit Sicherheit Arbeit finden würde. Über kurz oder lang würde die Arbeit im Tunnelbau qualifizierten Schwarzen zugänglich gemacht werden. Und Männer wurden ja praktisch von den Schiffen runtergezogen und in die U-Bahn-Stationen gestopft, um die unterirdische Strecke die West Side rauf zur 145sten Straße fertigzustellen. Früher oder später mussten sie ja auch auf die Neger zurückgreifen, die an den Baustellen herumlungerten, zusahen, ausharrten und auf ihre Chance warteten. Wenn man jemanden auswählen würde, dann ihn. Bis dahin wären ihr die 25 Dollar Miete im Monat nicht zuviel. Sie könnte das zahlen und sogar etwas beiseite legen für Möbel, sollte die Wohnung irgendwann kommen.

Kapitel 6

In dem Sommer, in dem ich fünf wurde, entschied meine Mutter, dass sie jetzt genug hatte von der Lower East Side. Zumindest im Hinblick auf mich. Sie hatte weder Papa noch irgendwem sonst gesagt, dass sie Geld gespart hatte, seit wir nach New York gekommen waren. Und sie hatte es nie angerührt, weder für Essen noch für Brennmaterial noch für Kleidung. Das Geld war für mich.

Ohne meinen Vater einzuweihen, nahm sie ihr Erspartes, zahlte das Schulgeld für ein Jahr und kaufte mir eine Zugfahrkarte zur Bordentown Manual Training and Industrial School. Die Bordentown School war die beste Volksschule für Schwarze im gesamten Osten, versteckt in dem verschlafenen Nest Bordentown, New Jersey, etwa einhundert Meilen südlich von New York.

Die Schule stand auf einem alten Anwesen und hatte einst dem Kommodore Charles Stewart gehört. Stewarts heftiger Kampfeinsatz im Krieg von 1812 hatte seine Kameraden dazu bewegt, ihm den Spitznamen »Old Ironside« zu geben. Die Leute in der Stadt nannten seine Villa immer noch »Old Ironside«, selbst nachdem die farbigen Kinder eingezogen waren und sie übernommen hatten. Es war das erste Mal, dass ich von daheim weg war, das erste Mal in meinem Leben, dass ich gezwungen war, auch nur eine Nacht entfernt von meiner Mutter zu verbringen. Die ganze Reise über weinte ich bitterlich. Doch als ich am Schultor ankam, waren meine Klein-Mädchen-Ängste auf einen Schlag wie weggeblasen.

Eine wunderbare, schokobraune Frau namens Miss Morrison führte mich hinauf in den Schlafsaal im ersten Stock. Dort sah ich etwas Erstaunliches: einen ganzen Raum voller aufgeregter, kichernder, streitender Mädchen in meinem Alter. Ich hatte nie zuvor mit gleichaltrigen Kindern zu tun gehabt, und sie kamen mir beinahe vor wie Phantasiegeschöpfe, wie die kleinen Elfen und Feen, über die mein Vater sich Geschichten ausgedacht hatte. Damals glaubte ich im Innersten meines Herzens, dass sie speziell für mich gemacht und an diesem Ort platziert worden wären.

Die Tage in Bordentown gehören zu den schönsten meiner ganzen Kindheit. Da wir die jüngsten Kinder in der Schule waren, wurde die Klasse mit uns Fünfjährigen nicht so streng überwacht wie die anderen. Deshalb verbrachten wir viel Zeit mit ganz unschulischen Aktivitäten, durchstreiften die Felder und Gärten rund um die Schule und suchten den Funken der Schöpfung, mit dem wir das Gewöhnliche in das Magische verwandeln konnten. Aus der Erde holten wir wilde Artischocken und aßen sie roh, noch feucht vom Morgentau. Wir gruben Spargelstangen aus und brachten sie in die Küche, um sie kochen zu lassen. Wir kleinen Mädchen lagen auf dem Bauch und aßen Johannisbeeren, Brombeeren und Erdbeeren von den Sträuchern, bis uns purpurner Saft vom Gesicht tropfte.

In dem Gehölz neben der Eisenbahnlinie, die am Fluss entlang lief, hatte man früher Wein angebaut. Alles war schon lange mit Gestrüpp überwuchert. Wir bahnten uns vorsichtig unseren Weg hinein und pflückten die Trauben, fett wie Murmeln und groß wie Augäpfel, so prall und saftig, dass sie beinahe schwarz waren. Beharrlich ignorierten wir Schlangen, Käfer und all das andere Getier, das normalerweise dafür sorgt, dass kleine Mädchen wie wir schreiend davonlaufen – es aber nicht tat.

Die Leute aus der Stadt, schwarze und weiße, hatten sich zusammengetan und uns eine große, rote Scheune gebaut, in der wir Kühe hielten. Der Schulleiter beauftragte die älteren Jungen und Mädchen damit, die Kühe regelmäßig zu melken, und irgendwie wurde ich da mit eingeteilt. Ein apfelköpfiger Fünftklässler namens Wilford, auch Pipibett-Will genannt, den ich gern mochte und mit dem zusammen ich arbeitete, sagte mir, dass eine Kuh den Eimer umwirft, wenn man sie nicht richtig melkt. Also, meine dünne weiße Kuh Emma warf den Eimer nie um, aber Milch wollte sie auch nicht geben. Stundenlang zog ich an diesen Zitzen, ohne dass auch nur ein Tropfen Milch kam. Was mich diesen Herbst in Bordentown am meisten beschäftigte, war, die Kuh zum Milchgeben zu bewegen.

An das, was gelehrt wurde, erinnere ich mich so gut wie gar nicht, nur daran, dass ich für gute Leistungen ausgezeichnet wurde und ein Buch von Charles Kingsley mit dem Titel *Die Wasserkinder* bekam. Die nette Miss Morrison überreichte mir das Buch und sagte: »May, du weißt, dass du gescheit bist. Wir wissen, dass du gescheit bist. Wir werden nicht zulassen, dass du das vergisst.« Dann durfte ich gehen und war allein mit einem Gefühl von Stolz, das in meiner Brust anschwoll, so groß und fest, dass ich nicht sprechen konnte. Ich saß nur da mit meinem Buch, mit meinem Gefühl, und streichelte es schweigend, während ich davon träumte, zu wachsen und auch Lehrerin zu werden und für immer an der Schule zu bleiben, gemeinsam mit Miss Morrison.

Auf diese Art fing ich an, mein eigenes Ich zu entdecken, zu verstehen, dass ich auch unabhängig von Mutter, Vater oder Lehrer existierte. Es kam mir zu Bewusstsein, dass ich mehr war als nur ein Gedanke, der lächelte, weil jemand anderes lächelte und mir die Hand entgegenstreckte. Ich würde nicht verschwinden, nur weil meine Mutter das Licht gelöscht hatte und weit weg gegangen war, für sich allein.

Indem ich all das über mich selbst lernte, begann ich mich erstmals in meinem Leben für Spiegel zu interessieren. Für reflektierende Tümpel, das Teegeschirr des Schulleiters, einen Eimer voll warmer Milch, die Blasen beiseite geschoben – alles, was mein Gesicht zeigte. Die Lampe neben meinem Bett ließ ich die ganze Nacht über brennen, weil das glimmende Licht einen Vorhang vor das Fenster legte und so Felder, Eichenzweige sowie die Bahn des Vollmonds verschwinden ließ. Nur mein Gesicht blieb übrig. Ich entdeckte, dass ich aus allem einen Spiegel machen konnte. Drinnen, draußen, egal wo. Damit besaß ich Magie. Und weil Kinder sich der Magie nun mal so weit wie möglich nähern wollen und sie bewundern, fingen die anderen Kinder an, mich zu lieben. Kleine Mädchen gingen hinter mir her und stritten darum, welche als nächste meine Hand halten durfte. Kleine Buben wurden still, wenn ich vorbeikam, und malten mit den Zehenspitzen kleine Kreise in den Staub. Die Lehrer umarmten und streichelten mich und hüllten mich in den Duft von Zimt oder Lavendel. Und ich glaube, sie wussten nicht einmal, warum. Ich hingegen schon. Ich wusste genau warum. Denn kurz nachdem Miss Morrison mir *Die Wasserkinder* gegeben hatte, hatte ich das Buch mit unter die Bettdecke genommen und mit einer dicken Feder innen auf den Deckel geschrieben:

Dieses Buch gehört May.

Irgendwann in diesem Winter bekam ich Zahnschmerzen. Schließlich ließ der dumpfe Schmerz wieder nach und ich dachte nicht mehr daran. Aber auf einmal verspürte ich ständige Müdigkeit und Übelkeit. Ich hatte Fieber und musste schwitzen, aber gleichzeitig gingen mir Kälteschauer durch und durch.

Ein Mädchen namens Ruby, das in dem Bett neben mir schlief, entdeckte als Erste die kleine, wunde Stelle auf meiner rechten Gesichtshälfte, ziemlich genau da, wo ich den schlimmen Zahn gehabt hatte.

»Ich weiß nicht, was da aus deinem Gesicht rauskommt, May, aber es ist auf jeden Fall ekelhaft.«

Wir Mädchen rannten alle ans Ende des Gangs, wo ein ovaler Spiegel hing, groß genug, um uns darin sehen zu können. Ich schaute hinein und sah tatsächlich eine Wunde, groß wie ein Zehn-Cent-Stück, die Eiter absonderte.

Die Lehrer riefen den Arzt aus der Stadt, einen großen, schlanken, weißen Mann namens Dr. Jordan. Dr. Jordan hatte vier lange, senkrechte Narben im Gesicht. Jedes Mal, wenn er sich nach links drehte, um nach etwas zu greifen, starrte ich hin. Ich konnte nicht anders. Mit den Narben sah er aus wie ein Hilfsarbeiter, wie ein Säufer oder einer dieser irischen Neuankömmlinge, über die sich Papa immer beschwerte. Ich hatte noch nie einen feinen Herrn mit einem derart verunstalteten Gesicht gesehen.

»Weißt du, May«, sagte er, als er merkte, dass ich ihn anstarrte, »du kannst mein Gesicht anfassen, wenn du willst. Du brauchst keine Angst zu haben. Glaube es oder nicht, aber als kleiner Junge hatte ich die gleiche Krankheit wie du. Sie heißt Osteomyelitis. Als ich so alt war wie du, bin ich vom Fahrrad gefallen und habe mir den Kiefer gebrochen. Der Knochen entzündete sich, genau wie dein Zahn. Ich wurde operiert, genau wie du operiert werden wirst. Aber ich sag dir was: Ich werde das bei dir viel besser machen, als es bei mir gemacht wurde. Du bist viel zu schön, um ein Verbrechergesicht wie ich zu haben, wenn du mal groß bist.«

Er lachte und grinste mich an, und ich versuchte zurückzugrinsen, ohne dass es mir richtig gelang.

Vier Monate lang hatte ich mit einer Krankheit zu kämpfen, die meine Lehrer sich Mühe gaben, mir zu erklären, die ich aber einfach nicht verstand. Erklärungen waren auch gleichgültig. Ich hatte unerträgliche Schmerzen und eine Krankheit, die ein richtiges Loch in die eine Gesichtshälfte gefressen hatte.

Einmal die Woche, neun Wochen lang, schabte Dr. Jordan das entzündete Gewebe aus dem Inneren meines rechten Unterkiefers. Mindestens zweimal pro Woche musste ein gelblicher, kristallener Jod-Verband auf die Stelle gelegt werden. Befestigt wurde er mit Mull und einer Bandage, die um den Kopf herumging.

Ich versuchte so gut es ging, am Unterricht teilzunehmen, um mit meinen Freundinnen dazusitzen und zuzusehen, wie Miss Morrison durch das strahlend gelbe Klassenzimmer schwebte. Aber das wurde mir zuviel. Immer öfter musste ich im Bett bleiben, war unfähig zu essen oder richtig zu sprechen und dabei wie gelähmt vor Schmerz. Schließlich riefen sie Mama an, damit sie kommt und mich nach Hause bringt.

Sie kam am nächsten Tag an und bestieg mit mir einen Zug nach Irvington-on-the-Hudson. Als ich sah, dass wir nicht zurück in die City fuhren, war mir klar, dass, wo immer wir auch ankommen würden, mein Vater *nicht* sein würde.

Irgendwann fasste ich mir ein Herz und fragte: »Mama, wo wohnen wir denn jetzt?«

»Bei den Leuten, für die ich arbeite.«

»Oh«, murmelte ich. Und dann, weil ich immer noch neugierig war, fragte ich: »Wo wohnt Papa?«

»Immer noch in Manhattan. Irgendwo im westlichen Teil der Stadt. Warum?«

»Nur so«, sagte ich leise. Die restliche Fahrt starrte ich auf den Umschlag meiner *Wasserkinder* und formte mit dem Mund still die Worte. Ich musste das Buch nicht aufklappen. Ich hatte längst alle Wörter auswendig gelernt und konnte die Bilder in meinem Kopf aufrufen, klarer als die Landschaft, die am Fenster vorbeisauste.

Meine Mutter brachte mich zu einem großen Anwesen am Rand des Villenviertels von Irvington-on-the-Hudson. Dort wohnte Charles Tiffany, der Gründer von Tiffany & Co. in New

York. Mama zerrte mich ums Haus herum und stellte mich der Familie und den Bediensteten vor. Ich sah keinen von ihnen richtig an. Das Haus nahm mich gefangen. Die glänzenden Marmorböden, die Samtvorhänge, die sich an die abgetönte Seidentapete schmiegten, die Kristallleuchter an der Decke und an den Wänden – ich hatte nie gedacht, dass es etwas so Schönes überhaupt geben konnte.

Das Einzige, was mir an dem Haus nicht gefiel, waren die Spiegel. Vergoldete, allerfeinst gravierte Spiegel, wohin man auch blickte. Spiegel, die mich daran erinnerten, was alle sahen, wenn sie mich anblickten. Warum alle, anstatt verbindlich und freundlich zu lächeln, sich die Hand vor den Mund hielten und wegsahen, weit über mich hinweg. Niemand wollte ein zusammengekrümmtes, bleichgesichtiges Kind ansehen, dessen Haare stellenweise ausgefallen waren; ein Kind, das mit einem verklebten, rot-, gelb- und braungestreiften Verband herumschlich, der um das Kinn geschlungen und oben auf dem Kopf mit einem Knoten zusammengebunden war.

Mittlerweile hasste ich mein Gesicht, denn es war von Narben durchzogen. Dort, wo auf meiner rechten Wange die Haut noch vorhanden war, bildeten sich Schorfkrusten. Wenn ich mich bewegte oder lächelte, brachen sie auf und sonderten Eiter ab.

Meine Freunde waren verschwunden, ich würde sie nie wiederfinden. Mein Vater war auch weg. Und wieder einmal verstand ich warum.

Als Mama mir unseren kleinen Kellerraum zeigte, steckte ich meine *Wasserkinder* ganz hinten unter die Matratze und ließ sie dort liegen.

Jeden Morgen servierte Mama dem jungen Fräulein Tiffany das Frühstück in ihrer Suite – Croissants, geschältes Obst, gekühlten Saft, der so intensiv und frisch roch wie der Kaffee. Dann durfte ich zusehen, wie Mama Fräulein Tiffany in ihr Korsett half, das ihre schlanke Gestalt in eine unnatürlich dünne Form presste. Als nächstes zog sie eines ihrer vielen Tageskleider an, manchmal eines aus pflaumenfarbigem Satin, ein andermal vielleicht einen perlenbesetzten Seidenkrepp mit langer Spitzenschleppe. Ich schaute voller Neid auf diese Kleider und stellte mir vor, Mama würde in Chiffon gehüllt vor dem hohen Spiegel stehen und leise über etwas Kluges lachen, das ich gesagt hatte, während ich ihr beim Anziehen half.

Nachts schlief ich mit Mama in ihrem Zimmer im Dienstbotenbereich. Tagsüber war ich mit den Tiffany-Kindern zusammen. Wir aßen gemeinsam, spielten gemeinsam und hatten Unterricht bei der Gouvernante. Neben den elementaren Fächern hatten wir auch Französisch, Deutsch und Kunstgeschichte. Samstagvormittags brachte Misses Tiffany uns in die Stadt, zum Hippodrome Society Circus etwa oder in Theaterstücke wie *Peter Pan* mit Maude Adams. Die Kinderkonzerte von Walter Damrosch mochte ich am liebsten. Dort hörte ich zum ersten Mal klassische Musik. Als Rachmaninoffs Klavierkonzert Nr. 2 gespielt wurde, verspürte ich das beinahe schmerzhafte Verlangen, die glitzernden Umrisse dieser Klänge mit den Fingern zu berühren, um die Töne zu schmecken. Könnte ich sie essen, so dachte ich, würden sie wie frische Regentropfen schmecken. Wenn aber die Musik sich dehnte und dick anschwoll, fühlte es sich an, als würde der Klang wie gelber Honig von meinem Kinn tropfen.

An den Wochenenden kam Papa manchmal abends vorbei. Er war immer sehr ruhig und höflich, immer nüchtern, und er achtete immer darauf, seine Melone abzunehmen, damit Mamas Kollegen sie nicht ›gewöhnlich‹ nannten. Er brachte kleine Geschenke mit, was er sich eben leisten konnte – Parfüm für Mama, ein Oberteil oder ein paar Murmeln für mich. Und dann saßen sie ein oder zwei Stunden in unserem Zimmer und redeten ruhig miteinander, während ich auf dem Boden spielte. Papa ging nie, ohne meine Mutter anzuflehen, wieder zu ihm zurückzukommen. Er redete leise auf sie ein, flüsterte ihr ins Ohr, während sie auf mich herabstarrte und ich so tat, als sei ich winzig klein und unsichtbar. Ich tat so, als hätte ich keine Ohren.

Wenn sie nicht antwortete, sagte er: »Also, denk drüber nach. Gut?« Und dann begleitete ich ihn zum Eingangstor.

Papa und ich hatten ein Ritual. Er beugte sich zu mir und küsste mich auf die gesunde Backe. Dann wandte er sich der rechten Seite zu und küsste mich über und unter der runzligen, narbigen Hautpartie unterhalb meines Wangenknochens. Dann küsste er mich mitten auf die Narbe, dorthin, wo kein Fleisch mehr war, wo die Haut sich verdorrt über den Kieferknochen spannte, und sagte: »Meine Güte. Jedesmal, wenn ich dich sehe, bist du noch schöner als zuvor, Ladybug. Ich schwör's dir.«

Und dann war er weg.

Den Winter über wohnten die Tiffanys in ihrem Haus in Manhattan. Nur das Personal blieb draußen auf dem Land. Meine Mutter und ich, zwei weitere Hausmädchen, ein Butler und die Hausmeister waren jetzt die Einzigen in der Villa. Der Ort wirkte höhlenartig und kalt. Ich konnte meinen Atemhauch sehen, wenn ich die Wendeltreppe hinauf in die oberen Räume ging und mich in den Ecken versteckte, in die die Hitze des Küchenfeuers einfach nicht vordringen wollte. Ich lernte, allein zu sein in diesen Zimmern und auf dem verschneiten Rasen. Ich lernte, die Stille zu öffnen wie eines meiner Bücher und darin zu lesen – so erzählte ich mir wortlos die Geschichten meines zukünftigen Lebens.

Aber Mama machte sich Sorgen, weil ich so still war. Ich glaube, sie mochte die Beschaffenheit dieser Stille nicht.

»Du benimmst dich genau wie dieses Haus hier, und da mach ich nicht mit«, sagte sie eines Tages. Sie zog mir Hut und Mantel über und schob mich gemeinsam mit Grover, dem Gärtner, der mich die einenhalb Meilen zur Volksschule von Irvington begleitete, aus dem Haus.

Aber ich blieb nicht lange in der Irvingtoner Schule. Die anderen Kinder starrten dauernd auf meine Narben und steckten ihre Finger in die tiefe, faltige Mulde in meinem Gesicht. Die Jungs zeigten sich beeindruckt. Sie boxten mich in den Arm und sagten, ich würde zwar nicht tapferer aussehen als andere Mädchen, aber – Junge, Junge! – ich musste es ja wohl sein, das halbe Gesicht weggekratzt und immer noch am Leben. Die Mädchen flüsterten untereinander und schüttelten die Köpfe. Zwei von ihnen waren so dunkelhäutig wie ich. Die beiden waren pummelig, hatten butternussbraune Haut, und hießen Thelma und Amy. Eines Nachmittags kamen sie auf mich zu und teilten mir mit (als hätte die Frage schon länger zur Diskussion gestanden), dass sie, helle Haut und lange Haare hin oder her, nicht um alles in der Welt mit mir tauschen wollten, weil mein Gesicht voller Narben war. Ohne die Narben würden sie vielleicht tauschen, aber so wie die Dinge nun mal lagen, eh-eh, danke nein. Sie würden gern ihr Leben lang braun sein, aber dafür ohne Narben.

Ich lief weinend nach Hause und wollte gar nicht zuhören, als meine Mutter mir zu erklären versuchte, dass die anderen das nicht wirklich böse meinten. Sie waren Kinder, und Kinder waren eben neugierig und sagten offen, was ihnen durch den Kopf ging. Immerhin bestand sie nicht mehr darauf, dass ich zur Schule ging. Stattdessen durfte ich stundenlang alleine in ihrem Bett lesen, während sie und die anderen sich in den riesigen Zimmern herumtrieben oder schweigend beim Kaffee zusammensaßen. Manchmal gesellte ich mich zu ihnen und bekam auch eine kleine Tasse mit Kaffee, der nach Zimt roch und so golden aussah wie die abgeschälte Rinde eines Eukalyptusbaums. Ich schaute dabei nie meine Mutter oder die anderen Frauen an, denn sie schauten auch nicht zu mir. Stattdessen blickte ich aus den Panoramafenstern auf die nackten, mit Eis bestäubten Äste des Ahornbaums und dachte ans Frühjahr und an andere menschliche Geräusche.

Eine frische Schneeschicht bedeckte den Boden an dem Morgen, an dem wir erfuhren, dass Mister Tiffany gestorben war und wir umziehen mussten. Sein Sohn, Louis Comfort, hatte die Geschäfte übernommen und das Anwesen aufgeteilt. Mama wurde nicht mehr länger gebraucht.

Papa kam an dem Wochenende zu uns heraus. Wie üblich legte er Mama den Arm um die Hüfte und flüsterte: »Lulu, ich vermisse euch so furchtbar. Ich kann einfach nicht mehr leben ohne dich und Ladybug. Wie lange willst du mich noch zappeln lassen, bevor du wieder zu mir zurückkommst?«

Diesmal seufzte Mama und sagte: »Also gut, William. Ich packe unsere Sachen.«

Papa wurde bleich. »Wie bitte?«, stammelte er. »Was sagst du?«

»Ich sagte, wir kommen mit dir zurück in die City, William. Geh rauf und nimm dir ein Sandwich und einen Kaffee, wir sind dann in ein paar Minuten soweit.«

Papa stand mitten im Zimmer, riss den Mund sperrangelweit auf und senkte rasch den Blick. Mama sah zu ihm hin. Ich sah zu ihm hin.

»Was ist los, William?«

»Also, ich … ich … Aber Lulu, ich dachte nicht … Ich meine, ich wusste nicht … Ich brauche einfach … ein bisschen Zeit … um ein paar Dinge zu erledigen. Ich dachte, ihr bleibt noch eine Weile hier. Morgen geh ich zu jemandem, der gesagt hat, er möchte mich treffen …«

Mama setzte sich neben mich ans Fußende des Bettes und senkte den Kopf.

»Du hast noch immer keine Arbeit, stimmt's?«

Papa warf mir einen Blick zu und wurde rot.

»Wo wohnst du denn eigentlich, William?«

»Ladybug, geh bitte raus, damit Mama und ich ein paar Dinge bereden können.«

»Wo?«

»Ladybug, bitte …«

»Du hast gar keine Wohnung, hab ich recht? Du schläfst immer noch in einem von diesen ekelhaften, verpissten Betten auf dem Küchenboden irgendwelcher Leute. Genau wie letzten Winter. Oder etwa nicht?«

»Lulu, hör mir doch zu.«

Mama hatte ihre Stimme kein einziges Mal erhoben. Doch als sie jetzt weitersprach, zitterte ihre Stimme, und das war der Grund dafür, dass mir mit einem Schlag die Tränen das Gesicht hinunterliefen.

»Sag mir die Wahrheit, William. Sag sie mir schnell und sag sie mir ganz. Ich wohne hier draußen und schufte mir den Buckel krumm für diese weißen Leute, und du kommst die ganze Zeit her und bringst Blumen und Versprechungen. Und jetzt, wo wir dich brauchen, willst du mir sagen, du lebst immer noch an demselben Ort, den wir vor zwei Jahren hinter uns gelassen haben?«

Papa antwortete nicht. Er schaute keine von uns beiden an.

»May«, sagte Mama. »Los. Geh jetzt nach oben.«

Ich rannte an meinem Vater vorbei zur Tür, ohne auch nur daran zu denken, sie hinter mir zuzumachen, während ich die Treppe hinaufstürmte.

Eine Woche später bestiegen Mama und ich einen Zug, der sich das Hudson Valley hinaufschlängelte, bis nach Pawling, New York. Über eine der anderen Bediensteten hatte Mama Arbeit bei einer Quäker-Familie namens Wheeler bekommen. Das waren ernsthafte, schwer arbeitende Menschen, die zur Milchgewinnung und zur Schlachtung Viehzucht betrieben. Ihr Land erstreckte sich über das Tal bis an den Rand der Berkshire Mountains, fast bis zur Grenze nach Connecticut.

Ich erinnere mich kaum an die eineinhalb Jahre, die wir dort in Pawling verbrachten. Ich weiß, dass meine Mutter schwer für Misses Wheeler schuftete. Sie stand jeden Morgen vor Tagesanbruch auf, um zum Farmhaus hinüberzugehen, und fast jeden Abend hörte sie erst lange nach Einbruch der Dunkelheit auf.

Jede Woche, wenn sie ihren Lohn bekam, schickte sie mich in die Stadt zum Einkaufen. Wenn ich dann zurückkam, nahm sie alles Kleingeld, das ich heimbrachte, und tat es in Weckgläser mit aufgeklebten Etiketten, beschriftet mit einem meiner roten Malstifte: 50 Cent, 25 Cent, 10 Cent und 5 Cent. Und selbst die Pennys sammelte sie in einer alten, eingedellten Dose unter ihrem Bett. Die Scheine wanderten an einen Ort, den allein Mama kannte. Das hatte ich sie mein ganzes Leben lang machen sehen. In Pawling nahm ich es aber das erste Mal bewusst wahr. Ich fing an zu verstehen.

Mama schickte mich in die Schule von Quaker Hill, wo es nur ein Klassenzimmer gab und wo ich das einzige farbige Kind war. Wenigstens betatschten die Kinder dort weder meine Narben, noch schlossen sie mich aus. Für derlei schienen sie nicht genug Phantasie zu haben. Ihre Phantasie hatte man weitestgehend gemaßregelt und in eine annehmbare Form geschliffen. Und mochte ihr Ideenreichtum auch unterdrückt sein – was streng verboten war, war Spontaneität. Scheinbar waren die Unterschiede zwischen mir und ihnen für sie gar nicht so markant und nicht weiter auffallend. Sie wirkten durchaus freundlich, aber völlig abgestumpft. Das konnte mir nur recht sein.

Auf der Farm gab es keine anderen Kinder, mit denen ich spielen konnte, nur Olivia, die Tochter des Postboten. Sie wohnten relativ nahe, ein paar Meilen südlich der Wheelers, in einem Häuschen mit zwei Zimmern. Sie war ein zurückgebliebenes Mädchen, zwei Jahre älter als ich. Obwohl ich eineinhalb Jahre lang fast ausschließlich mit Olivia spielte, erinnere ich mich an kaum mehr als an den offenen, bewundernden Ausdruck auf ihrem Gesicht. Ansonsten ist meine Erinnerung spärlich und unzusammenhängend. Ich weiß, dass sie im Dezember geboren war und dass sie dichtes, welliges Haar hatte, das wie Feuer aussah, wenn sie es offen trug. Ich weiß noch, dass ich damals dachte, Haare wie diese würden doch eigentlich zu einem viel klügeren Mädchen gehören.

Unsere Tage verliefen immer gleich, ohne Ausnahme, bis zu dem Nachmittag, als mein Vater in einem gemieteten Buggy und mit pechschwarzem Dreiteiler an der Haustüre der Wheelers vorfuhr, um meiner Mutter zu sagen, dass er einen Job hatte.

Mama wirkte verwirrt. Ich betete im Stillen, ihr Gesicht möge sich öffnen und glücklich aussehen. Ich betete, sie möge ihm ein Lächeln schenken. Sie sah müde aus. Zu müde zum Lächeln. Aber wenigstens bedeutete das, sie war auch zu müde zum Streiten. Also holte ich die Reisetasche und fing an zu packen, während Papa ihr Haar küsste und sich mit einem neuen Baumwolltaschentuch die Wangen abwischte.

Binnen einer Woche waren wir wieder in New York City und bezogen eine Zweizimmerwohnung in San Juan Hill. Ich war furchtbar traurig. Es war schön, wieder bei meinem Vater zu sein, aber ich vermisste Olivia. Ich vermisste meine Schule, in der die Kinder nie mit dem Finger zeigten oder glotzten oder kicherten. Ich verabscheute das Kitzeln der Kakerlaken, die so unverschämt waren, über meine Beine und Füße zu krabbeln, während ich schlief. Schließlich konnte ich nur noch ganz unruhig schlafen. Ich konnte nichts essen, und wenn ich ein Glas

Milch umschüttete oder nicht schnell genug eine Frage beantworten konnte, dann weinte ich.

Mama wusste nicht, was tun. Ich hörte, wie sie nachts auf und
ab ging, anstatt zu schlafen. Schließlich kam sie auf die Idee mit
der Musik. Sie wusste, wie begeistert ich von Damroschs Kon-
zerten gewesen war, zu denen mich die Tiffanys mitgenommen
hatten. Also zerrte sie meinen Vater eines Samstagmorgens aus
dem Haus, um dann ein paar Stunden später zurückzukehren
und ein klappriges Klavier in unsere Wohnung im drittten Stock
zu wuchten.

Bis heute habe ich nicht die leiseste Ahnung, wie und woher
sie das Klavier besorgt hatte. Aber ihre Ahnung erwies sich als
zutreffend. Die Musik beruhigte mich. Sie erfüllte mich sogar.
Musik wurde mein Glück, mein Wesen, der Umfang und die Weite meiner Erinnerung. Die Töne wurden ein Teil von mir, so wie
die Luft zum Atmen, auf eine ähnliche Weise, wie sonst nur die
Gegenwart meiner Mutter meine Seele in Besitz nehmen konnte.

Umhüllt von der Ruhe dieses neugefundenen Friedens schlief
Lulu ein.

———

Der September kam und meine Mutter meldete mich in der
nächstgelegenen Grundschule an, einem dreistöckigen Gebäude
in der westlichen 63sten Straße. Eine reine Negerschule. Alle
Kinder kamen genau wie ich aus den Bruchbuden von San Juan
Hill runter nach Hell's Kitchen. Nach meinem ersten Schultag
kam ich heim und Mama schaute sich die Schulbücher an. Normalerweise setzte sie sich hin, las mit mir gemeinsam den Anfang
einer Geschichte und überlegte dann, wie sie wohl ausgehen würde. Doch als sie mein neues Lesebuch aufschlug, stöhnte sie und
hielt sich die Hand vor den Mund, so wie sie es tat, wenn eine
Spinne in der Wohnung war.

»May, komm her.«

»Ja, Ma'am.«

»Die Lehrerin in der Schule – hat sie dir das Buch so gegeben?«

»Ja, Ma'am.«

»Bist du dir sicher? Bist du dir sicher, dass du nichts mit dem Buch angestellt hast, nicht das Geringste?«

»Ja, Ma'am. Ich habe es nur in meinen Gurt gesteckt und heimgetragen«, stammelte ich.

»Gut, Liebes. Dann geh jetzt ins andere Zimmer.«

Mama stellte einen Topf Kaffee auf. Dann setzte sie sich mit dem Rücken zum Ofen und schlug jede einzelne der eingerissenen, vollgemalten, eingeknickten, schmierigen Buchseiten auf. Sie untersuchte jede einzelne Falte, jedes mit Bleistift an den Rand gekritzelte Schimpfwort, jede Lehrgeschichte, deren Ende herausgerissen war. Papa kam heim, aber Mama wandte den Blick keinen Millimeter von dem Buch auf ihren Knien. Er sprach sie an, aber sie reagierte nicht. Schließlich ging er ohne Abendessen ins Bett. Weder er noch ich waren uns im Klaren darüber, ob sie das überhaupt mitkriegte. Spät in der Nacht saß sie immer noch da. Ich ging zu ihr und sprach sie an. Als sie aufblickte, sah ich etwas, das ich noch nie in meinem Leben gesehen hatte.

Meine Mutter weinte.

Die Faust in den Mund gesteckt, mit dem Rücken zur Tür meines Schlafzimmers, saß sie still mit dem Buch auf den Knien und weinte. Ihre Tränen machten mir Angst. Auf einmal konnte ich nicht mehr atmen. Ich öffnete den Mund, um ebenfalls zu weinen, aber kein Ton wollte herauskommen. Sofort zog Mama mich zu sich her und sang leise in mein Ohr. *Ruhig, mein Kind, alles ist gut. Mami fehlt ja gar nichts. Sei ganz ruhig.* Ich ging wieder zurück ins Bett, und jetzt kam sie mit mir mit. Sie legte sich neben mich, öffnete ihr Haar und bedeckte damit mein Gesicht. Der Kokosgeruch ihrer Haare ließ mich bald darauf einschlafen.

Als ich einen Monat danach von der Schule heimkam, war Mama auch schon zu Hause; all unsere Besitztümer waren eingepackt und standen an der Tür. »Wir ziehen um, May«, teilte sie mir mit. »Ein neues Viertel macht auf, und wir sind mit drin.« Macht auf bedeutete, dass es ein paar schwarzen Familien gelungen war, in ein weißes Viertel einzudringen. Sofort begannen die Weißen abzuwandern. Während immer mehr Schwarze nachkamen und die Weißen wegzogen, blieben die Schulen in gutem Zustand. Die Stadt ließ nie zu, dass die Schulen auf den Hund kamen, solange, bis die letzten Weißen weg waren – und das konnte Monate oder sogar Jahre dauern.

Die nächsten zehn Jahre blieb meine Mutter den flüchtenden Weißen auf den Fersen, quer durch New York City. Wir wohnten am Columbus Circle, vom Central Park nur durch die Straße getrennt, dann in der 101sten Straße, dann in der 93sten Straße Ecke Amsterdam Avenue, und dann wieder weiter Richtung Downtown in der 60sten Straße, von wo aus ich die Washington Irving Highschool besuchte, und zwar in dem Jahr, in dem sie den Betrieb aufnahm. Bei jedem Umzug erhielt Papa von Mama den Auftrag, das abgenutzte, völlig ramponiert aussehende Klavier mitzuschleppen. Papa machte das mit, solange ich ihm hoch und heilig versprach, niemals in meinem Leben Ragtime zu spielen. Nur ein Flittchen spielte Synkopen und Ragtime auf dem Klavier. Ich sagte, ja, natürlich, und nahm meine Musik mit mir.

TEIL ZWEI

Kapitel 7

Bronx, New York – 1914

Der Sommer endete in Flammen. Die Nationen explodierten und wurden ausgelöscht von diesen Feuern, die über Felder und Wiesen und die Grenzen entlang fegten und dabei einen Kontinent in treibende Asche hüllten. Ich war gerade achtzehn geworden. Achtzehn und am Anfang der zehnten Klasse, in einem Jahr, in dem Männer begannen, in ganz Europa Gräber auszuheben und sie Gräben zu nennen. Deutschland erklärte Russland und Frankreich den Krieg und marschierte in Belgien ein. Großbritannien, Serbien und Montenegro spuckten in den Dreck und erklärten Deutschland den Krieg. Österreich, nicht zu vergessen, erklärte Russland ebenfalls den Krieg. Russland, Frankreich und Großbritannien wiederum erklärten der Türkei den Krieg.

»Sie kriegen, was sie verdienen«, konstatierte Papa täglich und warf seine Zeitung in den Müll. Ein paar Sekunden später zog er sie dann wieder heraus, um irgendeine besonders frustrierende Stelle nochmals zu lesen.

»Du musst dich nicht so aufregen über etwas, das gar nichts mit dir zu tun hat, William.«

»Noch nicht«, sagte er dann. »Aber bald werden wir mit drinhängen. Und wen, glaubst du, werden sie schicken? Wenn wir dabei sind, wer, glaubst du, wird als Erstes sterben? Die Farbigen. Die Farbigen und diese verfluchten Immigranten. Die Weißen kämpfen mit Worten. Dann ist es für sie klar, dass wir zum Gewehr und zur Schaufel greifen. Merk dir, was ich sage. Wenn

122

das passiert, werden wir ganz plötzlich vollständige Bürger sein. Glaub's mir.«

Ich wollte, dass auch mich das etwas anging, mich ordnungsgemäß aufwühlte. In meinem Zorn hätte ich vielleicht patriotische Fächer belegt – Mechanik oder Drucktechnik, etwas in der Art. Aber im Großen und Ganzen blieben die Angst vor dem Krieg und seine Gräuel mir fern.

Ich war verliebt.

Der Kronprinz Ferdinand und seine Frau waren tot. Und ich war verliebt. General Zamon wurde Präsident von Haiti. Was mir so gut wie völlig gleichgültig war, denn ich war verliebt. Boston schlug Philadelphia 4:0 und gewann die Baseball World Series. Und stellt euch vor!

Gabriel ging auf die Morris Highschool, genau wie ich. Auch wenn er eine Klasse über mir war, war ich doch ein Jahr älter. Wir fanden einander auf ganz wundersame Weise – nämlich weil er Strawinskys neuestes Werk, *Le Rossignol*, erkannte und beschloss, dass er mehr hören wollte.

Das Schuljahr hatte gerade begonnen. Eines Nachmittags blieb ich noch im Musikzimmer, um mit meiner besten Freundin, Lila Laurie, zu üben. Lila sollte eigentlich den Text von »Watch Your Step« singen. Aber Irving Berlin war einfach nicht ihr Ding. Also lümmelte sie sich auf dem Klavier herum, lachte über alles und nichts und verputzte Mamas Haferkekse. Das störte mich nicht. Wir ließen die Fenster des Klassenzimmers weit geöffnet, um die direkt davor stehenden Hibiskus-Sträucher riechen zu können und uns von der Sonne bescheinen zu lassen. Lila mochte bestimmte Klänge besonders gern – Cis, Des, a-moll – deshalb achtete ich darauf, sie in so viele Phrasen wie möglich einzubinden, auch wenn sie gar nicht passten. Die schöne, alberne, sepiafarbene Lila. Die grobknochige Lila, die drei Sprachen konnte, darunter Latein, das ich hasste. Lila, die es fertigbrachte, dass die weißen Jungs und die schwarzen Jungs ihre Bücher fallen ließen, wenn sie vorbeiging. Sie schaffte es, mich jederzeit zum Lachen zu bringen.

Da Lila nicht bei der Sache war, beschloss ich, etwas Neues auszuprobieren. *Le Rossignol.* Ich strich vorsichtig über die Tasten, berührte sie kaum, während ich versuchte, ihr eine halbgare Geschichte zu erzählen, die mehr aus Stille bestand denn aus Klang. Aber ich wollte sie einfach erzählen. Einfach und wahrhaftig. Auf die Art würde sie sie verstehen, dachte ich.

Mit geschlossenen Augen fand ich einen Fluss der Töne, der den Worten ähnelte, die ich von der Kindheit her kannte. *Wie schön ist deine Liebe ... Deine Liebe ist lieblicher als Wein ... Honig und Milch sind unter deiner Zunge, und der Duft deiner Kleider ist wie der Duft des Libanon ...* Töne dehnten sich und nahmen eine Bedeutung an, die sie nie gehabt hatten, Farben spielten auf den höheren Noten, die wie abgelöst klangen und unreif, wie ein verfrühter Sonnenuntergang.

Irgendwo in der Mitte steckte Gabriel den Kopf herein. Unsere Augen begegneten sich unmittelbar, und er sagte ein Wort: »*Rossignol?*«

Das war's.

Lila verschwand, nicht ohne mir durch die Haare zu fahren und mir in die Wangen zu kneifen. (*Damit sie rosig werden. Glaub mir.*) Dann, auf dem Weg nach draußen, stieß sie *zufällig* meine Bücher vom Klavier auf den Boden. Das war ihr Test. Sollte der Junge auch nur das Geringste von einem Gentleman haben, würde er kommen und die Bücher aufheben. Als Gabriel sich bückte, um meine Geometrie- und Geschichtstexte zu retten, zog Lila eine Grimasse und schwebte zur Tür hinaus. Albernes Ding.

»Ich bin Gabriel Stevens«, sagte er. Ich nickte, als sei dieses wunderschöne, neue Gesicht nichts weiter als das strahlende Antlitz Gottes.

»Wie hast du gelernt, so zu spielen?« Gabriels Stimme ließ mich erröten. Sie klang sanft und sicher, wie die eines erwachsenen Mannes, der lächelt und sich vorbeugt, bevor er mit einem spricht.

»Ich spiel, seit ich sieben oder acht bin«, erklärte ich ihm. »Die Frau, bei der ich Unterricht habe, Miss Lee, lässt nur zwei Dinge zu. Alte Musik und Kirchenlieder. Genau wie mein Vater. Er hasst Ragtime wie die Pest. Aber das macht mir nichts. Ich liebe die Klassiker. Ich liebe diese Musik schon länger, als ich mich überhaupt erinnern kann.«

Wie um alles in der Welt kam ich dazu, so viel zu plappern?

»Dein Spiel ist ... also, ich weiß nicht, wie ich es nennen soll. Es ist so anders. Wie oft musst du üben, um so zu spielen?«

»Ach. Ich spiele eigentlich jeden Tag.«

»Jeden Tag?« Er stieß einen anerkennenden Pfiff aus. »Hast du ein eigenes Klavier?«

Ich nickte.

»Junge, Junge. Deine Eltern müssen Geld haben, wenn sie dir dein eigenes Klavier kaufen konnten.«

»Nein, absolut nicht.« Ich bewegte meine Hände über die Tasten und schlug zart einen d-moll-Akkord an. »Sie haben mich einfach ... lieb. Sie bringen Opfer.«

Gabriel rückte ein bisschen näher. Er hatte ruhige Augen, so dunkel, dass die Iris ins Weiß hinüberfloss. Sie sahen aus wie von Wolken verhangen.

»Das ist bestimmt schön«, sagte er. »Du hast wirklich Glück, May.«

»Woher weißt du meinen Namen?«

»Aber wer kennt dich denn nicht?« Er lachte tief in seiner Kehle, bis ich erneut rot wurde und den Klavierdeckel zuklappte.

»Darf ich dich heimbringen?«, fragte er.

Ich hätte nicht Ja sagen sollen. Aber ich tat es.

Der direkte Heimweg von der Schule zog sich fast zwei Meilen durch die Gegend am Crotona Park. An dem Tag gingen wir jedoch mindestens fünf.

Gabriel Stevens leuchtete. Mit ingwerfarbener Haut und starken Oberschenkeln, die die Nähte seiner Hose spannten – er war so schön, dass ich keinen klaren Gedanken mehr fassen konnte. Seine Familie war noch nicht lange in den Staaten, erzählte er mir, sie waren vor vier Jahren von Halfway Tree in Jamaika hergezogen. Als er das sagte, konnte ich seinen Akzent einordnen, dieses klare, präzise King's English, das in seiner Art zu sprechen so bestimmend war. Es war schön, genau wie er. Gabriel trug einfache Kleidung: dunkle Hose, lohgelbes Hemd mit echtem Kragen, schwarze Oxford-Halbschuhe und eine Melone, weit nach hinten geschoben, wie ein echter Lausbub. Ehrlich. Anständig. Wunderbare Eigenschaften, die jedoch leider meinem Vater völlig gleichgültig sein würden. Papa konnte Schönlinge nicht leiden. Seiner Meinung nach sollte ein Mann eine junge Frau nur ansprechen oder sich Hoffnungen machen, mit ihr auszugehen, wenn er bereit war, sie auch zu heiraten. Das einem Elftklässler klarzumachen, war sicherlich nicht einfach.

In jenen ersten hellen Momenten des Lachens und unseres gegenseitigen Erkennens machte ich mir allerdings um nichts weniger Sorgen als um meinen Vater.

Wir wanderten durch Mott Haven, vorbei an der Fabrik Ecke Third Avenue und östliche 134ste Straße. Vorbei an einem flachen Gebäude, über dessen Tür eine Holztafel hing: *Janes, Kirtland & Company*. Hier schmolzen sie Eisen, hier hatten sie die Kuppel des Capitols in Washington konstruiert. Im Vorbeigehen konnten wir die Hitze des Metalls und der arbeitenden Männer riechen. Weiter unten kamen die Klavierfabriken, die den Gehsteig mit Gerüchen von Holz, Sägespänen und Lack überzogen. Ich atmete tief ein. Diese Düfte machten mich glücklich.

Wir machten eine unerwartete Wendung und kamen so noch weiter vom Weg ab. Keiner von uns beiden kümmerte sich groß darum, wohin die Straßen führten, nur dass sie plötzlich breiter wirkten, wohlriechender und attraktiver. Wir gingen vorbei an einem der ruhigen Wohnblocks, gesäumt mit eleganten Reihenhäusern und buschigen Holzapfelbäumen, die so spät noch blühten. Die Äste bogen sich unter der Last der Blüten, manche Bäume leuchteten rosa, andere weiß. Unmengen von Blütenblättern schwebten herunter auf den Gehsteig, und ich watete hindurch, wirbelte sie auf und ließ sie um meinen Rock herumtanzen. Mein Herz schlug laut. Nicht schnell, aber kräftig und schwer, wie Fußschritte. Gabriels Körper füllte den Raum um mich. Es schien, als würde er den ganzen Gehsteig einnehmen.

»Ich wollte immer so Klavierspielen wie du«, sagte er.

»Ich bring dir alles bei, was ich weiß. Wenn du willst.«

Wir bogen wieder in die Mott Avenue ein, schlenderten langsam und nahmen schamlos die Zeit des anderen in Anspruch. Ohne jeden Anstand. An einer Kreuzung nahm er meine Hand und ich spürte einen Ruck in meinem Brustkorb, der Bereiche zum Leben erweckte, die noch nie zuvor Atem geholt hatten. Ich blinzelte nach oben, sah Gabriels stolzen Kopf, seinen breiten Rücken, und erkannte in ihm die Gelegenheit, eine Freiheit zu erlangen, die mein ganzes Dasein komplett verändern würde.

Das wurde, wie sich herausstellte, eine der absolut zutreffenden Wahrheiten meines Lebens.

————

Treffpunkt Botanischer Garten 15.30 Uhr – GS

Ich drehte den kleinen Zettel um und schrieb auf die Rückseite: *Kann nicht. Mein Vater. – MC*
Ein Jahr war vergangen seit jenem ersten Nachhausegehn.

127

In diesem Jahr war Gabriel zu meinem Universum geworden. Wir fabrizierten jede irgend mögliche Ausrede, um freie Momente aus unseren Tagen herauszuschälen. Er wiederholte sogar freiwillig Gemeinschaftskunde, nur damit wir jeden Vormittag fünfundvierzig Minuten lang nebeneinandersitzen konnten. Aber es war immer so wenig Zeit. Papa verordnete mir einen strengen Zeitplan, um sicherzustellen, dass ich mich nicht auf der Straße herumtrieb.

Als Mister Bennett sich zur Tafel drehte, um etwas zu schreiben, reichte ich den Zettel unter dem Tisch nach hinten zurück, und er griff danach und berührte dabei meine Fingerspitzen zwei oder drei Sekunden länger als notwendig. Das war unser Ritual.

Der Lehrer redete weiter, über was, weiß ich nicht. Ich zog die Augenbrauen zusammen und schürzte die Lippen – und versuchte so einigermaßen passabel zu imitieren, wie man aussieht, wenn man zuhört. Und wenn Mister Bennetts Worte auch an meine Ohren drangen, erreichten sie doch nie mein Gehirn. Zum Glück rief er nie farbige Schüler auf. So musste ich keine Angst haben, vor der Klasse bloßgestellt zu werden. Dann hörte ich es: Gabriels Bleistift tippte leise an den Rand des Tisches. Ich reichte die Hände nach hinten und stieß einen Seufzer aus, während ich seine Finger die meinen umklammern fühlte.

Bitte! Ich muss mit dir reden. – GS
Warum? – MC
Kann jetzt nicht drüber reden. Aber ich werde dir erzählen, was für eine riesige Palette von Gefühlen dein letzter Brief in mir geweckt hat. Es ist soviel passiert in letzter Zeit. Ich glaube, wenn ich dir nicht sagen kann, was ich fühle, wird der Damm brechen, der sich in mir aufgebaut hat, und ich werde keine Kraft haben, ihn zu stoppen.
Lass mich nicht warten. – GS

Was hätte ich dazu sonst sagen sollen?

Am gewohnten Platz. Ich werde da sein. – MC

Die Stille wog schwer im Wald. Sie war von einer tiefen, süßen, fast teefarbenen Röte, die den Schierlingstannen Wissen und aufmerksame Augen verlieh. Das Volk meiner Mutter hätte diese Stimmung des Waldes den Atem des Großen Geistes genannt. Aber diese Leere, diese Geräuschlosigkeit, so sagten sie, war nur ein Trick. Das war etwas, was sich einstellte, wenn gewisse Geister die Luft anhielten und so taten, als seien sie verschwunden. Das Licht, das durch die Bäume rieselte und die Schößlinge ermunterte, sich aufzurichten, sie anhauchte, ihnen »Wachse, wachse« ins Ohr flüsterte, so wie Gott, das betrachteten sie als die Finger des Großen Geistes. Der Fluss wurde in der Vorstellung des Volkes zur Länge und zur Breite des großen Mundes, den der Geist hatte. Das Licht, das sich auf Ihm spiegelte, waren Seine Zähne. *Vieles wie eines, alles wie jedes. Jeder von uns ein Finger an derselben Hand.* Deshalb gab es keinen Grund, die Stille zu fürchten, wenn der Wald plötzlich den Mund hielt und man die betäubende Leere hörte, die sich wie Handflächen auf deine Ohren presste, wenn nichts sich bewegte außer deinem Herz. *Das ist Gott, der da spricht,* sagten dann die Leute meiner Mutter. *Hab keine Angst. Sei still und lausche. Warte, bis du etwas hörst.*

Ich wartete in der Stille auf Gabriel. Es war dreiviertel vier. Mindestens. Ich zählte die Atemzüge, um mich zu beruhigen, und dachte darüber nach, was ich tun würde, wenn ich den ganzen Tag und bis zum nächsten Morgen warten müsste, um ihn zu sehen. Die Stunden meines Tages ordneten sich um die Frage, ob oder ob ich ihn nicht würde sehen können. Was ich denn bis dahin machen musste, damit die Zeit verging. Wie viel

von einer Sache ich machen konnte und wie lange, bevor ich aufblickte und ihn sah, wie er lächelte und mich erwartete. Er nannte mich sorglos, manchmal sogar herzlos. Als würde ich mich
nicht danach verzehren, ihn zu sehen, genau wie er sich nach mir
verzehrte. *Du könntest mir alles erzählen, sagte er dann, so wie
du in dieses Buch vertieft warst. Wie du da Klavier gespielt hast.
Wie du die Hausaufgaben für Misses Simon korrigiert hast. Ich
wette, du hast vergessen, dass ich überhaupt komme. Gib es zu.
Sag die Wahrheit.*
Er hatte keine Ahnung.

Ich kratzte mit dem Fingernagel an der weichen, klebrigen Rinde
einer roten Zeder. Dann setzte ich mich auf den Boden und spielte
mit den geschuppten Nadeln, formte ein Nest für die Spatzen und
eines für die Zaunkönige. Und ich betete. Egal, was passierte, ich
würde mich zu Hause mit Papa herumschlagen müssen. Weil Papa
Bescheid wusste. Ich habe keine Ahnung, wie das kam. Er wusste
nicht wirklich von Gabriel, aber *er wusste Bescheid.* Und das
machte ihn nervös wie noch was. Er suchte Streit und wartete ab,
ob Mama und ich es wagen würden, uns zu wehren.

Aber ich konnte einfach nicht gehen, ohne wenigstens Gabriels
Gesicht in meinen Händen zu halten, ohne ihn meine Lippen
küssen zu lassen. Nur so würde ich nicht dieses erstickte Gefühl
haben bis zum Morgen, wenn die Schulglocke läutete und ich wie
jeden Tag meine Suche nach seinem Gesicht in den überfüllten
Gängen beginnen konnte. Er war nie schwer auszumachen. Er
war immer der Größte, der Schönste, der, der den Gang genauso
angestrengt absuchte, und zwar nach mir.

»May!«

Ich stand auf und drehte mich um, und da war er, die Arme um
mich gelegt und schwer in mein Haar atmend.

Wir standen, eng umschlungen, eine lange Zeit. Wie lange,
weiß ich nicht, und selbst als Gabriel flüsterte: »Komm, gehen

wir«, und ich sagte: »Ja«, selbst da bewegte sich keiner von uns. Er küsste mich und küsste mich und küsste mich. Seine Finger tief in meine Haare vergraben, kraulte er meinen Kopf, bis die Haarnadeln herausfielen. Mein Haar öffnete sich und fiel auf meinen Rücken herab. Dann strich er mit den Fingerspitzen leicht über meinen Nacken. Seine Berührung sandte warme Wellen aus, die sich in meinen Beinen und Hüften ausbreiteten, meine Hände wurden taub und mein Gesicht errötete vor Wonne, einer Wonne, die so groß war, dass sie weh tat. Ich konnte nicht atmen. Er presste meine Hand auf seine Brust und griff erneut in meine Haare. Dann drückte er meine Lippen wieder auf die seinen, und anstatt mich zu küssen, flüsterte er meinen Namen gegen meine Zunge.

Ein Verlangen, größer als alles, was ich je für möglich gehalten hatte, explodierte in meinem Brustkorb. Schwindlig, desorientiert, versuchte ich, ihn noch näher zu mir herzuziehen, hungernd nach einem weiteren Kuss. Erst als Gabriel sich den Knöpfen meiner Bluse zuwandte, kehrte von irgendwoher mein Bewusstsein zurück, das mich von seinen Lippen ablassen und *Nein* sagen ließ. Wir lösten uns voneinander, keuchend, zitternd und errötend, beide. Diese Art von Gier machte mir Angst. Doch dann lächelte Gabriel, und irgendwie, ohne ein Wort, brachte sein Lächeln alles in Ordnung. Ich vertraute ihm. Als ich mich von ihm wegdrehte und mich umsah, merkte ich, dass die Geräusche in die Tannen zurückkehrten. Wir konnten weitergehen.

Hand in Hand schlenderten wir über den unebenen Boden und lachten, obwohl keiner von uns beiden etwas gesagt hatte. Ich vergrub mein Gesicht in seiner Seite, sog seinen frischen Geruch ein, leicht feucht, leicht stechend, als ob er gerannt wäre.

Wir kamen an eine Stelle mit alten, toten Bäumen, deren Wipfel wie die silbernen Zacken einer Gabel aussahen. Ich hielt Gabriels

Hand fester, denn die Geister redeten viel lauter in diesem Gehölz, auch wenn er sie offenbar nicht hörte.

»Weißt du, was ich am Wochenende gelesen habe?«, fragte er.

»Was denn?«

»Das Theorem von Albert Einstein, das er gerade erst dieses Jahr veröffentlicht hat. Seine Theorie von der Relativität. Total unglaubliches Zeug. Hat mich komplett umgehauen. Auf einmal betrachte ich alles, die ganze Welt, vollkommen anders, verstehst du?«

Nein, ich verstand nicht. Aber das war egal. Ich lächelte und wartete geduldig darauf, dass er mir erklärte, was das mit mir zu tun hatte. Mit uns. Mir war klar, dass es da irgendeine Verbindung geben musste. Gabriel verschwendete keine Worte. Er sah mir in die Augen und runzelte die Stirn. Dann entspannte er sich wieder. Ich zuckte mit den Schultern und wartete weiter.

Wir gingen in die Richtung, die der Wald selbst genommen hatte bei seiner Entstehung, bewegten uns von den ältesten, toten Bäumen dorthin, wo die Rot-Zedern gebückt und verkrüppelt waren, aber noch lebten. Die gebogenen Stämme hatten ganz unterschiedlich gewachsene, struppig und gräulich verwitterte Kronen. Viele waren Hunderte von Jahren alt. So schön, diese Bäume, wie sie da vor mir standen wie alte schwarze Männer. Wie die Alten, die immer noch, auch noch mit ihren gekrümmten Körpern, die Jugend überschatteten, weil sie einfach viel länger gelebt hatten, als sie es eigentlich hätten sollen. Sie waren voller Lebenskraft und von strahlender Schönheit, und das nur, weil sie sich der Zeit ergeben hatten.

Gabriel seufzte. »Mein Vater will, dass ich nach dem Schulabschluss von hier weggehe, May. Nach Kanada, glaube ich. Und dann zurück nach Jamaika.«

Gabriel hatte mir beigebracht, dass die westlichen Schierlingstannen Nadeln mit abgerundeter Spitze haben, hellgrün oder gelb oben, weiß oder grau unten – weich, flach und glänzend. Ich stand neben einem kleinen Baum, gerade so groß wie ich, mit rötlich-brauner, schuppiger Rinde, die an einer Seite herunterhing. Ich versuchte angestrengt, mich auf den Baum zu konzentrieren, nur auf den Baum, während ich zusah, wie er ein Büschel Nadeln verlor. Nach und nach füllten sich die weichen Stellen zwischen meinen Rippen mit einer trockenen Hitze. Sie strömte nach oben in meine Kehle und setzte sich dort fest. Erneut fühlte ich mich, als müsste ich ersticken.

»Ich möchte nicht von dir weg«, sagte er. »Aber ich glaube, mein Vater hat recht. Ich glaube nicht, dass ich hierbleiben kann. Dieser Ort ist nicht so, wie wir ihn uns vorgestellt haben. Es gibt so viel, was ich machen will, May. Als ich Einsteins Theorie las – ich kann nicht erklären, was da mit mir passiert ist. Das Einzige, was ich weiß, ist: Er hat Worte für Dinge gefunden, die ich gespürt habe, aber nicht erklären konnte. Das ist die Art von Arbeit, für die ich bestimmt bin. Aber das, was er tut, kann ich hier nicht machen. Es ist nicht möglich. Man würde mich nicht anerkennen. Vielleicht in Kanada. Wenn nicht Krieg wäre, könnte ich nach Europa. So hat meine Schwester es gemacht. Sie ist nach Holland gegangen, und jetzt ist sie mit einem Niederländer verheiratet. Sie leben auf den Antillen, auf Sint Maarten. Wer weiß? Vielleicht gehe ich irgendwann auch wieder nach Hause. Aber hier kann ich nicht bleiben.«

»Das ist nicht wahr«, sagte ich. Aber das war Unsinn. Er machte sich nicht einmal die Mühe zu antworten. Ein Neger als Wissenschaftler.

Hey! Wie nennt man einen farbigen Wissenschaftler?

Wie?

Einen Hausmeister!

Lautes, lautes Gelächter. Ich hatte sie gehört, diese weißen Jungs im Physiksaal, die dünnen, fiesen, die, die nicht einmal die einfachsten Grundlagen von dem kapierten, was Gabriel drauf hatte. Ich sah Gabriels Gesicht, als er seine Arbeit auf der anderen Seite des Raumes fortsetzte. Passiv, ganz bei sich, als hätten die Jungs gar nichts gesagt. Als der Lehrer, Mister Walker, dann auch zu lachen anfing, wurde ich wütend. Ich stapfte durch die Tür und setzte mich auf einen Stuhl hinter ihm. Gabriel sah nicht zu mir, und ich sah nicht zu ihm, aber diese Jungs wurden still in meiner Gegenwart. Sie trauten sich nicht mehr zu sprechen.

Wie nennt man einen farbigen Wissenschaftler?

Einen Träumer.

»Warum jetzt? Nach dem College könntest du doch gehen. Warum nicht dann?«

»Ich … ich … habe jetzt eine Gelegenheit …«, flüsterte er. »Ein paar Leute haben schon Kontakt mit meinem Vater aufgenommen. Ich glaube sowieso nicht, dass ich hier aufs College gehen will. Kann gut sein, dass diese vier oder fünf Jahre genug waren.«

Als mir erneut die Tränen in den Augen standen, wurde er ganz groß und väterlich, streichelte mein Haar, die Narben in meinem Gesicht, liebkoste mich.

»Schhh, mein schönes Mädchen. Warum weinst du denn? Was stimmt denn nicht, wo ich dich doch festhalte? Ich liebe dich, May. Alles an dir. Ich möchte nicht, dass du dich vor mir versteckst. Ich werde dich immer lieben. Egal, was geschieht. Ich versprech's dir. Beruhig dich, Kindschen. Komm schon. Ruhig.«

Das war das einzige Mal, dass ich die andere Art von Akzent in seiner Stimme hören konnte. Als er mich »Kindschen« nannte.

Gabriel hielt mich so fest, dass ich jedes Gefühl von Zeit verlor. Als wir aufschauten, ging gerade die Sonne unter. Mit einem raschen Abschiedskuss eilte Gabriel davon in die eine Richtung und ich in die andere.

Ich rannte den schmalen Fluss zu meiner Linken entlang. Das Wasser war gefärbt von den Tanninen, die wie Nektar aus den

Ringen und Furchen toter Bäume quollen, zuerst auf den feuchten Boden, dann in das träge Gewässer daneben. Gabriel hatte mir auch das beigebracht, dass Bäume geradewegs durch die Wand eines Flusses hindurchbluten können, in seine Strömung hinein.

Den teefarbenen Fluss entlangfliegend, kam ich am Wasserfall weiter südlich vorbei und durch eine Ansammlung von Weißtannen. Ich rannte zwischen den Bäumen hindurch und wich dabei den zerzausten, gelben Moosbart-Flechten aus, die von den Zweigen herabhingen. So spät ich auch dran war und so viel Angst ich auch hatte, bemerkte ich doch die Tannen. Das waren Gabriels Lieblingsbäume. Er fand sie schön.

Auf diesem gewundenen Pfad ließ ich den Botanischen Garten hinter mir und kam zur Fordham Road, wo ich hoffte, eine Elektrische nach Hause zu kriegen. Ich sah meinen Wagen an der Ecke stehen, so vollgestopft mit Leuten, dass sie aus den Türen heraushingen – Beine, Rockschöße und Hinterteile. Ellbogen und Hände ragten aus den Fenstern, daran baumelten Gepäckstücke.

»Halt! Bitte warten!«

Ich rannte, so schnell ich konnte, den Rock weit hochgezogen. Der Straßenbahnlenker sah mich. Ich weiß, dass er mich sah. Sein Wagen hatte Spiegel an der Seite, bei den Türen. Aber er bimmelte mit der Glocke und fuhr trotzdem los. Und eine andere Bahn war nicht in Sicht.

Als ich endlich meinen Block erreichte, wusste ich, dass Papa schon zu Hause war. Und wartete.

An der Ecke streckte über mir eine mondgesichtige, schwarzhaarige Polin den Kopf aus dem Fenster im ersten Stock.

»*Kochanie*«, rief sie im Singsang, »*chodź do domu.*«

Als ob sie auf ihr Signal gewartet hätten, begannen die Frauen der Mott Avenue, ihre eigenen Fenster hochzuschieben und herauszulinsen. Sie beugten sich über die Feuerleitern und quetschten Busen und Bäuche gegen die Fensterbretter, um die Straße mit ihren Blicken auf- und abwärts abzusuchen und ihre Kinder nach Hause zu rufen. Sie riefen auf Polnisch, Griechisch, Ungarisch und Italienisch aus den Wohnungen über den Geschäften.

Mott Haven war ganz anders als San Juan Hill, wo wir nach unserer Rückkehr zuerst gewohnt hatten. In San Juan Hill hatte es Tage gegeben, an denen ich von der Schule heimrennen und dabei Flaschen und Backsteinen ausweichen musste. In der Gegend zwischen Hell's Kitchen und dem Hill kam es täglich zu Kämpfen zwischen Iren und Negern. Sie kümmerten sich nicht besonders darum, wer ihnen da in die Quere kam. Sie trugen brutale, offene Schlachten aus, die die Straßen und Alleen mit Blut überzogen. Sie verwendeten Backsteine und Flaschen und Schläger und Stangen und Nudelhölzer und Socken, die mit Steinen gefüllt und oben zugeknotet waren. Hier, in der Mott Avenue, lebten die Menschen in Frieden. Sie kümmerten sich meistens um ihre eigenen Dinge, passten aber auch aufeinander auf. Wir waren die einzige Negerfamilie hier, und bisher war das nicht weiter aufgefallen.

»γειά σας! – Hallo, Miss May. Wie geht dir heute?«

Mister Karunos, der griechische Gemüsehändler, dem das Geschäft gegenüber von unserem Haus gehörte, rief mir vom Eingang seines Ladens aus zu.

»Hallo, Mister Karunos. Und Ihnen?«

»Gut. Sehr gut. Jetzt, wo ich sehe dich.« Er lächelte. »Wie geht Mama?«

»Soweit ganz gut. Was machen die Kinder?«, fragte ich.

»Denen geht auch gut. Du ihnen fehlen. Seit Wochen ich nix mehr sehen dich in Laden.«

Mister Karunos trug ausgebeulte Hosen. Er war von Athen in die Bronx gezogen, um der Erinnerung an seine Frau zu entfliehen, die seit fünf Jahren tot war. Seine beiden pausbäckigen Kinder, Woodrow und Theresa, waren beide an dem Tag zur Welt gekommen, an dem ihre Mutter starb. Ein sehr netter alter Mann, mit einem Gesicht, das dunkler war als das von Papa, und einem buschigen Schnurrbart, der sein Lächeln versteckte.

Hinter ihm kämpften reife Orangen, Äpfel, Birnen, Krautköpfe, Karottenbünde und, mein Favorit, Dattelpflaumen um den Platz. Mister Karunos stellte seinen Besen beiseite und rieb sich die Hände an seiner Schürze sauber. Dann nahm er eine weiche, rote Dattelpflaume und legte sie in meine Hand.

»Du nehmen. Ist gut. Beste.«

»Danke schön, Sir.«

»Nicht *Sir* für dich. Vassiliki.«

»In Ordnung, Mister Karunos. Ich muss jetzt langsam reingehen. Bis bald mal.«

Ich winkte und lächelte ein bisschen und rannte dann über die Straße, um die Sache mit meinem Vater zu erledigen.

Er wartete bereits.

Kapitel 8

Man sollte immer bedenken, dass nicht ich es war, die er schlug. Es war sie.

Als ich durch die Tür kam, noch bevor ich etwas sagen konnte, noch bevor ich meine Bücher in der Ecke auf dem Boden abstellen und zu ihm gehen konnte, sprang er. Mama warf sich zwischen uns und sagte:»Warte, William, einen Moment –«
Er haute ihr eine rein. Schlug so stark zu, dass sie in die Luft flog und vor dem Sofa auf dem Rücken landete. Die Beine gespreizt, die Schürzenbänder offen, der Rock weit die Schenkel hinaufgerutscht, versuchte Mama sich aufzurichten, oder, als das nicht klappte, wenigstens die Beine zu schließen. Ich stand da und betrachtete das Dreieck, das ihre geschlossenen Knie, ihre Unterschenkel und der Boden bildeten, und fing an zu schreien.

Irgendetwas machte ihm Angst. Mein Schrei oder vielleicht seine eigenen Hände. Aber für einen Moment hielt er total still, den Kopf nach hinten aufgerichtet. Dann nahm er rasch seinen alten, grauen Mantel vom Haken und rannte zur Tür hinaus.

Stunden später, als sie sich immer noch nicht bewegen konnte, schickte mich Mama nach unten, um bei Mister Karunos zu klopfen. Ob ich eine Flasche Dr. Kilmer's Swamp Root Kräuterlikör haben könnte? Ich hatte die 79 Cent gerade nicht, aber Mama hätte schlimme Rückenschmerzen und zahllose Schwellungen ohne Ende. Obwohl ich ihn aus dem Schlaf gerissen hatte, stellte er keine Fragen und legte, ohne etwas zu verlangen, noch ein bisschen Epsom-Bittersalz und ein paar Aspirin drauf.

Ich packte Mama zu mir ins Bett. Das war sowieso größer als das Ehebett. Es dämmerte fast schon, als die Schmerzen endlich soweit nachließen, dass sie schlafen konnte.

Kurz bevor sie einnickte, flüsterte sie:»Willst du weggehen?« Ich legte vorsichtig meinen Arm um sie und klopfte ihre Schulter.

»Nein, Ma'am. Ich gehe nicht weg. Ich bleibe.«

»Bist du sicher?«

»Ja, Ma'am.«

»Also, ich glaube, ich gehe.«

»Ich wünsch mir, dass du nicht gehst. Aber ich hab Verständnis, wenn du es tust.«

»Würdest du trotzdem dableiben?«

»Ja, Ma'am.«

»Na gut. Wenn du denkst, es ist das Beste. Wir bleiben.«

Das machten wir regelmäßig. Wenn eine von uns gehen wollte, beschloss die andere zu bleiben. Irgendwie schafften wir es nicht, zur gleichen Zeit gleicher Meinung zu sein. Meine Familie blieb im Grunde also nur zufällig bestehen.

Selbst wenn ich hätte weggehen wollen, wäre es unmöglich gewesen. Der Streit war meine Schuld. Deshalb musste ich es wieder geradebiegen. Ich musste in Zukunft viel vorsichtiger sein.

Mama schlief, und ich schaute aus dem Fenster auf den Schwall aus Dunst und Wolken, der den Hügel umarmte. Nebel drückte in das schmale Becken, das in einer klaren Nacht der Harlem River gewesen wäre.

Am nächsten Tag blieb ich zu Hause, um meine Mutter zu pflegen. Ich verabreichte ihr Hühnersuppe und Kräuterlikör und legte ihr jede halbe Stunde warme Kompressen auf den Rücken. Papa kam erst spät in der Nacht zurück, entschuldigte sich aber nie. Anstatt zu sprechen, saß er in seinem Schaukelstuhl mit Flügellehne am Fenster, nippte seinen Whiskey und las in einem seiner zwölf Bände über den Spanisch-Amerikanischen Krieg und den Bürgerkrieg. Das Einzige, was er sagte, als ich zufällig aufschaute und seinem Blick nicht ausweichen konnte, war: »Vielleicht hätte ich Soldat werden sollen.«

Ich erzählte Gabriel nie, was passiert war, doch er bemerkte – und geriet darüber ins Grübeln –, dass ich unsere Treffen reduzierte. Ihn auf Abstand zu halten, fühlte sich an, als würde ich mich in eine luftdichte Schachtel einsperren. Besonders nach dem, was er mir erzählt hatte. Er dachte, das sei der Beweis dafür, dass er recht gehabt hatte. Es brach mir das Herz, aber ich musste es tun. Gabriel und ich trafen uns nurmehr dreimal die Woche außerhalb der Schule. Dienstags und freitags arbeitete Papa bis spät. Sonntags kam Gabriel in meine Kirche, St. Philips, wo ich in der Sonntagsschule unterrichtete.

St. Philips war die beste Neger-Kirche von New York. Hauptsächlich kamen dort wohlhabende Familien hin. Papa hatte immer gedrängt, dass ich hingehe, nicht etwa, weil er plötzlich ein religiöser Mensch geworden wäre, sondern weil er wollte, dass ich einen der angesehenen St.-Philips-Jungen abkriege. Jeder wusste, dass Eltern mit heiratsfähigen Söhnen die Kirchenbänke nach möglichen Partnerinnen absuchen. Das Beste war zwar immer, Referenzen zu haben, aber ein hübsches Mädchen hatte mit ein wenig Glück durchaus auch eine Chance. Und so wie ich helle Haut und Haare fast bis runter zur Hüfte zu haben, schadete der Sache auch nicht.

Papa, der sich zu jedem anderen Zeitpunkt weigerte, Gott überhaupt nur zur Kenntnis zu nehmen, machte sogar das Kreuzzeichen über meinem Kopf, bevor ich Sonntagmorgens fortging. Er bestand darauf, meine Kleidung, mein Aussehen und mein Haar zu überprüfen, bevor ich losziehen durfte. Wenn er der Meinung war, ich sei die Woche über zu lange in der Sonne gewesen, musste ich Mamas breitkrempigen Strohhut aufsetzen. Versuchte ich etwa, meine Haare zu flechten oder hochzustecken, ließ er sie – bevor ich zur Tür hinausging – wieder herunter und breitete sie über meine Schultern, damit ihre Länge und Beschaffenheit deutlich sichtbar waren. Wäre nicht soviel Leidenschaft in seinem Gesicht gewesen, hätte ich gelacht. Er war sonntags immer voller Hoffnung.

Eine Woche nach unserem Streit bat Reverend Bishop meine Lehrerin, Miss Lee, ein kurzes Programm zusammenzustellen, das nach dem Gottesdienst in zwei Wochen aufgeführt werden sollte. Sie forderte drei ihrer anderen Schüler auf, dort aufzutreten, und fragte mich, ob ich den Abschluss bilden wollte.

Das Erste, woran ich dachte, war Gabriel. Die Vorstellung, dass er mir zusah, wie ich vor allen Leuten etwas spielte, ließ meinen Magen flau und flatterig werden. Ich sah mich selbst vor einer schweigenden Zuhörerschaft, mit Fingern, die über die Tastatur flogen, vollkommen fixiert auf das Klavier. Dann kam ich zum Ende, und die Leute waren in derart verzücktem Staunen, dass sie erstmal überhaupt nicht applaudieren konnten. Endlich war Gabriel in der Lage, zu erkennen, wer ich wirklich war. Ihm wurde klar, dass er mehr von mir wollte, als er je gedacht hatte. Und vor allem hörte er auf, vom Weggehen zu reden. Zumindest war keine Rede mehr davon, dass er alleine geht.

Ich übte die ganze Woche und rannte dafür von der Schule direkt nach Hause, noch bevor Mama und Papa von der Arbeit heimkamen. Ich wollte nicht, dass sie sehen, was ich mir ausgesucht hatte – Bach. Ich hatte Angst, sie hören die Musik und wissen alles. Mama zumindest wäre mir auf die Schliche gekommen. Sie kriegte so was mit. Sie hätte gesehen, wie ich mich über die Tasten beugte, atemlos und angespannt bis hin zur nächsten Phrase. Dann Freude. Grundlose Freude. Ich übte früh, damit ich schon selig schlummerte, wenn sie heimkamen.

Zwei Wochen lang nähte Mama jeden Abend. Sie wollte, dass ich für das Vorspielen ein anständiges Kleid hatte. Sie wollte es so sehr, dass sie runter zu Miss Neils Kurzwarenladen ging und ihren guten Wintermantel gegen einen billigen schwarzen Umhang eintauschte. Was sie dann noch als Guthaben hatte, investierte sie in dreieinhalb Meter granatroten Satinkrepp. Jeden Abend schnippelte, säumte und nähte sie bis weit nach Mitternacht, obwohl sie vier oder fünf Stunden später wieder auf den Beinen sein musste. Mehr als einmal fand ich sie abends schlafend über ihren Besen oder ihre Rührschüsseln gebeugt. Mit hängendem Unterkiefer, Kinn auf der Brust und ein wenig sabbernd schlief sie am Tisch beim Erbsenschälen, während ihre Finger das Nickerchen hindurch weiterarbeiteten.

Doch am Sonntagmorgen des Vorspielens wachte ich auf und fand das Kleid am Fußende meines Bettes am Schrank hängen. Von der Hüfte aufwärts zogen sich Gigot-Ärmel, verziert mit Satinschleifen und Spitzen. Es sah fast zu schön aus, um es zu tragen. Hätte ich nicht im Bett gesessen und Mama zwei Wochen lang beim Nähen zugesehen, hätte ich gedacht, da stimmt etwas nicht. Es sah aus wie eines der Kleider, die die anderen Mädchen trugen, die Mädchen, die sich im *Frederick Douglass Social Club* trafen und deren Väter Akademiker oder Geschäftsleute waren. Ihre Mütter mussten nicht arbeiten. Meine Eltern würden nie auf einer Stufe mit solchen Leuten stehen. Papa tat zwar mittlerweile, als sei er ganz wichtig, und verließ das Haus nur noch im dreiteiligen Anzug, mit Taschenuhr in der Weste, nicht zu vergessen Melone, Gehstock und zusammengerollte Zeitung unter dem Arm. Aber nach wie vor war er nur der, der er war: Der Pförtner und Mann für alles in *Gorhams Silversmith Shop* unten auf der Fifth Avenue. Das war eine gute Arbeit. Ehrliche Arbeit. Sie erlaubte Papa, stolz zu sein, nach dem Motto: Ich habe mein Versprechen gehalten. Aber mehr dann auch nicht.

Ich wusch mich und zog mich langsam an, wobei ich hoffte, Mama würde aufstehen, bevor ich zur Kirche ging. Aber ich wagte nicht, sie aufzuwecken, am einzigen Tag, an dem sie länger als nur bis zur Dämmerung schlafen konnte. Ich fand es unfair, dass sie nach all ihrer harten Arbeit nicht die Energie hatte, aufzustehen und mit in die Kirche zu gehen, um mich spielen zu hören. Sicher, ich würde ihr nachher alles erzählen, so erzählen, dass sie sehen und riechen und hören könnte, was sich im Gotteshaus abgespielt hatte. Trotzdem.

Ich ging leise hinaus, meine Stiefel mit den hohen Absätzen in der Hand. Den ganzen Weg über die Brücke nach Harlem überlegte ich, wie es wohl wäre, wenn die Dinge sich ändern würden. St. Philips war so voll, dass die Türsteher draußen Leute wegschicken mussten. Ich saß in der ersten Reihe, eingequetscht zwischen der Frau von Reverend Bishop und Miss Lee. Die Mädchen, die außer mir spielen sollten, saßen in der zweiten Reihe. Ich suchte die Bänke nach Gabriel ab und fand ihn schließlich in einer der mittleren Reihen, ganz am Rand im Seitenschiff. Er schaute zu mir. Als ich sein Gesicht erblickte, entspannte ich mich.

Nach dem Gottesdienst nahm Miss Lee uns mit in einen Nebenraum links des Altars.

»Euer Publikum darf euch nicht zu früh sehen«, warnte sie uns. »Das verdirbt die Atmosphäre.«

So saßen wir geduldig, Hände gefaltet, Beine gekreuzt, während ein paar Jungs den Altar schmückten und zu einer Konzertbühne umbauten. Dann war es soweit.

Eine nach der anderen führte Miss Lee die Mädchen hinaus. Ich wartete in dem kleinen Raum, auf einer harten Mahagonibank, und spielte nervös mit den Seiten meiner Bibel, mehr als eineinhalb Stunden lang. Schließlich brachte das letzte der Mädchen sein Stück fulminant zu Ende. Ich stand auf und ging an die Tür, ohne mich zu zeigen, aber bereit.

»Zu guter Letzt«, sagte Miss Lee, »ist es mir eine große Freude, Ihnen eine brillante junge Dame vorzustellen, die wir alle kennen und von ganzem Herzen lieben. Bitte sehr, hier ist Miss May Edward Chinn.«

Ich ging von der Seitentür hinein und winkte ins Publikum, das begeistert reagierte, laut pfiff und »Bravo« rief. Meine Freunde trampelten mit den Füßen, und der Beifall wurde lauter. Beschämt senkte ich den Kopf und bewegte mich zur Bühnenmitte, wo das Klavier stand, wie ich wusste. Mit schnellem Schritt, grinsend, absichtlich auf meine Füße starrend, nahm ich die vier Stufen zur Bühne hoch.

Ich hätte aufblicken sollen, während ich ging. Ich hätte aufmerksamer sein sollen.

Als ich meinen Kopf hob, sah ich nichts außer mir selbst. Mein Gesicht. Es umgab mich auf allen Seiten.

Drei hohe Spiegel standen rings um das Klavier, nur die vierte Seite war zum Publikum hin offen. Mein Gesicht. Ich. Überall. Vor mir, seitlich. Hinter mir. Das Publikum sah auf meine rechte Seite. Meine Narben.

Ein furchtbares, nagendes Loch brach auf in der Mitte meines Brustkorbs. Es lähmte mich und ließ mich erstarren. Schweiß stand mir im Nacken und hinter meinen Ohren. Ich fühlte mich schmierig und eklig und bloßgestellt.

Gabriel. Ich suchte ihn fieberhaft, doch plötzlich war sein Gesicht nicht mehr zu sehen. *Gabriel, was ist los? Wo bist du?*

Ich wollte sterben.

Ich weiß nicht, wie ich zum Klavierhocker kam. Aber irgendwie gelang es mir wohl. Weil ich auf dem Sitz zusammenklappte und auf die Tasten sackte. Die Frauen mit den seidenen Brokatfächern und den Straußenfederhüten in den vorderen Reihen fingen an zu murmeln. Ihre Stimmen drangen von hinten zu mir her, von unter mir und herab von den bunt bemalten Fenstern und den Balken unterm Dach. Aber ich konnte nicht verstehen, was um alles in der Welt sie sagen mochten.

Miss Lee stand von ihrem Platz in der vordersten Reihe auf und kündigte mich an: »Miss Chinn wird jetzt etwas von Bach spielen.«

Erleichtert klatschten die Leute noch einmal. Diesmal aber aus Freundlichkeit. Sie versuchten, glaube ich, mich mit ihren Händen zu stützen. Mich festzuhalten. Weil ich mich fühlte, als würde ich davongleiten. Ich blickte auf, um mich an den Notenblättern zu verankern, doch das Einzige, was ich sah, waren meine Augen im Spiegel vor mir. Und die Rückseite meines Kopfes, der sich in der Spiegelung des Spiegels hinter mir spiegelte.

Meine Hände, die steif und damit beschäftigt waren, diese Wände fernzuhalten, konnten nicht spielen, wollten sich einfach nicht bewegen. Noch mehr Schweiß sammelte sich unter meinen Achseln und zwischen meinen Oberschenkeln. Schweißtropfen standen mir auf der Nase und rannen herab bis an meine Mundwinkel. Mein Mund. So voll, so übervoll. Ich konnte nicht sprechen. Eine Minute verstrich in vollkommener Stille. Und noch eine.

Mein Gott, ich wollte sterben.

»Man muss sagen, eine Künstlerin mit eigenem Kopf!«

Miss Lee lachte auf, laut und mit heller Stimme. Der Ton brach sich in ihrer Kehle, er war zu schrill, um echt zu sein. Trotzdem stimmten alle in das Lachen mit ein.

Ich starrte verzweifelt auf die Tasten, und meine steifen Finger schwebten direkt über ihnen.

Sie hatten sich gekrümmt wie Hexenfinger. Eigentlich sah das eher lustig aus. Wenn ich in der Lage gewesen wäre, meinen Mund zu öffnen, hätte ich vielleicht einen Witz darüber gemacht.

Die Stille hielt an. In meinem Kopf hörte ich die Musik portionsweise entstehen. Aber die Kirche blieb still bis auf ein Husten, ein Räuspern, das Rascheln von Kleidern. Schuhe tapsten auf dem Holzboden, wenn Beine gekreuzt oder wieder nebeneinander gestellt wurden. Wenn ich mich nur weit genug aufrichten könnte, um mich fortzubewegen, würde ich geradewegs das Hauptschiff hinuntergehen, zur Tür hinaus und dann nichts wie nach Hause. Gerade als die Stille wirklich unerträglich wurde, kam Miss Lee auf die improvisierte Bühne getippelt und lächelte so strahlend, wie ich sie noch nie hatte lächeln gesehen. »Lampenfieber«, gluckste sie. »Nach all dem Applaus, all den Lobeshymnen, scheint es, als sei Miss Chinn auf einmal von wahrer Gottesfurcht durchdrungen.«

Die Leute lächelten. Ich konnte sie im Spiegel zu meiner Linken sehen. Manche kicherten und applaudierten verhalten. Miss Lee setzte sich neben mich, rieb mir den Oberschenkel und spreizte dann ihre Finger über die Tastatur aus Elfenbein. Sie schlug einen dramatischen, dröhnenden Akkord an, und ich merkte, dass ich ihr folgen konnte, wenn ich auf nichts anderes achtete als auf ihre Hände. Also machte ich genau das. Ich folgte ihren bleichen Spinnenfingern, die über die Tasten huschten, folgte und übernahm schließlich die Führung. Ich schaffte es, aber nur, weil ich nicht aufblickte. Als sie aufhörte, machte ich weiter. Die Akkorde klangen hölzern und uninspiriert in meinen Ohren, aber immerhin spielte ich. Die Musik selbst zu gestalten, überstieg mein Vermögen, so ließ ich sie zu dem werden, was sie selbst sein wollte. Sie entstand so gut wie ohne mein Zutun.

Kann sein, dass ich gut spielte. Ich weiß es nicht. Doch als ich fertig war, bewegte sich niemand. Ich linste über Miss Lees Schulter und sah, dass einige weinten. Ich wollte auch weinen. Ich schämte mich und war so verlegen. Als sie dann aufsprangen und anfingen, Beifall zu klatschen, dachte ich, ich würde sterben. Ich machte einen Knicks vor dem Publikum und einen vor Miss Lee, dann ging ich langsam von der Bühne und zur Hintertür hinaus.

Ich überquerte den Fluss zu Fuß. So kam es, dass Gabriel schon auf mich wartete, als ich unseren Treffpunkt im Botanischen Garten erreichte – erhitzt, verschwitzt, mit verklebtem Gesicht. Er stand unter einer flammenden, mehr als zwei Meter hohen Azalee mit riesigen, violetten Blüten, die über meinem Kopf baumelten. Es war schon Herbst, aber der Sommer wollte sich einfach nicht verabschieden. Die Azaleen standen in Blüte, entgegen dem Zeitplan der Natur.

»Hallo, Ladybug.«

Um mich herum fielen Azaleenblüten zu Boden und landeten auf moosbewachsenen Stellen.

»Was ist passiert?«

Gabriel zog mich zu sich, griff mit den Händen in meine Haare und drückte mich an seine Brust. Er hielt mich, bis etwas in mir sich entspannte und auseinanderrollte. Immer wenn er mich berührte, dehnte ich mich ein bisschen weiter aus, ihm entgegen. Als Gabriel zu mir herunterblickte, sah ich noch einen blühenden Baum, so süß und hell und unbeugsam und leuchtend. Erfüllt vom kräftigen, salzigen Geruch des Sonnenlichts. Mir war, als könnte der Sonnenschein in seinem Gesicht das Durcheinander einfach wegschieben. Ich küsste ihn und vergrub dann mein Gesicht in seinen Händen und küsste die Stelle am Grund seiner gewölbten Handflächen.

Er erwiderte meine Küsse und beugte sich weiter herunter, um mich erst auf den Hals zu küssen und dann noch tiefer.

Ich ließ ihn gewähren. Ich wollte berührt werden, wollte spüren, wie sein Körper bedeckte, was sich so furchtbar bloßgestellt gefühlt hatte.

Mir ging etwas durch den Kopf, was meine Mutter einmal über Gott gesagt hatte. »*Man fragt nicht die Sonnenstrahlen, ob sie einem bitte ein wenig Sonnenschein schenken*«, sagte sie. »*Man geht nach draußen, schaut nach oben und steht im Licht.*«

Ich reichte hinauf und zeichnete mit den Fingerspitzen das Sonnenlicht auf seinen ebenen Gesichtspartien nach. Das Verlangen in mir floss über.

Er liebte mich.

Ich nahm seine Hand und führte ihn weg von den Blüten und hin zum Wasser. Eine Esche ragte aus dem Spalt eines Steinblocks inmitten eines offen daliegenden Felsvorsprungs, der zum Fluss hinunterreichte. Der Granit hatte schon lange dem Atmen und Balancieren des Baumes nachgegeben. Doch die Esche war in sich verkrampft. Eingeengt. Sie hatte versucht, sich von der schmalen, abweisenden Stelle zu erheben und wegzugehen. Einige Äste waren wie Arme ausgestreckt, wie um sich ohne Unterlass von dem feindlichen Stein wegzudrücken. Verschlungene Wurzelbeine mit gekrümmten Knien waren aus dem grauen Spalt heraus ins Freie getreten. Aber der Baum hatte sich ungeduldig bewegt, ohne sich umzusehen, ohne den Fluss unter sich um Rat zu fragen. Deshalb konnte er nirgendwohin gehen. Seine Beinwurzeln wanden sich auf der Unterseite des Vorsprungs um den Fels und wieder zurück in die nasse, dunkle Erde, die die Strömung überblickte. Ich legte mich auf diesen Fels, der über das Wasser hinausragte, und ließ ihn seinen Körper auf meinem ausbreiten.

Er berührte mich sanft, zögerlich, und ich beschloss, ihn nicht aufzuhalten. Er hatte sich bewährt. Er war hier bei mir, als Einziger. Und er wusste genug, um nicht mehr als einmal zu fragen, was mit mir los war. Gabriel hielt mich fest und ließ das genug sein.

Kapitel 9

Es wurde kalt.

Langsam, langsam, langsam, während ich müde wurde, während mein Magen flau wurde und meine Brüste anschwollen und unter ihrem neuen Gewicht anfingen wehzutun, kam Gabriel immer seltener, um mich zu treffen. Als das Semester zu Ende ging, hatte ich wochenlang nichts von ihm gehört. In der Schule verschwand er irgendwohin. Von Gemeinschaftskunde hatte er sich abgemeldet. Die musste er ja sowieso nicht machen. Wenn ich jetzt in den Botanischen Garten ging, ging ich allein.

Ich spazierte an Heidekraut und Stechpalmen vorbei und sah der Nachmittagssonne beim Verschwinden zu. Und suchte. Aber nicht allzu lang. Gerade lang genug, um die wächsernen, grünen Zweige einer Stechpalme zwischen meinen Fingern zu zerbrechen und ihren frischen, winterlichen Geruch einzuatmen. Alles Grüne roch für mich nach Gabriel. Ich ließ den Nieswurz mit den weißen Blüten und den mit den grünen links liegen und suchte nach dem mit den lila Blüten. Das war natürlich etwas ganz anderes als Azaleen, aber wenigstens die Farbe war ähnlich. Ich pflückte also Schneerosen und wartete darauf, dass er zurückkam. Aber er kam nicht.

Gabriel. Mit seinen breiten, breiten Händen, die meine Haut liebkosten, mich aufbrachen.

Mithilfe seiner Hände hatte ich mich selbst ganz neu gesehen, hatte ich alles ausradiert, was klein und abgestanden war. Ich war der Rundung meines Bauchs gefolgt und hatte die erstaunten

Brüste liebkost, die nicht wussten, wie ihnen geschah, und sich der Sonne darboten.

»Guten Morgen, Miss May.« Der Lebensmittelhändler lächelte.

»'N Morgen, Mister Karunos. Schön, Sie zu sehen.«

Ich mochte Mister Karunos wirklich gern, er sprach Englisch mit all seinen Kunden – auch mit anderen Griechen – und gab jedem Kredit, der ihn brauchte, egal, welche Hautfarbe er hatte. Er war dankbar, wenn ich mich um seine Kinder kümmerte, mit ihnen Eis essen oder Karussell fahren ging. Ich war dankbar dafür, dass er immer wieder Sachen für Mama gebracht hatte, als ihr Rücken langsam besser wurde, stets ungefragt und stets bevor Papa heimkam.

»Wie geht's den Kindern?«

»Sie vermissen Lady. Du nette Lady für sie«, sagte er. »Gott schütze dich.«

Ich winkte zum Abschied und setzte meinen Schulweg fort. Ungefähr eineinhalb Blocks vor dem Schulgelände rief Lila meinen Namen.

»Es stimmt tatsächlich«, sagte sie. »Carmen Jackson, Hellura und Willetta haben alle gesagt, dass Gabriel zum Weihnachtsball gehen will. Also musst du auch. Wenn du dort auftauchst, Arm in Arm mit Brandon, wird ihm das Herz auf der Stelle stehen bleiben.«

»Ich will nur mit ihm reden. Mehr nicht.«

Sie zuckte die Achseln. »Na, das kannst du ja auch machen.«

Lila verstand rein gar nichts. Und ich wollte nicht zugeben, dass ich ihm geglaubt hatte, als er sagte, er wolle für immer in mein Gesicht sehen.

Das Wasser und seine Lippen, seine Hände auf meinem Rücken, sie hatten schließlich einen Spiegel gebildet, in den ich hineinschauen konnte. Ich dachte, das sei der einzige, den es gibt.

Dinge wie diese würden einfach nie für irgendjemanden außer mir einen Sinn ergeben.

—

Mama erzählte Papa, dass ich bei Lila übernachten würde, um mit ihr für eine Englisch-Prüfung zu büffeln. Wir mussten lügen, sonst hätte er mich niemals den ganzen Abend aus dem Haus gelassen. Mein granatfarbenes Kleid war mir damals schon zu eng geworden. Deshalb griff ich heimlich in Mamas Kleiderschrank, als sie unten zum Einkaufen war, und nahm ihr einziges gutes Seidenkleid. Es war mir mindestens zehn Zentimeter zu kurz. Knöchellang, aber ganz klar so geschnitten, dass es bis zum Boden reichte. Ich hatte keine Wahl. Mir passte einfach nichts mehr.

Ich traf Brandon, meinen Begleiter, vor dem Haupteingang der Schule. Arm in Arm betraten wir die Turnhalle, die mit rotem Krepp und grünen Papierlampions dekoriert war. Brandon hatte mir noch nicht einmal den Mantel abgenommen, da sah ich ihn bereits am anderen Ende des Raumes. Groß, lächelnd und golden, inmitten einer Gruppe lachender Jungen und Mädchen.

Gabriel. Händchen haltend mit einer bronzenen Schönheit in fließendem, pflaumenblauem Kleid und mit dicken Locken, die sie auf ihrem Kopf hoch aufgetürmt hatte. Ich glaube, ihr Name war Anna Rhodes. Nein, ich weiß. Ich weiß es. So hieß sie. Anna Rhodes. Anna Rhodes schmiegte sich in Gabriels Arm.

Es war fast, als spürte er, dass ich den Raum betreten hatte. Er drehte den Kopf und sah direkt zu mir her. Und hörte nicht auf zu lächeln.

Ich bin die Tochter meines Vaters. Stolz.

Ich erwiderte das Lächeln.

Ein Schrei war eingezwängt, hinten in meiner Kehle, die heiß und eng war und wehtat. Aber ich lächelte, lächelte Brandon zu, lächelte Lila zu, die angerannt kam und unruhig um mich herumwieselte, weil sie sehen wollte, wie ich reagiere.

Letzten Endes rettete Lila mich. Sie sah mich lächeln, lächeln und zittern, lächeln, während mein Gesicht blass wurde, und dann rot und dunkel. Lächeln, obwohl ich nicht mehr scharf sehen konnte. Sie tat, als sei ihr schlecht, als hätte sie etwas Verdorbenes gegessen, und bat mich, vorzeitig mit ihr heimzufahren. Brandon und ihr eigener Begleiter, David, waren verständlicherweise ziemlich sauer. Wir waren gerade erst angekommen. Aber sie sagten, sie hätten Verständnis, und waren schließlich einverstanden zu bleiben, als Lila darauf bestand, dass sie sich den Abend doch nicht verderben lassen sollten. Sie brachte mich gerade noch rechtzeitig nach draußen, bevor ich hinter einen Busch stolperte und mich übergeben musste. Nachdem ich mir den Mund abgewischt hatte und wieder normal atmen konnte, gingen wir zur Straße. Noch zweimal musste ich auf dem langen Heimweg spucken, aber weinen, weinen tat ich nicht.

Es regnete. Monatelang. Sanfter Regen, sorgfältig wie ein dünnes Tuch über die Stadt gespannt. Der Regen war blass-blau oder dunstig-perlend oder auch neblig-weiß, je nachdem zu welcher Tageszeit. Vom geöffneten Fenster aus sah ich es regnen, vom Winter bis hinein ins Frühjahr. Der Geruch der feuchten Luft, süß und frisch, beruhigte meine Nerven.

Ich spielte fast nicht mehr, schon gar nicht tagsüber, weil ich viel zu viel Angst hatte, dass die Nachbarn mich hören und bei Mama nachfragen könnten, ob ich krank sei. Die meisten Frauen mussten länger arbeiten als die Männer, trotzdem wollte ich vorsichtig sein. So saß ich also den ganzen Tag lang am Fenster, wartete und sah zu, wie eine abgedämpfte Stadt sich jenseits des Flusses verschleierte und wieder entschleierte.

Ins Wohnzimmerfenster gekauert und eingehüllt in Mamas alte

blaue Decke, komponierte ich Musik in meinem Kopf und aß. Kekse, Wurstbrote, Plätzchen, Ofenkartoffeln, so lang gebacken, dass die Schale knusprig und das Innere flockig wie weichgekochter Fisch war. Was immer es auch gab.

»May, eine gesunde junge Dame braucht schon ein paar Pfunde auf den Rippen«, sagte Mama kurz nach dem Valentinstag zu mir. »Gott weiß, die Männer wollen einfach keine Frau aus Haut und Knochen. Aber du musst aufpassen, Kind. Du hast ganz schön zugelegt. Findest du nicht?«

Also aß ich weniger. Aber ich konnte nichts daran ändern. Ich musste essen. Egal was. Nachdem Mama mich darauf angesprochen hatte, hörte ich auf, mehr als normal zu essen und kaute stattdessen Speisestärke und Mehl. Das beruhigte meinen Magen, wenn auch nur wenig.

Eines warmen Tages im März kam Mama früher nach Hause. Das Klicken des Türschlosses weckte mich aus einem tiefen Schlaf am Fenster. Eine kleine, hölzerne Uhr mit Glasabdeckung stand auf einem Beistelltischchen neben dem Sofa. Es war Mittagszeit.

Mama kam herein, zwei Einkaufstaschen über den einen Arm gehängt. Die andere Hand war leer und verbunden, drei schmale Blutstreifen zeichneten sich auf der Mullbinde ab. Wir redeten gleichzeitig los.

»Was ist mit deiner Hand?«

»Was machst du zu Hause?«

Die Antworten auf beide Fragen erübrigten sich.

Mamas Körper kollabierte von innen heraus. Sie bewegte sich nicht, aber ihr Rücken, ihre Gliedmaßen, ihr Gesicht und ihr Brustkorb fielen in sich zusammen und schrumpften. Nie zuvor in meinem Leben hatte ich meine Mutter so klein gesehen.

»Wann?«, fragte sie.

»Ich war seit Dezember nicht mehr. Ich gehe auch nicht wieder hin. Ich kann nicht.«

»Nein«, sagte sie, immer noch an der Tür, Taschen in der Hand. »Wann?«

»Letzten Herbst. Als es noch warm war.«

»Mein Gott. Jesus. Jesus. *Jesus*. Und ich habe es nicht gemerkt?«

Auf das, was sie eigentlich fragte, wusste ich keine Antwort, deshalb hielt ich den Mund.

»Oh, mein lieber Gott im Himmel.«

Es war vorbei. Alles vorbei. Kein Verstecken mehr. Keine Lügen. Ich betrachtete meine Fingernägel, insbesondere den Niednagel an meinem rechten Daumen, der mir schon den ganzen Vormittag Kopfzerbrechen gemacht hatte. Ich kaute langsam und bedächtig darauf herum, um irgendetwas zu tun zu haben. Etwas, das ein wenig Schmerzen bereitete. Es schockierte mich, dass ich nichts anderes spürte als Scham und Erleichterung. Scham wegen dem, was ich getan hatte. Und Erleichterung deshalb, weil ich endlich meine Last mit jemandem teilen konnte, zumindest ein bisschen. Ich musste nicht mehr alles für mich behalten.

Sie ließ die Einkäufe fallen, kam ins Wohnzimmer, setzte sich direkt vor mich ans Fenster, nahm meine Hand und küsste sie und fragte: »Wer war das?«

»Irgend so ein Junge halt.«

»Hör auf zu weinen, mein Herz. Hör auf zu weinen und lass mich etwas sagen. Liebst du ihn?«

Ich nickte.

»Liebt er dich?«

»Das hat er nie. Ich dachte, er liebt mich, aber ich war so dumm. Er hat mich die ganze Zeit angelogen.«

»Dann heiratet er dich also auch nicht.«

»Ich würde ihn niemals heiraten«, brach es aus mir heraus. »Er ist ein Lügner. Ich hasse ihn!«

Mama nickte und starrte aus dem Fenster hinaus auf den Fluss im Regen. So saß sie und nickte, bis die Farbe in ihr Gesicht zurückkehrte und ich sie in tiefen, regelmäßigen Zügen atmen hörte.

»Das ist für dich das Schlimme daran, stimmt's?«, fragte sie mitleidsvoll. »Dass du nicht einmal trauern kannst.«

Zwei Tage später schickte Mama mich weg, nach Albany. Sie sagte Papa nichts davon, bis ich im Zug saß, am Fenster, mit meinem gegrillten Hühnchen zwischen harten Brotscheiben, während der Northeastern-Express sich aufmachte, den Bundesstaat zu durchqueren. Mama wartete, bis ich weg war, weil sie nicht wusste, was Papa tun würde, sollte er die Wahrheit erfahren und dann morgens aufwachen und mich ansehen müssen.

Sie schickte mich zu einer Frau, die sie draußen in Albany kannte, Miss Annie Lewis, die ein Heim für ›schwer erziehbare‹ Mädchen leitete. Als ich aus dem Zug stieg, wartete Miss Annie am Bahnsteig.

»Miss May? 'N Morgen. Wie geht's Ihnen denn heute?«

Ich hatte Wut, Spott oder Vorwürfe erwartet. Ich war nicht vorbereitet auf diese schmale, mit zimtfarbenen Punkten übersäte Frau, die nichts von sich gab als ihr Lächeln und sogar die Hand ausstreckte, um mein Gepäck zu tragen. Sie trat beiseite, um zuerst die weißen Passagiere vom Bahnsteig gehen zu lassen, und summte ein Liedchen vor sich hin. Miss Annie fror nicht und schlug auch nicht ihren Kragen hoch gegen den eiskalten Wind. Sie machte keine besorgte Miene und wurde auch nicht bleich, als die Weißen an uns vorbeigingen. Mit einer Art offenherziger Neugier sah sie ihnen beim Weggehen zu und begnügte sich damit, für den Moment unsichtbar zu sein. Sie gefiel mir.

Sie brachte mich zu einem dreistöckigen, weiß getünchten Haus mit einer wackligen Rundum-Veranda und schmutzigbraunen Schindeln und Fensterläden. Sechs Mädchen in unterschiedlichen Phasen der Schwangerschaft erwarteten uns auf der eingefassten Veranda. Vier waren schwarz, eine spanisch, eine weiß. Das weiße Mädchen, Elizabeth, war von einem Schwarzen geschwängert worden, wie ich später erfuhr. Ihre Eltern beschlossen, sie dorthin zu schicken, wo es demgemäß für sie angenehmer sein würde. Nach der Geburt war sie zu Hause nicht mehr willkommen. Das schöne spanische Mädchen, Marita, und eines der schwarzen Mädchen, Nora, waren missbraucht worden. Die anderen waren, genau wie ich, nur naiv und unvorsichtig gewesen. Ich erzählte keiner von ihnen meine Geschichte. Wenn sie mich fragten, wer der Vater sei, dann schaute ich zur Seite über meine Schulter, als hätte ich über Wichtigeres nachzudenken, und sagte: »Ach, irgend so ein Angeber, den ich kannte. Niemand Wichtiges.« Sie lachten und sagten, sie könnten sich schon vorstellen, wie wir zusammengekommen waren.

Eines Tages fragte mich Nora: »Warst du nie in ihn verliebt?« »Ich dachte, ja«, sagte ich. »Bis er mir dann zeigte, wer er wirklich war.«

Das war die einzige ehrliche Antwort, die ich je gab. Ansonsten hörte ich einfach den Mädchen zu, nahm Anteil, soweit ich konnte, und wartete darauf, dass es endlich vorüber war und ich wieder heim konnte.

Lockiges Haar auf seiner Brust, spärliche Wolle gegen mein Herz gepresst. Meine Finger kneten seinen Kopf, seinen nassen, glänzenden Rücken, und ich atme schwitzend und voller Begeisterung und nenne es Liebe.
Ich ziehe mich zusammen und
weine vor Freude, die so ungezügelt ist wie die Hände, die zu meinen Waden finden und die Linien des Sonnenlichts bis hinauf zu meinen Oberschenkeln verfolgen. Er legt die Fläche seiner

Hand dorthin, wo ich gänzlich unberührt bin, und er hält dort
still, hält vollkommen still.
Ich schwelle an und warte dann
   während er mich ganz verschluckt mit seiner Stille, so lange
presst, bis ich erschauere und den Gipfel erreiche, furchtlos, ganz
plötzlich, ohne Luft. Erst da gleitet er auf mich.
Erst da ein Anzeichen von Erlösung.

An dem Tag, an dem Gabriel seinen Highschool-Abschluss
machte, brachte ich einen Sohn zur Welt.
   Ich dachte nur ein einziges Mal an ihn. Gabriel erschien mir
zu einem Zeitpunkt, als die Wellen des Schmerzes mich fast bewusstlos geschlagen hatten und ich mich nicht mehr gegen sein
Gesicht wehren konnte. Als würde die Kamera in einem Spielfilm
langsam zurückfahren, erstand sein Körper vor meinem geistigen
Auge, so echt wie damals, als er nachmittags im Musikzimmer
auftauchte. Er schwebte vor mir, in braunem Anzug und seinen
Oxford-Halbschuhen, und lächelte.
   Miss Annie erzählte mir später, ich sei ohnmächtig geworden,
sodass sie die Beine des Babys herausziehen musste. Sie sagte, ich
hätte ihr da kurz richtig, richtig Angst eingejagt. Aber ich erinnere mich an nichts. Ich weiß nur, dass Gabriel mich anlächelte
und dass ich zum ersten Mal, seit ich ihn in mir gehalten hatte,
seine Liebe erwiderte.
   Zum ersten Mal war es mir gleichgültig, dass er ein Lügner
war. Das Einzige, was zählte, war, dass ich die Wahrheit gefunden hatte.

Mein Baby hieß Peter.
   Herrgott, war dieses Kind vollkommen. Vollendet. Peter hatte
butterfarbene Haut und helle Augen und war mit einer dünnen
Schicht weicher, flaumiger Haare bedeckt. Miss Annie sagte mir,

er sei aus meinem Körper herausgeglitten, hätte schon am Daumen gelutscht und sich gleich umgesehen. Peter schrie nicht. Im Gegenteil, als ich aufwachte und ihn nah an mein Gesicht zog, lächelte er, auch wenn Neugeborene das normalerweise gar nicht können. Ich drückte ihn an meine Brust und streichelte seine Wange und fühlte, wie mir das Herz brach und brach und nochmals brach vor lauter Liebe. Als ich mein Kind ansah, schien es völlig klar, dass nichts auf der Welt wichtiger sein könnte, als ein ums andere Mal darauf zu warten, dass er die Augen öffnete. Eine Sehnsucht, größer als jede zuvor gespürte, durchströmte mich. Es war der Hunger nach seiner Haut und nach dem Klang seines Atems. Das Verlangen, ihn einfach nur zu halten. Als Peter zur Welt kam, tat ich das auch.

Doch dann kam seine neue Familie.

Die Frau war klein und rundlich, mit zitroniger Haut und sorgfältigen Locken, die steif geglättet waren. Als sie die Haare meines Sohnes sah, gluckste sie verzückt, weil sie mich ansehen und so erkennen konnte, dass seine Haare auch nach dem sechsten Monat noch lockig sein würden, und dass seine Haut nicht besonders nachdunkeln würde. Er konnte voll und ganz der Ihre werden. Ihr Name war Misses Robinson. Sie kam in mein Zimmer stolziert, mit lila Pfauenfederhut und Seidenstrümpfen, wie zu einem speziellen Anlass. Zu einer Feier. Der Mann war groß und dunkelbraun. Er hatte einen Stetson-Hut auf, für den Papa sein Leben gegeben hätte, und er trug ihn weit nach hinten geschoben. Während die Frau damit beschäftigt war, das Baby hin- und herzuwiegen, saß Mister Robinson friedlich auf meiner Bettkante und nahm meine Hand. Er blickte mir lange in die Augen, ohne ein Wort zu sagen. Deswegen beschloss ich, ihn zu mögen. Bei ihm würde Peter es gut haben.

Mama ging neben meinem Bett auf und ab und bat den Herrn, sich zu entfernen, damit sie eine Kompresse auf meinen Busen

legen konnte, um die Schmerzen zu lindern. Ich hatte mein Baby
erst wenige Male gefüttert, als sie hereingerauscht kamen. Meine
Brüste waren heiß und kurz davor, zu platzen. Wässrige Milch
zeichnete sich auf der Vorderseite meines Baumwollnachthemds
ab.

»Hör auf zu weinen«, flüsterte Mama. »Du wirst ihn ab und
zu sehen können. Das verspreche ich dir. Ich kenne die Leute.
Vertrau deiner Mama.«

Also übergab ich mein Baby diesem Mann und seiner Frau. Die
Frau hob meinen Sohn an ihr Gesicht, rieb ihre Wange an seiner
und sog seinen wunderbaren, süßen Geruch nach Milch und
Talkumpuder ein. Und sie lachte sogar laut, bis sie zu mir hersah
und sich wieder an mich erinnerte; daraufhin wandte sie mir den
Rücken zu und schaute zum Fenster.

»Komm jetzt, Phillip, mein Liebling«, flüsterte sie meinem
Sohn zu. »Lass uns jetzt nach Hause gehen.«

Und das war's. Nur der Mann, Mister Robinson, sah noch
einmal zu mir her. Er nahm den Hut ab und hielt ihn sich einen
Moment lang vor's Herz, bevor er seiner Frau aus der engen
Dachstube folgte.

Sie nahmen meinen Sohn mit.

Mama war mit den Robinsons hergekommen. Als alles Not-
wendige mit Miss Annie besprochen war und sie aufbrechen
wollten, wandte auch sie sich zum Gehen.

»Ich komme wieder«, versprach sie. »Ich komme am Wochenende und bring dich nach Hause.«

Ich schloss die Augen.

Geh nicht weg, Mama, bitte geh nicht. Ohne mich zu bewegen,
rief ich nach ihr. Ich befahl ihr, anzuhalten und stehenzubleiben.
Sie würde ihre Arme aufreißen. Sie würde sehen, dass ich blute.
Ihr würde klar sein, dass sie – sollte sie wirklich zur Tür hinaus-
gehen – mich niemals wiedersehen würde.

Sie gingen. Ich hörte die Absätze der Frau die Holztreppe hinunterklackern. Ich wusste: Wenn sie das Auto erreichen, ist es um mich geschehen.

Ich konnte nicht zulassen, dass sie mein Baby mitnehmen. Ich musste sie aufhalten. Verzweifelt suchte ich mit den Augen das Zimmer ab nach etwas, an dem ich mich festhalten und hochziehen konnte. Ich versuchte, meine Beine aus dem Bett zu schwingen, verhedderte mich aber in den Bezügen.

Mama.

Auch sie war weg, hatte die Tür hinter sich zugezogen und etwas gemurmelt, das ich nicht verstanden hatte. Ich rief nach ihr, und ich bin sicher, dass sie mich hörte. Sie musste einfach. Ich schrie nämlich. Ich lag im Sterben. Alles in mir war zu einem Nichts zusammengeschrumpft. Eine Hülse. Abgeschnitten und alleingelassen damit, die Wertlosigkeit, die sich unter meiner Haut verbarg, zu leben immer wieder zu leben. Das Atmen tat weh. Meine Arme und Beine zitterten vor Anstrengung, als ich versuchte, mich am Bettrand aufzusetzen. Ich versuchte, einen klaren Kopf zu kriegen, aber die Gedanken wollten einfach keine Form annehmen. Mein Gehirn – zerfahren, schwach und wertlos – arbeitete einfach nicht. Umherschwirrende Gedanken plumpsten runter in das Loch, zu dem meine Bauchhöhle geworden war, sauber ausgekratzt und wund. Es gab jetzt eine ganze Menge Dinge, die dort begraben werden konnten, in diesem leeren Raum. Sterben wäre einfacher gewesen.

Sie gehen, und ich weiß, dass es nie aufhören wird. Ich werde damit lebendig begraben sein.

Draußen startete ein Motor, und eine Tür schloss sich.

»Mama!«

Aber sie konnte mich nicht hören. Sie nahmen mein Kind und fuhren weg.

Kapitel 10

Nach meiner Heimkehr fing ich an zu arbeiten. Downtown. In einer Fabrik. Ich befestigte Schlaufen an Kalendern.

Als ich nach all den Monaten das erste Mal wieder zur Tür hereinkam, weinte Papa. Er saß in seinem Schaukelstuhl am Fenster, dem Fenster, in das ich mich monatelang gekauert hatte, und starrte auf den Fluss hinaus. Schaute mich nicht an, rührte sich nicht, gab keinen Ton von sich. Er saß, die Krawatte kerzengerade, die Melone immer noch auf dem Kopf, den Schnurrbart feucht und mit Spucke verschmiert, und hatte Band acht von *Der Spanisch-Amerikanische Bürgerkrieg* aufgeklappt vor sich auf dem Schoß.

Ich schlich an ihm vorbei in mein Zimmer und sah, dass meine Decke zerfetzt in der Ecke neben dem Schrank lag und meine Matratze weg war. Ich schlief auf dem Boden, bis Mama es irgendwie schaffte, eine neue Matratze aufzutreiben. Wie, weiß ich nicht, und ich habe nie gefragt.

Die ganze erste Woche verschlief ich. Der Schlaf kam fast schon gegen meinen Willen. Warum auch immer, aber ich konnte meine Augen nicht länger als eineinhalb Stunden am Stück offen halten. Zu anstrengend. Wenn ich eine Stunde oder länger wach war, zitterte ich und fühlte mich unwohl, zu schwach, um die Hand zur Faust zu ballen. Zum Ausgleich schlief ich auf meiner linken Seite, damit ich wenigstens zum Fenster hinausschauen konnte. Von Zeit zu Zeit machte ich die Augen auf, während der Himmel sich vom Marine- hin zum Meeresgrün veränderte, dann zu einem frischen, leuchtenden Türkis, und schließlich zu einem sanfteren Tagesblau. Nachmittags zog die Hitze alle Farbe aus dem Himmel und ließ für den restlichen Tag nichts als bleichen, verschwommenen Dunst und den Salzgeruch des Wassers übrig.

Ich träumte von meinem Baby Peter (Phillip), wobei ich sogar im Traum versuchte, vor ihm die Augen zu verschließen. Aber die Augen wollten sich nicht schließen lassen, nicht einmal blinzeln gelang. Im Traum stand ich da, umgeben von Dunkelheit, und sah nichts als ihn, als wäre über seinem Kopf eine Leuchte angebracht. Innerhalb von Sekunden sah ich ihn vom verschrumpelten Säugling zum Kleinkind und zum kräftigen Jungen mit dreckigen Knien und kurzen Hosen heranwachsen. Ich sah ihm zu, ohne zu blinzeln, ohne zu atmen, und wusste die ganze Zeit über, dass er – obgleich er direkt zu mir herblickte – mich nicht sehen konnte. Ich war unsichtbar für ihn. Sobald ich kapierte, dass er mich nicht sah, nie würde sehen können, fing der ganze Traum von vorne an.

Die Träume verfolgten mich. Sie raubten mir jede Energie. Doch so sehr ich auch versuchte, wach zu bleiben, damit ich sein Gesicht nicht sehen musste (das Grübchen in seiner rechten Wange, die schrägliegenden, haselnussbraunen Augen, die vollen Lippen und die Schrammen am Schienbein des kleinen Jungen) – der Schlaf überwältigte mich einfach. Er lähmte mein Bewusstsein, drückte mich zu Boden und hielt mich dort fest, als wäre er ein Lebewesen mit eigenem Willen.

Mama verabreichte mir löffelweise Gemüse- und Hühnerbrühe, während Papa auf sie einschrie.

»Was hast du erwartet? Was, dachtest du, wird wohl passieren?«

»William, bitte, beruhige dich«, flüsterte Mam dann. »Das Mädchen ist krank.«

»Das Mädchen ist tot.«

Und dann knallte die Wohnungstür.

Nach der zweiten Woche, als sie dazu übergegangen waren, dieses Gespräch mindestens drei- oder viermal pro Tag zu führen, zwang ich mich aufzustehen und ein paar Kleider anzuziehen. Auch das überforderte mich. Ich musste mich in blauem Rock und weißer Spitzenbluse wieder hinlegen und schlafen. Doch schon ein paar Tage später fiel es mir leichter, mich anzuziehen und die Treppe runterzugehen nach draußen, fast bis an die Straßenecke.

Am Ende der vierten Woche schaffte ich es den ganzen Weg runter in die Innenstadt zur 33sten Straße, wo ich mich um einen Job bewarb. Die Anstrengung war so groß, dass ich nach Luft rang und durch die Spitzenbluse hindurch schwitzte. Aber der Vorarbeiter dieser Fabrik, ein buckliger alter Russe namens Yusim, schien das gar nicht wahrzunehmen.

»Kommst du Montag«, sagte er mir. »Hab ich Arbeit für dich. Du nicht spät, du nicht fehlen, ich dich nicht feuern.«

Als ich an dem Abend nach Hause kam und Mama erzählte, was ich gemacht hatte, ließ sie ihre Kartoffeln halb geschnitten am Tisch liegen und setzte sich in Papas Schaukelstuhl am Fenster. Ich fragte mich, was in dem Moment das Wasser, das sie überblickte, für sie war, denn sie drehte den Kopf, um einem Schoner zu folgen, der stromaufwärts zog. Der Fluss nahm jetzt jedes Mal, wenn wir uns darauf einließen, ihn anzusehen, für jeden von uns eine neue Bedeutung an. Sie musterte den Fluss. Ich musterte sie.

Zum zweiten Mal in meinem Leben sah ich, dass meine Mutter weinte.

So kam es, dass ich in der Madison-Haynes Kalenderfabrik zu arbeiten begann. Ich trudelte jeden Morgen um acht ein und ging sieben Stockwerke hinauf bis in die oberste Etage. Das Treppenhaus war schwarz. Kein Funken Tageslicht, der auf Beton und Backstein spielte. Wände und Boden waren mit Spinnweben bedeckt und dreckig und verrußt von einem Brand, den auszumalen ich mich gar nicht getraute. Allein der Gedanke daran war lähmend. Hier in Downtown Manhattan war ich schon vor sechs Jahren einmal gewesen. Ich war vor dem Triangle-Gebäude an Löchern im Boden vorübergegangen und hatte – die Hand auf den Mund gepresst – die schartigen Risse angestarrt, dort wo der Gehsteig im wahrsten Sinn des Wortes durchbrochen war von fallenden Körpern. Brennenden Körpern, die dann wie Eimer aus einem Brunnen nach oben gezogen wurden. In punkto Sicherheitsvorkehrungen hatte sich seither nicht viel verändert.

Zu Hunderten pilgerten wir jeden Morgen die Treppe hinauf, erspürten uns den Weg durch die Dunkelheit wie Ameisen, die ihre Fühler einsetzen, um sich inmitten des überfüllten Raumes zurechtzufinden. Niemand redete im Treppenhaus. Man hörte schweres und lautes Atmen. Die Frauen husteten den ganzen Weg nach oben, während ihre Füße die Überbleibsel vieler Jahre aufwirbelten. Die drangen in uns ein, in unsere Kehlen und Lungen und Mägen. Rauch klebte in den Wänden. Das Feuer war hier drinnen offenbar nie ausgegangen. Treppenabsätze und Geländer und Stufen und Säume unserer Kleider blieben mit weißer Asche bedeckt. Manche der Frauen husteten und spuckten Blut beim Gehen. Sie waren schon zu lange hier.

Das Rumpeln und Schlagen der Kollationiermaschine erwartete mich jeden Tag, ungefähr auf Höhe des fünften Stocks nahm sie stotternd den Betrieb auf. Wenn ich dann die graue Doppeltür im siebten Stock erreichte, brummte die Presse bereits ruhig vor sich hin. Die Räder auf dem Kollator quietschen und jammerten wie ein ungeschmierter Motor. Die Maschine brachte die Kalenderblätter in die richtige Ordnung und packte stimmungsvolle Zeichnungen von Sonnenuntergängen, Getreidefeldern und rotwangigen Babys mit grünen Augen zusammen, je nach Monat. Und dann wartete ich bereits mit einer roten Seidenschlaufe, die oben durch die Blätter gezogen wurde und sie schön zusammenhielt.

Den ganzen Vormittag band ich Schlaufen. Um zwölf hatten wir eine halbe Stunde Pause zum Mittagessen, für gewöhnlich ein Eier- oder Käse- oder Erdnussbutter-Sandwich, das Mama mir schmierte, bevor sie aus dem Haus ging. Um halb eins dann wieder sieben Treppen hinauf an meinen kleinen, abgenutzten Tisch bei der Maschine, wo ich auf einem Hocker saß oder stand und weiter Schlaufen band bis fünf Uhr dreißig.

So verblasste und verging der Sommer und der Winter kam, fett und ungestüm. In dem Jahr gab es keinen Herbst, deshalb hatte ich viel Zeit zum Nachdenken. Und genau das tat ich auch und gab mich der Monotonie hin wie einem kleinen, täglichen Tod.

Einmal, kurz vor Weihnachten, sah ich die Robinsons mit einem nagelneuen, blitzenden Kinderwagen die 143ste Straße entlanggehen. In meinem Herzen ließ ich mich mitten auf die menschenübersäte Straße fallen, die Arme und Beine weit von mir gestreckt, und jammerte und riss mir die Haare aus, wie ich das bei den irischen Frauen gesehen hatte, wenn ihre Männer starben. Rein äußerlich ging ich weiter und redete mir bis nach Hause gut zu, so wie meine Mutter es getan hättte: *Noch einen Schritt, und noch einen Schritt, und noch einen, und da sind wir schon ...*

Als ich an dem Abend heimkam, wartete Mama bereits auf mich.

»Zieh dein gutes Kleid an, Liebes. Wir bekommen heute Abend Besuch.«

»Wer kommt denn?«, fragte ich. Aber eigentlich war es mir egal.

»Ich weiß nicht«, sagte sie. »Eigenartig. Dein Vater hat nur gesagt, ich soll einen Teller mehr decken und mich fein machen. Mir scheint, er hat irgendetwas vor.«

Ich ging mich umziehen. Es war angenehm, dass mir meine Sachen wieder passten. Ich hatte während meines langen Schlafs mehr abgenommen, als ich davor zugenommen hatte. Es war eine kleine, aber doch willkommene Freude, meinen Körper wieder ganz für mich allein zu haben. Zu wissen, dass, sollte ich je hinsehen wollen, ich auch tatsächlich würde erkennen können, was es, ganz allgemein gesprochen, da zu sehen gibt.

Eine Stunde später war das Hühnchen gebraten und der Tisch mit Mamas gutem, elfenbeinfarbenem Spitzentischtuch gedeckt. Papa ging am Fenster auf und ab. Hin und wieder ertappte ich ihn dabei, wie er seine Augen auf mich richtete. Schon lange sah er mich nicht mehr richtig an. Er wirkte fast, als hätte er Angst. Als es dann an der Tür klopfte, riss es Papa fast vom Stuhl.

»Mach auf, Lu«, befahl er.

Mama tat höflich, wie ihr geheißen, obwohl sein Ton nicht gutzuheißen war.

»Oh, Mister Karunos. Wie geht es Ihnen, Sir?«

Mister Karunos tauchte auf unserer Türschwelle auf mit einem Strauß Seerosen in der Hand. Er trug nicht wie üblich die ausgebeulten Hosen und die Schürze, an die ich mich bei meinen Besuchen unten im Lebensmittelladen gewöhnt hatte. An dem Abend trug er ein rotkariertes, altmodisches Tuch um den Hals und einen blauen Anzug. Er hatte die Haare nach hinten gekämmt, wodurch eine viel großzügigere Stirn zum Vorschein kam, als ich ihm je zugetraut hätte. Mister Karunos warf Mama einen schüchternen Blick zu. Er zog eine kleine Holzschachtel aus seiner Jackentasche und hielt sie ihr hin.

»Sie nehmen. Ist für Sie, Misses.« Er drückte ihr die Schachtel in die Hand und winkte abwehrend, als sie protestierte.

»Bitte«, sagt er. »Sie müssen diese Kleinigkeit annehmen. Ich kann nicht hier kommen, ohne Ihnen etwas zu bringen. Ist nicht richtig.«

»Dann also danke, Sir.« Mama lächelte. »Das ist sehr aufmerksam. Und was verschafft uns die Ehre Ihres Besuchs?«

»Ich gerne mit Ihrem Mann sprechen, Misses.«

»Hier bin ich, Mister Karunos.« Papa kam von der Küche ins Wohnzimmer, beäugte den Lebensmittelhändler unter dicken, gesenkten Lidern hindurch und lächelte. Ich konnte mich nicht erinnern, dass er mir im vergangenen Jahr auch nur einmal zugelächelt hätte. Früher brachte ich ihn zum Lächeln, wenn ich nur den Raum betrat.

»Kommen Sie herein und nehmen Sie Platz. Was kann ich für Sie tun, Sir?«

»Ich rede jetzt vom Herz, Mister Chinn. Hören Sie, bis ich fertig bin, ja?«

»Ja, natürlich.«

»Ich bin sehr liebevoll Ihre Tochter, Sir. Ich habe nicht Worte es zu sagen gut. Diese Englisch« – er lachte – »ist nicht Beste für mich. Ich spreche und hoffe, Sie hören, was ist in meinem Herz.«

»Was ist es, das Sie mich fragen möchten, Sir?«

»Ich würde gerne Miss May heiraten. Ich brauche Ihre … Erlaubnis … ist richtig so? … Erlaubnis, Ihre Tochter zu haben.«

Mama und ich schnappten gleichzeitig nach Luft. Papa und Mister Karunos drehten beide die Köpfe zu uns, die wir wie festgefroren über die Essensplatten gebeugt standen. Wir schauten weg. Sie schauten weg. Es war wie eine Choreographie. Armer Mister Karunos. Wie er so dasaß, wirkte er ganz nackt. So hoffnungsvoll. So alt. Papa hingegen sah ziemlich angestrengt aus. *Mach mir das nicht kaputt.* Wenn ich in seinen Augen lesen könnte, hätte das drin gestanden. *Sag jetzt nichts.*

»Warum essen wir nicht erstmal etwas?« Papa klopfte dem

alten Mann freundschaftlich auf den Rücken. »Meine Frau ist eine hervorragende Köchin. Und sie hat der kleinen May schon alles, was sie weiß, beigebracht. Vielleicht gehen wir beide, Sie und ich, nach dem Essen besser runter zu O'Hara's und besprechen die Einzelheiten Ihres Antrags. Einverstanden?«

»Das machen natürlich gut, Sir.« Mister Karunos lächelte meinem Vater zu, der auf einmal der freundlichste Mensch auf der ganzen Welt war.

Ein zähes, peinliches Abendessen folgte. Ich hielt den Kopf über den Teller gesenkt. Mama griff tief in ihre Indianerkiste und machte sich unsichtbar. Um die Leere zu füllen, lachten Papa und Mister Karunos extra laut und aßen mehr, als nötig oder auch höflich war. Als die Männer sich erhoben, um zu gehen, standen Mama und ich auf, um den Tisch abzuräumen. Bevor er zur Tür hinausging, beugte sich Mister Karunos zu mir und nahm meine Hand.

»Miss May, ich dir wünsche gute Nacht. Wir uns sehen bald. Ich hoffe, Essen dir hat gemacht Freude.«

Er konnte mir nicht in die Augen sehen, der arme Mann, so neigte er den Kopf nach vorne und rieb seine Stirn an meinen Fingerknöcheln, bevor er mir die Hand küsste. Mama musste sich von der Küche aus räuspern, damit er mich losließ.

»Ο, αγαπητό μωρό«, sagte er zu mir. Dann sah er mir noch einmal abschließend ins Gesicht und ließ sich von Papa hinausgeleiten, der hinter ihnen sanft die Tür zuzog.

Mama und ich starrten uns über die Hühnerknochen und Kartoffelschalen hinweg an.

»Weißt du, das wäre schon eine ganz gute Partie, wenn du die eine oder andere Stufe überspringen und ihm ein paar Enkelkinder schenken könntest. Also ohne den Mann in der Mitte.«

Wir prusteten los und brachen vollkommen zusammen. Ich musste das Hühnchen fallenlassen, so sehr tat mir das Lachen weh. Wir knieten am Boden und schoben die Knochen mit den

Händen zusammen, da wurde Mama leiser und tupfte mir die Augen mit dem Saum ihres Kleides ab.

Unser Lachen ging in eine Art Kichern über und schließlich in ein paar letzte Gluckser. Mama nahm mein Gesicht in ihre Hände und fragte: »Jetzt im Ernst, Herzchen. Was willst du machen?«

»Mama, bitte: *Mister Karunos*?«

»Du hast nicht zugehört, Kind. Ich sagte, was willst du machen? Denn wenn du vorhast in der Fabrik zu bleiben, kannst du gerade so gut den Alten heiraten.«

Was sollte ich ihr sagen? Dass ich kaum die Kraft hatte, morgens überhaupt das Bett zu verlassen? Bisher hatte ich nicht einmal überlegt, was ich in einer Woche mache, geschweige denn in ein oder zwei Jahren. Oder zehn. Für mich gab es keine Zukunft, seit ich das letzte Mal einen Herbst erlebt hatte.

»Lila hat die Schule auch geschmissen«, sagte ich, als ob das ein Argument wäre.

»Lila hat geheiratet, und sie planen schon das zweite Kind. Mich interessiert, was *du* machen willst, Mädchen.«

»Ich bin kein Mädchen.«

»Eine Frau verhält sich auch wie eine Frau«, sagte sie und stellte die Teller ins Spülwasser.

So also bin ich für meinen Vater das erste Mal gestorben. Als er an dem Abend nach Hause kam und sagte: »May, wir sind der Ansicht, du solltest heiraten, bevor der Sommer anfängt. Einverstanden?«

Und ich erwiderte: »Nein.«

Da wurde Papa still, wie ein Tier still wird, bevor es angreift. Ohne mit den Augen zu blinzeln, die Arme leicht vom Körper gestreckt, den Kopf gesenkt. Er kam mit kleinen Schritten auf mich zu und um mich herum, um mir den Weg ins Schlafzimmer zu versperren. Die Küche hatte keine Tür.

Aber ich wollte gar nicht weglaufen. Er musste mich entweder umbringen oder in Ruhe lassen.

»Du ...«

»Ich mache es nicht, Papa. Ich kann nicht.«

»Du machst es nicht? *Du machst es nicht?* Du hast die Nerven, mir zu sagen, was du willst und was du nicht willst? Du hältst dich wohl für mächtig erwachsen? Das Einzige, was ich sehe, ist, dass du hier im Haus herumlungern und dich wie eine Hure aufführen willst.«

»William, das reicht!« Mama ging mit einem Sprung dazwischen.

»Das ist *mein* Haus, zum Teufel! *Ich* sage, wenn es reicht.« Papa streckte mir seine Rückseite entgegen. »Das ist es also, was du willst? Du willst deinen Körper weiterhin verschenken, sodass jeder noch so dreckige Nigger sich mit deinen Haaren den Hintern abwischen kann, wenn ihm grad der Sinn danach steht?«

»William!«

»Es tut mir leid, Papa ... Ich kann nicht ...«

»Du dummes Stück! Was glaubst du, was das hier ist? Glaubst du, das Leben ist ein Spiel? Was hat eine farbige Frau schon in dieser Welt, wenn sie keinen Schutz hat? Das hier ist ein ehrlicher Mann. Er arbeitet hart.«

»Das ist ein alter, weißer Mann«, schimpfte Mama.

»Karunos ist nicht weiß! Er ist Grieche. Das ist das eine. Das andere ist: Der Altersunterschied zwischen ihm und May ist genauso groß wie der zwischen mir und dir.«

»Und was bringt dich auf die Idee, dass ich meinem Kind das Gleiche wünsche wie mir?«

Papa zuckte zusammen, als hätte sie ihn geohrfeigt. Er wich zurück, mit hängendem Mund und Tränen in den Augen.

»Lu?«

Mama stellte sich neben mich. Ihre Worte hatten ihr Gesicht

aufklaren lassen. Schweigend stand sie inmitten ihrer Worte, und das Schweigen legte sich über den ganzen Raum.

Warum kann er mich nicht einfach lieben? Ohne es zurückzunehmen, ohne seine Augen zu bedecken, ohne wegzugehen, wenn ich ihn brauche und möchte, dass er meinen Kopf hält und mir sagt, er liebt niemanden auf der Welt mehr, als er mich liebt, und könnte auch nie und würde auch nie aufhören mich zu lieben oder mich höher zu schätzen als alles andere, den nächsten Atemzug mit eingeschlossen. Wer auf dieser Erde wird mich denn je so sehr lieben können?

Fragen, auf die es keine Antwort gab.

Die Wohnung, die wir teilten, war um so viel kleiner als der Abstand zwischen uns. Es gab keinen Platz.

Er ging.

—

Die Nachricht erreichte uns am 3. Juli. Jeder redete darüber. Und sagte es weiter, an den Straßenecken, in den Friseurläden und durch die Küchentüren hindurch. Männer und Frauen steckten in Straßenbahnen und U-Bahn-Stationen die Köpfe zusammen, verzweifelt auf der Suche nach Neuigkeiten.

Auf meinem Heimweg von der Fabrik, der Straßenbahnwagen querte gerade die 115te Straße, sah ich eine alte Frau aus längst vergangenen Tagen, eine Sklavin, mit weißen Haaren, die steil nach oben standen, offenem Kleid und entblößtem Rücken. Sie war schwarz wie Kohle, dennoch wellten sich Furchen wie Treppenstufen auf ihrer Haut, fester, ausgeprägter als ihre Wirbelsäule, viel zu deutlich sichtbar. Ein dichter, flaumiger Busch war das, der da abgehackt und auf den Kopf gestellt unter ihrem Kleid hervorspross. Ihr Fleisch sah stumpf und verbrannt aus. Die Art und Weise, wie diese Narben leuchteten, war vollkommen unnatürlich. So unnatürlich wie der Hass, der sie dort zurückgelassen hatte. Sie war verrückt. Frauen liefen neben ihr her und versuchten, ihre Blöße zu bedecken. Aber sie wehrte sie ab. Sie drehte sich um und marschierte auf den Straßenbahnwagen zu, zeigte auf den Fahrer und ließ ihre Zähne sichtbar werden. »Sieh her!«, schrie sie. »Sieh dir an, was sie mit uns machen! Sieh, was sie immer noch mit uns machen! Schau nicht weg! Weißer Mann! Weißer Mann! Ich rede mit dir! Sieh her zu mir. *Sieh mich an!*«

An diesem Dienstagmorgen stand in der Zeitung: 3. JULI 1917 – HEFTIGSTE RASSENUNRUHEN DER US-GESCHICHTE ERSCHÜTTERN EAST ST. LOUIS.

Es war überall. Die Zeitungen berichteten in bunten Farben und in aller Breite von dem Massaker. Die, die Verwandte in St. Louis und Zugang zu einem Telefon hatten, erhielten Informationen aus erster Hand.

Es begann in der Aluminium-Fabrik. Und bei Swift und den anderen Lagerhäusern in National City. Die Betriebsleitungen schlossen die Weißen, die sich beschwerten, und die von der Gewerkschaft aus. Und beschäftigten an ihrer Stelle Neger, um Dreck zu schippen und Schweine zu schlachten. Blut machte denen ja scheinbar nichts aus. Die Spannung hatte sich über Monate aufgebaut. Kleine Zwischenfälle hie und da, weitgehend unbemerkt und keine Meldung wert. Vergangenen Sonntag war es dann so weit: Eine Bande Weißer in einem zweifarbigen Ford fuhr die Market Street entlang und schoss mit Pistolen in Negerwohnungen an der Market Street und der 17ten Straße. Dann weiter zur Bond und zur 10ten Straße. Als die Polizei endlich in der Bond Street eintraf, kam ihnen eine Brigade von über zweihundert Schwarzen entgegenmarschiert, bewaffnet und kampfbereit. Die Schwarzen eröffneten das Feuer, töteten einen Polizisten und verletzten einen zweiten lebensgefährlich. Die Stadt explodierte.

Am Montagmorgen versammelte sich eine Menschenmenge vor dem Gewerkschaftshaus, marschierte Richtung Broadway und griff dabei unsere Leute auf, einen nach dem anderen, wo immer man auch auf sie traf. Ob Frauen, ob Kinder, spielte keine Rolle. Straßenbahnwagen wurden angehalten und die Neger herausgezerrt, um sie zu verprügeln oder vor den Augen ganzer Gruppen jubelnder Weißer niederzuschießen. Feuer brachen aus in der ganzen South Side. Von der Brady bis zur Railroad Street, wurden die Häuser der Neger in Brand gesteckt. Sie entzündeten die Feuer auf der Rückseite, sodass die Familien, wenn sie durch den Vordereingang nach draußen flüchteten, von den wartenden Männern einer nach dem anderen abgefangen werden konnten. Ein Zeitungsbericht aus der Stadt meldete: »Die Neger werden wie Kaninchen abgeschossen und an Telefonmasten aufgehängt.«

Um Mitternacht war die South Side mit Flammen überzogen, die so hoch in die Luft schossen, dass der Pittsburgh Lake, in dessen Oberfläche sich das Feuer spiegelte, aussah wie ein reißendes Gewässer.

In der Zeitung stand, dass dreißig, vielleicht auch vierzig Leute getötet wurden. Doch wir wussten, dass es Hunderte waren. Wie viele genau, war nicht bekannt, aber unsere Leute sahen die Leichen an den Telefonmasten und Laternenpfosten baumeln, mit abgeschnittenen Ohren, heruntergezogenen Hosen und Haut, an der das Feuer nagte, bis die Gliedmaßen sich von den mürben Sehnen lösten und herabfielen. Sie sahen die Leichen, aufgestapelt wie Brennholz in den Hinterhöfen. Sie sahen das, und so konnten auch wir es sehen.

An diesem Abend fand ich Mama mit ihrer besten Freundin, Misses Tillson, bei Bernice's, einem Schönheitssalon, in dessen hinterem Zimmer Bernice ein Telefon hatte. Misses Tillson war völlig aufgelöst. Sie und ungefähr fünfzehn andere Frauen lehnten an den Wänden und beteten, dass irgendeiner ihrer Verwandten aus Illinois anrief. So gegen neun rief schließlich ihre Schwester Riley an. Riley selbst ging es gut, aber ihr Bruder war verschwunden. Und sie hatte mit eigenen Augen gesehen, wie zwei kleine, etwa achtjährige Mädchen von erwachsenen weißen Männern zu ihrem brennenden Haus zurückgebracht und hineingestoßen wurden. Dann hatten die Männer die Türen mit Brettern vernagelt und zugesehen, wie das Haus abbrannte. Sie hatte viele andere Dinge gesehen, über die sie noch nicht reden konnte. Vielleicht auch niemals. Was sie erzählte, war schlimm genug: Schwarze Frauen wurden von zusammengerotteten Männern oder sogar weißen Prostituierten festgehalten, geschlagen, aufgeschnitten, an allen erdenklichen Stellen aufgerissen. Dann aufgehängt wie Männer, ohne Kleider, mit Fleisch, das in Fetzen herabhing. Aber es gab auch anderes, was nicht ausgesprochen werden konnte. Das hier musste reichen.

Ich ließ die anderen bei Bernice's zurück und schleppte mich heimwärts. Wütend, verängstigt und zitternd stolperte ich die Mott Avenue entlang. Was sollte ich tun?

Ich ging ins Haus und geradewegs in Mamas Zimmer. Ihr Spiegel hing an der Wand über der Kommode. Ich schaute mir genau mein Gesicht an. Meine gerade Nase. Meine schrägliegenden Augen. Schmale, geschwungene Lippen, die schon so mancher bemerkt und gelobt hatte. Ich sah nicht aus wie ein Neger. Aber ich war einer. Ich sah eher weiß aus als sonst irgendetwas, auch wenn ich das nie sein konnte.

Ich musste etwas tun.

Am nächsten Abend hielt mir ein junger Farbiger auf dem Heimweg von der Fabrik ein Flugblatt hin. »Marcus Garvey spricht über die St.-Louis-Unruhen!«, kündigte das Papier an. Als ich heimkam, erzählte ich Mama mit erhobener Stimme, laut genug, dass Papa es auch hören konnte, dass Reverend Bishop mich gebeten hatte, bei einer Gedenkfeier für die Opfer der Unruhen ein paar Sänger zu begleiten. Ich würde zusagen, wenn sie nichts dagegen hätte. Er las weiter stur seine Zeitung und blickte nicht auf, was soviel bedeutete wie, das ist in Ordnung.

An diesem Sonntag war ich abends um sieben Uhr in der Kingdom Hall. Der Versammlungsraum war gesteckt voll. Ein junger Mann mit Overall in der vorletzten Reihe sah mich und winkte mir zu. »Brauchen Sie einen Platz, Miss?«

»Ja. Danke, Sir.«

Keine zwei Minuten später betrat Marcus Garvey in voller Montur das Podest. Die Feder an seiner Mütze schwang wie ein Schilfrohr über seinem Kopf, und die Abzeichen an seiner Jacke glänzten in dem schummrigen Licht. Bei seinem Anblick riss es die Menge von den Sitzen. Auch ich sprang auf und versuchte, mehr zu sehen als nur Arme und Hälse und strubbelige Haarschöpfe. Garvey ließ das Geschrei noch eine Minute währen und brachte die Menge dann mit einer Handbewegung zum Schweigen.

»Die Unruhen von East St. Louis, oder besser gesagt: das Massaker vom Montag, dem zweiten Juli, wird in die Geschichte eingehen als einer der blutigsten Angriffe gegen die Menschheit, den je eine gesellschaftliche Klasse zu verantworten hatte.«

»Hört! Hört!«

»Sprich weiter!«

»Dies ist nicht die Zeit für schöne Worte«, dröhnte er, »sondern die Zeit, die Stimme zu erheben gegen die Bestialität eines Volkes, das von sich behauptet, die Demokratie erfunden zu haben!«

Die Zuschauer pfiffen und applaudierten. Garveys tiefe, grollende Stimme erfüllte den Raum und nahm ihn in Besitz. Sie vermischte sich mit der Hitze und dem Geruch der dichtgedrängten Körper und verklärte die Gesichter der Männer. Seine Stimme schwoll an und kam auf uns nieder wie eine Donnerwolke, während seine runden, lilafarbenen Wangen vor Empörung bebten.

»Ich habe keine Ahnung«, fuhr er traurig fort, »was genau die Menschen, die die Neger in East St. Louis dahingeschlachtet haben, unter der Demokratie verstehen, über die sie da wachen, doch ich weiß, dass das Wort Demokratie die Bedeutung, die es bislang hatte und die ihm dieselben gesetzlosen Menschen verliehen haben, für mich verloren hat.

Amerika ist nicht in der Lage, 12 Millionen seiner eigenen Bürger Genugtuung zu verschaffen, abgesehen von einer Farce von Untersuchung, die dort enden wird, wo sie begonnen hat – bei der brutalen Ermordung von Männern, Frauen und Kindern, deren einziges Vergehen war, schwarz zu sein und sich wirtschaftlich verbessern zu wollen in einem Land, dessen wirtschaftliche Größe sie durch dreihundert Jahre der Schufterei überhaupt erst ermöglicht haben.«

Das Publikum sprang erneut von den Stühlen, die Fäuste geballt, und rief laut nach Gerechtigkeit und Wiedergutmachung. Die Worte waren unverständlich. Zunge und Lippen waren es nicht, die diese Stimme nach außen trugen. Der Ton kam von ganz tief unten, aus dem Blut.

»Ein Regime des Terrors herrscht hier vor!« Garvey hämmerte auf das Podium, und der Schweiß trat unter seiner Mütze hervor. »Die Gesichter von Negern waren in den Fenstern zu sehen, und als sie Zeuge dessen wurden, was denen widerfuhr, die aus den brennenden Gebäuden nach draußen liefen, zogen sie es vor, lieber im Feuer zu bleiben, als ein ähnliches Schicksal zu erleiden. Sowohl der Mob, als auch die gesamte weiße Bevölkerung von East St. Louis haben ein archaisches Schlachtfest gefeiert. Sie betranken sich am Blut des Negers. Die Weißen können die Schwarzen auch heute noch ausnutzen, weil die Schwarzen in aller Welt nicht vereinigt sind!«

176

Als er die Rede beendete, schrie und jubelte ich wie alle anderen und klatschte, bis mir die Hände wehtaten. Männer und Frauen weinten miteinander und schämten sich nicht, darunter auch ich. Wir riefen seine Stimme zurück auf die Bühne, riefen, damit er uns leite und anführe. Doch Garvey wartete nicht. Er starrte einen Moment lang über die Symphonie aus farbigen Gesichtern und verschwand dann mit einem ernsten Kopfnicken und einer flüchtigen Handbewegung.

Das war's.

Die Leute gingen langsam hinaus, trotz der Hitze, trotz der späten Stunde. Sie warteten auf etwas. Auf einen Fingerzeig, einen Aufruf zum Handeln. Mir ging es auch so. Ich musste etwas tun. Dieses Verlangen brodelte in mir, unter meiner Haut. Es ließ meinen Atem schwer und angestrengt werden. Erregt. Ich fühlte mich, als würde ich ein zweites Mal niederkommen. Aber womit, konnte ich nicht sagen. Ich ging schweigend Richtung Uptown zu meiner Straßenbahnhaltestelle, umgeben von Scharen hungriger Männer und Frauen, die Köpfe gesenkt wie in Gedanken oder nach oben gerichtet wie im Gebet.

»Also, in der *Evening Mail* stand ein Artikel über eine Frau aus der South Side, die sagte, sie sei in die Knie gegangen und hätte Gott gedankt, als die Unruhen ausbrachen.«

Der junge Mann, der mir seinen Sitzplatz überlassen hatte, ging auf einmal neben mir.

»Wirklich? Warum?«

»Sie sagte, sie hätte zum ersten Mal in ihrem Leben gesehen, dass Neger sich wehren und wie Männer verhalten«, sagte er. »Sie wusste, dass die meisten von ihnen sterben würden. Möglicherweise auch sie selbst. Aber das war es wert. Sie würde zufrieden sterben können. Sie sei noch nie in ihrem Leben so zufrieden gewesen wie in diesem Moment.«

Er strich sich mit der Hand über den dünnen, spärlichen

Schnurrbart. *Dieser kleine Junge, dachte ich. Ich wette, er bürstet sich seine drei Schnurrbarthaare täglich.*

Ich lächelte und sagte: »Ich kann sie verstehen.«

»Ich heiße Coleman«, sagte er.

»May.«

Wir hielten an der Ecke, gerade als meine Straßenbahn von der Seventh Avenue her in Sicht kam.

»May, wären Sie bereit, für die Bewegung zu sterben? So wie die Frau aus der South Side?«

Er ist wirklich jung, dachte ich.

»Ich finde, das ist die falsche Frage, Coleman«, erwiderte ich ruhig. »Das, worum es geht, ist doch: Bin ich bereit, für sie zu leben? Etwas zu tun. Die Antwort auf diese Frage lautet: Ja. Ich weiß nur nicht, was.«

Coleman biss sich auf die Lippe und starrte mich an.

»Wie alt sind Sie?«

»Ich bin gerade einundzwanzig geworden. Und Sie?«

»Neunzehn«, sagte er stolz. »In drei Monaten.«

Ich lachte laut auf, und er war gerade noch jung genug, um das nicht als Beleidigung aufzunehmen. Die Straßenbahn hielt, und die Wartenden drängelten zu den Türen.

»Hören Sie, der NAACP organisiert Samstag in drei Wochen eine Demonstration. Die Fifth Avenue hinunter. Gehen Sie hin?«

Ich hatte noch nichts davon gehört, doch in dem Moment, in dem er es sagte, antwortete ich: »Natürlich. Kommen Sie auch?«

Er nickte. »Ich werde Sie finden.«

Als Colemann sich wegdrehte, hatte ich ihn bereits so gut wie vergessen. Es gab so viel anderes, was mir im Kopf herumspukte. Und ganz besonders hörte ich eine Stimme, die ziemlich genau wie die meiner Mutter klang. Ein ums andere Mal sagte die Stimme zu mir: *Was wirst du also tun, May? Was wirst du also tun, May?*

Ich hatte keine Antwort darauf. In Wahrheit verstand ich nicht einmal die Frage. Aber sie stand im Raum. Nagte an mir. Rang mit mir. Machte mir klar, dass mein Leben dabei war, sich zu ändern. Weder konnte ich ausweichen, noch konnte ich die Stimme zum Schweigen bringen, nun, da sie einmal da war. Es juckte mich. Ich konnte nicht stillsitzen. Fast fühlte es sich wie Verliebtsein an, so wie es mir die Luft nahm und mich von allem anderen ablenkte. Doch die Stimme in mir dehnte sich noch viel weiter aus. Schlagartig und nachdrücklich. Sie wollte mein Leben.

Mein Gott. Dann nimm es. Sag mir nur, was ich machen muss.

Auf die Schnelle gab es darauf keine Antwort, doch schon am nächsten Abend hörte ich ein Klopfen an meiner Tür.

Ich machte auf, noch nach Schweiß und Schmiere und Tinte stinkend, mit blau verschmiertem Gesicht und Haaren, die wie zerfetzte Wolken um meinen Kopf schwebten.

Es war Lila. Lila, ihr kleiner Junge und Carmen Jackson. Sie standen im Eingang und lächelten. Der kleine Tyler versteckte sich hinter seiner Mutter und bohrte mit dem kleinen Finger in der Nase. Lila und ich fielen uns kreischend in die Arme, und sie küsste meine Wangen, auch wenn ihre Lippen davon leicht bläulich wurden. Carmen und ich gaben uns die Hand. Dann drückte Lila mir Tyler in die Arme und ich fing an zu weinen. Lila und Carmen dachten, ich weine, weil ich sie vermisst hatte, aber in Wirklichkeit war Tyler daran schuld, die Art, wie er seine kleinen Arme um meinen Hals schlang und seine Tante May küsste. Einfach süß.

Lila war so schön wie nie. Ihr Bauch wölbte sich bereits wieder, und sie war überglücklich. Unablässig küsste sie Tylers Hände, obwohl er damit gerade noch in der Nase gebohrt hatte. Müttern macht so etwas eben nichts aus, sagte ich mir. Ich lud sie zum Teetrinken ein, damit ich einen Grund hatte, in die Küche zu rennen und mich dort ein wenig herzurichten, zumindest den

Schweiß von Stirn und Nacken zu wischen. Ich kam zurück mit einem Teller Kekse und Haferplätzchen, die ich zum Tee reichte.

»Was macht ihr hier?«

»Wir haben dich vermisst, May«, sagte Carmen. »Du bist einfach abgetaucht.«

Ich war herausgefallen. Ich arbeitete in einer Fabrik und band Schlaufen. Keine meiner alten Freundinnen wollte jetzt mit mir gesehen werden. Aber aus Höflichkeit musste sie es sagen. Sonst hätte sie erklären müssen, wo sie selbst so lange gewesen war. Also spielte ich mit und tat so, als sei alles allein meine Schuld. Wie nachlässig von mir.

»May, Carmen hat mir neulich etwas wahnsinnig Interessantes erzählt. Na los. Sag es ihr, Carmen.«

»Also –«

»Carmen fängt im Herbst an der Columbia University an. Am Lehrerseminar. Ist das nicht großartig?«

Ich lächelte weiter. Für das hier musste es einen Grund geben. Lila fiel mir nicht in den Rücken. Sie mochte mich. Meine Schwester. Sie kam nicht einfach den ganzen Weg, so spät am Abend, Carmen und ihren Kleinen im Schlepptau, nur um mir das Herz zu brechen. Da musste mehr dahinterstecken.

»Wie dem auch sei«, fuhr sie fort, »jedenfalls hat Carmen erfahren, dass es in drei Wochen noch eine Aufnahmeprüfung gibt.«

»Ja«, fiel ihr Carmen ins Wort. »Man kann in drei Wochen nochmal die Prüfung machen. Wenn man besteht, kann man im Herbst anfangen.«

Mama hatte da mit Sicherheit die Finger drin. Das roch danach.

»Aber ich habe abgebrochen«, gab ich zu bedenken. »Ich habe überhaupt keinen Schulabschluss.«

»Mach einfach die Prüfung, May«, insistierte Lila. »Meld' dich an und kümmere dich danach um alles andere. Ich begleite dich, wenn du willst.«

»Ach, weißt du. Ich glaube nicht, dass …«

»Bitte. Probier es einfach.«

Plötzlich spürte ich, wie schwer mir das Herz in der Brust wurde. Hungrig und weit geöffnet. Wund. Das konnte doch nicht möglich sein. Nach all dem, nach allem, was ich gemacht hatte, sollte das hier möglich sein?

»Na gut, vielleicht schau ich mal hin«, flüsterte ich. »Kann gut sein.«

Tyler verbarg seinen Kopf im Schoß seiner Mutter, und Carmen schaute zur Seite, als Lila und ich losheulten und quer über den Tisch unsere Hände ergriffen.

Die Aufnahmeprüfung fand am selben Samstagvormittag statt wie der Marsch. Ich muss wohl kaum erwähnen, dass ich als Erste fertig war. Der Prüfungsvorsitzende wollte mir die Blätter zurückgeben, aber ich nahm sie nicht.

»Ja«, sagte ich ihm und wandte mich bereits zur Tür um. »Ich bin sicher, dass ich alles habe.«

Ich rannte von der Low Memorial Library los, an der Kapelle vorbei und hinaus auf die Amsterdam Avenue, auf der sich die Samstagseinkäufer drängelten. Ich raste runter zur 116ten Straße, zwischen Handkarren, Fußgängern und Kutschen hindurch, und atmete dabei immer noch im Rhythmus der Stimme in meinem Kopf. Die Stimme war unverändert da, seit jenem Abend vor der Versammlungshalle. Wenn, dann war sie höchstens lauter geworden, unnachgiebiger. Sie forderte Dinge von mir, von denen ich keine Ahnung hatte, wie ich sie leisten sollte.

Fifth Avenue. Ich kam dort an, als gerade die Kinder vorbeigingen. Sechs, sieben, acht Jahre alt, alle weiß angezogen, marschierten sie mit handbemalten Transparenten, auf denen stand: »Mama, kommen Lynchmörder auch in den Himmel?«, oder »Gott sagt: Du sollst nicht töten!« Ich stellte mir meinen Sohn in einem kleinen, weißen Sonntagsanzug vor, wie er zu mir hochschaute, neben mir herging, und nicht verstand, warum ich mir erlaubte, sorglos die Zeit verstreichen zu lassen, anstatt zu leben.

Als nächstes kamen die Frauen, Tausende, ebenso weiß angezogen. So wie ich auch. Alle marschierten still für sich, das einzige Geräusch war das dumpfe Trommeln im Hintergrund. Ich rannte vom Bordstein zu den Frauen und reihte mich ein. Eine gab mir das Ende ihrer Stange, an der ein Banner befestigt war, auf dem stand: »Mister President, wie wär's: Machen wir Amerika sicher genug für die Demokratie?« Dann ging sie und verteilte Flugblätter an die Weißen, die sich am Straßenrand sammelten und zusahen.

Je weiter wir Richtung Downtown kamen, desto mehr Zuschauer standen an den Seiten. Manche zeigten mit Fingern auf uns, manche weinten, manche lachten. Schweigend erwiderten wir ihre Blicke. Wir schwiegen, bis wir nirgendwo mehr hingehen konnten, bis wir unser Ziel – die City Hall – erreicht hatten.

Das war's dann. Schluss, aus, fertig.

Die Leute gingen langsam auseinander. Sie einfach so weggehen zu sehen, mit gebeugten Köpfen und angespannten Mienen, tat mir weh. Was hatten wir schon erreicht? Was hatten wir denn verändert? So viele Leute, an die zehntausend, wie es schien, waren versammelt und versuchten, gleich wieder in alle Richtungen auseinanderzugehen. Und keiner von uns wusste wohin. Ich wollte schreien. Ich musste atmen. Nur atmen. Warum war das so schwer?

Jemand fasste mich an der Schulter. Ich blickte auf und sah Coleman dastehen.

Inmitten all dieser Menschen hatte er mich tatsächlich gefunden. Rings um mich her Tausende von Körpern, die Gesichter verschwommen und geprägt von Resignation (oder Furcht oder Trauer oder Wut), und er hatte mich entdeckt. Es schien nicht möglich. Doch da stand er nun. Anfangs lächelte Coleman, doch als er mich genauer angeschaut hatte, nahm er mich am Ellbogen und führte mich weg. Mit ihm als Schutz teilte sich die Menge.

»Sag mir, wo du wohnst«, sagte er. »Ich bringe dich hin.«

Aber in diesem Augenblick wusste ich es nicht.

Kapitel 11

Der Brief kam zwei Wochen, nachdem ich die Prüfung gemacht hatte.

Meine Hände zitterten so sehr, dass ich den Umschlag zunächst gar nicht öffnen konnte. Wenn Columbia mich nicht nahm, war ich aufgeschmissen. Nachdem ich die Prüfung gemacht hatte, verfielen Mama und ich in eine Art Ausbildungswahn – wir forschten, was es überhaupt für Schulen gab, und dachten auch über weiter entfernte Möglichkeiten nach. Wir spielten mit dem Gedanken einer Bewerbung am Juilliard-Konservatorium, merkten dann aber, dass es dafür schon zu spät war. Das Einzige, was mich sonst noch interessierte, war ganz weit weg in Fontainebleau, wo mein Idol, Walter Damrosch, die American School of Music leitete. Doch als die Anmeldeformulare eintrafen, stand oben über der ersten Frage:

Ich bin amerikanischer Bürger weißer Hautfarbe und bewerbe mich um die Aufnahme an dieser Schule.

Da ich in das Kästchen hinter dieser Stelle keinen Haken eintragen konnte, egal, wie ich aussah, warf ich den Bogen in den Müll, noch bevor Mama heimkam. Die einzige Chance, die ich hatte, war Columbia. Ich war kurz vor dem Verhungern, und der Rest der Welt schien mir so unsagbar klein.

Das Papier wollte nicht nachgeben. Ich hielt Mama den Umschlag hin. Ihre Hände zitterten genau wie meine, doch sie hatte kein Problem damit, das Siegel aufzureißen.

»Im Namen des Pädagogischen Seminars der Columbia University dürfen wir Ihnen mitteilen, dass … *Oh Gott! Oh mein Gott! May!* Du hast den Platz, Baby! Sie nehmen dich!«

»Ich … ich … ich … Mama, das ist unmöglich … Ich habe doch keinen …«

»Sieh doch!«

Sie hielt mir den Brief unter die Nase. Und tatsächlich, das war eine Aufnahmebestätigung, adressiert an Miss May Edward Chinn. Ich war bei der Aufnahmeprüfung derartig gut gewesen, dass sie mich als Vollzeit-Studentin für Musik aufnahmen – auch wenn ich keinen Highschool-Abschluss hatte.

Mich. Sie nahmen mich.

Ich war aufgenommen.

Ein warmer, schwebender Dunstschleier breitete sich in mir aus und stieg bis hinauf und in meinen Kopf. Mama schlang ihre Arme um mich und wir weinten, doch ich war nur teilweise anwesend. Der Rest beobachtete alles aus großer Höhe, umrahmt von einer Vollkommenheit, einem Erfülltsein, wie ich es noch nie zuvor verspürt hatte.

Doch dann blickte Papa von seinem Buch auf und sagte: »Sie geht nirgendwohin.«

Augenblicklich war das Gefühl in mir verschwunden.

»William! Wie kannst du nur –«

Papa schleuderte sein Buch auf den Boden, so heftig, dass der Buchrücken knickte.

»Verdammt nochmal! Kannst du bitte für einen Moment aus deinem Wolkenkuckucksheim rauskommen? Was glaubst du, macht das Mädchen mit einem Hochschulabschluss? Na? Wer wird ihr einen Job geben, außer sie fällt durch? Wenn sie dazu nicht bereit ist, ist sie in vier Jahren nichts weiter als eine einsame Negerschlampe mit einem Stück Papier in der Hand. Und dass sie einsam sein wird, ist so sicher wie das Amen in der Kirche. Kein Mann will eine heiraten, die mehr gelernt hat als er. Nicht einmal diese studierten Kerle wollen das. In einem Haushalt kann nur einer die Hosen anhaben, anders geht's nicht. Lulu, bitte.«

Papa senkte die Stimme und ging rüber zu Mama. Er nahm sie sanft bei den Schultern. »Ich weiß, dass du mir das nicht mehr glaubst, aber ich will doch nur das Beste für das Kind. Sie braucht einen Mann, der ihr ein bisschen Schutz bietet. Einen Platz auf dieser Welt. Wir müssen niemandem erzählen, was geschehen ist. Das bleibt unter uns. Familie. Solange niemand das weiß, kann das Mädchen immer noch eine gute Partie machen.«

Mein Vater schämte sich für mich. Immer noch. Aber ich konnte ihm das nicht vorwerfen. Ich schämte mich ja selbst. Ich konnte mir nicht vorstellen, dass dieses Gefühl von Mickrigkeit, dieses Gefühl der Enge tief in meinem Brustkorb jemals verschwinden würde. Es war ein Teil meiner selbst geworden, so wie ein Fingerabdruck.

Mama nahm seine Hände und drückte sie. Genauso sanft wie er sagte sie: »Sie geht hin.«

Als Erstes flog der Tisch um, mit klirrendem Geschirr. Er drosch auf mein Klavier ein, bis ich mich auf die Tasten warf. Einen einzigen Moment stockte er, dann drehte er sich und riss direkt neben mir ein Bild von der Wand. Es war das gerahmte Porträt eines Hauses auf einem Hügel, ein Bild, das er liebte, weil er sagte, es erinnere ihn an Fleetwood. Er schlug es mit der Leinwand über eine Stehlampe und schleuderte dann die Lampe mitsamt Bild quer durchs Zimmer. Schäumend und schwitzend, mit blutenden Händen, die auf den Sachen meiner Mutter Spuren hinterließen, stellte er die Wohnung auf den Kopf. Dann hielt er inne. Von einem Moment auf den anderen hielt er inne und drehte sein Gesicht zu mir.

»Was kostet die Ausbildung?«

»Zweihu-hundert Dollar.«

»Pro Jahr?«

»N-nein. Pro … Semester …«

»Zweihundert?«, wiederholte er. Papa lächelte und wischte sich mit der Hand übers Gesicht, wobei er einen blutigen Streifen hinterließ. Er hatte immer noch nicht bemerkt, dass er sich verletzt hatte, als er die Sachen zerdepperte.

»Zweihundert Dollar.« Er fing an zu lachen. »Zweihundert Dollar!«

Dann ging Papa zu Mama und stellte sich direkt vor sie. So nah, dass sie Zehenspitze an Zehenspitze standen und jeder den anderen mit den Augen streng fixierte, ohne auch nur einmal zu blinzeln. Preisboxer, blutend und erhitzt.

»Wo nimmst du in drei Wochen zweihundert Dollar her, Lulu?«

Mir klappte die Kinnlade nach unten. An die Studiengebühren hatte ich noch keinen Gedanken verloren. Ich hatte ja nicht einmal geglaubt, dass ich aufgenommen werde. Innerhalb von drei Wochen zweihundert Dollar aufzutreiben, war etwa vergleichbar mit dem Versuch, zu Fuß den Mond zu erreichen. Das waren ungefähr zwei volle Monatsgehälter eines farbigen Mannes. Bei meiner Arbeit in der Fabrik verdiente ich weniger als die Hälfte, auch wenn das harte Arbeit war. Und genau siebzehn Dollar hatte ich an Erspartem.

Mein Magen verkrampfte sich. Nochmal. Und nochmal. Ich taumelte in die Küche, schlitterte dabei über verschütteten Kaffee und Tee und Kerosin-Öl aus der zertrümmerten Lampe. Ich schaffte es gerade noch zum Abwaschbecken, bevor es mir den Magen umdrehte und ich mich über die Teller vom Abendessen erbrach. Das metallene Becken war kühl und nass. Ich lehnte meinen Kopf an den Rand und glitt dann zu Boden, wo ich neben dem Bleirohr kauerte, viel zu leer und enttäuscht zum Weinen.

»Steh auf, May.« Mamas Stimme klang so sorglos wie sonst auch. »Komm her, Tochter.«

Ich schüttelte den Kopf. Ich konnte mich nicht bewegen. Wollte nicht. Das war mir viel zu anstrengend.

»Komm her.«

Sie hatte die Stimme nicht erhoben. Das tat sie nie. Verhandlungsspielraum war nun allerdings keiner mehr darin enthalten. Sie ließ mir keine Wahl. Ich schlich zurück ins Zimmer und schaute zu ihr.

Mama stellte den Tisch richtig hin und winkte Papa mit ihrem Finger zu sich heran.

Er ging zu ihr, aufgeplustert, angespannt, selbst den Tränen nahe, und stand da, die Hände in die Hüften gestemmt, wie um abzuwarten, ob sie sich traute, noch etwas zu sagen.

Aber das tat sie nicht.

Stattdessen öffnete Mama die Knöpfe an der Vorderseite ihrer Bluse.

Einen nach dem anderen. Langsam. Sorgfältig. Wie um sicherzustellen, dass Papas Augen auf ihre Hand gerichtet blieben, auf das, was sie vorhatte. Dritter Knopf. Vierter Knopf. Fünfter. Kleine, runde Perlenimitate, die aufsprangen. Unter ihrer Unterwäsche zog sie eine abgenutzte Lederbörse hervor. Wir traten beide näher.

Das konnte doch gar nicht möglich sein.

Mama griff in ihre Börse und zog einen Packen Geldscheine hervor. Papa und ich kreischten im selben Moment auf. Zwei gellende Schreie, seiner vor Erstaunen, meiner vor Ehrfurcht.

Langsam, ganz langsam, faltete sie das Bündel mit den Scheinen auf. Lauter Zwanziger. Mit einer übertriebenen, dramatischen Drehung des Handgelenks zog sie einen Schein nach dem anderen von der Rolle ab und knallte ihn auf den durchhängenden Holztisch. Eins, zwei, drei, vier, fünf, sechs, sieben, acht, neun, zehn.

Dann schaute sie zu Papa, direkt in sein Gesicht – und machte das Gleiche nochmal.

Vierhundert Dollar.

Sie verstaute das restliche Geld wieder im Beutel und diesen wieder in der Unterwäsche, kam dann zu mir her und drückte mir die Scheine in die Hand. Bis zu diesem Augenblick hatte ich noch nie im Leben auch nur einen einzigen Zwanzig-Dollar-Schein berührt.

»Das ist für dich, mein Herz. Du wirst niemals, *niemals* wieder auch nur einen Fuß in diese Fabrik setzen. Dein restliches Geld sollen sie behalten. Du brauchst es nicht. Das bist einfach nicht du. Also, morgen gehst du zu dieser Schule und sagst ihnen, du bist Miss May Edward Chinn. Und du bist gekommen, um deine Ausbildung zu beginnen.«

Zwei Wochen später fand man einen toten Mann hinter unserem Haus. Man hatte ihn erstochen, mitten ins Herz, und mit einem Schlagholz niedergeknüppelt, das der Mörder beim Davonlaufen nicht einmal mitgenommen hatte.

Mehr brauchte meine Mutter nicht zu hören. Sie hatte das passende Argument.

Der erste Schultag war auch Umzugstag. Wieder einmal. Wir verließen die Bronx und zogen um in die 138ste Straße Ecke Seventh Avenue, mitten hinein nach Harlem, nah genug am Lehrerseminar, um zu Fuß hingehen zu können.

Coleman half Mama beim Packen und Verladen unserer Sachen. Papa war nicht zu Hause. Als ich nach Unterrichtsende zu unserer neuen Wohnung ging, erwarteten sie mich schon, breit grinsend und auf der Eingangstreppe bei Limonade und Plätzchen ins Gespräch vertieft. Als die Sonne unterging, verabschiedete sich Coleman und fragte, ob ich ihn bis zur Straßenecke begleiten wolle. Ich drehte mich zu Mama, um zu fragen, ob das in Ordnung sei, aber sie war schon durch die Tür und auf dem Weg nach oben.

Harlem war heiß. Reif. Kinder flitzten durch die Straßen, zwischen Lastwagen und Maultierkarren hindurch, die Jungs mit nacktem Oberkörper und barfuß, die Mädchen mit aufgelösten Zöpfen und Haaren, die weit vom Kopf abstanden. Oben lieferten sich zwei Saxofonspieler ein Gefecht, im vierten Stock, die Beine aus den Fenstern hängend, auf beiden Seiten der Straße. Jazz-Kriege an jeder Ecke. Alles hier war Musik. Synkopierter Rhythmus. Ich hätte das gern genossen, aber beim Gedanken an ein lockeres Leben fühlte ich mich unwohl.

»Ich fahre übermorgen, May«, sagte Coleman.

»Ich weiß. Wo musst du jetzt hin?«

»South Carolina, glaube ich. Aber ich denke nicht, dass wir dort allzu lange sein werden. Zumindest hoffe ich das. Sie können dort unten mit Nigger-Soldaten nicht viel anfangen. Sie brauchen uns, aber anfangen können sie nichts mit uns.«

»Mein Vater sagt, Soldat zu werden ist eine Art Todesstrafe – entweder so oder eben so. Er sagt, kein farbiger Mann sollte für ein Land kämpfen, das ihn umbringt, sobald es ihn auch nur zu Gesicht kriegt. Als er jünger war, hätte er wahnsinnig gerne gekämpft. Aber jetzt, nach allem, was er erlebt hat, und gerade noch vor kurzem …« Ich schüttelte den Kopf und sah, wie zwei kleine Mädchen an der Ecke dem launischen, alten Pferd des Gemüsehändlers Zuckerstücke gaben.

»Kann nicht behaupten, dass ich nicht verstehe, wie dein Vater sich fühlt«, gab Coleman zu. »So, wie einen manche bei der Musterung ansehen, fragt man sich schon, wen sie zuerst erschießen würden – den Deutschen mit der Handgranate, der neben dir steht, oder dich. Aber ich mag mich damit gar nicht belasten. Alles, woran ich denke, ist: Wenn ich rübergehe, wird beim Zurückkommen alles anders sein. Wir stehen auf, machen mit, dann werden sie uns unseren Platz zugestehen müssen. Anders kann das nicht ablaufen. Vollkommen unmöglich.«

Er zuckte mit den Achseln und strich mit seinen Fingern über meine Hand. »So oder so bin ich hergekommen, um den Dienst im Fünfzehnten Regiment zu beginnen, und das mache ich auch. Aber das ist nicht, worüber ich mit dir reden will. Was ich dich fragen wollte, ist, ob ich dir schreiben darf. Meine Familie lebt in South Carolina, deshalb hoffe ich, dass ich sie sehen kann, wenn wir uns sammeln. Aber von Europa aus, weißt du, das wird schwer, mit ihnen Briefe zu wechseln. Ich bin der Einzige, der lesen kann. Was ich auch schreibe, sie müssen es zuerst zum Schönschreiber bringen. Und der versoffene alte Gauner erzählt dann irgendwas, was ihm gerade einfällt, wenn er nur denkt, er kann ein paar Münzen mehr herausleiern. Aber darum geht es eigentlich gar nicht. Was ich sagen will, ist –«

»Ja, Coleman.« Ich musste lachen. »Ich werde dir schreiben. Ich werde jeden deiner Briefe beantworten.«

»Versprochen?«

»Versprochen.«

Der Junge küsste mich auf die Wange und hüpfte – und wenn ich sage *hüpfte*, dann meine ich auch *hüpfte* – die Seventh Avenue hinunter. Ich sah ihm nach, bis er in der Menge untertauchte und verschwunden war. Ein junger Mann zieht in den Krieg. Ich drehte mich um und ging den Block entlang zurück und ins Haus. Dort wartete bereits Arbeit auf mich.

An der Columbia war ich der Lackmustest.

Vom ersten Tag an, als im Gesundheitskundekurs Dr. Broadhurst meinen Namen aufrief und sagte: »Chinn? Oh! *Sie* sind Chinn, meine Liebe? Nun, ich muss gestehen, ich hätte nie gedacht, dass Sie Asiatin sind. Jetzt, da ich genauer hinschaue, kann ich es an der Form Ihrer Augen aber sehen.«

Und ich antwortete (lauter als nötig): »Oh nein, Ma'am. Ich bin keine Asiatin. Ich bin Afroamerikanerin.«

191

Die anderen Studenten (sechzehn männliche Weiße und eine weibliche) zuckten zusammen und senkten den Blick. Dr. Broadhurst sah mir jedoch weiterhin in die Augen. Sie lächelte, als ob nichts wäre, und sagte: »Verzeihung, Miss Chinn. Mein Fehler. Also ... willkommen. Schön, dass Sie bei uns sind.«

Von da an wussten alle auf dem Uni-Gelände, wer ich bin. Die wenigen dunkelhäutigen Studenten redeten jetzt viel ungehemmter mit mir, weil sie wussten, dass ich mich nicht zurückziehen und Sachen wie Dreckiger Nigger flüstern würde, nur um die Weißen um uns herum zu beeindrucken. Man konnte die offensichtlichen Schwarzen auf dem weitläufigen Columbia-Campus an einer Hand abzählen. Aber es gab andere, eine ganze Schicht anderer, die es vorzogen, unsichtbar zu bleiben.

Das waren diejenigen, die einfach anderen Leuten erlaubten, zu glauben, sie seien weiß, und sie nie korrigierten (Carmen unter anderem). Sie schwebten anmutig über den Uni-Campus, lächelten, badeten in der Menge, und baten vermutlich um Verzeihung, dass keiner ihrer neuen Freunde zu ihnen nach Hause kommen konnte, um ihre Familie kennenzulernen. Das waren die, dich mich argwöhnisch beobachteten. Ich machte ihnen Angst. Wenn unsere Augen sich trafen, schauten sie schnell weg, und ich musste so tun, als kenne ich sie nicht, bis wir uns dann wieder irgendwo in unserem Viertel trafen.

Diejenigen mit einem Rassenbewusstsein, die Hartnäckigen, kamen direkt auf mich zu, schüttelten meine Hand oder küssten meine Wange auf dem Hof oder in der Bibliothek, eben dort, wo jeder es sehen konnte.

Schaut her, schienen sie zu sagen, *ich bin nicht weiß. Ich bin farbig, genau wie sie.*

Nur ein paar machten das so.

Gesehen werden mit May Chinn oder nicht gesehen werden mit May Chinn? Eine Frage, die im wahrsten Sinne des Wortes zukunftsweisend war. Columbia, das Land meiner Träume, wurde plötzlich zu einem sehr, sehr einsamen Ort.

Um die Dinge noch schlimmer zu machen, fiel ich auch noch in meinem Hauptfach durch. Jetzt schon. Das Semester hatte gerade erst angefangen.

Ein glatzköpfiger, hakennasiger Deutscher namens Dr. Strauss leitete meinen ersten Musik-Kurs, das Thema war Tonales Denken. Zwölf junge weiße Männer und ich. Als Kopf der Musik-Abteilung sah Dr. Strauss sich gezwungen, mir und dem Rest der Klasse ein für allemal klarzumachen, was er davon hielt, dass ich seine kostbare Zeit verschwendete.

»Junge Frau«, sagte er am ersten Tag, »ich biete Ihnen die Gelegenheit, sich von diesem Kurs gleich wieder abzumelden, auf dass Sie Ihren Studienplan noch anderweitig ausfüllen können.«

»Nein, Sir«, sagte ich höflich. »Ich denke, ich bin hier richtig.«

Sein Gesichtsausdruck wurde leer und reglos. Eine rötliche Hitze breitete sich von seinem Nacken über seine Wangen aus.

»Wenn Sie unbedingt wollen, dann bleiben Sie«, sagte er ruhig. »Aber lassen Sie mich eins klarstellen. Ich weiß, wer Sie sind. Ich weiß, wozu Sie in der Lage sind und wozu nicht. Es liegt einfach nicht im geistigen Vermögen Ihres Volkes, das zu begreifen, was ich versuche, hier zu vermitteln.«

Hätte er mich geohrfeigt, wäre es für mich leichter gewesen. So konnte ich einfach nirgendwohin gehen, mich nicht noch kleiner machen auf meinem Stuhl.

»Es ist nun einmal so, dass es einer Person, die wie Sie einer, ich nenne es einmal *synkopisch* geprägten ›Kultur‹ entstammt, einfach nicht möglich ist, mit dem Genie eines Bach, eines Beethoven in Beziehung zu treten«, erklärte er. »Sie werden es einfach nie kapieren.«

Der Kurs lief weiter, und von diesem Moment an war ich Luft für Dr. Strauss. Wenn er eine Frage stellte und ich die Einzige war, die sich meldete, beantwortete er sie selbst. Wenn er jeden einzelnen Studenten nach vorne holte zum Vorspielen, überging er meinen Namen regelmäßig. Jeden Abend ging ich weinend nach Hause.

Wenn das nur in einem Kurs so gewesen wäre, kein Problem. Aber Strauss war Leiter des Fachbereichs. Ich musste mindestens fünf oder mehr weitere Kurse bei ihm belegen, um den Abschluss machen zu können. Auch wenn ich bereit gewesen wäre, mich vier Jahre lang der Folter zu unterziehen, war klar, dass er mir unter keinen Umständen eine Chance geben wollte. Wir brauchten beide dringend einen Ausweg.

Eines Nachmittags rief Dr. Strauss einen jungen, blonden Mann namens Kenneth zum Vorspielen nach vorne. Kenneth stand auf, verbeugte sich und sagte: »Ich würde das gerne an Miss Chinn weitergeben, Sir. Danke, Sir.« Dann setzte er sich wieder.

Meuterei. Strauss rief einen anderen jungen Mann auf, der David hieß. »Sie. Kommen Sie nach vorne.«

David erhob sich und sagte: »Verzeihung, Sir. Aber ich würde das gern an Miss Chinn weitergeben. Danke, Sir.«

Strauss war wie vom Donner gerührt. Ich war ganz durcheinander.

Als der fünfte Student dasselbe geantwortet hatte, sagte ich mir, dass sie sich gegen den Professor verbündet hatten, um einen Vorteil für sich herauszuschlagen. Mit Sicherheit würde irgendeine Vergeltung folgen (hauptsächlich mir gegenüber). Aber egal, an dem Tag spielte ich jedenfalls.

Nach dem Unterricht rannte ich nach Hause, weil ich Mama unbedingt erzählen musste, was passiert war. Aber als ich daheim ankam, war niemand da. Mama hatte einen Zettel auf dem Tisch zurückgelassen, auf dem stand: »Bin bei Bernice's. Komm nach. Gezeichnet, Deine Mutter.«

Bernice, die Kosmetikerin, war mit ihrem Salon auch nach

Harlem umgezogen. Neu und rosa, wie er war, und nur einen Block von der Striver's Row entfernt, war *Bernice's House of Beautification* ein Ort geworden, an dem man sich zeigte. Darum kümmerte sich Mama wenig. Sie ging hin, um Zeit für sich zu haben und um in aller Ruhe mit einer alten Freundin etwas Kaltes zu trinken.

»Miss May!«, schrie Bernice, als ich zur Tür hereinstürmte. Sie war im hinteren Teil des Ladens über ein Waschbecken gebeugt und massierte einem jungen Mädchen rosa Seifenwasser ins Haar.

»'N Abend, Ma'am.« Ich grinste. »Wie geht's denn so?«

»Gut, Herzchen, ganz wunderbar. Gibt für mich keinen Grund zu klagen, solange Gott sich anständig verhält. Deine Mama ist rüber zu Larry's Laden an der Ecke. Kommt gleich wieder. Lass mich dich solange ein paar Leuten hier vorstellen.« Sie nahm ihre Hände aus den Haaren des Kindes und trocknete sie an ihrer lachsfarbenen Schürze ab. Dann ging sie quer durch den Raum zu einer grandiosen dunkelbraunen Frau, die mit übereinandergeschlagenen Beinen in der Ecke saß und eine Zeitschrift las.

»A'Lelia? A'Lelia, Liebes? May, komm her. A'Lelia, das ist die Kleine, von der ich Ihnen vor einiger Zeit erzählt habe. Die Tochter von Lulu. May – komm her, Kind. May, das ist A'Lelia Walker. Hast sicher von ihrer Mama gehört, Madame C.J. Walker.«

Miss Walker war in einen silbernen Turban und ein dazu passendes Seidenkleid gehüllt und sah aus wie der schimmernde Mond. Nur, dass sie lang und hochgewachsen war. Und so selbstsicher. Sie streckte mir die Hand entgegen, und ich nahm sie vorsichtig, ohne recht zu wissen, wie man auf ein derart königliches Verhalten reagiert. Also beugte ich mich von der Hüfte aus leicht nach vorne, wie ein Gentleman. Miss Walker begann zu strahlen und lachte, laut, auch wie ein Mann. Lachte von ganzem Herzen.

»Du liebes bisschen! Ist sie nicht ein Sahnestück? So was gefällt mir, ein Kind, das weiß, was Sache ist«, erklärte sie Miss Bernice. Als sie sich wieder zu mir drehte, strahlten ihre Augen mich an. Wie selten, wie wunderbar, eine braune Frau zu sehen, die sich in ihrer Haut pudelwohl fühlte. Sie ließ mein Herz schneller schlagen. »Also, May. Miss Bernice hier sagt mir, du spielst Klavier wie eine gesengte Sau. Haust in die Tasten und machst, dass unsereiner die Ohren anlegt!«

Ich wurde knallrot, und sie lachte noch einmal.

»Also, ist das wahr? Oder will Bernice hier mich bloß verarschen?«

»Ich … ich kann ein bisschen spielen, Ma'am.«

»Ach, jetzt ist sie nur eingeschüchtert«, schaltete Bernice sich ein. »Studiert an der Columbia University und spielt dieses klassische Zeug rauf und runter.«

»Wirklich?« Miss Walker beugte sich vor und war auf einmal sehr interessiert. »Sag mal, kleine Miss May, hättest du Lust, bei mir zu Hause zu spielen? Ich schmeiß ab und zu eine Party. Nichts Großes, aber das könnte dir gefallen. Genau die richtige Art von Leuten landet regelmäßig bei mir. Ich glaube, du kannst mir prima dabei helfen, sie bei Laune zu halten. Was sagst du?«

»Das würde ich sehr gern, Ma'am.«

»A'Lelia, Kindchen. Sag bitte A'Lelia zu mir. Und da wir gerade von den Richtigen reden – hier ist genau der, auf den ich gewartet habe.«

Als sie das sagte, schlenderte gerade ein junger und etwas dicklicher dunkelhäutiger Junge zur Tür herein. Er konnte nicht älter als vierzehn oder fünfzehn sein. Aber er war todschick angezogen – mit Jackett, Krawatte und Weste, an der die Goldkette seiner Taschenuhr sich glänzend vom dunklen Braun seines Anzugs abhob.

»Komm her, mein Lieber«, rief A'Lelia ihm zu. »Hier ist jemand, den ich dir vorstellen will. Miss May Chinn, das ist ein guter Freund von mir, Mister Countee Cullen.«

»Sehr erfreut, Miss Chinn.«

Er verneigte sich, nahm meine Hand und setzte an, sie zu küssen. Doch dann hielt er inne und ließ mich mit einem verschmitzten Lächeln los.

Ich musste kichern. Was für ein großartiger kleiner Kerl. Aber er hatte auch etwas an sich, etwas Sanftes, das ich so oder so mochte. Er schien mir ein guter Junge zu sein.

»Countee, bring diesen Brief hier bitte zu deinem Vater rüber, hörst du? Schau, dass er ihn sofort kriegt. Es ist wichtig. Und nimm May am besten gleich mit. Stell sie deinen Leuten vor. Sie muss sie kennenlernen. Wir werden sie von nun an öfter treffen.«

»Ja, Ma'am«, sagte er und hielt mir die Ladentür auf, damit ich ihm folgen konnte. Ich umarmte und küsste Bernice, schüttelte Miss Walker die Hand und rannte hinter ihm zur Tür hinaus. Miss Walkers Hände, ihre Stimme und ihre ganze Erscheinung hatten mich zutiefst beeindruckt. Ich fühlte mich weit und offen, ausladend wie ihr Lächeln. Wenn sie wollte, dass ich mit diesem kleinen Jungen mitging, ging ich eben mit – da konnte nur Gutes dabei herauskommen. Wir reihten uns in die Menge derer ein, die die Eighth Avenue runtergingen, und waren eine ganze Weile marschiert, als Countee sich schließlich zu mir drehte, seine breite, dreieckige Nase gesenkt, und sagte: »Und was genau ist es, das Sie machen, May?«

Er hatte eine hohe Stimme, wie ein Baby. Doch seine Worte hatten Gewicht, eine Art gelehrter Ruhe, die gut zur Sanftheit seiner Stimme und seines Körpers passte. Das hatte mehr etwas Weibliches als etwas Kindliches.

»Ich mache gerade eine Ausbildung. Columbia.«

»Oh, ich spiele auch mit dem Gedanken an Columbia. Entweder Columbia, Harvard oder die New York University. Aber ich habe ja auch noch ein bisschen Zeit bis dahin.« Er senkte den Kopf, fast als ob er sich schämte. »Ich bin erst in der neunten Klasse.«

»Ich finde, es ist gut zu wissen, was man will. Wie soll man es sonst kriegen?«

Countee schüttelte den Kopf. »Von jetzt bis dahin ist es noch so lang.«

»Nicht wirklich. Nicht annähernd so lang, wie du vielleicht denkst. Woran du zwischen *jetzt* und *dann* immer denken musst, ist, dass du haben kannst, was immer du willst – egal, was irgendjemand anderes sagt. Egal, wer sich einbildet, dich aufhalten zu können. Das Einzige, was du wissen musst, ist, was genau du willst und dass es bereits dir gehört.«

Ich sagte ihm genau das, was meine Mutter mir immer gesagt hatte. Zum Dank schenkte er mir ein aufrichtiges, warmes Lächeln. Klein und ein wenig unsicher, aber echt. Das Lächeln breitete sich über seine Welpen-Bäckchen aus, sodass sich seine Nase ein bisschen verbreiterte und seine Augen vor Glück schmaler wurden.

Eine Weile gingen wir schweigend. Dann flüsterte Countee: »Wollen Sie was sehen?« Er zog ein Stück Papier aus der Brusttasche seines Anzugs. Das Blatt war alt und ganz offensichtlich heiß geliebt. Ich faltete es vorsichtig auseinander, damit es nicht an einer der strapazierten Falze einriss. Im Inneren fand ich:

> I am for sleeping and forgetting
> All that has gone before;
> I am for lying still and letting
> Who will beat at my door;
> I would my life's cold sun were setting
> To rise for me no more.

Vor meinem geistigen Auge erschien für einen Moment das Bild meines Kindes und verschwand wieder.

Ich konnte diesen Jungen verstehen. Ich faltete das Papier wieder zusammen, hakte meinen Arm unter seinen und drückte ihm das Papier in seine Handfläche. Es gelang mir nicht, die richtigen Worte zu finden, aber das war nicht nötig. Er verstand mich auch so.

Das Einzige, was du wissen musst, ist, was genau du willst. Und dass es bereits dir gehört.

Was für eine Lüge. Das war bei weitem nicht alles, was ich wissen musste. Das konnte es nicht sein. Wenn das stimmen würde, würde ich nicht immer wieder alles verlieren. All das, wofür meine Mutter im wahrsten Sinne des Wortes ihr Leben geopfert hatte. All das, was mich davor bewahrt hatte, den Verstand zu verlieren, seit diese Frau aus der Dachstube marschiert war mit meinem Sohn in ihren Armen.

Ohne meine Musik – wo wäre ich bloß?

Strauss ließ mich durchrasseln. Die Mittsemester-Prüfungen waren vorüber, und ich hatte überall vorzüglich abgeschnitten – außer in tonalem Denken. Wir hatten ihm vorspielen müssen, einer nach dem anderen, in einem leeren Raum, während er in der Ecke im Dunkeln saß, Fingerspitzen sanft aneinander gelegt und die Hände zu einem Dach geformt. Direkt neben ihm gab es eine Lampe, aber er schaltete sie einfach nicht an. Er wollte lieber unsichtbar bleiben.

Ich hatte mein Stück sehr kraftvoll vorgespielt. Hatte den Mann aus dem Raum um mich her ausgeblendet und nichts als die Noten vor mir angeschaut. Das war für mich die einzige Möglichkeit, die Prüfung zu überstehen, so sorgte ich dafür, dass Dr. Strauss nicht mehr existierte. Besser, er war nur die Ahnung eines Schattens. Nicht mehr. Als ich fertig war, war ich nassgeschwitzt und den Tränen nahe.

Ich knickste ungefähr in seine Richtung, ohne direkt zu ihm hinzusehen, und verließ dann den Raum.

Am Montag darauf, als die Noten angeschlagen wurden, entdeckte ich, dass ich eine Vier bekommen hatte.

20. Oktober 1917

Liebe May Chinn,

sei mir gegrüßt. Wie geht es Dir? Dies hier ist von Coleman. Ich dachte gerade an Dein hübsches Lächeln und beschloss, Dir ein paar Zeilen zu schreiben. Wie geht es Deinen Eltern? Und was macht die Schule? Ich bin sicher, Du zeigst diesen Weißgesichtern, was ein anständiges Harlem-Mädchen drauf hat! (Lächeln) South Carolina ist eigentlich so wie immer. Nur dass die braven Leute von Spartanburg ihren Hass auf die Nigger zu ganz neuen Höhen getrieben haben (verzeih meine Ausdrucksweise). Der Ku-Klux-Klan ist hier unten sehr präsent. Unweit unseres Militärlagers haben sie eine Vogelscheuche in Uniform ans Kreuz gehängt und in Brand gesteckt. Es gab auch noch ein paar andere Vorfälle. Man kriegt echt Angst. Und die Offiziere lassen uns hier unsere Übungen mit Stöcken anstelle von richtigen Gewehren machen. So haben wir nicht einmal etwas, um uns zu wehren, wenn es ernst werden sollte. Die einzig gute Nachricht ist, dass ich glaube, wir sind nicht mehr allzu lange hier. Oh Mann! Frankreich wird mir im Vergleich zu Spartanburg vorkommen wie die perlenbesetzten Pforten des Himmels (nicht im wörtlichen Sinn, hoffe ich). Man wird uns hier unten mit Sicherheit nicht vermissen. Irgend so ein Witzbold hat mitgekriegt, wie Jim Europe sagte, wir würden in Frankreich der Rainbow Division zugeteilt, und da dreht sich das Weißgesicht um und sagt: »Wie soll

das gehen? Schwarz ist keine Farbe des Regenbogens.« Ich
gebe mir Mühe, so etwas nicht an mich heranzulassen, aber
manchmal schaff ich es einfach nicht. Ich versuch, immer
dran zu denken, warum ich hier bin. Wir müssen einfach
hier sein. Wir müssen dafür sorgen, dass das klappt.
Na ja, ich glaube, jetzt habe ich Dich erstmal genug gelang-
weilt. Hoffentlich bereust Du nicht, dass Du gesagt hast, ich
soll Dir schreiben. Denn ich werde Dich beim Wort neh-
men. Nächstes Mal habe ich dann aber bessere Neuigkeiten.
Viele Grüße an Deine Eltern. Dich vermisse ich auch.
Dein Freund,

Coleman Fortlow

Dr. Broadhurst rief mich in ihr Büro, nachdem eines Morgens
kurz nach den Mittsemester-Prüfungen der Gesundheitskundekurs aus war. Sie schloss die Tür leise hinter sich und setzte sich
auf die Kante ihres Schreibtischs, während ich auf einem Stuhl
Platz nahm.

»May«, sagte sie, »ich möchte Ihnen eine persönliche Frage
stellen. Sie haben Musik als Hauptfach. Warum haben Sie dazu
noch Gesundheitskunde gewählt?«

»Ganz ehrlich, Ma'am?«

»Ja, natürlich.«

»Ich habe einfach noch einen Punkt gebraucht, um die nötigen
einundzwanzig Punkte für den Stundenplan zusammenzukriegen.«

Dr. Broadhurst warf lachend ihren Kopf in den Nacken und
schlug die Hände zusammen.

»Ich hätte mir denken können, dass es so etwas ist. Ist es nicht
immer so etwas?« Sie schüttelte den Kopf. »Tut mir leid. Ich
möchte Sie nicht durcheinander bringen. Es ist nur so, dass ein
paar andere Lehrer und ich über Sie geredet haben. May, ich
habe keine Ahnung, ob Sie das wissen, aber um ganz offen mit

Ihnen zu sein, Dr. Strauss hat vor, Sie in seinem Kurs durchfallen zu lassen. Ich möchte nicht ins Detail gehen, was er gesagt hat, aber er hat klargestellt, dass Sie in seinem Fachbereich unter keinen Umständen einen Abschluss erreichen werden. Normalerweise werden solche Dinge nicht mit den Studenten besprochen. Aber ein paar anderen Lehrern und mir liegt dies hier am Herzen. Seit Wochen zerbrechen wir uns den Kopf, wie man das ›May-Chinn-Problem‹ angehen könnte.«

Dr. Broadhurst lachte noch einmal vor sich hin. Dann wurde sie still, für einen langen Moment, so, als wüsste sie nicht recht, ob sie fortfahren sollte.

»May, wir verfolgen diese Sache einzig und allein deshalb, weil wir alle der Meinung sind, dass Sie außerordentliches Potential besitzen. Die Hausarbeit, die Sie in meinem Kurs über Abwasserentsorgung geschrieben haben, gehört mit zum Besten, was ich seit Jahren gelesen habe. Sie haben eine Begabung für die Analyse, wie ich sie, glaube ich, noch bei niemandem gesehen habe. Sollten Sie in der Richtung auch nur das geringste Interesse haben, würde ich Ihnen jetzt auf der Stelle einen Studienplatz im Fachbereich Wissenschaften anbieten. Wenn man bedenkt, was Strauss vorhat, wäre das, glaube ich, für Sie auch das Beste. Denn Sie wissen ja: Sollten Sie im Hauptfach nicht bestehen, können Sie nicht mehr im Lehrerseminar bleiben. Und niemand von uns möchte, dass dieser Fall eintritt, meine Liebe.«

»Oh. Also. Danke für das Angebot, Ma'am«, nuschelte ich. »Ich werde darüber nachdenken.«

Ich war geschockt. Sie hatte mir nur gesagt, was ich ohnehin schon wusste. Aber es aus ihrem Mund zu hören, es bestätigt zu sehen, mit aller Offenheit so aufs Brot geschmiert, wie man es sich nicht einmal im Traum hätte ausdenken können ...

Wie nennt man eine farbige Konzertpianistin?

Eine Spülerin. Fabrikarbeiterin. Dienstmagd.

Eine Träumerin.

Einen Dummkopf.

»May?« Dr. Broadhurst rief mir nach, als ich die Tür aufzog und auf den kühlen Gang hinaustrat. »Wann kann ich mit Ihrer Antwort rechnen?«

»Ende der Woche, Ma'am. Ich melde mich bei Ihnen.«

»Gut. Ich erwarte Sie.«

Gabriel kam mir in den Sinn, als ich durch die Tür ging, obleich ich mittlerweile nurmehr ganz selten an ihn dachte. Ich sah sein Gesicht, jung und warm, über ein Reagenzglas gebeugt, lächelnd. Ob er wohl stolz auf mich wäre? Unmittelbar danach dachte ich an meinen Sohn. Fast eineinhalb Jahre. Er konnte sicher schon gehen. Und Wörter sprechen, die nicht ich ihm beigebracht hatte. Was auf dieser Welt konnte dieses Opfer sinnvoll erscheinen lassen? Rückblickend fragte ich mich, welche Wahl ich denn eigentlich je selbst getroffen hatte.

Anderer Leute Meinungen und Vorstellungen und Wünsche und Abneigungen schlugen in meinem Kopf gegeneinander. Wellen von Forderungen rollten heran und verebbten wieder. Ich ging rasch nach draußen, um allein zu sein und nachdenken zu können. Wenn auch nur für eine Minute. Ich ließ mich im dichten, hohen Gras hinter dem Russell-Gebäude nieder und sah aus wie eine ganz normale junge Frau, die zwischen Unterrichtsstunden ein bisschen frische Herbstluft schnappt. Niemand hätte einen Unterschied feststellen können.

Ich musste mein Hirn klar kriegen. Aber das Einzige, was mir durch den Kopf schoss, als ich versuchte, meine Gedanken zu beruhigen, war: *Diese weißen Leute werden mich umbringen. Tja. Das wird mir jetzt klar.*

Ich meine, was ging denn in ihren Köpfen vor? War das alles nur ein Spiel für sie? Mal sehen, wie viele Möglichkeiten uns einfallen, diese Kandidatin hier in den Wahnsinn zu treiben. Man würgt den einen Traum dort drüben ab und pflanzt einen neuen auf dieser Seite. Seht ihr? Das ist doch ganz einfach.

Gesichter wirbelten in meinem Kopf durcheinander. Arrogante, gleichgültige, solche voller Liebe und Sehnsucht oder verzerrt vor lauter Liebenswürdigkeit. Warum wollten eigentlich alle so viel von mir? Was sahen sie denn in mir? Ich war derart manipuliert, herumgeschubst und gemaßregelt worden, dass mein Gesicht nicht einmal mir selbst noch bekannt vorkam. Abgesehen von meinen Narben, die sich einfach nie veränderten.

Ich wusste nicht, was ich noch tun sollte, um diese idiotischen, aufdringlichen Stimmen abzustellen. Ich ließ mich vornüber ins Gras sacken, sodass die Halme sich an die Beine unter meinem Rock drückten, kühl und feucht. Das fühlte sich ekelhaft an, aber wenigstens war es wirklich. Es gab mir Halt.

Alles war im Begriff, sich zu ändern, und irgendwie musste ich nicht nur damit klarkommen, sondern musste auch die neuen Umstände zu meinen eigenen machen. Ich atmete tief ein und gab es auf. Alles. Die ganze Angst und den Zweifel und die nagende Ungläubigkeit. Händigte alles aus. »Es wird alles gut werden«, sagte ich laut. »Egal, wie das Resultat auch aussieht. Es wird gut sein. Es muss. Es gibt einfach keine andere Möglichkeit.«

Wieder und wieder sagte ich das. Ich weigerte mich zu gehen, bis ich schließlich anfing, mich inmitten dieser Worte wohlzufühlen. Meine Beine verkrampften sich. Der Wind wehte immer stärker. Ich blieb. Ich atmete und wurde immer stiller und ruhiger; so kauerte ich lange da, ließ Dinge los, die mir nicht länger von Nutzen waren, und legte neue fest, mit denen ich mich ausrüsten wollte. Nach einer Weile begann in meinem Brustkorb ein Gefühl von Frieden zu sprießen. Dann, und erst dann, stand ich auf und machte mich auf den langen Heimweg.

Die Leute sagen mir immer wieder, ich sei tapfer. Unerschrocken. Ein lebender Beweis dafür, dass es Wunder gibt.

Aber kann das alles wirklich stimmen, wenn man nicht einmal weiß, dass man die Wahl hat?

4. Januar 1918

Liebe May,

wie geht es Dir? Tut mir sehr leid, das mit Deinen Kursen. Aber vielleicht ist das ja alles in Wahrheit ein Segen, auch wenn Du das jetzt nicht glauben magst. Ich bin aber fest davon überzeugt, dass Gott will, dass Du gute Dinge tust. Große Dinge. Vielleicht sind das nicht die Dinge, an die Du bisher gedacht hast. Keine Ahnung.

Frankreich ist ganz anders, als ich es mir vorgestellt habe. Ich hätte nie gedacht, dass weiße Menschen so nett sein können, so wohlgesinnt. Den meisten ist es völlig gleichgültig, dass wir schwarz sind. Für sie sind wir einfach Amerikaner. Diejenigen, die Freiheit und Demokratie bringen. Die Ausbildung war mit das Härteste, was ich in meinem ganzen bisherigen Leben je durchgemacht habe. Sie fing sofort an, als wir von Bord gingen. Mein Bajonett ist jetzt mein bester Freund geworden, ein Arm mehr. Ich weiß nicht, wie Du das findest, aber momentan ist das halt so. Bald werden wir an die Front geschickt, habe ich gehört. Wir müssen bereit sein. Ich schau, dass ich Dir nochmal schreibe, bevor es losgeht. Bitte schreib Du mir. Ich würde sehr gerne etwas dabeihaben, wenn ich unterwegs bin. (Lächeln) Dir das Allerbeste.

Dein guter Freund,

Coleman Fortlow

Kapitel 12

Harlem, New York – 1918

Musik wirbelte die Straßen hinauf und hinunter, gerade so, als würde der Krieg hier bei uns stattfinden. Überall, überall regierte jetzt der Jazz. Eindringliche Tonkaskaden, ganz unkontrolliert und spontan, entsprangen jeder Bar, jedem Kaffeehaus, jeder Mietsparty und jedem Nightclub in Harlem. Schmetternde Klänge, wie raue Stimmen, drangen die ganze Nacht durch mein offenes Fenster herein. Ich nahm den Lärm wie Nahrung auf, wenn ich abends, statt zu lernen, stundenlang am Fenster lehnte und mein ganzes Inneres hinunter auf die Straße leerte.

Mein Vater sprach mich einmal darauf an, kurz nach Weihnachten. Er hatte seit mehr als sechs Monaten nicht mehr mit mir gesprochen.

Er und Mama unterhielten sich eines Morgens über die Lebensmittelrationierungen in Deutschland. Die Alliierten müssten die *Krauts* gar nicht im offenen Kampf besiegen, erklärte er ihr. Zuvor wären sie wahrscheinlich sowieso alle längst verhungert. Mama schnalzte mit der Zunge und erinnerte ihn daran, dass sie, deutsch oder nicht, immer noch menschliche Wesen seien, Kinder Gottes. Papa grunzte und rülpste. Soviel zu den Kindern Gottes.

»Noch Kaffee, bevor du gehst, William?«

»Nein danke, Mutter. Ich bin eh schon spät dran. Heut Abend komm ich früh heim.«

Er öffnete die Tür, doch bevor er hinausging, drehte er sich zu mir und sagte:»Und May? Du wirst niemals, *niemals* auch nur einen Fuß in einen dieser Nightclubs setzen. Wenn doch, ziehen sie dich rein und machen eine Barschlampe aus dir. Das meine ich ernst. Und sollte ich herausfinden, dass du an einem dieser Schuppen auch nur vorbeigehst, wenn die Tür offen steht, dann kriegst du es mit mir zu tun. Verstanden?«

Wie vom Donner gerührt nickten Mama und ich gleichzeitig.

Mein Vater war wirklich der eigenartigste Mann, den ich kannte.

Man stelle sich vor, ich eile die Jungle Alley entlang, frühmorgens oder spät in der Nacht, presse meine Bücher an meine Brust und wechsle im Zickzack von einer Straßenseite zur anderen. Der *Catagonia Club*. Das *Bucket of Blood*. *Brownie's Basement*. Mache einen großen Bogen um die Läden, die rund um die Uhr geöffnet waren. Es war egal, ob ich auf die andere Straßenseite wechselte. Ich konnte trotzdem hineinsehen. Konnte trotzdem die Frauen sehen, die sich lachend entblätterten, während Männer Geldscheine hinblätterten; konnte trotzdem hören, wie die Klarinetten klagten und sich an den Saxophonen rieben (ganz so wie die Frauen), konnte die polternden Klavierklänge in meinen Fingerspitzen spüren, sodass mein Magen ganz schwach wurde vor Verlangen.

Aber es schien das Beste, mich von all dem fernzuhalten. Ich hatte jetzt andere Dinge zu tun.

Ich hatte Wissenschaften zu meinem Hauptfach gemacht.

Und anstatt kleinen Jungen und Mädchen aus der St. Philips-Gemeinde nebenher Klavierunterricht zu geben, konnte ich in einem Pathologie-Labor arbeiten, in dem ich als Assistentin von Dr. Broadhurst Blutproben und Kulturen präparieren musste.

Immer wieder war ich allein im Labor, bis zehn oder elf Uhr abends, und versuchte, in den eigenartigen Zell- und Gewebeansammlungen etwas von dem Zauber zu entdecken, den eine Ansammlung von Tönen in meinem Kopf ausgelöst hatte.

Aber wisst ihr was? All das ergab Sinn für mich, die Anordnung des menschlichen Körpers. Ich stellte fest, dass ich Unregelmäßigkeiten in Struktur und Funktion von Gewebeproben ebenso ausmachen konnte, wie ich zuvor die überflüssigen Töne in einer Phrase erkannt und eliminiert hatte, ob ich das durfte oder nicht. Natürlich durfte ich das mit den Gewebeproben erst recht nicht machen. Sie waren so vorzubereiten, dass die richtigen Ärzte ihre Diagnose stellen konnten. Aber ich musste einfach mehr als nur das tun, um meinen Geist zu beschäftigen. Wenn nicht, fing ich an, Dinge zu hören, perlende Tonleitern, die mir die Luft nahmen und mich erzittern ließen. Es war, als hätte mein Liebster mich verlassen, ohne mir zu sagen, wohin er geht oder ob er jemals wiederkommt. Und ich, wider besseres Wissen, hätte ihn ziehen lassen.

Eines Abends kam Dr. Broadhurst mit einer schönen jungen Frau im Schlepptau zur Tür herein. Das Mädchen war mir nicht unähnlich, aber sie war kleiner, hochnäsig und butterfarben wie mein Sohn, wohingegen meine Haut ja eher leicht cremefarben war. Ihr Haar trug sie zurückgestutzt zu einem gewellten Bubikopf, wie es jetzt der neueste Schrei war. Sie schwang den Kopf wie ein Fohlen und stützte eine Hand in ihre Hüfte.

»Ich bin Eslanda Goode«, sagte sie, ohne darauf zu warten, dass Dr. Broadhurst uns vorstellte. Sie ging an der Ärztin vorbei, streckte mir die andere Hand entgegen und schüttelte meine voller Nachdruck. »Sehr erfreut dich kennenzulernen, May.«

Dr. B. grinste. »Also, da ich das jetzt hinter mich gebracht habe, überlasse ich euch beide euch selbst. May, seien Sie ein Schatz und zeigen Sie Essie das Labor.«

Kaum hatte Dr. B. die Tür zugemacht, drehte sich dieses Essie-Wesen zu mir und sagte: »Immer mit der Ruhe, Kindchen. Ich hab das alles schon mal gemacht, weißt du. Das Einzige, was ich wissen muss, ist, wo sie ihre Geräte aufbewahrt. Solchen Kram halt. Du bist also die berühmte May Chinn. Nicht schlecht. Nicht ganz das, was ich mir vorgestellt habe (was ist mit dem Gesicht passiert?), aber nicht schlecht. Also, wie findest du die

Broadhurst? Was hat sie vor? Sie steckt zwei von unserer Sorte zusammen zum Arbeiten. Bisschen komisch, nicht? Sammelt sie Kasper wie uns oder was? Aber trotzdem, die ist schon in Ordnung. Hey, willst du eine qualmen?«

Eslanda Goode.

Irgendwie, im Lauf der Zeit, wurde dieser vorlaute, spitzzüngige Mähdrescher von einem Mädchen eine neue beste Freundin.

8. April 1918

Liebe May,

hier wird es bald dunkel. Sie werden heute Nacht wieder kommen. Egal, was wir mit ihnen machen, sie kommen einfach wieder. Eigentlich genau wie wir. Ich wollte Dir vorher noch schreiben. Wollte Dir sagen, dass ich, wenn ich kurz innehalte und ins Nachdenken komme, wenn ich über mein Leben nachdenke, darüber, wer ich eigentlich bin, dass ich jetzt Dein Gesicht sehe und nicht mehr meines. Das kommt glaube ich daher, dass ich Dich besser wiedererkennen kann. Der Himmel ist heute so grau, dass man nicht sagen kann, wie spät es ist. Eh man sich's versieht, ist es Nacht. Weißt Du, man nennt unser Regiment jetzt Fünfzehntes »Heavy Foot«. Die Boches (die Deutschen) wissen, wer wir sind. Sie hören uns, wenn wir anrücken. Spüren uns. Den »Schweren Fuß«. Ich habe keine Ahnung, wie viele Tage das jetzt waren. Ein paar Monate an der Front, glaube ich. Ohne Unterbrechung. Für die Boches sind wir französische Marokkaner. Anfangs dachte ich, das ist die Dummheit der Deutschen. Aber jetzt weiß ich, das kommt daher, dass nur die Franzosen uns einsetzen.

May, ich glaube, ich habe das völlig falsch eingeschätzt.

Dein Coleman

209

»Sag mal, Lil' Bit, bist du da drüben fertig?«

»Nicht ganz, Essie.«

»Scheiß drauf. ›Nicht ganz‹ reicht mir völlig. Was meinst du, hauen wir ab? Ein paar Kasper treffen sich drüben im *Oriental*. Das will ich nicht versäumen. Bud Fisher ist hier, von der Brown University. Er und Jean und noch ein paar andere lesen was aus ihren Gedichten vor. Ich glaub, dein kleiner Freund Countee wird auch da sein.«

»Echt?«

»Wenn ich's dir sage?« Essie war schon aufgestanden und an der Tür, den Kamelhaarmantel halb über der Schulter. »Also?«

Sie war schon fast an der Treppe, als es mir schließlich gelang, sie zu fragen: »Und du glaubst, das ist eine gute Idee?«

Wir gingen stadtauswärts und bogen um die Ecke in die 136ste Straße. Das *Oriental* nahm das gesamte Innere eines dreistöckigen viktorianischen Gebäudes ein und hatte Teppichböden und mit Leinen bedeckte Tische. Gerade als wir durch die Türen gingen, ertönte lautes Geschrei aus der hintersten Ecke des ansonsten leeren Raumes. Essie ging direkt darauf zu.

»*Ridicule! N'attendez aucune reconnaissance de ces blancs*«, rief ein schlaksiger gelber Junge.

»*Oui. C'est exactement ce que j'attends d'eux!*«, erwiderte die Frau, die er anschrie. Sie antwortete ganz ruhig, schob sich das gewellte Haar hinter die Ohren und sah über seinen Kopf hinweg, als erwartete sie, jeden Moment etwas viel Interessanteres herankommen zu sehen.

»Gwendolyn, *je* –«

»Das ist genau das, was ich meine«, sagte Bud zu Essie und mir, als wir nähertraten. »Hört euch diese Schickimickis an. Da sind sie jetzt – ein Haufen Neger, in Harlem, spät in der Nacht, in der dunkelsten Ecke des Raumes zusammengequetscht – und alles, was ihnen einfällt, ist, weiß und wichtig zu tun. *S'il vous plaît!*«

»Ha!«, schnauzte ein sehr dunkelhäutiger junger Mann namens Claude. »Und das aus dem Mund eines freiwilligen Negers wie Bud Fisher. Wie soll man das finden?«

Gwendolyn wandte sich zur Seite und strahlte Claude an. »McKay.« Sie seufzte. »Du könntest der Himmel auf Erden sein, wärst du nur nicht so gnadenlos bitter und abgestumpft. Andererseits ist es vielleicht auch genau das, was dich auszeichnet. *Ne me quitte pas* …«

Alain, Bud, Countee und die Handvoll anderer Leute am Tisch lachten. Claude schlug die Beine übereinander und sah schmollend an die Wand. Das Gespräch ging ohne ihn weiter, aber nur für einen Moment. Die anderen waren auf Claude angewiesen, auf seinen beißenden Humor, auf seine Wut. Dank seiner großartigen Spiele mit Worten und Gedanken war er zu einem der Anführer ihrer Gruppe geworden. Diese Rolle hätte Claude von sich aus nie beansprucht, distanzierte er sich doch öffentlich von jedweder »Scheinheiligkeit des talentierten Zehntels«, wie er das nannte. Aber seine Brillanz, sein offensichtliches Genie zog die anderen in ihren Bann, auch wenn er ihnen im übertragenen Sinn (und einmal auch tatsächlich) auf die Schuhe spuckte. Ein oder zwei Sekunden später massierte ihm irgendjemand den Rücken und ließ einen Satz über den Krieg oder die »Bewegung« fallen, und schon wandte er sein Gesicht wieder dem Kreis zu.

»Wie unhöflich von uns«, sagte Bud. »Wir haben Essie und May nicht einmal einen Platz angeboten. Hier, May, du kannst neben mir sitzen. Möchtest du etwas trinken?«

»Vorsicht, May«, rief Alain. »Wenn er dich einlädt, pass nur auf, dass seine Hände in seiner eigenen Tasche sind und nicht in deiner, wenn die Rechnung kommt.«

Bud, der immer pleite war, nahm den Scherz mit einem schiefen Grinsen hin.

»Hört mal«, sagte Essie. »Wer kommt als Nächstes?«

»Jean ist dran«, sagte Gwendolyn. »Er hat sich den ganzen Abend in der Ecke versteckt.«

»Als ob diese Schnitte sich je verstecken könnte«, raunte Essie schelmisch.

Jean zog den Kopf ein, worüber die anderen noch mehr lachten. Als wir uns alle wieder etwas beruhigt hatten, stand er auf, groß und breitschultrig, und strich sich das Haar aus der Stirn. Ganz ähnlich wie bei meinem Vater waren auch in Jeans Gesicht so gut wie keine Rassenmerkmale mehr zu erkennen. Aber Jean sah sehr gut aus, weit besser noch als mein Vater, quicklebendig und gesund und kräftig. Er sah mehr aus wie ein Football-Star als wie ein aufstrebender Schriftsteller. Aber genau das war er – ein Schriftsteller. Neben vielen, vielen anderen Dingen.

Er stand vor uns in dem einzigen hellen Lichtfleck, der von dem seidenbezogenen Lampion über uns herunter drang, verlagerte das Gewicht von einem Bein auf das andere und wartete, bis wir endlich alle still waren. Als er dann sicher war, dass jedes Auge fest auf ihm ruhte, räusperte er sich und begann:

»In time, although the sun is setting on
A song-lit race of slaves, it has not set;
Though late, O soil, it is not too late yet
To catch thy plaintive soul, leaving, soon gone,
Leaving, to catch thy plaintive soul soon gone.

O Negro slaves, dark purple ripened plums,
Squeezed, and bursting in the pine-wood air,
Passing, before they strip the old tree bare
One plum was saved for me, one seed becomes ...«

Niemand gab auch nur einen Mucks von sich. Inmitten der Stille konnte ich beobachten, wie Jean anfing sich zu genieren.

212

»Ich … ich spiele mit dem Gedanken, vielleicht ein Buch zu schreiben«, sagte er und raschelte noch ein bisschen weiter mit dem Papier in seiner Hand, bevor er sich wieder setzte.

»Die Sonne senkt sich über einer von Liedern erleuchteten Rasse von Sklaven …«, wiederholte Alain nachdenklich und formte dabei vorsichtig die Worte, so als könne er sie schmecken. »Glaubst du das wirklich, Toomer?«

»Ich glaube«, sagte Jean ruhig, »dass ich entweder der allerneuesten Menschenrasse angehöre, oder der allerältesten. In jedem Fall bin ich so, wie die Welt werden muss, damit wir überleben können. Wir alle hier am Tisch sind doch so, mehr oder weniger. Auch die dunklen unter uns.« Er blickte kurz zu Claude und Countee. Countee wandte das Gesicht ab, Claude hingegen zeigte keine Reaktion. Er starrte nur auf seine Füße, das Gesicht schmerzverzerrt, als würde er hintergangen.

»Die Nordischen würden ein derartiges Angebot niemals akzeptieren«, erklärte Countee. »Dieser Fall wird nie eintreten.«

»Wer zum Teufel kümmert sich darum, was *sie* akzeptieren?«, schoss Jean zurück. »Verstehst du nicht? Sie sind genau wie wir. Wir gehören zusammen Was *wir* akzeptieren, ist das, womit sie umgehen müssen.«

»Also nehmen wir mal an, wir akzeptieren unsere Rolle als Gleichgestellte in dieser angeblich demokratischen Gesellschaft«, unterbrach Gwendolyn. »Nehmen wir an, wir akzeptieren unseren Platz als rechtmäßige Söhne und Töchter, egal wie verachtet oder verachtend der eine Elternteil auch sein mag. Was dann? Wer gebiert diese Magie, die sie zum Umgang mit uns zwingt? Wo und wann übernehmen sie ihren Teil?«

»Das passiert hier, sobald wir nicht mehr darüber reden, sondern daran glauben«, sagte Jean.

»Dann werden wir diesen Tag nie erleben«, sagte Claude traurig. Alle drehten sich zu ihm um und starrten auf seinen ge-

krümmten Rücken, der sich immer noch in die Ecke drückte.
»Dann werden wir an diesem Tisch sterben, während wir genau
das machen, was wir jetzt auch machen.«

Abraham, der grobschlächtige schwarze Jude, dem das Etablissement gehörte, hatte die Küche längst geschlossen. Der Kaffee war kalt und die Zigaretten waren auch erloschen. Nach einer Weile holte die Stille uns alle ein. Bud stand auf und streckte sich. Es war schon fast Zeit zum Heimgehen.

18. Mai 1918

Liebe May,
ich kann nicht aufhören zu zittern. Selbst jetzt gelingt es
mir kaum, den Stift gerade zu halten. Ich würde gern mit
Dir reden. Ob das geht? Ich weiß nicht, ob ich die rechten
Worte finde. Und selbst wenn, wirst Du sie hören können?
Ich weiß nicht, was ich machen soll. May, sag mir, was ich
machen soll. Sag mir, was Du siehst, wenn Du mein Gesicht
in Gedanken erblickst. An was erinnerst Du Dich?
Letzte Nacht kamen sie wieder. Ich hatte Wachdienst
mit Henry und Needham und noch zwei anderen. Henry
und Needham sagten, sie würden aufbleiben. Wir anderen könnten schlafen. Ich hatte da, glaube ich, fast fünfzig Stunden nicht geschlafen. Ich war sofort weg, dort im
Schützengraben, schnallte nicht einmal mehr den Tornister
ab. Als ich aufwachte, waren sie bereits über uns. Ein Stoßtrupp von vielleicht zwei Dutzend Männern. Als ich die Augen endlich ganz offen hatte, hatten Henry und Needham
bereits fast die Hälfte getötet. Sie waren über und über mit
Blut verschmiert, über das ganze Gesicht, wie mit Lampenruß. Irgendwie konnte ich das klar erkennen, selbst im
Dunkeln. Blut und Stücke mit Knochen und Haaren dran.

Nur dass ich damit bedeckt war und gemeinsam mit ihnen Handgranaten warf, auch wenn ich mich nicht erinnern konnte, überhaupt aufgewacht zu sein. Aber da war ich nun. Ich machte es auch. Henry schrie: »Zum Angriff! Zum Angriff!«, und schleuderte Handgranaten um sich wie Basebälle. Ich sah, wie er einen der Boches erschoss und dann das Gewehr umdrehte und mit dem Gewehrkolben einem anderen den Schädel einschlug. Der Kopf des Mannes war wirklich gespalten, May. Wie eine Frucht, gerade durch die Mitte bis weit hinter die Gaumenspalte. Ich war so damit beschäftigt, das zu verfolgen, dass ich nicht einmal mitkriegte, wie zwei von hinten kamen. Sie sprangen mich an, und würgten mich, aber da war Henry schon wieder mit seinem Bolo-Messer. Dem einen schlitzte er die Kehle auf. Mit ein und derselben Bewegung bohrte er dem anderen das Messer in den Scheitel. Noch bevor der zu Boden fiel, hatte Henry eine Handgranate von seinem Körper gezogen und zwischen die anderen Deutschen geworfen, obwohl die schon wegliefen. Ich glaube, zwei oder drei konnten abhauen. Sie ließen alles zurück, Gewehre, Draht, Zangen, Handgranaten, alles. Als schließlich Verstärkung eintraf, saßen Henry und Needham neben einem Haufen Menschenfleisch und sangen und lachten. Die anderen beiden waren immer noch bewusstlos, ausgenockt von der ersten Granatendetonation. Needham hatte mehr Wunden, als man zählen konnte. Er war von Kopf bis Fuß voll mit eigenem Blut, trotzdem lachte er mit Henry mit. Aber ich wusste, dass er sterben würde, hier, direkt vor mir, lachend. Sie wollten, dass ich mit ihnen lache und singe, aber ich konnte nicht. Ich kann nicht mehr schlafen, May. Ich träume jetzt, und das gab es bei mir noch nie. Ziemlich oft schüttelt es mich auch. Aber das darf niemand sehen von den anderen. Hen-

ry ist jetzt ein Held. Mit aller Kraft versuche ich, so zu sein
wie er. Noch lieber würde ich allerdings nach Hause gehen.
Wenn ich jetzt an Dein Gesicht denke, fällt mir das Atmen
schwer. Können wir uns treffen, wenn ich heimkomme?
Bitte sag ja.
In Liebe,

Coleman

P.S.: *Tu mir einen Gefallen. Verbrenn diesen Brief, wenn Du*
ihn gelesen hast. Ich wollte nur, dass Du Bescheid weißt.

Colemans Briefe erschütterten mich. Ich ertappte mich dabei, wie
ich in allen möglichen Situationen mit ihm sprach, ihm sagte, was
der Kohl gerade auf dem Markt kostete, oder ihm erzählte, wie
einer von Mister Williams' Ziegenböcken aus seinem Verschlag
ausgebrochen und die Lenox Avenue hinuntergewandert war.
Schließlich fingen sie ihn (den Bock, nicht Mister Williams) auf
der anderen Seite der 132sten Straße, als er gerade versuchte, sich
am Kartenhäuschen des Lafayette-Theaters vorbeizuschmuggeln.
Ich hoffte, dass das auch Dinge waren, die ihn interessierten.

Ob richtig oder falsch, Coleman hatte eine Entscheidung getroffen. Er glaubte so stark an eine Sache, dass er sein Leben dafür hergeben würde. Ich – meine Freunde und ich – wir redeten,
wir lasen, wir diskutierten und machten Protestmärsche, aber
was hatte das alles schon zu bedeuten?

»Dieses Herumgehirne ist idiotisch, May«, sagte Essie eines
Abends im Labor. »Du tust, was du kannst, genau wie jeder
andere von uns. Du machst schon viel mehr als neunundneunzig
Prozent dieser Darkies. Lass es gut sein.«

»Wahrscheinlich hast du recht, aber ich kann es nicht gut sein
lassen. Ich fühle mich wie festgefahren. Um was geht es hier,
Essie? Bei all dem? Dabei, dass wir hier eine Ausbildung ma-

chen? In diesem Labor? Sie lassen uns rein, sie geben uns den ganzen Tag Objektträger und Proben, damit wir glauben, wir tun etwas. Aber stellen wir eine Diagnose? Können wir auch nur einen einzigen kreativen Gedanken haben, ohne dass wir irgendeine unsichtbare Grenze überschreiten? Nein.«

»Mein Gott. Du klingst genau wie Jean und Wallace. Kommt jetzt eine von deinen endlosen ›Ich-weiß-nicht-ob-ich-Lehrer-sein-kann‹-Reden? Wenn ja, dann geh ich raus und mach Pause.«

»Essie –«

»Weißt du, May, wenn dich das so sehr belastet, hättest du vielleicht besser die Musik nicht aufgegeben. Zur Hölle mit dem Fachbereich. Die Sonne, der Mond und Jesus Christus knien doch vor der Columbia University auch nicht nieder. Leider ist das aber sowieso Schnee von gestern.«

»Also, was mache ich jetzt?«

»Als erstes hörst du auf mit dem Geflenne. Das ist nicht konstruktiv. Wenn du wirklich keine Lehrerin werden willst, dann mach was anderes. Es gibt viele Möglichkeiten, die Bewegung zu unterstützen. Mich siehst du nicht den ganzen Tag herumsitzen und jammern, oder?«

»Was noch?«

»Kurz- oder langfristig?«

»Langfristig.«

»Also, fürs Erste, such dir ein neues Ziel. Bleib bei den Wissenschaften, wenn dich das glücklich macht, aber konzentrier dich auf ein anderes Gebiet. Du könntest vielleicht Medizin studieren, wie ich.«

Medizin.

Essie brachte mich immer zum Lachen. Sie hatte so wunderbare, großartige Gedanken in sich. Ich erinnerte sie daran, dass Ärztin zu werden für eine farbige Frau nur ein klitzekleines bisschen unmöglicher war als Konzertpianistin.

»Wieder falsch, Lil' Bit«, sagte sie. »Ich bin es. Und warum auch nicht? Es ist Zeit, dass sich die Dinge ändern in dieser Stadt. Mach etwas Neues.«

»Und was schlägst du für kurzfristig vor?«

Sie lehnte sich in ihrem Stuhl zurück und zerkaute den Radiergummi an ihrem Bleistift.

»Wie wär's damit?«, sagte sie. »Mein Vetter Randolph organisiert eine U.S.O.-Wohltätigkeitsveranstaltung für die Soldaten in Fort Dix in New Jersey. Warum machst du da nicht mit? Du könntest für sie spielen. Das wäre doch immerhin etwas.«

Gleich am nächsten Vormittag rief ich Randolph vom Telefon in Misses Bernices Laden aus an. Er sagte, er hätte schon von mir gehört, und lud mich freudig ein, am Wochenende vorzuspielen. Somit hatte ich einen Punkt, an dem ich beginnen konnte.

Am Samstag um neun Uhr morgens saß ich am Klavier und übte in einem riesigen, zugigen Auditorium. In wenigen Stunden würde der Saal mit mehr als tausend Männern vollgepackt sein. Ich hatte mir überlegt, klassisches Material wie Chopins Opus 25 mit eher populären Songs wie »Over There« zu mischen. Ich hatte das Einspielen gerade beendet und ging von der Bühne in die Kulisse, als ich spürte, wie jemand von hinten an mich herantrat.

»Verzeihen Sie, Miss Chinn. So wie es aussieht, ist mein Begleiter noch nicht da. Und ich habe den Eindruck, Sie sind eine hervorragende Begleiterin. Würden Sie mir die Ehre erweisen, mich heute Nachmittag zu begleiten?«

Diese Stimme.

Ich drehte mich um und fand meine Augen auf gleicher Höhe mit einem goldenen *Phi Beta Kappa*-Schlüssel und einem Abzeichen der Amerikanischen Football-Nationalmannschaft. Diese Anhänger baumelten an einer Uhrenkette, die sich quer über den gewaltigen Oberkörper eines jungen Mannes in dunklem, dreiteiligem Anzug erstreckte. Wir hatten uns nie persönlich kennengelernt, aber wie jeder andere wusste auch ich genau, wer er war. »Aber sicher, Paul«, sagte ich. »Liebend gern.«

Ich schaute nach oben in sein Gesicht und dachte: *Das ist sicher der schönste Mann, den ich je gesehen habe.* Seehundbraune Haut. Breite Nase. Saftige, volle Lippen. Zahnfleisch wie Brombeeren. Er hatte die sanftesten Augen der Welt. Der junge Mann strahlte mich an, mit einem breiten, überreichen Lächeln, das alles im Raum für sich einzunehmen schien, darunter auch mein Herz.

Paul Robeson.

Er gab mir seine Noten und bot mir seinen muskelbepackten Arm zum Unterhaken. »Sollen wir anfangen? Wissen Sie, ich weiß das sehr zu schätzen, May. Ich darf Sie doch May nennen, oder nicht? Ich habe so viel von Ihnen gehört. Ich freue mich, Sie endlich persönlich kennenzulernen.«

Mir blieb der Mund offen stehen. Das muss man sich mal vorstellen: Paul Robeson sagt *mir*, er ist froh, mich endlich kennenzulernen. Unglaublich.

Das Konzert zog wie in einer Dunstwolke vorüber. Am besten lässt Pauls Stimme sich wohl mit den Worten beschreiben, es erfüllte einen, sie zu hören. Sie rollte sich in einem zusammen, grollend oder schnurrend, je nach seiner Stimmung. Was für Geheimnisse barg diese Stimme! Ich spielte zum allerersten Mal Neger-Spirituals in der Öffentlichkeit. Weiße und schwarze Soldaten gleichermaßen saßen gebannt, unfähig, die Augen von Paul abzuwenden, der erhaben von der Bühne herab den Raum überragte. Mühelos hatte er den Saal im Griff und ließ die Menschen durch die Weite schweben, die er mit seiner Anwesenheit schuf.

Und ich spielte. Ich spielte, um seine Stimme zu wiegen, sie über die Noten hinaus zu erheben, erzeugte eine Anhöhe aus

Klängen, über die seine Worte hinwegreiten konnten, hoch über allem Sprechen und Denken.

Als das Konzert vorbei war, zog Paul mich beiseite und sagte: »Das war erstaunlich. Die Art, wie Sie spielen, ist ... nun ... bemerkenswert. Ich weiß wirklich nicht, was ich sagen soll. Ich habe am Wochenende wieder ein Konzert. Hätten Sie Interesse?« Und so wurde ich die Begleiterin von Paul Robeson.

Wir verbrachten den Rest des Sommers damit, zwischen New Brunswick, Asbury Park, Newark, Central Park West, Greenwich Village, Fifth Avenue, Hartford und viel zu vielen anderen Orten herumzugondeln, als dass man sie sich merken könnte. Wir probten mit meinem Klavier zu Hause, immer wenn Papa nicht da war. Mama fütterte uns mit Plätzchen, Sandwiches, selbstgebackenem Brot – was immer sie auch herbeizaubern konnte. Alles, was sie zubereitete, verschlang Paul voller Dankbarkeit. An manchen Abenden aß Paul so viel, dass, wenn Papa heimkam, kein Abendessen mehr für ihn übrig war. Sie schob das auf die überteuerten Märkte. Sie schob es auf die Wirtschaft. (Ein Dollar reichte einfach nicht mehr so weit wie früher.) Sie schob es auf ihre eigene Vergesslichkeit. Sie schob es auf alles Mögliche, nur nicht auf mich und meinen Freund.

Normalerweise ließ meine Mutter mich allein, wenn ich übte. Doch wenn Paul da war, saß sie still in der Ecke und hörte zu, vollkommen im Bann seiner Stimme. Das einzige Mal, dass sie unterbrach, war, als ich Paul ausschimpfte, weil er einfach nicht an den tieferen Passagen der Lieder arbeiten wollte. Seine Stimme mochte ein Geschenk Gottes sein, doch selbst sie konnte in eine disziplinierte Form gebracht werden, genau wie alles andere auch. Jedes Mal, wenn ich mit den Fingern ungeduldig auf die Tasten tippte und sagte: »*Mach schon, Paul!*«, schnitt Mama mir Grimassen und bot ihm noch mehr Plätzchen an. Und nahm mir damit komplett den Wind aus den Segeln.

Wenn Paul und ich vor weißem Publikum auftraten, bereiteten wir immer ein Programm vor, das fast ausschließlich aus Spirituals bestand. Und meist hatte Paul bis zum Ende unseres Vortrags dem ganzen Raum, Männern ebenso wie Frauen, die Tränen in die Augen getrieben.

»Sie haben Stellen in mir berührt«, sagten sie dann, »von denen ich nicht einmal wusste, dass es sie gibt. Haben Gefühle geweckt, die schon lange tot geglaubt waren. Gott schütze Sie, Sir. Gott schütze Sie, Miss.«

Wenn wir jedoch für andere Schwarze spielten, zogen sie mich immer wieder beiseite, peinlich berührt, und machten Verbesserungsvorschläge.

»Glauben Sie, Sie könnten Mister Robeson überreden, mehr zeitgenössische Stücke zu singen? Ich, äh, es tut mir leid, aber – nun, wissen Sie, wir werden bei der Sache auch weiße Gäste dabei haben. Prominente Leute, verstehen Sie. Und Sie wissen ja, wie die sind. Die denken, das ist alles, was wir spielen können. Mir waren diese Lieder sowieso immer egal. Sie machen unsere Rasse nur klein. Ziehen uns wieder runter auf die Stufe der Sklaven. Es ist Zeit, sich davon zu lösen. Das denke ich zumindest. Also haben Sie vielen Dank, meine Liebe. Ich wusste, dass Sie das verstehen.«

Und ob ich verstand. Ziemlich gut sogar. Paul ebenso. Obgleich seine Größe sich auch darin zeigte, dass er es sich nie anmerken ließ.

Einmal waren wir unterwegs zu einem Nachmittagsbankett in Asbury Park. Die Luft im Waggon war zum Schneiden dick, die Fenster angelaufen vor Dunst und Schweiß. Paul schien das nichts auszumachen. Er saß mit dem Rücken gegen das feuchte Fenster gelehnt, hatte seine Mütze tief über die Augen gezogen und sang in grummelndem, theatralischem Flüsterton »Oh, Danny Boy«. Dennoch erhob sich seine Stimme über das ganze

Abteil, und ich konnte sehen, wie die Leute die Köpfe um ihre Sitze drehten, um einen Blick zu erhaschen, wo diese Klänge nur herkommen könnten.

Er lachte über irgendetwas, das ihm durch den Kopf ging, und da er nicht auf die Idee kam, es mit mir zu teilen, fragte ich:»Was ist?«

»Nichts. Gar nichts. Ich hab nur nachgedacht. Ich frage mich, ob dir klar ist, dass Bud Fisher bis über beide Ohren in dich verliebt ist.«

»Sicher. In mich und jedes andere Mädchen zwischen Lenox und Fifth Avenue.«

»May, sei nicht so gefühlskalt. Du brichst ihm das Herz, jedes Mal, wenn er dich sieht. Irgendwie scheinst du ihm nicht einmal Guten Tag sagen zu wollen. Nicht, dass ich da sonderlich Druck machen will, versteh das nicht falsch. Ich für mein Teil denke, dass du es noch viel besser treffen könntest.«

»Ist das so? Und wer schwebt dir da so vor für mich?«

Er zog sich die Mütze nach oben, sodass ich seine Augen sehen konnte, und grinste mich verschmitzt an.

»Na, ich natürlich.«

Draußen vor dem Fenster sah ich die gelben und grünen Landstriche vorbeiziehen. Der Zug verlangsamte die Fahrt, sodass die einzelnen Weiden und Ulmen erkennbar wurden. Die Hitze hatte die Blätter der Bäume ausgebleicht und aufgeweicht, die jetzt schwammig aussahen, geschmeidig wie Filz. Als der Zug wieder an Fahrt aufnahm, verschwommen sie ineinander, wie Pinselstriche mit Wasserfarben.

»Du kannst mich nicht bis in alle Ewigkeit ignorieren. Ich meine es ernst, weißt du.«

»Ich weiß, Paul. Du meinst es ernst mit mir, mit Frankie Quiett, mit Gerry Neale –«

»Frankie ist eine gute Freundin. Tolles Mädchen. Aber das ist nichts von Dauer. Und Gerry – Gerry hat mir das Herz gebrochen.

222

Aber ein Mann muss von Zeit zu Zeit über ein gebrochenes Herz hinwegkommen.«

Er fuhr mit den Fingern den abgestoßenen Saum seines Jacketts entlang und grinste noch breiter als zuvor.

Dieser Mann war ein Herumtreiber und Spitzbub, nichts weiter. Ich schwitzte so sehr am Kopf, dass es juckte. Der Frosch in meinem Hals sorgte dafür, dass ich nichts sagen konnte. Er genoss das.

»Du bist etwas ganz Besonderes, May. Ich kann es nicht genau erklären. Aber du könntest einen Mann um den Verstand bringen. Du hast so etwas Weiches, Gütiges. Und dann bist du wieder hart wie ein Knochen. Du hältst einen Mann auf Trab. Und es gibt einfach nichts Unechtes an dir. Das gefällt mir.«

Er glitt mit der Hand meinen Nacken hinauf und spielte mit dem Schweiß, der sich in Perlen an meinem Haaransatz sammelte. Dann beugte er sich zu mir und legte seine Lippen an mein Ohr.

»Hier steigen wir aus, meine Schöne. Komm, ich kauf dir eine Tüte Eiscreme auf dem Weg zu unserem Engagement.«

Paul kaufte mir nicht nur Eiscreme, sondern außerdem Zuckerwatte, eine Brauselimonade, ein Steak zum Mittagessen, Spitzenmanschetten für meine Ärmel und einen Spitzenkragen für meine gute blaue Seidenbluse. Als wir das Haus erreichten, wo das Bankett stattfand, war er pleite. Aber wir hatten soviel Spaß, dass keiner von uns einen Gedanken daran verschwendete, bis das Konzert vorbei war und der Chauffeur der Gastgeberin uns wieder zum Bahnhof gebracht hatte.

»Sag mal, May. Hast du vielleicht noch drei Dollar übrig?«

»Wofür?«

»Unsere Fahrkarten.«

»*Paul!*«

»Tut mir leid, Herzchen. Da hab ich mich wohl ein wenig vergessen.«

Er zog die Mütze vom Kopf und fuhr sich mit den Fingern durch sein wolliges Haar. Kickte mit seinem abgeschabten Schuh gegen den Randstein wie ein kleiner Junge, der den ganzen Tag schlimme Dinge angestellt hatte. Ich forderte ihn auf, sich umzudrehen, damit ich die Bluse aufknöpfen und den Notgroschen hervorholen konnte, den Mama mir immer zusteckte, wenn ich mit Paul irgendwohin fuhr. Sie wusste auch, was er für einer war.

»Mama hat mir zwei Dollar gegeben. Schande! Das reicht nur für eine Karte. Was sollen wir machen?«

Was wohl. Wir latschten zurück zum Haus, während die Sonne schon unterging, und bettelten bei Misses Lewis, der Frau, die uns engagiert hatte, um das Fahrtgeld.

»Aber natürlich, ihr Schätzchen! Und wenn wir schon dabei sind, gebe ich euch auch gleich eure Gage. Warum habt ihr denn nicht gleich etwas gesagt? Lieber Gott! Ihr kleinen Racker, ihr!«

Paul überragte diese dralle, blonde Frau um mindestens dreißig Zentimeter. Aber er machte keinen Mucks, ließ keinerlei Missbehagen darüber erkennen, als Racker bezeichnet zu werden. Er lächelte einfach weiter.

Misses Lewis gab uns das Fahrtgeld, die Gage und noch ein bisschen was dazu. Paul gab dieses »bisschen« gleich für ein Essen in einem ungarischen Restaurant neben dem Bahnhof aus, weil er sagte, er könne unmöglich weiter existieren, nachdem er das Wort »Gulasch« gehört hatte und nicht wusste, wie etwas Derartiges schmeckt.

Den Zug nach Hause haben wir verpasst.

6. Januar 1919

Liebste May,

ich komme bald heim. Ich danke Gott von ganzem Herzen, dass er mich lange genug verschont hat, um Dir wenigstens

*noch einmal in die Augen zu sehen. Deine Briefe haben
mich aufrecht gehalten. Vollkommen egal, was kommt, ich
werde Dir immer dankbar sein. Du hast mir das Leben
gerettet.*

In ewiger Liebe,

Coleman

Coleman schickte mir einen Valentinsgruß. Eine Schachtel französischer Schokolade, eingewickelt in braunes Papier. Bittere Trüffel, die nach Kaffee schmeckten. Papa mochte sie, wollte aber keine mehr essen, nachdem Mama ihm gesagt hatte, das seien meine, ein Geschenk mit der Post.

Sie kamen zwei Tage vor dem Valentinstag an, dem Tag, an dem die SS *La France* in den Hafen von New York einlief.

Fünf Tage danach säumten mehr als eine Million Menschen die Straßen und warteten darauf, den Harlem Hellfighters bei ihrem Marsch die Fifth Avenue herauf zuzusehen. Schwarz und Weiß drängten sich in Hauseingängen, lehnten aus den Fenstern und ballten sich an Straßenecken zusammen. Kleine braune Jungen kletterten die Laternenmasten hinauf und bis in die vereisten Astgabeln der Ahornbäume, um die beste Aussicht zu haben. Sie trugen braune Kopfbedeckungen, kleine Kopien von denen der kämpfenden Truppe, und schwenkten amerikanische Flaggen. An diesem Tag schien so gut wie jeder eine Flagge zu haben. Stolz und versönlich gestimmt machten auch wir uns dieses Land zu eigen, wie jeder andere, während wir jubelten und warteten, dass unsere Männer heimmarschiert kamen.

Ich stand an der Ecke 110te Straße und Fifth Avenue, direkt am Rand des Central Parks. Die Pflastersteine kühlten meine Füße durch die Schuhe hindurch aus, und meine Fingerspitzen wurden taub. Ich kauerte an der Ecke, den Wind von zwei Seiten um die Ohren, und suchte die Straße ab, ob nicht endlich etwas zu sehen war. Ich konnte nicht erklären, wie ich mich fühlte, warum mein Magen seit Tagen flau und flattrig war. Oder weshalb ich mich stundenlang in Gedanken verlor und mich schämte, alles vernachlässigt und dann noch nicht einmal eine Erklärung dafür zu haben. Immer zu sagen, ich sei so beschäftigt, und dann so weit zurück zu sein mit irgendwelchen Arbeiten, die einfach nie fertig werden wollten. Ich ertappte mich dabei, in Mamas Zimmer zu schleichen, wenn niemand daheim war, in den Spiegel zu starren und die Narben in meinem Gesicht zu berühren. Sie waren im Lauf der Jahre zwar heller geworden, aber die Eisenbahnschienen quer durch mein Gesicht waren immer noch deutlich zu sehen. Manchmal war es mir unangenehm, Menschen in die Augen zu schauen, weil ich wusste, sie konnten Teile von mir sehen, die nie wirklich verheilt waren. Seltsame Dinge waren das, über die ich nachgrübelte, wo es doch eigentlich eine Zeit zum Feiern war.

Ich stand da, rieb mit den Fingern über die eine Gesichtshälfte und wartete darauf, dass die Musik begann. Und sie kam. Endlich. Ein dröhnender, gewaltiger Paukenrhythmus, angeführt von Bojangles Robinson. Zumindest glaubte ich, dass er das war, denn die Prozession war immer noch ein paar Blocks entfernt, als die Musik losging. Ich hatte ihn noch nie selbst gehört, aber Coleman hatte in seinen Briefen beschrieben, wie er klang, wie ein Herzschlag. Dann hörte ich die Bläser, wie sie aufeinander losgingen, anschwollen und die Melodien Gestalt annehmen ließen.

Als sie meine Straßenecke erreichten, hatten der Donner der Trommeln und die marschierenden Männer die Leute so weit, dass sie kreischten und kurz vor der Ohnmacht standen. Die jungen Männer warfen ihre Mützen in die Luft und schleuderten die Frauen im Kreis herum. Die alten Männer saßen am Bordstein und weinten. Diese Soldaten wurden vielleicht gefeiert! Jede Kreuzung ein weiterer Triumph. Der prächtige Jim Europe führte

sie an, im Gleichschritt mit seinem Orchester. Ich sprang auf und
nieder, hielt mich an einer Frau fest, die ich nie zuvor getroffen
hatte, und beide weinten, winkten und schrien wir.

Als sie die Ecke des Parks erreichten, fiel Europe in eine rasante
Version von »Here Comes My Daddy Now!«, und das schien
das Stichwort zu sein. Die Männer lösten die Formation auf und
rannten über die Straße. Sie zogen Frauen aus der Menge und
wirbelten sie herum, tanzten den Cakewalk, den Turkey-Strut,
den Truck. In ihren Khaki-Hosen, den hohen braunen Stiefeln,
den Jacken und spitz aufgerichteten Mützen sahen sie voll und
ganz aus wie die furchterregenden, schwarzen Krieger, die die
ganze Welt in ihnen kennengelernt hatte. Ich hatte noch nie etwas Schöneres gesehen. Schaut nur an, was sie gemacht haben!

Ich bahnte mir den Weg durch die Menschenmassen bis zur
Ecke 115te Straße und Lenox; dort, hatte ich Coleman geschrieben, würde ich ihn erwarten. Die Menschen bevölkerten die
Straße derartig, dass die Lenox Avenue fast aussah wie eine x-
beliebige Party oder ein Schwof, bei dem die Leute eine Wohnung
derart vollpackten, dass von einer Seite des Zimmers auf die
andere zu gelangen eine Sache war, die Nachdenken und stra-
tegisches Vorgehen erforderte. Bei solchen Partys bleib einem
nichts anderes übrig, als sich zu reiben, langsame, aufgeheizte
Bewegungen zu machen, einfach weil es keinen Platz gab, um
etwas anderes zu tun.

Suchend und ängstlich schaute ich den Block hinunter Richtung Seventh Avenue. Hatte ich ihn womöglich verpasst?

Aber da schlangen sich auch schon zwei Arme um meine Hüften und nahmen mir die Luft aus den Lungen. Vorsichtig drehte
mich Coleman um, damit ich ihn ansehen konnte. Er nahm die
Mütze ab, und das Erste, was ich sah, war, wie zart und rot seine Ohren waren, und wie kurz man ihm das Haar geschnitten
hatte. *Mein Junge*, dachte ich. Aber sie hatten den Jungen weg-

genommen und diese Person übriggelassen, die vor mir stand, mit Händen, die so groß und so rau schienen wie der Ozean, den er gerade überquert hatte. Ich erkannte ihn nicht. Er hatte jetzt einen dicken, glänzenden Schnurrbart und müde Augen. Erdfarbene Haut, weich überall da, wo sie zu sehen war – Gesicht, Hals und Hände. Dieser Mann überragte mich bei weitem. Er war rot vor Kälte und starrte in meine Augen, als hätte er mich noch nie gesehen, als sei mein Gesicht noch eine zusätzliche Distanz, die es zu überwinden galt.

»Hallo, May«, sagte er.

Colemans Stimme war heiser, samtig entlang der Kanten, die noch ganz scharf gewesen waren, als er wegging.

Ich liebte ihn bereits jetzt.

Kapitel 13

oleman und ich verloren kein Wort darüber und trafen auch keine formelle Vereinbarung. Dass wir zusammenkamen, war irgendwie klar. Coleman sprach ohnehin nicht mehr viel. Er war nicht mehr der wissbegierige Junge, den ich vor mehr als zwei Jahren kennengelernt hatte. Der Mann, der heimgekehrt war, blieb die meiste Zeit über still. Aber das machte mir nichts aus. Ich wusste, warum. Ich fing sogar an, mich inmitten seiner Phasen des Schweigens warm und aufgehoben zu fühlen. Sie taten mir gut.

Es dauerte eine Weile, aber als der Sommer kam, hatte Coleman Arbeit als Schaffner der Long Island Railroad gefunden. Er hasste die Uniform, dunkelblau und schäbig wie sie war. Ein Abstieg gegenüber dem, was er in seiner prachtvollen Militäruniform gewohnt war. Aber die lag gut verpackt in einer Schachtel am Boden meines Kleiderschranks. Nicht ein einziges Mal wollte er sie auch nur ansehen.

So schrecklich das klingen mag, aber ich war froh darüber. Neger-Soldaten wurden in schöner Regelmäßigkeit umgebracht. Die Uniform schien die Veteranen nicht zu schützen, sondern im Gegenteil vielerorts zum Angriffsziel zu machen. Wie viele dieser uniformierten Männer gelyncht wurden! Sorgfältig gebügelte Hosen, am Schritt abgeschnitten, als Souvenir. Der Khaki-Stoff schwarz verbrannt, bis er wie Papier von steifen und verrenkten Körpern abblätterte. Diese hübschen Jungen, die in den hohen Kiefern vor sich hinbaumelten, die Hände vor dem Körper gefesselt mit ihren eigenen Sam-Browne-Militärgürteln.

Ich war froh, als Coleman die Uniform ablegte und ein ganz normales, unverdächtiges braunes Gesicht wurde. Richtig oder falsch spielte für mich keine Rolle, wenn es um ihn ging, und er selbst sprach auch nie mehr darüber. Das Einzige, was ich wollte, war, dass er lebte und durchhielt.

Und das tat er. Er gewöhnte sich nach und nach ein, wenngleich ich durchaus wusste, wie schwer es ihm fiel. Ich konnte es sehen, wenn er in seiner Arbeitskleidung kam, um mich von der Columbia abzuholen, und von jedermann ignoriert wurde, auch von meinen schwarzen Kommilitonen. Ich konnte es an dem Schatten sehen, der sein Gesicht überzog, wenn er mit mir zu Partys ging. Es strengte ihn wahnsinnig an, meinen Freunden gegenüber freundlich zu sein.

»Du magst meine Freunde nicht, oder?«, fragte ich ihn eines Abends, als wir gerade die 136ste Straße hinaufgingen zu *Streeter's*, dem chinesischem Restaurant. Jean Toomer war im Begriff, uns zu verlassen, er wollte nach Washington D.C. und dann vielleicht sogar noch weiter nach Süden. Deshalb gab es eine Party bei *Streeter's*, um ihn zu verabschieden.

Coleman ging etwa einen halben Block lang schweigend neben mir. Dann sagte er: »Die verbringen eine Menge Zeit damit, zu reden und wichtig zu tun. Wie kriegt eigentlich auch nur einer von denen je was gebacken, wo doch rund um die Uhr gelabert wird? Mir kommt es vor, als würden da viele Worte verloren, ohne dass etwas gesagt wird.«

Er hatte recht.

Bei *Streeter's* waren die gelb gestrichenen Sitznischen voll mit unseren Leuten, die leise miteinander redeten und sich über ihre Exemplare von *The New York Age* beugten. Der Laden roch abgestanden, nach einer Mischung aus gebratenen Nudeln und Eiern und Zigarettenqualm. Aber keiner kümmerte sich um das Essen, das auf den Tischen stand. Alle hatten die Köpfe gesenkt und studierten die Zeitung. Nicht ganz die Party, die ich erwartet hatte.

Jean sah Coleman und mich eintreten und rückte zur Seite, um in seiner Nische Platz für uns zu machen. Er strich sich fest über den Schnurrbart und rieb sich die Augen, bevor er eine Ausgabe der *Age* zu mir herüberschob.

Erneute Unruhen. Diesmal in Washington D.C. Wo Jean am nächsten Tag hin sollte. Die wievielten waren das jetzt in diesem Jahr? Oder auch nur diesem Sommer? Chicago, Omaha, Nebraska, Knoxville. Und es gab so viele andere, dass ich nicht den Mut hatte, mir alle ins Gedächtnis zu rufen. Die Zeitung berichtete ausführlich von den Toten, Dutzenden von Toten, schilderte in allen Farben die Hinrichtungen, den Gestank der Brände, die Vergewaltigungen und Plünderungen (wobei die weißen Zeitungen oftmals die Plünderungen den Schwarzen in die Schuhe schoben und die vorausgehenden Ereignisse als verzeihliche Reaktion auf die bedrohliche Realität werteten, eben die Anwesenheit der Schwarzen). Ich konnte das nicht mehr aushalten. Ich hatte genug. Ich schob Jean die Zeitung wieder hin. Coleman hatte nicht einmal einen Blick darauf geworfen.

»Ihr wisst, warum sie das machen, oder?«, fragte Jean, ohne direkt jemanden anzusprechen.

»Weil«, sagte Alain, »das genau das Wesen des psychosozialen Parasiten ist, der sich vom Blut dieses Landes nährt ...«

»Nein! Nein, verdammt noch mal, nein!« Jean schlug mit der Faust auf den Tisch, dass die schweren Tabletts und Platten wackelten. »Das ist, weil die Menschen aufwachen. Sie fangen an, die kapitalistische Betrügerei als solche zu erkennen. Sie kapieren, dass ihr Leben und ihre Freiheit von monopolistischen Großkonzernen gestohlen wurden. Die Weißgesichter schnallen das nur noch nicht. Das ist das Problem. Sie spüren zwar, dass es eng wird, dass der Druck wächst, wisst ihr, dieses kranke Gefühl, mit dem die Schwarzen in diesem Land seit zwei- oder dreihundert Jahren leben. Aber sie verstehen nicht, was dahintersteckt. So denken sie, das Einzige, was sie machen können, ist, dem Schwarzen die Schuld geben. Aber der Afroamerikaner ist nicht der, der ihnen das Essen aus dem Mund nimmt. Das sind diese verbrecherischen Großkonzerne. Die Monopolisten.«

»Mit dieser Entschuldigung knüpft man also einen Mann am Laternenpfahl auf?«, murmelte Countee vor sich hin.

»Das ist noch gar nichts«, sagte Gwendolyn. »Habt ihr von der Frau außerhalb von Waco gehört? Im neunten Monat schwanger war sie, und sie haben sie an einer Ulme aufgehängt. Dann haben sie mit einem Jagdmesser das Baby aus ihrem Bauch geschnitten und es totgetrampelt.«

Gwens Unterkiefer fing an zu beben. Ihre Augen füllten sich mit Tränen und sie ließ ihren Kopf in die Armbeuge fallen, um leise zu weinen. Keiner von uns konnte etwas tun, um sie zu trösten. »Warum?«, fragte sie. »Warum tun sie diese Dinge?«

»Weil sie es können«, sagte Bud.

»Sie missbrauchen und ermorden wehrlose Frauen, weil sie es können?«, kreischte Essie.

»Na, die Männer zu missbrauchen, bevor man sie umlegt, geht ja wohl nicht, oder?«, schoss Jean zurück.

»Und ob das geht.«

Alle sahen zu Coleman und dann zu mir.

»Ich glaube, mir wird schlecht.« Gwendolyn hustete in ihre Serviette, erhob sich eilig und wankte in Richtung der Toiletten. Essie folgte dicht hinter ihr und begleitete sie. Countee musste sich auch übergeben, kurz nach Gwen, aber er war ein junger Mann, so schob er es auf die Nudeln und forderte die Kellnerin auf, sie zurückzunehmen.

Ich richtete meine Aufmerksamkeit auf die rot bemalten Lampions, die in Reihen über dem Tisch hingen. Keiner von uns wollte den anderen direkt ansehen. Das war einfach zuviel verlangt. Ich dachte zurück an den Tag nach Colemans Rückkehr. Ich war richtig hochgestimmt, redete das ganze Frühstück hindurch über die Parade, den Geruch der Menschen und die kalte Luft, darüber, wie kräftig die Männer wirkten, so voller Hoffnung und Verheißung. Mama lächelte und ermunterte mich mit Fragen. Wie sah dieser oder jener nochmal aus? Hatte ich vielleicht einen Blick auf Jim Europe werfen können? Was haben sie gespielt? Papa saß schweigend da, bis er seine Spiegeleier aufgegessen und seinen Kaffee ausgetrunken hatte. Dann faltete er seine Zeitung zusammen, stand auf und ließ sie auf mein Essen im Teller vor mir fallen. Er zeigte auf den obersten Absatz der ersten Seite der *Saturday Evening Post*. Dann zog er sich gemütlich seine Melone über die Ohren, drehte sich um und ging. Ich schaute zu Mama und dann auf den Artikel, der kurz von der Parade berichtete und dann in dem Satz mündete: »Von jetzt an wird man für ›Nigger‹ genauso gut auch ›Amerikaner‹ sagen können.«

Ich sprach nie wieder mit jemandem über die Parade, nicht mit meinen Eltern und auch mit niemandem sonst. Ich beteiligte mich auch nicht mehr an all den Gesprächen, die andere Leute noch Wochen danach führten. Ich wusste einfach nicht, was ich sagen sollte.

Das war zu der Zeit mein generelles Problem.

An den Tischen herrschte danach Schweigen, bis das Essen kalt und fett-verklumpt war und die Kellnerin ungeduldig wurde. Schließlich kam Gwendolyn zurückgehumpelt, von Essie behutsam gestützt.

Als Paul zur Tür hereinkam, dachte keiner von uns mehr im Entferntesten daran, dass wir eigentlich hergekommen waren, um Spaß zu haben.

»Hallo zusammen!« Er schlenderte herein und winkte uns zu.

Die Hitze des Straßenpflasters hing an seinem Körper und schob sich durch den überfüllten Raum vor ihm her.

»Was ist passiert, dass ihr so miesepetrig dreinschaut?«

Paul bückte sich und küsste meine Stirn, bevor er Colemans Hand nahm und sie knirschend zusammenpresste.

»Nichts Neues, Paul«, sagte ich.

»Vielleicht ist gerade das unser Problem.« Jean seufzte. »Jean Toomer, Paul Robeson. Jean ist der, der morgen weggeht. Das ist seine Party.«

»Welcher Armleuchter wagt es, dieses Begräbnis hier eine Party zu nennen? Wer immer es auch ist, er sollte sich schämen und auf der Stelle erschossen werden. Wenn das hier eine Party ist, dann möchte ich wissen, was für eine denn bitte. Eine Schlummerparty? Das scheint das Einzige zu sein was hier für mich zu holen ist – eine Mütze Schlaf. Was kann ein Neger wie ich denn tun, um hier ein bisschen Leben in die Bude zu bringen?«

Die Leute fingen an zu lächeln, lachten sogar hier und da.

Als Coleman und ich dann eine Stunde später gingen, war Paul der Mittelpunkt der Gruppe und Anführer eines dröhnenden Refrains von »Oh, Danny Boy«. Alles, absolut alles an diesem Mann war einfach ein Wunder.

Coleman und ich gingen langsam durch die Dunkelheit.

»Was ist los, May?«, fragte er. »Du bist heute so schrecklich still. Ist es wegem dem Zeug, über das diese Vögel da vorher geredet haben? Zieht dich das immer noch runter?«

»Auf eine Art, ja. Ich glaube, ich fühle mich einfach hilflos. Ich habe das Gefühl, die Welt rast vorwärts, aber ohne mich. Ich möchte etwas machen, das wichtig ist, verstehst du? Etwas, das für das Leben anderer Menschen von Bedeutung ist. Aber ich habe nicht das Gefühl, als könnte das, wozu ich in der Lage bin, je etwas wert sein. In zwei Jahren bin ich fertig. Und was dann? Harlem hat einen weiteren Lehrer für die wissenschaftlichen

Fächer. Das scheint mir einfach nicht richtig zu sein. Das ist irgendwie nicht angemessen.«

»Als Erstes, May, hörst du jetzt auf, dich selbst runterzumachen. Du tust doch etwas, und zwar etwas Bedeutendes. Ich habe noch nie jemanden wie dich kennengelernt. Dinge, die für andere Leute unmöglich scheinen, da gehst du grad mittendurch, als ob sie nicht einmal existieren. Eine farbige Frau als Lehrer für wissenschaftliche Fächer. Ich weiß nicht, wie's dir geht, May, aber für mich ist das schon etwas.«

Ich machte den Mund auf, um ihm von Essies Idee zu erzählen. Auch wenn ich mit keinem Menschen darüber gesprochen hatte, spukte mir der Gedanke im Kopf herum, seit sie das gesagt hatte.

Medizin.

»Was ist los, Liebling?«

Ich lächelte und drückte seine Hand. Coleman war wirklich eine Seele von einem Menschen.

»Nichts. Nur … danke, dass du das sagt. Das hilft mir sehr.«

Er küsste meine Fingerspitzen. »Du wirkst nicht sonderlich überzeugt, also lass mich dir eine Frage stellen. Was würdest du denn gerne machen? Wenn du dir irgendetwas aussuchen könntest, was wäre das?«

Coleman stand auf der untersten Stufe unseres Treppenaufgangs und hielt mich, während ich an seiner Brust leise anfing zu weinen. Unaufhörlich küsste er meine Stirn, aber fragen, warum ich weinte, tat er nicht.

»Dr. B.?«

Sie nahm ihre Brille ab, blickte auf und schaute zur Türe.

»Ja, May? Was kann ich für Sie tun?«

»Ich habe eine Frage, Ma'am. Ich wollte nur wissen … nun … kennen Sie noch andere Krankenhäuser oder Lehrprogramme, wo ich im Labor mitarbeiten kann?«

»Sie meinen, in Vollzeit?«

»Ja, Ma'am.«

Dr. Broadhurst senkte das Kinn auf ihre zur Brücke geformten Hände.

»Das ist sehr viel Arbeit, May. Sie sind ja jetzt schon völlig überlastet.«

»Ich weiß«, sagte ich. »Aber ...«

Dr. B. wartete. Jemand kam und klopfte an die Tür, aber sie reagierte nicht. Sie hielt ihren Blick weiterhin fest auf mich gerichtet. Sie sah mich fast so an wie meine Mutter, als ob sie alle Zeit der Welt hätte.

»Nun, um ehrlich zu sein, brauchen wir das Geld. Sonst kann ich die Ausbildung nicht fertigmachen.«

Mama schaffte es allein einfach nicht mehr. Sie hatte ihr Erspartes fast bis auf den letzten Cent ausgegeben und arbeitete die ganze Woche an drei, manchmal vier Stellen. Oft fand ich sie im Dunkeln am Boden unseres vollgestopften Wohnzimmers knien und Bläuemittel in eine Wanne mit der Wäsche irgendwelcher Leute geben. Ich bat sie, wenigstens Licht zu machen, aber das wollte sie schlicht und einfach nicht.

»Warum denn? Soll ich euch alle aufwecken?«

Bei Sonnenaufgang ging sie dann zur Tür hinaus und machte sich auf den Weg zu einem Haus in der Fifth Avenue oder am Grand Concourse oder beim Crotona Park. Nachdem sie den ganzen Tag lang gearbeitet hatte, zog sie sich um und ging wieder aus dem Haus, um bei Dinner-Partys als Serviererin auszuhelfen. Diese Servier-Jobs machte sie nicht regelmäßig, nur wenn sie gerufen wurde, manchmal zwei oder drei Abende die Woche. Wenn ich abends von der Arbeit heimkam, hatte sie – ich weiß nicht wie – immer das Essen fertig. (Wie sie das schaffte, habe ich mich nie getraut zu fragen.) Und gleich ging sie wieder dorthin zurück, wo sie hergekommen war, ins Wohnzimmer, flickte Kleider und

Hosen oder nähte die Verzierungen wieder an den dünnen Seidenstoff einer Handtasche.

Trotzdem, all das – mitsamt meinem Geld – reichte einfach nie. Eine von Mamas engsten Freundinnen, Misses Tillson, wohnte in der Wohnung auf der anderen Seite des Luftschachts. Jeden Tag hörte ich sie ein paar Momente miteinander flüstern und lachen, stets auf dem Sprung irgendwohin. Misses Tillson hatte keine Angehörigen. Ihr Sohn und ihr Mann waren beide vor ein paar Jahren umgekommen. Ihre Schwester war von St. Louis wieder in den tiefen Süden gezogen, an einen Ort, wo man, wie die alte Dame sagte, *ihr* Gesicht ihr Lebtag nicht mehr zu sehen kriegen würde. Deshalb genoss sie Mamas täglichen Austausch über Papa und mich, freundete sich mit uns an und ließ keinen hängen, wenn es darum ging, laute, oft lustige und in der Regel nutzlose Ratschläge zu geben. Da Mama ihren Rat niemals befolgte, sprach Misses Tillson immer so laut, dass wir anderen alles gut mitkriegten. Irgendjemand musste sie ja anhören.

Jedes Mal, wenn die Studiengebühren fällig waren und wir nicht genug hatten, klopfte Mama an die Metalltüre des Luftschachts, hob sie dann hoch und wartete. Die alte Frau musste nicht weiter gebeten werden. Sie schaute Mama ins Gesicht und sagte: »Bin gleich wieder da, Lu.« Wenn sie dann wieder herangeschlurft kam, streckte sie den Arm durch den Luftschacht und drückte ihren einzigen Wertgegenstand, einen birnenförmigen Diamant-Ehering, in Mamas Hand.

»Sehr verbunden.« Daraufhin warf Mama sich ihren Umhang über die Schultern und lief hinunter zu Palmer's Pawn Shop, einem Pfandleihhaus in der Eighth Avenue. Stets kam sie mit so viel zurück, dass sie den fälligen Betrag zahlen konnte, egal, wie hoch er in dem jeweiligen Semester auch sein sollte. Mal mehr, mal weniger. Jeder, der zu Palmer's ging, wusste, dass er um Misses Tillsons Ring einen Bogen machen musste. Es dauerte immer eine Weile, aber irgendwann gelang es Mama dann, den Ring der alten Dame wieder auszulösen. Als einmal ein durchreisender Mann versuchte, den Ring für seine Frau zu erstehen, jagte Palmer sie beide aus seinem Laden. Und als der Mann wiederkam und sich lauthals beschwerte, jagte Palmer ihn erneut davon, diesmal jedoch mithilfe eines eisernen Besenstiels und zwei breitschultrigen Cousins.

Alle halfen mit, mich durch die Schule zu bringen. Angefangen bei den Frauen, die ihre Kinder zum Klavierunterricht anmeldeten, den sie weder wollten noch brauchten, bis hin zu den Männern, die ordentlich Geld liegen ließen, wenn sie mit meinem Vater Karten spielten oder würfelten. Die Männer zwinkerten mir dann für gewöhnlich zu und fragten: »Na, Kleines? Hat dein Papa dir eigentlich den Fünfer gegeben, so wie ich's ihm gesagt habe? Frag nach, damit er ihn nicht am Ende für sich behält, hörst du?«

Sie wussten nichts von den Schwierigkeiten, die Papa und ich miteinander hatten, denn sonst hätten sie sicherlich einen anderen Weg gefunden.

»Ich habe genügend Erfahrung«, sagte ich zu Dr. B. »Ich habe am Presbyterian Hospital gearbeitet und bei Ihnen …«

»Das ist es nicht, May. Ich weiß, Sie sind qualifiziert. Ich würde sogar sagen, Sie sind eine der besten Studentinnen, die ich je hatte. Aber Sie haben nur noch ein Semester nach diesem. Ich weiß nicht recht, wie Sie Vollzeit arbeiten und gleichzeitig Ihren Studienplan erfüllen wollen.«

»Das weiß ich auch noch nicht, aber immerhin hätte ich noch hier in der Schule meinen Platz, wenn ich es ausprobiere.«

Dagegen konnte Dr. B. nichts mehr sagen.

»Am Flower Hospital wird jemand gesucht«, sagte sie. »Ich kümmere mich um eine Ansprechperson und organisiere einen Termin für Sie.«

Und so wurde ich klinisch-pathologische Laborassistentin für Bakteriologie und Serologie bei einer Frau namens Dr. Haven Emerson. Ich weiß nicht, ob Dr. Emerson mich wegen meiner Referenzen so schnell nahm, oder weil ich, wie sie sagte, die einzige Frau außer den Putzfrauen und Krankenschwestern war, mit der sie am Flower seit über vier Jahren gearbeitet hatte.

Die letzten sechs Monate meines Studiums arbeitete ich also von 8 Uhr bis 17 Uhr 30 im Krankenhaus und besuchte abends meine Kurse an der Uni. Es war gut, für Dr. Emerson zu arbeiten. Sie war nicht so warmherzig und persönlich wie Dr. B., sondern rigoros und effizient. Von ihr lernte ich, peinlich genau vorzugehen und auf jede noch so kleine Unregelmäßigkeit in einer Gewebeprobe oder einem Serum zu achten. Im Gegenzug beurteilte sie meine Arbeit fair und ließ nicht ein einziges Mal eine Bemerkung über meine Hautfarbe fallen.

Eines Abends, etwa zwei Monate nachdem ich angefangen hatte, dort zu arbeiten, rief mich Dr. Emerson vor dem Heimgehen in ihr Büro.

»Setzen Sie sich, May. Ich möchte Sie etwas fragen.«

»Ja, bitte?«

»Wären Sie daran interessiert, hier Medizin zu studieren? Wir haben ein wunderbares Ausbildungsprogramm. Es ist homöopathisch ausgerichtet, und sollten Sie sich bereit erklären, unsere Studenten in Klinischer Pathologie zu unterrichten, könnte ich Ihnen einen volles, vierjähriges Stipendium anbieten.«

Das verschlug mir die Sprache.

»Also?«

»Also … ich … weiß nicht, was ich sagen soll. Kann ich ein bisschen darüber nachdenken? Mit meiner Mutter und Dr. Broadhurst reden?«

»Aber natürlich. Sagen Sie mir einfach bis zum Semesterende Bescheid.«

Als ich Mama erzählte, was Dr. Emerson mir vorgeschlagen hatte, nahm sie die Hände aus dem Abwaschbecken und ließ sich in einen Stuhl am Esstisch fallen.

»Ärztin, Ladybug? Das ist, was du werden willst?«

»Ja, Mama. Ich weiß nicht warum, aber ich glaube, ich kann das machen. Ich weiß, dass ich es kann.«

»Wie viele Jahre würde das dann noch gehen?«

»Sechs.«

»Und dann, nach sechs Jahren, dann wärst du eine richtige Ärztin? So wie Broadhurst und all die anderen Doktoren?«

»Ja, Ma'am.«

Ihre Augen wanderten durch die gelbe Küche, entlang der Hügel aus Töpfen und Teller, die sich da hoch auf der Anrichte stapelten, über die abgedeckte Badewanne mit ihren rostigen Füßen hinweg und zum Fenster hinaus. Wir konnten den Fluss von hier aus nicht sehen, aber um diese Zeit der Nacht, wenn die Straßen ruhig und leer waren, konnten wir ihn riechen.

»Du tust, was notwendig ist, May«, sagte sie ruhig. »Ich bin hier. Ich halte dir den Rücken frei. Du tust, was immer da auch getan werden muss, hast du verstanden?«

»Ja, Ma'am.«

Gleich am nächsten Morgen, bevor ich zur Arbeit ging, rief ich also Dr. Broadhurst vom Telefon bei Bernice an.

»Wenn es das ist, was Sie interessiert, sollten Sie sich für eine allopathische Ausbildung bewerben, nicht für eine homöopathische. Naturmedizin ist nicht mehr auf der Höhe der Zeit. Heute dreht sich alles um Medikamente, Hormone und Metalle. Sie sind ein bisschen spät dran. Sie verlangen auch viel. Aber wenn Sie es wirklich ernst meinen, werde ich mich sofort darum kümmern. Ist es wirklich das, was Sie wollen, May?«

Du könntest Medizin studieren. Wie ich.

Ich hatte gelacht, als Essie das sagte. Doch als ich jetzt dastand, den Telefonhörer gegen meine Wange gepresst, schwitzend, zitternd, da fragte ich mich, ob ich nicht von genau dem Moment an auf das hier zugesteuert war.

»Ja, Dr. B.«, sagte ich. »Das will ich mehr als alles andere.«

Im April erhielt ich eine schriftliche Interessensbekundung der New York University. Doch um ans Bellevue Hospital, die medizinische Abteilung der NYU, gehen zu können, musste ich zuerst ein Aufnahmegespräch führen. Ein Mann namens Childress führte dieses Gespräch. Das Einverständnis, das ich benötigte, hing ganz allein von ihm ab.

Ich zog an dem Tag mein gutes blaues Kleid an, dazu Essies weiße Kalbslederhandschuhe und ihren Glockenhut. Mama band mir die Haare so in den Nacken, wie Dr. Broadhurst ihre auch trug.

»Chinn!«, rief es durch die geschlossene Tür.

Ich stand auf, öffnete die Tür und steckte den Kopf hinein.

»Sie haben mich gerufen, Sir?«

»Reinkommen. Setzen.«

Ich tat, wie mir geheißen. Dieser untersetzte, kahlköpfige, rotwangige alte Mann blätterte noch etwa zehn Minuten in meinen Papieren, ohne mich auch nur einmal anzusehen.

»Hier steht, Sie haben das Hauptfach gewechselt und eigentlich Musik gehabt.«

»Ja, Sir.«

»Warum?«

»Oh, weil, ich dachte einfach … ich könnte meinen … Leu … Mitbürgern … auf einem anderen Gebiet besser dienen. Klavier spiele ich aber immer noch.«

»Wo?«, fragte Dr. Childress beiläufig. Den Kopf hielt er immer noch über meine Unterlagen gesenkt.

»Wenn ich Zeit habe, spiele ich meist mit Paul Robeson –«

»Paul Robeson!« Sein Kopf schnellte hoch. »Ist das Ihr Ernst? Sie kennen Paul Robeson? Persönlich? Mein Gott, warum sagen Sie das nicht gleich? Der Mann ist ein Genie. Ein absolutes Genie. Das Beste, was Ihre Rasse seit Frederick Douglass hervorgebracht hat. Mein Gott!«

Die nächsten fünfundvierzig Minuten verbrachte Dr. Childress damit, sich über das Genie, den Wagemut, die hohe Kunst des Paul Robeson auszulassen. Darüber, dass er selbst anno dazumal an der Rutgers University studiert und auch eine Zeit lang Football gespielt hatte. Natürlich lange nicht so gut wie Robeson. Athlet, Redner, Gelehrter, Sänger, Schauspieler und Rechtsanwalt. Mein Gott! Gab es eigentlich etwas, was dieser Paul Robeson nicht konnte? Paul Robesons Stimme war wie die Musik der Sphären. Ein Nationalheiligtum.

Ich linste über seinen Kopf hinweg zur Uhr und fing fast an zu weinen. Meine Zeit war schon beinahe abgelaufen und dieser Mann hatte kein einziges Wort über mich oder meine Bewerbung gesagt.

»Ich muss sagen, Miss Chinn, ich habe dieses Gespräch sehr genossen.« Er erhob sich lächelnd und kam um den Tisch herum. Die eine Hand ausgestreckt, um meine zu schütteln, die andere bereits auf meiner Schulter, setzte er an, mich hinauszugeleiten. »Sehr erfreut, Sie kennengelernt zu haben.«

»*Aber Sir* ...«

»Ja, was denn, mein Fräulein?«

»Ach, ich ... also ... also was ist denn jetzt mit meiner Bewerbung, Sir?«

Einen Moment lang war er verwirrt. »Ach ja! Es gab einen Grund für unser Treffen, das stimmt schon. Also, ich sage Ihnen Folgendes, Miss Chinn. Was wir im Bellevue suchen, vor allem anderen, ist Charakterstärke. Mir scheint, eine solche haben Sie. Das erkenne ich an dem Umgang, den Sie pflegen. Also werde ich mich dafür aussprechen, dass Ihre Bewerbung angenommen wird. Verstehen Sie mich aber nicht falsch, mein Fräulein. Das ist keine kleine Aufgabe. Sie werden die erste Negerin sein, die versucht, dieses Studium zu absolvieren. Wenn Sie aber bereit sind, es darauf ankommen zu lassen, dann können Sie einen Studienplatz haben.«

Kapitel 14

Auf dem Heimweg ging ich alle Möglichkeiten durch, wie ich Mama und Papa das beibringen konnte. Ich dachte darüber nach, was Coleman sagen würde. Ob er mich unterstützen würde, und was ich tun würde, wenn nicht. Würde ich ihn aufgeben können? Wohl kaum. Seine Anwesenheit befähigte mich dazu, tief in meinem Inneren zu verstehen, worüber Papa all die Jahre geredet hatte. Ich konnte längst nicht zu allem Ja sagen, aber ein neuer Teil in mir verstand es zumindest.

Als ich durch die Tür trat, fand ich Mama beim Auf- und Abgehen, eine Hand auf dem Kopf, die andere zur Faust geballt und gegen den Magen gepresst.

»Und?«, fragte sie. »Was ist geschehen?«

»Ich bin drin. Die New York University hat mich angenommen. Im Herbst fange ich am Bellevue an zu studieren. Was sagst du jetzt dazu?«

»Sag das nochmal, May.«

»Sie nehmen mich, Mama. NYU, medizinische Fakultät. Sie haben Ja gesagt.«

»Obwohl du eine Farbige bist?«

»Das ist egal.«

»Sie haben trotzdem Ja gesagt?«

»Ja!«

»Mein kleines Mädchen wird Ärztin?«

»Ja, Mama, ja!«

Ihre Schultern begannen zu zittern, und ich dachte, sie weint.

Doch dann hob sie den Kopf und ich sah ihren weitgeöffneten Mund, all ihre Zähne, bis ganz nach hinten. Wir drehten uns im Kreis, lachten, sangen, sprangen auf und nieder wie junge Mädchen, bis wir schließlich erschöpft aufs Sofa plumpsten. Dann lachten wir weiter. Mama nahm mich in ihre Arme und sang für mich, während sie lachte. Süß und hoch, wie die Töne von Papas Violine.

Was meinen Vater betraf, so beschlossen wir, ihm jetzt noch nichts zu erzählen. Es fühlte sich so gut an, dieses Hochgefühl für den Moment für uns zu behalten, und es war einfach nicht abzusehen, was diesem Mann einfallen würde, um uns das kaputtzumachen. Der bessere Weg war, erst einmal Coleman einzuweihen und dann zu überlegen, wie weiter vorzugehen ist.

Am Samstag darauf überredete Coleman mich, mit ihm ins *Happy Rhone's* zu gehen. Das war ein plüschiger »Millionärs-Club« oben an der Ecke Lenox und 143ste Straße. Die Sorte Lokal, in die ich, wie ich meinem Vater bei meinem Leben hatte schwören müssen, nie auch nur einen Fuß setzen würde. Happys Geschäftsinteresse waren Integration und würdevolles Nebeneinander von Schwarz und Weiß. Wir saßen auf dick gepolsterten schwarzen Sofas, vor uns auf dem kleinen, quadratischen und mit Leinen bedeckten Tisch zwei Gläser mit illegalem Gin. Ein Kellner mit brauner Hautfarbe und zweiknöpfigem, weißem Smoking-Jackett mit Satinkragen und weißer Fliege tauchte vor uns auf und bot an, die Gläser nachzufüllen. Noch bevor ich ablehnen konnte, nickte Coleman und legte zwei nagelneue Dollar-Scheine hin. Der Kellner beugte sich vor und füllte die Gläser bis ganz an den Rand, so hoch, dass ich mein Glas nicht mehr heben konnte, ohne dass der Gin über meine Finger kleckerte.

»Amüsierst du dich, Lil' Bit?«, fragte Coleman.

In dem Moment begann vorn im Raum das Klavier zu dröhnen. Wie gewohnt versuchten meine Ohren die Akkorde zu erkennen, aber dieser Rhythmus war irgendwie zu reichhaltig und zu unkontrolliert, als dass ich ihn sofort hätte begreifen können. Coleman deutete auf den Musiker, einen großen, sandfarbenen jungen Mann mit hochgezogenen Augenbrauen und einem verschmitzten Lächeln.

»Weißt du, wer das ist?«

»Nein. Wer denn?«

»Das ist Fats Waller. Warte nur. Das gefällt dir, Baby. Der Knabe ist etwas ganz Besonderes.«

Fats stimmte ein raffiniertes, basslastiges, mitreißendes Stück an, das binnen Sekunden die Gesellschaft auf die Beine brachte.

Say up in Harlem at a table for two
There were four of us,
Me, your big feet and you
From your ankles up, I'd say you sure look sweet
From there down there's just too much feet
Yes, your feet's too big
Don't want cha, 'cause ya feet's too big
Mad at ya, 'cause ya feet's too big
I hate ya, 'cause ya feet's too big
My goodness!

Und als er das *My goodness!* herausbellte, da schien der Mann ehrlich überrascht, ja, richtig schockiert, dass dieses arme Wesen gar so riesige Extremitäten hatte. Die Leute ließen ihrer Begeisterung freien Lauf.

»Sing es«, riefen sie.

»Spiel es nochmal, du alter Nichtsnutz!«

»Ganz recht, Mann! Sag ihr, was mit ihr los ist!«

Die Frauen sprangen auf, packten ihre Kerle am Arm und stürzten auf die schwarz-weiß geflieste Tanzfläche. Während die

Tanzfläche sich rasch füllte, schnitt Fats Grimassen für die Tänzer, rollte mit den Augen und ließ sich aus dem Stand noch saftigere Liedzeilen einfallen, um die Stimmung anzuheizen. *Oh your pedal extremities are colossal*, teilte er diesem imaginären Monster von Frau mit. Die Menge johlte.

To me you look just like a fossil
Oh I'ver never heard of such walkin', mercy
Your pedal extremities really are obnoxious ...

Das Klavier dröhnte immer lauter und brach dann ab, während er seine Hände noch über den Tasten in der Luft hielt. Den Moment genüsslich auskostend, grinste er und ließ das Publikum in seinem dröhnenden, sarkastischen Bariton wissen:
One never knows, do one? – Man kann nie wissen, oder?
Wir tanzten, bis der Club dichtmachte. Noch nie in meinem Leben hatte ich so getanzt. Völlig gefangen vom Rhythmus wirbelte Coleman mich im Kreis herum. Er nahm mich bei den Hüften und hob mich in die Luft, und ich hatte kein einziges Mal Angst, dass ich falle. Andere Frauen flogen sogar noch höher, hoch über die Köpfe ihrer Partner, und zeigten ganze Partien ihrer Seidenstrümpfe, hin und wieder sogar – *Skandal!* – für einen Moment ein Stück nacktes Hinterteil. Weiter, immer weiter, bis die Musik aufhörte und die Kellner die Stühle hochnahmen, um sie auf die hübschen, leinenbedeckten Tische zu stellen.
Wir schwankten nach draußen, lachten und erfanden dabei neue Tanzschritte. Die Brise, die vom Fluss herüberzog, kühlte uns und trocknete den Schweiß auf unseren Gesichtern. Dort lenkte Coleman mich hin, nach Osten, in den völlig finsteren Teil von Harlem.
»Komm«, sagte er. »Ich möchte heut Nacht den Mond auf dem Wasser sehen.«

Ich hätte schnurstracks nach Hause gehen sollen, aber ich ließ mich von ihm in die entgegengesetzte Richtung führen. In dem Moment wäre ich mit ihm eigentlich überallhin gegangen.

»Und, hat es dir gefallen, Baby?«

»Oh ja. Ich glaube, soviel Spaß habe ich im ganzen Leben noch nicht gehabt.«

Als wir an den Rand des Wassers kamen, reichte ich nach oben und küsste ihn. »Danke.«

»Ich weiß, wie du dich noch besser bedanken kannst.« Coleman griff in seine Innentasche seines Jacketts und zog eine kleine, samtbeschlagene Schachtel hervor. Darin war ein dünnes, goldenes Armband.

»Heirate mich, May. Ich liebe dich und möchte, dass du meine Frau wirst. Wirst du Ja sagen?«

Seine Augen füllten sich mit Tränen, und er machte keine Anstalten, sie wegzuwischen. Er stand da, ganz nackt, und sah mir tief in die Augen. Ich wusste, dass er mir etwas sehr Wichtiges offenbarte. Und ich nahm es an. Ich vertraute ihm, so wie er mir vertraute.

»Ja«, sagte ich. »Ich würde dich wahnsinnig gern heiraten.«

Coleman schloss die Augen und drückte meinen Kopf an seine Brust.

»Baby«, murmelte er. »Mein süßes Mädchen.«

Und er küsste mich noch einmal.

Als ich Coleman mit nach Hause brachte, um es meinen Eltern zu sagen, dachte ich einen Moment lang, Mama fängt an zu weinen. Aber Fehlanzeige. Papa weinte. Und dann redete er das erste Mal seit vier Jahren mit mir.

Er sagte: »Herzlichen Glückwunsch, Ladybug. Dieser Mann hier scheint mir ein guter, hart arbeitender Bursche zu sein. Ich hoffe, du wirst glücklich. Meinen Segen hast du.«

Siehst du, Papa, wollte ich ihm sagen. *Siehst du, es muss nicht immer ein Entweder – Oder sein.*

Aber ich genoss seine Stimme und seine um mich geschlungenen Arme viel zu sehr, als dass ich den Moment mit kleinlicher Besserwisserei verderben wollte.

Am nächsten Morgen rannte ich zur Uni, um es Essie zu erzählen.

Essie reagierte ganz typisch. Ich fand sie neben ihrem Mikroskop, wo sie die Ergebnisse der New Yorker National League-Mannschaft studierte.

»Seit wann interessierst du dich für Baseball?«, fragte ich, während ich mich neben sie auf den Tisch schwang.

»Es wäre mir so was von egal, wenn jedes einzelne Baseball-Team auf diesem Planeten in ein schwarzes Loch fallen und elendiglich krepieren würde«, sagte sie.

»Aber?«

»Paul liebt Baseball. Er hat sich schon länger nicht mehr blicken lassen –«

»Und da dachtest du, du schindest ein bisschen Eindruck und lädst ihn zu einem Spiel ein.«

»Schau, schau, May, du bist gar nicht so dumm, wie du aussiehst.«

»Also, wer gewinnt?«

Essie warf mir einen vernichtenden Blick zu, mit aufgeworfener Lippe und allem Pipapo. Dann zuckte sie mit den Schultern und sagte: »Ich bin mir ziemlich sicher, dass die Meisterschaft dieses Jahr zwischen New York und New York ausgetragen wird. Die NL wird das verkraften, glaubst du nicht?«

Paul und Essie waren seit fast zwei Jahren ein Paar. Sie hatten sich flüchtig bei Jeans Abschiedsparty kennengelernt. Aber kurz danach musste Paul wegen einer Football-Verletzung – ein Loch im Bein, groß wie ein Baseball – ins Krankenhaus. Klarerweise hatte Essie sofort, als das bekannt wurde, Dienst auf der entsprechenden Station.

Essie hatte eine Zunge wie ein Küchenmesser und gab sich allen möglichen Launen hin. Aber woran nicht zu rütteln war – sie liebte ihren Freund. Sie hatte den Mann ihres Lebens gefunden, egal ob ihm das klar war oder nicht.

»Essie, rate mal, was passiert ist.«

»Spuck's aus, Lil' Bit. Ich bin nicht in der Stimmung.«

»Coleman hat gefragt, ob ich ihn heiraten will!«

Essie starrte mich lange an, bevor sie sich wieder ihrer Zeitung zuwandte.

»Meinen Glückwunsch«, sagte sie. »Und die Uni?«

»Mach ich weiter. Coleman würde mich nie davon abhalten.«

»Hmmm. Allzu sicher klingt das aber nicht.«

Das war ich auch nicht. Ich hoffte es, aber wissen konnte ich es nicht wirklich. Männer konnten schon lustig sein. Als wir es Papa schließlich mitgeteilt hatten, hatte der kein einziges Wort gesagt.

Mama kam aus der Küche, stellte sich vor ihn hin und sagte: »William, deine Tochter ist an der New York University zu einem Medizinstudium zugelassen. Sie wird Ärztin. *Eine Ärztin.* Die erste farbige Frau, die in dieser Stadt Doktor der Medizin wird. Was sagst du dazu?«

Er sah nicht einmal von seiner Zeitung auf. »Was sagt ihr Ehemann dazu?«

Mama wischte sich die Augen und strich sich die Schürze über ihrem grauen Kleid glatt.

»Wenn der Junge sie liebt und will, dass sie glücklich ist, wird auch er glücklich sein. Sagt er nicht immer, er ist so rassenbewusst? Er wird glücklich sein.«

Papa schnalzte mit der Zunge und sah kurz zu mir her.

»Mach nicht wegen einem Hirngespinst eine gute Sache kaputt«, sagte er. »Sei doch nicht so dumm.«

Das war dann auch alles, was wir an Glückwünschen erhielten. Was, wenn Coleman ebenso reagierte? Ich redete mir ein, dass er mich nie zwingen würde, zwischen uns beiden zu wählen – zwischen mir und ihm. Ich vertraute darauf, dass er mich liebte, *weil* ich war, wer ich war, und machte, was ich machte, und nicht *obwohl*. Aber konnte ich es wirklich wissen?

Zwei Tage danach traf ich ihn endlich. Wir hatten uns im Central Park am Lake verabredet. Ich wartete neben dem hohen, hellgelben Gras am Rand des Teichs auf ihn und sah zu, wie die Gänse und ihre Küken durchs Wasser glitten. Ein cremefarbener Cockerspaniel rannte am Ufer entlang und machte sich ein Spiel daraus, die Vögel zu belästigen, da er sie nun mal nicht erreichen konnte. Jedes Mal, wenn er sich auf sie stürzen wollte, schlugen sie mit den Flügeln und bogen ihre Hälse, doch diese Bewegungen schienen mehr dazu da, ihrerseits den armen kleinen Hund zu ärgern, als tatsächlich den Versuch einer Flucht zu unternehmen.

»Lil' Bit! Da bist du ja!«

Coleman kam herangetrottet. Er küsste mich auf die Stirn, verschwand dann hinter mir und schlang einen Arm um meine Schultern. Er vergrub seine Nase in meine Haare und atmete mich ein.

»Ich fühle mich, als hätte ich dich schon ewig nicht gesehen.«

»Es waren nur drei Tage«, lachte ich.

»Also, dann waren das die längsten drei Tage meines Lebens.«

Coleman wiegte mich und strich mir übers Haar.

»Baby, ich muss dir etwas sagen.«

»Ich zuerst, Lil' Bit. Ich habe gute Neuigkeiten. Ich habe jetzt endlich Nachricht von meinen Eltern unten in Carolina. Ich habe ihnen von uns erzählt.«

»Wirklich? Was sagen sie?«

»Meine Mama sagte, das ist das Schönste, was sie je gehört

hat. Die ganze Familie kann es kaum erwarten, dich kennenzulernen. Ich habe ihnen einen Brief geschickt mit einem Photo von dir, und sie haben es jedem in der Stadt gezeigt. Die ganze Stadt redet jetzt über dich. Keiner will glauben, dass du mit mir zusammen bist. Mama wollte wissen, ob du wirklich eine Farbige bist. Sie sagte, auf dem Bild kann man das gar nicht erkennen. Aber sie ist außer sich vor Freude, dass ihre Enkelchen so hübsch sein und so schöne Haare haben werden.«

Er lachte. »Scheinbar hat sie ganz vergessen, dass meine Haare fusselig sind, so als wäre ich an der Sache gar nicht beteiligt. Schande. Ich will ihr ja Enttäuschungen ersparen. Meine Eltern hätten gern, dass ich nach Hause komme und sie ein paar Wochen besuche, bevor wir heiraten. Wenn das für dich okay ist.«

»Warum sollte es nicht?«

»Ach, weißt du. Die meisten Frauen haben es nicht so gern, wenn ihre Männer zwei oder drei Wochen ohne sie unterwegs sind.«

»Du musst doch bei deiner Familie sein. Fahr nur und lass es dir gut gehen.«

Er umarmte mich und küsste zuerst mein linkes, dann mein rechtes Ohr

»Ich wusste, dass du das verstehst. Irgendwann dieses Jahr, nach der Hochzeit, treiben wir mehr Geld auf und besuchen meine Leute gemeinsam. Würde dir das gefallen? Meine Mama wird keine ruhige Minute haben, bis sie dich persönlich kennenlernt.«

»Das würde ich sehr gerne, Coleman. Ich freue mich wirklich darauf. Wirst du rechtzeitig zur Abschlussfeier zurück sein?«

»Ich werde alles tun, damit ich pünktlich bin. Du weißt doch, dass ich mir das nicht entgehen lasse, Lil' Bit. So hart wie du geschuftet hast. Das müssen wir doch unbedingt feiern, wenn du mit der Ausbildung fertig bist und dein Leben weiter vorangeht. Das ist eine große Sache.«

Dann fingen wir an, über die Reise zu reden, seine Cousins Boo und Redfield, das Hühnchen mit Knödeln und den *Schmutzigen Reis*, das Lieblingsgericht seiner Mama, und darüber, wie lange er nach seiner Rückkehr würde arbeiten müssen, bis wir in die Wohnung einziehen könnten, die er für uns aufgetrieben hatte. Bei all dem Gerede vergaß Coleman völlig, dass ich ihm ja auch etwas hatte sagen wollen. Pläne mussten geschmiedet werden, Fahrkarten gekauft, Kleidungsstücke geflickt – ob ich wohl so gut sein könnte? So viel, was es zu bedenken galt.

Ich spielte mit dem Gedanken, ihn daran zu erinnern, aber angesichts seiner Begeisterung hatte ich einfach nicht das Herz. Später, nach seiner Rückkehr, war dazu immer noch Zeit. Dafür würde ich schon sorgen.

Coleman reiste ab und die Abschlussprüfungen gingen zu Ende. Für mich blieb bis zur Verleihungsfeier nichts zu tun. Den Großteil der Zeit verbrachte ich jetzt im Labor damit, Tagträumen nachzuhängen, während Dr. B. und Essie weitgehend meine Arbeit machten. In diesen Träumen hatte ich einen liebevollen, hilfsbereiten Ehemann, mein Sohn war (wie durch ein Wunder) zu mir zurückgekehrt, und ich betrieb eine florierende Arztpraxis. Meine Mutter musste nicht mehr arbeiten und mein Vater liebte mich. Die meiste Zeit gestattete ich mir also das Vergnügen, in diesen angenehmen Träumen zu leben, in denen ich mich stets wohlig warm fühlte und richtig satt war.

Manchmal hatte ich aber auch andere Träume. Träume, in denen Coleman mich verfluchte und mich einen Schwachkopf nannte oder, noch schlimmer, sich weigerte, mich überhaupt anzusehen. Meinen Vater gab es in diesen Träumen nicht. Er ließ Mama und mich in Ruhe, und ich überlegte, wohin er wohl verschwunden sein und wie ich ihn wieder herbeilocken könnte, aber es gelang mir nicht mehr, ihn zu erreichen. Auch meinen

Sohn sah ich nie wieder, obwohl Mama versprochen hatte, mit den Robinsons zu reden. Diese Träume hielten mich etliche Nächte wach. Fast jeden Morgen erwachte ich aus ihnen. Aber im Lauf des Tages gelang es mir dann, sie abzuschütteln und das zu sehen, was ich eigentlich sehen wollte. Und meistens glaubte ich auch wirklich, dass ich glücklich war.

Essie erzählte Paul von meiner Zulassung zum Medizinstudium, und er war außer sich vor Freude. Er ließ mir ausrichten, dass er mir eine Karte für seine neue Revue *Shuffle Along* reservieren würde, um das zu feiern. Nach der Vorstellung könnten wir wie früher ein bisschen ausgehen.

Ich nahm die Seventh-Avenue-U-Bahn runter zur 42sten Straße und ging dann wieder stadtauswärts zum Cort Theatre in der 48sten Straße. Als ich das Cort erreichte, standen bereits lange Schlangen mit aufgeregten Besuchern vor den Türen. Die Polizei hatte den Block abgesperrt und die 48ste Straße auf nurmehr eine Spur verengt, um die drängelnden Menschenmassen nicht zu gefährden. *Shuffle Along* war kein Hit. Diese Revue war der letzte Schrei.

Im Inneren des üppig ausgestatteten Theaters wurden wir von Platzanweisern in knackig-roten Jacketts mit goldbetressten Schultern zu unseren Plätzen geführt. Ein sommersprossiger, weißer Junge nahm meine Eintrittskarte und führte mich zu einem Platz in einer der vorderen Reihen.

»Gute Unterhaltung, Ma'am«, sagte er und verschwand wieder den Gang hinauf.

Ich saß zwischen einem dicken Mann und einer jungen, weißen Frau, die auf dem Kopf einen roten Turban und an den Handgelenken goldene Sklavenarmringe trug. Ich hörte, wie die junge Frau sich ihrer Begleiterin zuwandte und fragte: »Sag mal, Rachel, weißt du, worum es in der Revue geht?«

Ihre Freundin seufzte und sagte: »Ist das so wichtig? Sie ist

254

einfach *de rigeur* für jeden, der auch nur ein bisschen *au courant* sein will. Verstehst du?«

Das Mädchen nickte geflissentlich, und ich drehte mich weg, damit sie nicht sahen, dass ich lachen musste.

Die Lichter gingen aus, und als sie wieder angingen, fühlte ich mich wie in eine andere Welt versetzt. Die Sänger gaben einen mitreißenden Song nach dem anderen zum Besten und brachten das Publikum zum Kochen. »Bandanna Days.« »I'm Just Wild About Harry.« »Gypsy Blues.« Immer weiter machten sie, schienen kaum Luft zu holen, bevor sie sich gleich wieder in die nächste Gesangs- oder Tanznummer stürzten. Paul, einer der Four Harmony Kings, kam mit Strohhut, Latzhose und Rohrstock auf die Bühne und sang eine Nummer mit dem Titel »Old Black Joe«, die im zweiten Akt wahre Beifallsstürme auslöste.

Als das Stück zu Ende war, tanzte ich weiter. Den ganzen Weg zur Tür hinaus und rauf zum Oriental tanzte ich und sang. Die Songs wiederholten sich von selbst in meinem Kopf, während ich auf einem mysteriösen Klavier spielte, das in den Rückenlehnen der Straßenbahnsitze auftauchte und seitlich aus den Kerben der Laternenmasten herauswuchs. Rund um mich her und in mir drin war alles voller Musik.

Ich brauchte so lange zum Oriental, dass alle schon da waren, als ich schließlich zur Tür hereinkam. Paul entdeckte mich und rief: »He, Leute, sie ist da! Sie ist da! He! Hört zu, ihr schlimmen Menschen. Still jetzt. Für alle, die sie noch nicht kennen – und eigentlich weiß ich gar nicht, wer das zum jetzigen Zeitpunkt noch sein könnte – aber nur für den Fall, dass jemand sie noch nicht kennt, wir feiern heute Abend –«

»Was immer auch ansteht!«, rief die schöne Adelaide Hall.

»Ruhe, Schnecke! Nicht unterbrechen! Wie gesagt, wir sind heute Abend hier, um eine meiner besten Freundinnen zu feiern, Miss May Edward Chinn. Sie ist gerade zu einem Medizinstudium zugelassen worden, und zwar an der, man höre und staune, New York University. May ist gerade dabei, die erste Afroamerikanerin zu werden, die in dieser Stadt den Arztberuf ausübt. Jetzt frage ich euch mal alle – ist das etwas?«

Die ganze Gruppe applaudierte mir daraufhin, von ganzem Herzen solidarisch und zutiefst beeindruckt.

»Vielen, vielen Dank an euch alle. Paul, ohne dich hätte ich das nicht geschafft. Im Ernst. Erinnere mich doch später daran, dir die ganze Geschichte zu erzählen.«

Paul lächelte herausfordernd. »Aber gern. Ich liebe Geschichten, in denen ich der Held bin.« Nachdem die Künstler mich der Reihe nach umarmt hatten, wandte sich das Gespräch wieder rasch der Show zu.

»Wow«, sagte Paul. »Da haben Eubie und Noble den Weißgesichtern aber eine echte *Ragtime-itis* verpasst.«

Eines der Revuemädchen, eine hübsche Braunhäutige namens Josephine, lehnte sich mit einem abschätzigen Lächeln an Pauls Schulter. »Das kann man laut sagen. Ich hätte nie gedacht, dass die Weißgesichter in derartigen Scharen herbeiströmen würden. Paul, weißt du noch, wie sie die Hosen voll hatten wegen ›Love Will Find A Way‹?«

Und Paul erzählte die Geschichte, wie die Komponisten sich Sorgen gemacht hatten, wie wohl das Publikum auf ein Liebeslied reagieren würde, in dem es um Neger geht.

»Jetzt stellt euch vor, Florence hätte auch noch jemand geküsst.« Josephine lachte. »Dann hätten sie die Nationalgarde gerufen!«

Countee und ich hielten uns aneinander fest, weil wir derartig lachten, dass ich Seitenstechen kriegte. Just in diesem Moment klopfte mir jemand auf die Schulter.

»Bud! Wie schön, dich zu sehen!«

Bud umarmte mich fest und küsste mich auf beide Wangen.

»Diese Party hätte ich um nichts in der Welt sausen lassen, Lil' Bit.«

»Bud Fisher würde um nichts in der Welt auch nur *eine einzige* Party sausen lassen«, sagte Paul.

»Ha, ha, ha, mein Freund. Du bist wirklich zum Totlachen. Aber leider rede ich im Moment gar nicht mit dir. Ich rede mit Miss Mayflower.«

Ein gutaussehender, zitronenfarbener Junge mit dichtem, welligem Haar räusperte sich hinter Bud.

»Oh! Verzeihung«, sagte Bud. »Ich bin unhöflich. May, ich möchte dir jemand vorstellen. Das ist mein Freund Langston Hughes. Jessie Fauset hat uns gerade eben miteinander bekanntgemacht, und ich sage dir, dieser Knabe ist brillant. Absolut brillant. Hat auch schon was veröffentlicht in *The Crisis*. Wie hieß das Gedicht doch gleich?«

»›The Negro –«

»– Speaks Of Rivers.‹ Das war es. Wirklich unglaublich. Und schau ihn dir an. Gerade erst zwölf Jahre alt –«

»Na, hör mal, ich bin fast zwan–«

»Wie dem auch sei, Langston fängt im Herbst an der Columbia an. Ich dachte, es ist gut, wenn ihr zwei euch kennt. Vielleicht kannst du ihm ein bisschen helfen, in die Gänge zu kommen.«

»Ich bin glücklich, Sie kennenzulernen, May. Ich habe schon so viel von Ihnen gehört.« Langstons Augen leuchteten, während er mich anlächelte. Er war so warm und freundlich. Ich mochte ihn auf der Stelle.

»Ganz meinerseits«, sagte ich. »Im Ernst. Bitte, setzen Sie sich zu uns.«

Weil Countee keine Anstalten machte, zur Seite zu rücken, schaute ich zu ihm. Er saß da und starrte mit offenem Mund direkt in Langstons Gesicht. Bud schaute diskret zur Seite und war plötzlich furchtbar bemüht, irgendwelchen Leuten quer durch den Raum Hallo zu sagen. Aber ich beobachtete ihn ein oder zwei Minuten lang, bis es einfach zu peinlich wurde.

»Nun«, sagte Langston. »Äh ... hmmmm. Also.«

Countee kam zu Bewusstsein. Knallrot vor Verlegenheit rutschte er zur Seite. Hin und wieder blickte er noch kurz zu Langston, aber ihm direkt in die Augen zu sehen, schaffte er von da an nicht mehr.

»Wiedersehen, May!«, rief Josephine von der Tür her. »Nochmals Glückwunsch!«

»Wiedersehen!«, rief ich zurück. »Und danke!«

»War das nicht eines der Revuemädchen?«, fragte Langston.

»Ja, das war Josephine Baker.«

»Ah, ja. Ist mir aufgefallen. Süße kleine Braune.« Er beugte sich zu mir und sagte mit gesenkter Stimme: »Mich wundert, dass sie es ins Ensemble geschafft hat, bei all der hellbraunen Konkurrenz.«

»Sie ist eben großartig. Und urkomisch.«

»Klar«, sagte Bud. »Aber ihre Nase ist zu groß. Und für meinen Geschmack ist sie zu dünn.«

»Was du nicht sagst!« Paul lachte. »Ich wusste nicht, dass es überhaupt ein Mädchen gibt, das dir zu *irgendwas* ist!«

»Hör einfach nicht auf ihn, May.« Bud wischte sich Pauls Stimme vom Revers wie eine Fliege. »Er klopft nur seine üblichen Sprüche.«

Als ich schließlich nach Hause ging, war es nicht mehr lang bis zum Sonnenaufgang.

Wenn ich es nicht in die Wohnung schaffte, bevor Papa aufwachte, konnte ich im Grunde gleich fortbleiben.

Auf Socken schlich ich durch die Tür und tastete mich durch die Dunkelheit bis in mein Zimmer. Ohne zu atmen, öffnete ich die Tür gerade so weit, dass ich mich durchzwängen konnte. Sie quietschte, und ich hielt inne, um zu hören, ob aus dem Schlafzimmer meiner Eltern ein Geräusch kam. Als nichts passierte, schloss ich die Tür vorsichtig hinter mir.

Während ich mich auszog, bemerkte ich auf meiner Bettdecke einen Umschlag. Im Dunkeln konnte ich ihn nicht lesen, und Licht zu machen, wagte ich nicht, also legte ich ihn auf meinen Nachttisch. Ich wollte ihn nach dem Aufwachen lesen. Er war sicher von Coleman. In etwa einer Woche wollte er wieder da sein. Und ich konnte es kaum erwarten. Es gab einfach zu viele Dinge, die einem jungen Farbigen tief im Süden widerfahren konnten. Ich würde mich erst wieder sicher fühlen, wenn er daheim war, hier, wo er hingehörte.

10. Juni 1921

Liebe May,

hallo. Du kennst mich nicht, aber ich bin Colemans Mutter, Misses Ida Fortlow. Coleman hat mir so viel von Dir erzählt, dass ich das Gefühl habe, ich kenne Dich längst. Er sagte mir, was für ein schönes und kluges Mädchen Du bist, und da mein Sohn Dich so sehr geliebt hat, glaube ich auch, dass all das wahr ist.

May, es tut mir aufrichtig leid, Dir mitteilen zu müssen, dass Coleman letzten Samstag bei einem Badeunfall ums Leben gekommen ist. Niemand hat daran Schuld. Er wurde in den Fluss hineingezogen, über den sicheren Bereich hinaus. Wie Du Dir sicher vorstellen kannst, ist die Familie am Boden zerstört. Die Kraft, Dir diesen Brief zu schreiben, habe ich nur, weil Du als seine zukünftige Ehefrau auch zur Familie gehörst und von dem Unglück so rasch wie möglich erfahren musst. Wenn dieser Brief bei Dir eintrifft, wird es schon zu spät sein, um noch am Begräbnis teilnehmen zu können. Aber wenn Du uns irgendwann besuchen und das Grab sehen möchtest, gib einfach Bescheid. Wie gesagt, was uns betrifft, so bist Du Teil der Familie, und wir lieben Dich von ganzem Herzen. Ich belasse es jetzt dabei, schreibe aber wieder, wenn es etwas Neues gibt. Bitte sorge gut für Dich und Deine Familie, insbesondere Deine Mutter. Coleman hat uns erzählt, was für eine wunderbare Frau sie ist. Möge Christus der Herr all Deine Tage segnen. Und bitte trage in Deinem Herzen ein Gebet für uns hier. Ich weiß beim besten Willen nicht, was mit mir werden soll, jetzt, da mein einziger Junge fort ist. Aber Gott wird sich um mich kümmern. Er muss einfach. Der Glaube daran ist alles, was mir geblieben ist. Ich liebe Dich innig, meine Tochter.

    In Liebe von

Colemans Mutter,
Misses Ida Fortlow

Und einfach so – war es vorbei.

TEIL DREI

Kapitel 15

I've known rivers:
> *I've known rivers ancient as the world and older than the*
> > *flow of human blood through veins.*
> *My soul has grown up deep like the rivers.*

Liebe ist das Einzige, was zählt auf der Welt. Es gibt so viel Liebe, so viel Helligkeit hier, dass ihre Strahlung mir manchmal im Herzen weh tut. Ich suche mich zu entspannen und mich ihr hinzugeben, mich zu einem Behältnis zu machen, das groß genug ist, auch nur ein Fetzchen davon aufzunehmen, doch nie bin ich mir sicher, ob es mir gelungen ist oder nicht. Ich muss einfach lieben. Aber es kann einem so viel Angst machen, seine Nacktheit jemand anderem zu Füßen zu legen, ihn dabei zusehen zu lassen und selbst nicht zu wissen, ob die Aufrichtigkeit und die Anerkennung der Liebe auch in den Augen aufscheinen, die deinen Blick erwidern. Nicht einmal, wenn es deine eigenen sind. Du öffnest dein Herz und weißt, dass es so etwas wie den Besitz einer anderen Person nicht geben kann, weißt, dass Hingabe, also Wandel, der einzige Modus ist, in dem die Welt funktioniert, und dass dieses Wissen irgendwo, irgendwie, tief im Innern, gut sein muss. Du liebst, bis das Blut dieser Liebe im Mark deiner Knochen erstarrt, und, weiter noch, bis an die Stellen deines Atems und deines ganzen Daseins, die rein körperlich gar nicht vorhanden sind und dennoch den Formen ihr Leben geben, diesen abgeriegelten, von Außenwirkung abhängigen Mauern. Dort lebe ich.

264

Dort habe ich ihn verloren.

Zu viele Tode. Zu viel Trauer in mir, die in Spiralen aufsteigt und meine Lungen verstopft, sodass ich nicht atmen kann. Die Schlagartigkeit des Schmerzes, wie wenn man sich verbrennt und das Fleisch zusammenbrutzelt und die Haut sich ablöst, wenn das Brandzeichen wieder abgenommen wird. Genauso sieht es in mir aus. Glattes Fleisch, gesunde Haut, weich und sauber, und dann auf einmal ist nichts, wie es vorher war, und man kann nichts, aber auch rein gar nichts tun, um es rückgängig zu machen. Kein Weg zurück. »*Ich liebe dich*« *liegt bedeutungslos und leer in deiner Kehle, runtergeschluckt durch puren Zufall. Wie soll man damit leben? (Womit gleichzeitig gesagt ist, dass man damit nun mal lebt. Für immer.) Was ich eigentlich wissen möchte, ist, wie man es anstellt, damit nicht mehr leben zu müssen. Wie man das loswerden kann. Wie ich es anstellen muss, mich nicht mehr dafür zu hassen, dass ich lebe und er nicht. Wie ich endlich damit aufhören kann, mir zu wünschen, ich könnte mich an seiner Stelle hingeben, aufhören, all die Dinge nachzurechnen, die ihm und nicht mir die größere Daseinsberechtigung geben. Ich muss wissen, wie ich wieder uns beide lieben kann.*

Im Nachgang träumte ich viele Nächte in aller Länge und Breite von Coleman, wie von einem Baum ohne Äste, hoch wie ein Fluss und so dick, dass zwanzig Männer, Fingerspitze an Fingerspitze, ihn gerade so umfassen konnten. Gefällt von unsichtbaren Händen und so, dass ich gerade noch ausweichen konnte, kippte der Baum krachend um und rutschte unaufhaltsam den steilen Abhang eines Berges hinunter. Wogen von Schlamm rissen mich mit, und ich ritt auf einer Lawine aus aufgeschleuderter Erde, die sich in seinem Gefolge den Weg ins Tal bahnte.

Aber dieser Traum war nur die eine Variante, wie sein Gesicht mir erschien. Viele andere begannen um mich herum aufzutauchen. Und die erstarrten Teile meines Bewusstseins zu riechen, zu berühren und zu schmecken. Die sich der Erinnerung weit öffneten. Und auf einmal schien es, als sei alles wieder da. Seine süßen Augen mit den schweren Lidern. Darunter sein weicher Mund. Kräftige Hände, Haut wie die aufgewühlte Erde in meinem Traum, Handflächen wie der Staub, der den Boden zu Beginn bedeckte, bevor der Herbst kam.

Coleman hatte die Angewohnheit, jedem, der vorbeikam, aufmunternd zuzunicken, egal, ob er ihn kannte oder nicht. Doch erst, als mir endgültig klar wurde, dass ich ihn nie wiedersehen würde, fing ich an zu spüren, wie liebevoll eine derartige Aufmerksamkeit doch war. Und das war etwas, womit ich nicht leben konnte. Warum wurden mir mit einem Schlag all diese Formen der Liebe so bewusst wie nie zuvor, nur weil der Tod ihn an Stellen und auf eine Art berührt hatte, wie ich es nie gekonnt hatte? Ich hatte keine Ausrede.

Fast ein Jahr lang lebte ich so dahin, die Tage gingen so gut wie nahtlos ineinander über. Sie bedeuteten mir kaum etwas, in keiner Hinsicht.

Freunde kamen, um mir ihr Beileid auszusprechen, und verschwanden rasch wieder in ihren Lebensalltag, ohne recht zu wissen, wie man mit einem Tod wie diesem umgeht. Coleman war nicht Opfer eines Lynchmordes oder eines Polizeiübergriffs oder einer Krebskrankheit oder auch nur eines Messerstichs geworden. Nur ein Unfall. Mir aus den Armen gerissen von einem steinigen Fluss. An einen Baumstamm gedrückt, einen halben Meter, vielleicht sogar weniger, unter der Wasseroberfläche, während die Luft langsam aus seinen Lungen entwich. Wozu sollte man in einem solchen Fall die Köpfe zusammenstecken?

Papa redete nicht mehr mit mir, nachdem Coleman gestorben war, als sei ich irgendwie schuld an seinem Tod. Aber diesmal war es so, dass ich mir diese Stille sehnlichst wünschte. Manchmal dachte ich, ich würde ihm – sollte er tatsächlich kein einziges Wort mehr an mich richten – an seinem Totenbett nur eines sagen, nämlich Danke. Auch Mama schwieg. Monatelang. Aber ihr Schweigen war anders. Es war nicht voller Bedauern und Furcht und Scham und Trauer. Mit ihrem Schweigen konnte ich leben, weil es weiträumig und wohlwollend war. Nur gelegentlich mischte sich ein klein wenig Trauer darunter.

Im dritten Monat hatte ich mich durch die dickste Hautschicht der Trauer hindurchgearbeitet. Es gab nicht mehr so viele Nächte, in denen ich aufwachte und Coleman am Fuß meines Bettes stehen sah, fein herausgeputzt in seiner Militäruniform und lächelnd. In diesen Nächten streckte er den Arm im Dunkeln nach mir aus und ergriff meine Hand dabei so fest, dass ich, wenn ich mich im Bett aufsetzte und Licht machte, immer noch den Abdruck seiner Finger in der Mitte meiner Handfläche spüren konnte. Gegen Ende des dritten Monats passierten derlei Dinge nicht mehr so oft. Ich konnte wieder sehen, und ich konnte lächeln.

Um diese Zeit herum fing Dr. Broadhurst an, uns zu Hause zu besuchen. Mama und ich empfingen sie stets höflich und boten ihr duftenden Ingwertee und einen Happen zu essen an. Wir redeten über Neuigkeiten in Sachen Kultur und Politik oder über diesen oder jenen Tratsch, bis es für sie wieder Zeit zum Gehen war. Ich dachte eigentlich, sie würde das schnell wieder aufgeben, aber Woche für Woche kam sie wieder, bis ich schließlich zustimmte, wieder im Pathologie-Labor zu arbeiten.

Darüber, dass ich ein Jahr lang meine Studien vernachlässigt hatte, verlor niemand auch nur ein Wort. Aus Rücksicht auf meine Trauer, wie sie sagten. Ich wusste das sehr zu schätzen, wenngleich es den Anschein hatte, als steckte viel mehr dahinter als nur das. Jedenfalls ließ mich jeder von ihnen auf seine eigene Art wissen, dass sie dachten, es sei an der Zeit, so langsam ein paar Entscheidungen zu treffen. Nach den vielen Monaten des

Alleinseins dachte ich das auch. Also fing ich wieder an zu arbeiten. Ein paar Monate später kam es mir zu Bewusstsein (als ich allein bei der Arbeit saß und mir bei kaltem Kaffee ein paar Notizen machte), dass ich sehr einsam war. Ich versuchte ein paar alte Kontakte wieder aufleben zu lassen, aber die Leute waren verschwunden. Jean hatte sich dem Buddhismus, der Dichtung Carl Sandburgs und dem tiefen Süden verschrieben, wo er, wie er es bezeichnete, »um eine Fusion rang, analog zur Durchmischung der Rassen«. Na dann.

Claude veröffentlichte einen Gedichtband mit dem Titel *Harlem Shadows*, der begeisterte Kritiken erhielt und mit dem er aus dem Stand der Liebling der literarischen Welt wurde. Kaum war das geschehen, ekelten ihn Harlem und dessen Elite, dazu die Weißen, die diese unterstützten, sowie letzten Endes die Vereinigten Staaten als Ganzes derart an, dass er Hals über Kopf nach Russland verschwand. Paul und Adelaide gingen auch weg, beide auf bestem Weg, drüben in Europa Riesenerfolge zu feiern. Essie blieb vor Ort, doch als frischgebackene Misses Robeson war sie voll ausgelastet mit Aktivitäten und Aufgaben, denen ihrer Meinung nach die Gattin von Paul Robeson nachzugehen hatte. Erfolgreich und charismatisch, wie sie waren, hatte der Ruhm fast all meine Freunde in alle Himmelsrichtungen verstreut. Ganz offenbar war es auf einmal in Mode gekommen, das Gewicht der Rasse zu tragen.

»Das ist eine sehr anspruchsvolle Tätigkeit, wissen Sie«, sagte Langston eines trägen Nachmittags in der besten seiner Alain-Locke-Imitationen. »Die Bedeutung und den Wert der Negritude innerhalb der Grenzen der westlichen Gesellschaften aufzuzeigen, ist schon eine Sache, die einen Kasper wie mich auf Trab halten kann.«

Ich lachte und sagte: »Also, ich bin froh, dass du immer noch da bist.«

Wir standen am Rand des Turtle Ponds im Central Park und schauten hinauf zu dem Steinschlösschen, das auf der Klippe thront.

»Ich werde immer für dich da sein, May. Egal, was passiert.« Wir schlenderten vom Teich weg und gingen ostwärts Richtung Fifth Avenue. Der Wind roch frisch und feucht, wie nach Schnee. Mittlerweile war es längst Februar. Wir hatten uns beide dick mit Wollmänteln und Schals eingepackt, und der starke, böige Manhattan-Wind trieb uns vorwärts. Schnee wäre wirklich ein Segen gewesen. Es fühlte sich nie derart kalt an, wenn der Himmel einfach losließ und ein wenig Schnee zur Erde schickte.

»Wann machst du mit deiner Ausbildung weiter?«, fragte er.

»Im September, glaube ich. Und wie geht's dir? Sieht es jetzt ein wenig besser aus an der Columbia?«

»Nicht wirklich.« Langston zuckte die Achseln. »Ich glaube nicht, dass ich noch lange dort bleiben werde. Das macht mir aber nicht sonderlich was aus. Ich bin dort sowieso nur wegen meinem Alten. Wenn ich aufhöre, wird er sich mordsmäßig aufregen. So wie es aussieht, bleibt ihm das Herz stehen, wenn ich wirklich ein Schriftsteller werde.«

»Dein Leben kannst nur du selbst für dich leben«, sagte ich.

Langston hielt mitten auf dem Weg an und fasste mich vorsichtig an den Schultern. Jetzt, da wir standen, fing es endlich an zu schneien.

»Denk immer an das, was du da eben gesagt hast.«

Meine Augen brannten, doch ich merkte, dass ich nicht mehr weinen konnte. In meinem Körper spürte ich den Schock der Erkenntnis, als er mich sanft küsste und sagte: »Auch wenn du immer noch keine Antworten hast, brauchst du jetzt doch eine gewisse Entschlossenheit. Das weißt du.«

Die aufgestauten Tränen sorgten dafür, dass meine Nase zu laufen anfing. Als Langston mich schniefen hörte, griff er in seine

Manteltasche und bot mir sein Taschentuch an. Ich putzte mir die Nase und gab es ihm zurück, doch er sagte: »Behalte es. So gut muss ich dich auch wieder nicht kennen.«

Den ganzen Weg aus dem Park hinaus gingen wir Hand in Hand, lachten und sahen zu, wie die Äste der Bäume schwerer wurden im treibenden Schnee. Überall Eis. Am Boden, in den nackten Einkerbungen der Bäume und zitternd in Langstons dünnem Schnurrbart. Wir rutschten über die Pflastersteine und taten so, als seien unsere Phantasien Schlittschuhe – als sei die Welt tatsächlich dieses formlose Ding ohne Anfang und Ende, das sich wirbelnd fortbewegte und sich unverhüllt und offen unseren Augen in so vielen funkelnden Arten von Weiß präsentierte. Ich brach einen Eiszapfen vom Astwerk einer Stechpalme, steckte ihn in den Mund und lutschte daran. Er schmeckte herrlich.

Als der Herbst kam, hatte ich am Bellevue angefangen und Langston an der Columbia aufgehört. Er ging jetzt arbeiten, anfangs als Zusteller und dann als Erntehelfer auf einer Gemüsefarm in Staten Island. Countee fand das romantisch und sagte, er hätte große Lust, die Schule hinzuschmeißen und das Gleiche wie Langston zu machen – sein Leben selbst in die Hand zu nehmen wie ein richtiger Mann. Denn Männer waren sie doch mittlerweile, oder? Das klang gut, aber wir wussten alle, dass Countee sein letztes Highschool-Jahr machen und dann an die NYU gehen würde, genau wie sein Vater es wünschte. Einen vorbildlicheren, liebenderen Sohn als ihn gab es einfach nicht.

Das Bellevue war nicht so, wie ich befürchtet oder erwartet hatte. Niemand zischte mir fiese Dinge zu oder spuckte mich an oder machte obszöne Anspielungen. Keiner der Lehrer versuchte, mich aus einem Kurs zu ekeln. Andererseits wusste aber auch niemand so recht, was sie mit mir anfangen sollten. Ich wurde die unsichtbare Frau auf dem Campus. Wohin ich auch ging, ignorierte man mich, es sei denn, meine Anwesenheit war absolut unabdinglich.

Als zum Beispiel eine Gruppe zugewanderter Neger-Arbeiter in die TB-Station gebracht wurden, rief man mich, um sie zu untersuchen, weil man glaubte, ich sei am besten geeignet, ihre »Charakteristika« zu klassifizieren. Für einen nach dem anderen musste ich die Hautfarbe (elfenbeinfarben, getönt, hellbraun, mittelbraun, dunkel, schwarz) und Haarstruktur (glatt, wellig, lockig, gekräuselt, wollig) aufschreiben und dann, auf der Rückseite des Krankenblatts, ihre Symptome.

Im Operationssaal saß ich stets in der siebten Reihe, ganz oben, umgeben von fast dreihundert Kommilitonen – größtenteils weiß und männlich, in dunkelbraunen oder schwarzen Anzügen mit Fliege. Von dieser Einheitskluft hoben sich insgesamt nur neun Leute ab (fünf weiße Frauen, drei schwarze Männer und ich). Jeder, der anders war, musste mit dem jeweiligen Unterschied auf seine eigene Art fertig werden. Wir mussten sehen, wie wir damit klarkamen. Ich beschränkte mich darauf, die unsichtbare Frau zu sein, und stellte öffentlich nichts, was man mir sagte, in Frage.

Wenn die Ärzte uns erklärten, dass die TB-Ansteckungs- und Sterberate der Neger in den Slums von New York höher war, ganz einfach, weil sie von Natur aus anfälliger waren, hob ich nie die Hand. Ich schaute nicht beiseite, wenn wir die Leichen von Schwarzen obduzierten und der Professor den anatomischen Beweis führte, dass die Negermuskulatur nicht geeignet sei für Leistungssport und feinere Bewegungen. Der Negerkörper war geschaffen und daran gewöhnt, schwere Arbeit zu verrichten, und das war auch der Grund dafür, dass Neger stets zu mörderisch harten, niedrigen Dienstleistungen tendierten. Und selbst wenn Neger bekanntermaßen unmoralisch und von Natur aus viel anfälliger für Geschlechtskrankheiten waren als die Weißen, waren sie doch nicht imstande, sich eine Syphilis des Gehirns einzufangen. Das Negergehirn wurde nicht mit genug Blut versorgt, als dass es daran erkranken konnte.

»Dies«, sagte unser Dozent, »ist einer der Wege, den Gott in seiner weisen Vorsehung geschaffen hat, um diese benachteiligte Rasse zu schützen.«

Die Kehrseite dieses »Schutzes« war dann allerdings, dass das Negergehirn auch nicht geeignet war für jegliches Denken auf einem höheren, abstrakteren Niveau.

So begann meine Zeit am Bellevue. Die nächsten vier Jahre besuchte ich von neun Uhr früh bis vier Uhr nachmittags den Unterricht. Von fünf bis elf Uhr nachts arbeitete ich dann in diversen, über die Stadt verteilten Laboren als Pathologin. In den vier Jahren nach diesem Zeitplan fehlte ich nicht einen einzigen Tag. Ich lernte morgens vor dem Unterricht und abends, bis ich einschlief, manchmal, wenn ich am Küchentisch saß, und auch am Wochenende.

Langston und Countee und manchmal auch Paul versuchten mich an den Wochenenden rauszulocken. Wenn ich die Augen offen halten konnte, ging ich mit. Überall in Harlem war einfach viel zu viel los, als dass ich da hätte fehlen wollen.

Das *Savoy*, das *Nest*, das *Small's* – überall schauten wir vorbei. Eines Samstagabends war ich mit einer Gruppe ostwärts Richtung Fifth Avenue unterwegs zu einem Laden namens *Edmond's*. Bud führte mich, Langston, Countee, Paul und irgendeine Frau, mit der keiner von uns ein Wort wechselte (eine, wie Paul sagte, Freundin der Familie), über die 130ste Straße. Wir gingen eine kleine Stiege aus Sandstein hinunter und quetschten uns durch einen schmalen, hautabschürfenden Eingang, hinter dem sich ein heruntergekommener Lagerraum erstreckte. Zweisitzige Tische standen dicht aneinander die Wand entlang, oder besser gesagt übereinander. Eine dichte Wolke aus blaugrauem Rauch hing in der Luft wie Küstennebel. Da Paul bei uns war, sprang eine Gruppe Männer vom Tisch auf und überließ uns ihre Stühle. Paul klopfte jedem von ihnen auf die Schulter und bestellte ihnen eine 50-Cent-Flasche Gin, die sie in einer entfernten Ecke glücklich im Stehen wegpichelten. Eine weitere Flasche bestellte er für uns. Da ich nie Alkohol trank, bestellte ich Wasser und verbrachte die Zeit damit, zu versuchen, Gesprächsfetzen im Raum zu erhaschen, und mit dem Daumen X-Muster auf die dreckige Tischoberfläche zu zeichnen.

»Dachte ich mir doch, dass ich euch Affengesichter hier treffe.«

»He Leute«, brüllte Paul. »Ich möchte euch alle hier mit meinem alten Kumpel Fauntleroy Julian bekanntmachen.«

Paul umkreiste den Tisch, während er uns vorstellte, aber keiner von uns sagte auch nur ein Wort. Wir saßen da, reglos wie die Vogelscheuchen, und starrten ihn an, den wahrhaftigen, den einzigen Black Eagle. Von den wenigen Neger-Piloten, die es in diesem Land gab, war der Eagle, wie jedes Kind wusste, der waghalsigste und berüchtigtste. Als Paul auf mich deutete, nahm Fauntleroy meine Hand in die seine, beugte sich vor und drückte einen Kuss auf meine Handfläche. Er ließ seine Lippen eine Sekunde länger dort als nötig, sodass sein Schnurrbart den Ansatz meiner Finger kitzelte. Dann, ohne den Kopf zu heben, blickte er auf und blinzelte mir zu. Gebogene Wimpern, kupferfarbene Haut und eine spitze, kindliche Nase. Grübchen und ein geschwungener Mund fast wie bei einer Frau. Und dann dieses Lächeln.

Ich zog rasch meine Hand zurück und schaute zur Bühne. Er lachte, doch ich tat so, als hörte ich ihn nicht. Er lachte immer noch, als eine großgewachsene, stolze junge Frau mit tiefbrauner Haut und gelangweiltem Gesichtsausdruck auf die Bühne schlurfte und stehen blieb. Die Menge, die den ganzen Abend lang nicht einen einzigen Moment lang ruhig gewesen war, verstummte schlagartig.

»Wer ist das?«, fragte ich.

»Ethel Waters«, sagte Langston. »Das ist mal eine, die aus dem richtigen Holz geschnitzt ist.«

»Ja«, pflichtete Conutee bei. »Ihre Stimme ist ganz anders als all die anderen. Die haben irgendwie alle diesen kratzigen, knurrigen Klang. Wie könnte man das bezeichnen?«

»Chronische Laryngitis«, sagte Bud. »Das kommt daher, dass sie immer in erbärmlich lauten Schuppen wie diesem hier auftreten müssen.«

Ethel öffnete den Mund und ein Gesang strömte heraus, dass selbst Bud sein Glas absetzte und die Hand auf seine Lippen legte.

Mmmm, did you ever love, when they didn't love you?
You know there wasn't satisfaction,
didn't care what in the world you do …

Sie schaute in die Ferne, über unsere Köpfe hinweg, als ginge dies alles hier sie gar nichts an. Als wäre ihr eigentliches Ich längst fort, irgendwo meilenweit entfernt. Ethel sang noch drei weitere Songs auf diese Art und verließ dann die kleine Bühne genauso verdrossen, wie sie sie betreten hatte. Wir saßen den ganzen Abend und warteten darauf, dass sie noch einmal auftrat, aber sie ließ sich nicht mehr blicken.

Draußen sagten wir an der Ecke Gut Nacht zueinander und packten uns dick ein zum Schutz vor dem Wind.

»Einen Augenblick, mein Fräulein.« Fauntleroy kam an meine Seite. »Unter keinen Umständen lasse ich Sie nachts um diese Zeit den ganzen Weg allein nach Hause gehen.«

Er lächelte und bot mir den Arm an, lächelte dann jedoch noch mehr, als ich ihn nicht nahm. Ich kann nicht lügen. Der Mann machte mich nervös. Ich merkte, dass ich beim Gehen meine Hand um meinen Kiefer legte, um meine Narben zu bedecken.

»Sie sind also Ärztin.«

»Ich studiere Medizin, ja.«

»Ich finde das ganz unglaublich. Wirklich. Eine großartige Leistung.« Er grinste mich an. »Ich würde gern irgendwann mit Ihnen ausgehen, damit Sie mir mehr darüber erzählen können.« Colemans Gesicht tauchte vor mir auf. Ich war seit fast einein- halb Jahren mit keinem Mann mehr ausgegangen. Mit nieman- dem, seit dem Unfall.

»Ich glaube, das geht nicht.«

»Wie bitte?«

»Ich habe gesagt, das ist wohl keine besonders gute Idee.« Fauntleroy dachte eine Minute lang darüber nach, zwei seiner Finger gegen die Unterlippe gepresst.

»Verstehe. Und was muss ich tun, damit Sie Ihre Meinung ändern?«

»Oh, also, ich glaube nicht –«

»Sagen Sie, fliegen Sie eigentlich gerne?«

»Fliegen?«

»Klar. Sie wissen schon, mit dem Flugzeug.«

»Ich habe noch nie in einem Flugzeug gesessen.«

»Perfekt. Nächsten Samstag werden Sie und ich abheben.«

»Also, Moment mal –«

»Jetzt kommen Sie schon, May. Sie wissen, dass es Ihnen Spaß machen wird. Im offenen Cockpit herumschweben. Hoch über allem anderen, was es da gibt in der Welt. Schneller, als Sie sich je im Leben fortbewegt haben und wahrscheinlich auch nie mehr werden. Es sei denn, Sie lernen mich auf eine ganz andere Art und Weise näher kennen. Doch darüber wollen wir jetzt noch nicht reden.«

In meinem Brustkorb begann sich etwas zu drehen. Das warme Gefühl dehnte sich aus und floss in meine Arme, bis ganz hinun- ter in die Fingerspitzen. Verwirrt und ganz plötzlich außer Atem spähte ich aus dem Augenwinkel nach ihm. Seine Schönheit war voll, wie der Mond voll ist. Ich konnte genau sehen, wo sie ihn in Schwierigkeiten gebracht hatte. Ich konnte erkennen, warum überall, wo er hinging, die Frauen wie hypnotisiert waren und jeder seiner Bewegungen folgten. Was ich nicht verstand, war, warum er wollte, dass ich auch eine von ihnen werde. Insbesondere, da ich das ja nie sein konnte.

Aber fliegen. Derartig frei zu sein, auch nur für eine Minute, unberührbar, unaufhaltsam, schwerelos. Nach unten sehen zu können und die Welt nicht als Labyrinth von Straßen und Seitenwegen wahrzunehmen, sondern als Ganzes, als Anfang, Mitte und Ende, vor einem ausgebreitet, genau wie Gott sie sieht. Das konnte ich wohl.

»Wenn ich mit Ihnen gehe«, sagte ich, »ist das aber kein Rendezvous. Aber wenn Sie bereit sind, mich in Ihrem Flugzeug mitzunehmen als Freundin, als x-beliebige Freundin, dann versuche ich das gerne.«

Fauntleroy legte seinen Arm um mich.

»Was immer Sie wollen, werde ich tun.«

Am nächsten Samstagmorgen ließ ich meine Hausaufgaben Hausaufgaben sein und wartete unten am Treppenabsatz, bis Fauntleroy in einem blitzenden, nagelneuen schwarzen Nash an den Bordstein heranfuhr. Wir fuhren rüber nach New Jersey, trotz der Kälte mit weit heruntergekurbelten Fenstern, und er sang aus voller Kehle. Fauntleroy hatte keine besonders gute Stimme, aber die Freude, die er beim Singen hatte, war einfach ansteckend. Recht bald lachten und sangen wir beide, mit roten Nasen, während wir über die Brücke und Richtung Südwest nach Teterboro fuhren.

Er betrat den Flugplatz wie ein Star, und jeder, von den Lotsen über die Mechaniker bis hin zu den anderen Piloten, behandelte ihn dementsprechend. Diese weißen Männer tippten tatsächlich mit den Fingern an die Mütze und sagten: » ’N Morgen, Mister Julian«, als wir vorbeigingen. Sein Stolz wurde zu einem anwachsenden, sich ausdehnenden Etwas, das um sich griff wie üppige Ranken – durch meine Augen konnte er sich noch einmal ganz neu sehen. Sein Kopf schnellte nach oben und seine Schritte griffen noch weiter aus.

Nachdem er mir eine dicke Lederkappe und eine Fliegerbrille aufgesetzt hatte, nahm Fauntleroy meine Hand und führte mich hinaus auf das Rollfeld. Doch je näher wir dem Flugzeug kamen, desto schneller schlug mein Herz. Als wir etwa zwanzig Meter entfernt waren, blieb ich stehen.

»Roy, ich bin mir nicht sicher, ob ich das wirklich noch machen will.«

»Es gibt nichts, worüber du dir Sorgen machen musst, Lil’ Bit. Kein Grund, derart das Gesicht zu verziehen.«

»Nein, ich meine es ernst. Irgendwie fühlt sich das nicht richtig an.«

»Ich weiß, du fürchtest dich, aber beim Fliegen ist es wie bei allem anderen. Du spürst die Angst und machst es trotzdem.«

Ich dachte darüber nach. Roy konnte sehen, dass er einen wunden Punkt getroffen hatte, also setzte er nach.

»Schau mal, es ist für dich an der Zeit, dass du etwas Neues ausprobierst. Du musst jemand werden, der du noch nie zuvor gewesen bist, um Dinge tun zu können, die du noch nie zuvor getan hast.«

Das ergab Sinn. Ich ging den restlichen Weg zum Flugzeug, ohne Roys Hand zu halten, sogar ein wenig vor ihm, um genau zu sein, und kletterte hinein.

Roy legte mir den Gurt an und sprang dann auf den Vordersitz. Ich schloss die Augen und atmete tief durch, bis ich den Motor surren hörte. Als ich aufblickte, drehten sich die Propeller mit voller Kraft, wobei die Blätter sich so schnell bewegten, dass sie massiv aussahen, wie silberne Teller. Wir rollten langsam die Piste entlang, holpernd und wackelnd wegen all der Löcher und Wellen in der Fahrbahn. Ich klammerte mich im Inneren des Cockpits fest, sodass meine Finger ganz rot und dann weiß wurden.

mach es trotzdem

Nach und nach wurden wir schneller. Ich sah die Bäume ineinander verschwimmen, sah das Gras, den Schotter, das Rollfeld weich und flüssig werden, während das Flugzeug in Fahrt kam. Dann spürte ich es. Die Nase richtete sich nach oben und die Räder hoben vom Boden ab und mein Herz rutschte hoch in meine Kehle. Ich spürte, wie es in meinen Schläfen pochte, in meinen Fingerspitzen, bis hinunter in die Leistengegend. Ich wollte nach Hause. Ich wollte weinen. Aber ich wollte auch die Augen öffnen und sehen.

Innerhalb von zwei Sekunden waren wir höher als die Bäume. Wir stiegen stetig nach oben, und die ganze Welt sah grau und blau und braun und weiß vor Frost aus. Keine Ränder, keine Begrenzungen. Keine Trennung der Dinge, die ich immer als naturgemäß und bedingungslos verschieden angesehen hatte. Auf einmal erkannte ich, als stünde ein Bild vor meinem geistigen Auge, die Macht der menschlichen Gedanken. Zu Form erstarrte Gedanken errichteten Mauern dort, wo Gott keine hingestellt hatte. Verschwindet der Gedanke, verschwindet auch die Mauer.

Mein Herz begann erneut zu schlagen. Mein Herz begann zu brechen, jedoch aufgrund ganz neuer Umstände.

Wir stiegen höher und höher in Richtung Osten. Ich sah Straßen, die sich unter mir schlängelten, braunes und verödetes Marschland und dann einen verschwommenen Streifen Blau. Wir flogen durch ein Kissen tief hängender Wolken, und wie ein Kind, das Schneeflocken isst, öffnete ich den Mund, um sie zu schmecken. Wir gingen ein bisschen tiefer und machten eine derart scharfe Linkskurve, dass ich dachte, das Flugzeug überschlägt sich. Ich schrie auf, und Fauntleroy blickte grinsend über die Schulter zu mir. Ich wusste nicht recht, ob er mich wirklich schreien gehört hatte oder ob er nur annahm, das hätte ich getan, jedenfalls schien er sehr mit sich zufrieden.

Direkt unter uns lag die Südspitze von Manhattan. Ich erkannte die vormals blutigen Felder, Höhlen und Alleen von Five Points. Die Gegend war längst »saniert« und zu einem stinknormalen Slum geworden. Nichts Besonderes. Die Spitzen von den Lanzen abgenommen und die Geister ins düstere Exil gejagt. Weiter die dem Meer zugewandte Seite der Insel hinauf überflogen wir die Bowery und dann die geduckt daliegenden Mietshausreihen der Lower East Side. Einen Moment lang dachte ich, ich hätte das Haus erkannt, in dem ich als Baby gewohnt hatte, doch wir flogen zu schnell, als dass ich es hätte mit Sicherheit sagen können.

Wir stiegen wieder höher und bewegten uns weiter in die weiße Kappe des Himmels hinein. Je höher wir flogen, desto dünner, milchiger wurde sie. Wie frisch die Luft hier oben schmeckte. Ich spürte auf meiner Zunge das Salz dieser Luft, die von draußen vom Meer hereinkam. Sie brachte jeden Teil meines Körpers zum Gefrieren, der nicht bedeckt war, peitschte mir Wangen und Kinn, bis die Hälfte meines Gesichts komplett taub war. Aber das bemerkte ich fast gar nicht. Es gab einfach viel zu viel zu sehen.

In Harlem kannte man Roys rotgestreiftes Flugzeug. Irgendwann rief er mir so etwas zu wie:»Festhalten!«, und tauchte dann ab zwischen die Häuser an der 138sten Straße. Er flog so tief, dass ich in die Fenster im vierten Stock sehen konnte. Ich schrie und lachte und streckte den Kopf zur Seite hinaus, um zu sehen, wie die Leute unter mir ihre Mützen zum Gruß schwangen. In all dem lag soviel Freiheit, dass es sich anfühlte, als seien die Flugkurve und die Geschwindigkeit des Flugzeugs mein Eigentum. Als sei es okay, diese Freiheit zu lieben und sie zu brauchen, jetzt, da ich sie haben konnte und nichts mich mehr aufhalten würde.

Als wir wieder in Teterboro landeten, war ich größer geworden als mein Körper, zu groß selbst für Worte oder auch nur Gedanken. Als Roys Flugzeug schließlich ausrollte und zum Stehen kam, hatte ich es mir an einem Ort bequem gemacht, an dem Gedanken schlicht und einfach nicht vorhanden waren. Das war ein Ort oder Zustand, wo auf einmal alles möglich war.

Roy brachte mich schweigend nach Hause. Da wusste ich, dass er mich wirklich gern hatte, denn er hielt den Mund und zollte der Öffnung Respekt, die zu schaffen er mitgeholfen hatte. Und ich wusste, dass ich ihn auch mochte, denn ein Mann, der frei genug war, an dem Ort des Loslassens zu wohnen, diesen Ort sein Zuhause zu nennen, und dann noch jemand anderen dorthin einzuladen, musste einfach von Gott berührt worden sein. Ganz egal, wie oft am Tag er sich auch im Spiegel anschaute.

Vermutlich deshalb war er dann aber auch geschockt, dass ich, als wir vor meinem Haus anhielten und er fragte, ob wir uns wiedersehen, Nein sagte.

Ich küsste sein Gesicht und diese fantastischen Lippen, weil ich nicht wusste, wie sonst ich ausdrücken konnte, was ich im Herzen fühlte.»Lass mich das hier als genau das im Gedächtnis behalten, was es ist«, sagte ich zu ihm. Und ich stieg aus dem Wagen und ging die Treppe hinauf.

Roy ließ mich gehen, gab aber längst nicht auf. Ich glaube, er liebte es einfach, sich mit einer Frau anzulegen, die Nein sagte. Vielleicht war es auch einfach so, dass er das noch nie zu hören gekriegt hatte. So oder so, jedenfalls machte es ihn glücklich.

Gleich am nächsten Wochenende, als ich am Küchentisch über meinen Büchern saß, hörte ich direkt über uns ein Flugzeug. Mama und ich rannten zum Küchenfenster. Jeder einzelne Kopf in unserem Block war zum Fenster herausgestreckt und sah, wie dieses Flugzeug da oben Kapriolen machte. Das rotgestreifte Flugzeug stieg so steil hinauf, dass es fast aussah, als stünde es kerzengerade in der Luft. Drüben über dem Fluss senkte es sich wieder in eine normale Position und machte kehrt. Kleiner als ein Kinderspielzeug flog es im Kreis zurück. Direkt vor unserem Haus, vom Rücksitz aus, sprang Roy heraus ins Freie.

Die Leute auf der Straße schrien, als sie sahen, wie sein Körper sich überschlug und dann geradewegs zur Erde stürzte. Im letzten Augenblick schoss ein Fallschirm nach oben und baumelte dann um ihn herum. Roy schwebte langsam zu Boden, die Arme weit ausgestreckt.

Auf dem Fallschirm war in riesigen Buchstaben zu lesen:

May, gehst du bitte mit mir aus? – Roy.

In strahlend rotem Anzug und Helm, den Fallschirm um sich herum und über die Schultern gegossen wie der Mantel eines Zauberers, landete er sanft in Mister Williams' Ziegenfarm. Dann verbeugte er sich mit protziger Geste in Richtung unseres Küchenfensters, durchschnitt die Schnüre seines Fallschirms und stolzierte davon, während er sich den Staub von Schultern und Knien klopfte.

Noch monatelang redeten die Leute darüber. Wo ich auch hinging, warfen die Frauen mir neidische, amüsierte oder auch nur verlegene Blicke zu. Und die Männer starrten und trauten sich nicht, auch nur ein Wort zu sagen.

Ich war eine Berühmtheit in Harlem, herzlichen Dank auch.

Trotzdem – auch als Roy das nächste Mal zu Besuch kam, musste ich ihm Nein sagen. Dass er das Wort Nein noch einmal (und noch einmal) hörte, irritierte ihn sehr. Er konnte nicht einsehen, dass er mir das, was ich wollte, längst gegeben hatte. Und

deshalb hatte auch er schon mehr bekommen, als er wirklich be-
gehrte oder auch nur zu erlangen hoffte. Mit ihm zusammenzu-
sein, dabeizustehen, wenn er all seine Frauen liebte und all seine
Frauen ihn, konnte das Geschenk, das er mir gemacht hatte, nur
verkleinern. Das wollte ich nicht zulassen. Also erging es Roy so
wie allen anderen, aber schließlich konnte er mir vergeben und
nur mein Freund sein.

Kapitel 16

Ich hau ab, Kleine.«
»Ich kann es immer noch nicht glauben, dass du gehst. Du bist so mutig.«

»Falsch. Nur dumm. Und stur. Und auch müde, glaube ich.« Im Juni heuerte Langston als Matrose an und setzte Segel auf der *West Hesseltine*, einem Handelsdampfschiff, das quer über den Atlantik zur Westküste Afrikas unterwegs war.

Um seine Abreise zu feiern, gingen wir zu Duke ins *Savoy* – wie immer sah er tiptop aus, mit weißem Anzug, glänzendem Haar und messerscharf getrimmtem Schnurrbart. Duke spielte einen harmlosen kleinen Rag namens »Rainy Night« und steigerte ihn bis zum Anschlag, indem er die Leerstellen in der Melodie mit einem übermütigen Charleston-Beat ausfüllte. Es war ziemlich offensichtlich, dass der Leader dieser fünfköpfigen Combo, ein älterer Kerl namens Elmer Snowden, mit seinem Pianisten kaum mithalten konnte. Jeder blickte wie gebannt auf Duke Ellington.

Ich bestellte an dem Abend auch etwas zu trinken, einen Gin mit Wasser, weil ich befürchtete, es würde meine Kräfte übersteigen, nüchtern zu sein, sollte Countee anfangen zu weinen. Er beugte sich vornüber, sodass sein Bauch sich wie ein fester Wasserball unter seinem Jackett hervorwölbte, und schlürfte an seiner Brause. Langston lächelte noch frecher als sonst und zog mich am Ohr.

»Sag mal, Mädchen, du gehst heut aber echt zur Sache!«
»Unsinn. Dies Kleid hier ist älter als Staub auf dem Berggipfel. Trotzdem danke.«

Countee war der, der neue Klamotten anhatte, nicht ich. Aber ihn darauf hinzuweisen, wäre ganz schön unhöflich gewesen. Stattdessen fragte ich Langston:»Wirst du uns schreiben?«

»Wann immer ich auch kann. Aber nur, wenn du versprichst, dass du deine Bücher lang genug beiseite legst, um mir zu antworten.«

Das versprach ich ihm, und als Duke sein Set beendet hatte, trank Langston sein Glas leer, stand auf und küsste mich auf die Wange. Dann drehte er sich mit einem verlegenen Lächeln zu Countee und zog ihn am Arm hoch, um ihn zu drücken.

»Also dann.« Er seufzte.

Und das war's dann auch. Wir gingen hinaus an die Nachtluft, die so warm war wie tagsüber und genauso wohlriechend. Langston ging in die eine Richtung, ohne sich nochmals zu uns umzudrehen, Countee und ich in die andere.

Soviel Liebe strömte aus diesem schwarzäugigen Jungen, aus seinen hängenden Schultern und seinen leeren Händen. Unglücklich Verliebte zu sehen, machte mich auch unglücklich. Ich fühlte mich in Coleman und in Peter und in meine Mutter in jungen Jahren versetzt. Glück in der Liebe ist oft kurzlebig, aber eine unglückliche Liebe, besonders bei einem schwarzäugigen Jungen, scheint irgendwie endlos.

»Er wird bald wieder da sein«, tröstete ich ihn.

»Ich glaube, das ist mir vollkommen egal«, murmelte Countee. Und dann weinte er doch.

15. April 1924

Lieber Langston,
nun ist also ein weiteres Studienjahr so gut wie vorbei. Zwei habe ich noch vor mir. Jeden Tag bitte ich Gott um die Kraft, das durchzuhalten. Manchmal ist es schwer, auf-

zublicken und festzustellen, dass schon wieder ein Jahr vergangen ist. Du fehlst mir. Mir fehlen die Farben in deinem Leben. Farbe hilft mir beim Durchhalten. Wann kommst du wieder?
In steter Liebe,

May

20. Mai 1924

Liebe May,
ich werde früher da sein als Du denkst. Wann, ist aber noch nicht sicher. Vor einer Minute bin ich erst vom Schiff gehopst, und hier bin ich jetzt, in ›gay Par-ee‹! (Und zur Information, Du erreichst mich im Le Grand Duc am Montmartre. Ich arbeite hier in der Küche. Volle Adresse auf dem Umschlag. Was immer Du tust, schreib mir nicht mehr, ich wiederhole und unterstreiche, <u>nicht mehr</u> aufs Schiff.) Vor kurzem hab ich in Genua meinen Reisepass verloren. Das nennt man wohl ›gestrandet am Arsch der Welt‹. War ein ganz schön hartes Pflaster. Aber ich hab ein sauberes Gedicht draus gemacht. Josephine schickt übrigens Grüße, auch an Paul. Wie geht's Countee? Er hat mir nicht mehr geschrieben. Ist er sauer? Du fehlst mir auch, Lil' Bit. Kopf hoch. Du schaffst es bis zum Gipfel. Versprochen. Geht gar nicht anders. Aber Du musst daran glauben. Verstehst Du? Ich liebe Dich. In Kürze Weiteres.
Aufrichtig, dieser Schokobengel namens …

Langston

12. November 1924

Lieber Langston,

du lieber Himmel! Das letzte Gedicht, das Du mir geschickt hast, hat mir echt Schauer den Rücken runtergejagt. Die Worte sprudeln ja nur so aus Dir heraus. Deine Gedichte bringen mich dazu, dass ich wieder Klavier spielen will. Wie kriegst Du das bloß hin? Wie kommst Du dazu, in so kurzer Zeit so viel vom Leben und der Liebe und den ganzen Zusammenhängen und der Natur des Menschen zu wissen? Es gibt so viel, was ich von Dir lernen könnte. Manchmal denke ich, ich tapse hier nur blind herum. Auf der Suche zwar, aber weit und immer weiter weg vom Ziel. Am Bellevue läuft es eigentlich ziemlich gut, zumindest was die Noten angeht. Ansonsten fühle ich mich dort immer noch wie ein Geist. Die anderen machen Witze über Aubrey Maynard (außer mir der einzige Neger, der noch übrig ist). Sie nennen ihn den ›Goldstaub-Zwilling‹. Aber wenigstens nehmen sie ihn wahr. Ksch! Ich wollte nicht jammern. Kommt nicht mehr vor. Versprochen! Bald weiteres. In Liebe, wie immer …

May

Ein dünner, blau-rot-gestreifter Luftpostbrief kam kurz nach Weihnachten an. Außen am unteren Rand stand *bin unterwegs … bis ganz bald …* Innen entdeckte ich ein abgerissenes Stück einer braunen Papiertüte, gefaltet zum Quadrat. Kein Gruß beigefügt. Nur die Wahrheit.

Wir als Individuen, wir als Volk, müssen lernen, wie wir uns zu betrachten haben. Müssen lernen, uns zu betrachten und zu akzeptieren, wie Gott betrachtet und akzeptiert.

*Müssen lernen, den Genius zu nähren und die entlegenen
Wahrheiten. Müssen lernen zu verstehen, zu vergeben. Voll
und ganz zu werden, wer wir sind (voll von Aufmerksamkeit und ganz und gar dankbar). Das müssen wir. Weil die
Welt nicht leben kann ohne uns.*

JLH

P.S.: Schluss mit der Sucherei! Wisse, dass das, was Du
suchst, das ist, womit Du suchst.

Nach Abschluss der Examen wurden unsere Noten bekanntgege-
ben. Ich war Drittbeste von 303 Studenten. Soviel zur begrenzten
Kapazität des Negerschädels. Mama war so stolz auf mich, dass
sie mir ein großes, silbernes Medaillon kaufte, auf dem vorne
meine Initialen eingraviert waren. Ich trug das braune Papier-
fetzchen flach zusammengepresst in dem Medaillon mit mir, um
den Hals. Hin und wieder berührte ich die eingravierten Spiralen
auf dem Silber unter meinen Kleidern. Ich beschloss, die Welt um
mich herum sich öffnen zu lassen. Es fühlte sich so an, als sei das
jetzt in Ordnung.

Mama und ich gingen an diesem Wochenende aus und feierten.

—

Alles voller Gold an einem Samstagnachmittag im April. Goldene Wolken, goldene junge Knospen an den Bäumen. Feuer auf
dem Fluss, während die Dampfschiffe von ihren Ankerplätzen
ablegten. Gelbbraune Männer und dunkelbraune Männer warfen
sich schwere Seile zu, so fest geknüpft wie ihre Muskeln, und kletterten die weißen, spitzen Segel der kleineren Boote hinauf. Taue
so dick wie meine Oberschenkel hielten die Boote an ihrem Platz.

Wenn die Strömung sie vom Pier wegzog, dehnten sich die Taue und machten knirschende, malmende Geräusche, wie brechende Bäume. Händler verkauften entlang des Piers Fische aus dem Long Island Sound, denn der Fluss lieferte längst nicht mehr so viel, wie die Leute essen wollten. Ich ging den Hudson hinauf und fühlte mich gereizt, als hätte ich tagelang weder geschlafen noch gegessen. Unruhig. Ich ging den befestigten Pfad vom Wasser weg, durch den Park und in Morningside die große, in Stein gehauene Treppe hinunter. Dann die Eighth Avenue hinauf bis zur 137sten Straße, während ich darauf wartete, dass etwas passierte.

Auf dem Treppenabsatz des Gästehauses in der westlichen 137sten Straße Nr. 267 saß Langston und las in der *Amsterdam News*.

»Hey, Kleine!«

»Selber hey, junger Mann.«

Er sprang die Treppen herunter, stürzte in meine Arme und küsste mich ein ums andere Mal.

»Wie lief's in Europa?«

»Zu viele Nordische viel zu nah aufeinander. Und wie läuft's in Harlem?«

»Zu viele Neger, die versuchen, viel zu nah an die Nordischen ranzukommen«, antwortete eine Frauenstimme.

Wir blickten auf zu einer jungen Frau, die in der geöffneten Tür lehnte. Sie hatte die Arme vor der Brust verschränkt. Ein zerknautschter schwarzer Filzhut, aus dem hinten eine lange, purpurne Feder herausragte, hing ihr weit ins Gesicht. Er verdeckte ihre Augen. Die Frau stakste die Treppe herunter in ihrem engen, grauen Rock, der ihr bei jedem Schritt die Schenkel hoch- und runterrutschte.

»Die meisten farbigen Kollegen, die ich kenne, rennen so weit und so schnell sie können in die entgegengesetzte Richtung«, sagte Langston. »Welche Neger meinst du denn?«

»Die Niggerati natürlich.«

»So nennt Zora uns neuerdings«, erklärte Langston. »Alle, die sich zum Kreis der Neger-Literaten zählen. May, das ist Zora Hurston. Zora, May.«

»Ich bin entzückt«, sagte sie und quetschte meine Hand. »Willkommen in der ›Villa Niggerati‹. Wir sind alle oben in Thurmans Zimmer und zerbrechen uns den Kopf, wie wir uns heute Abend danebenbenehmen können. Countee hat gerade angerufen und gesagt, er kann nicht kommen.«

»Oh nein! Was jetzt?«

»Oh nein, was soll's. Ein Schlaumeier mehr oder weniger. Also, was geht? Wenn ihr beide schön die Klappe aufreißt und genügend Müll ablasst, können wir loslegen und allseits die Denke anwerfen. Was sagt ihr?«

Aber Zora war sowieso schon halb die Treppe hochgegangen.

»Spielt das eine Rolle?«, fragte ich.

»Nein, es ist ganz gut, so was bei ihr gleich mitzukriegen. Dann fühlt man sich später nicht auf den Schlips getreten.«

Im Eckzimmer des zweiten Stocks saß unsere Gruppe in einem unförmigen Kreis. Die Leute klebten am Rand des Bettes und der Apfelkiste, also des Nachttischchens daneben, und pflanzten sich von dort fort über den splitterigen Boden. Eine Lampe, ein kleiner Tisch und ein Schreibpult aus Sperrholz waren die einzigen anderen Möbelstücke im Raum. Jede Ecke, jede ebene Oberfläche war fast bis zur Decke vollgepackt mit Büchern.

»Mach mal Platz, Thurman.« Langston schob einen schlaksigen braunen Kerl beiseite. »Das ist Wallace, May. Er ist hier der Gastgeber. Und außerdem der Herausgeber von *The Messenger*.«

»Oh! Herrlich. Das ist doch der, der deine ersten Geschichten gekauft hat. Schön, Sie kennenzulernen, Wallace. Sie waren sicher überglücklich, einen Schriftsteller wie Langston in die Finger zu kriegen.«

»Wollen Sie mich veräppeln?«, knurrte Wallace. »Was er schreibt, ist grauenhaft. Holzig und uninspiriert. Dumpf wie altes Brot. Das einzig Positive, was ich sagen kann, ist, dass sein Material ein bisschen besser war als der restliche Scheiß, den man mir zuschickt. Nur deshalb habe ich es genommen.«

»Meine Güte«, sagte Zora. »Her mit der Pulle.«

»Aber wenn es nach mir gegangen wäre …«

Langston zuckte die Achseln. »Keine Sorge, May. Das trifft mich nicht.«

»Yeah«, sagte Bud Fisher. »Wallace meint das nicht so. Er ist nur selbst so genial, dass er es fast nicht aushält. Er hasst alles, was er nicht selbst geschrieben hat.«

»Stimmt nicht«, sagte Wallace. »Mein Zeug hasse ich auch.«

»Er ist ein ausgezeichneter Schriftsteller«, warf Langston ein.

»Lüge! Proust ist ausgezeichnet. Melville und Tolstoi sind ausgezeichnet. Ich bin manchmal gerade noch erträglich.«

Langston lächelte liebenswürdig, als hätte Wallace nichts gesagt, und flüsterte mir ins Ohr: »In Wahrheit ist Wallace ein echtes Genie. Er hat alles gelesen. Er kann elf Zeilen auf einmal lesen. Er hat jedes einzelne Buch hier drin studiert und noch tonnenweise andere. Und nicht nur das, er kann sich auch in aller Breite darüber auslassen und bei jedem genau sagen, was daran vollkommen unmöglich ist. Auch bei den Sachen, die er mag.«

»Er ist schon ein seltsamer Vogel«, pflichtete Aaron Douglas bei und stellte die Obstkiste auf ihre zwei Seitenkanten.

»Ich« – seufzte Langston – »habe überhaupt kein kritisches Bewusstsein. Entweder mir gefällt etwas oder eben nicht.«

»Einen Moment. Nochmal zurück. Inwiefern bin ich seltsam?«, wollte Wallace wissen.

»Ha! Er macht Witze, oder?«

»Will er die kurze oder die lange Version?«

»Können wir alle mitmachen?«

»Also, zunächst einmal bist du eine Mensch gewordene Über-treibung«, begann Gwen Bennett.

»Ein intellektueller Superlativ, der ein bisschen zu lange im Backofen war«, sagte Bruce Nugent.

»Du trinkst zu viel und drohst dann, dich aus dem Fenster wildfremder Gastgeber zu werfen«, fügte Gwen an. »Was glaubst du, warum Jessie Fauset nichts mehr mit dir zu tun haben will?«

»Hmm«, sagte Zora. »Ich glaube, wir sollten der Liste auch noch ›Heulsuse‹ hinzufügen.«

»Es steht jedem von euch frei, aufzustehen und auf der Stelle nach Hause zu gehen«, schmollte Wallace.

Zora schnalzte mit der Zunge und sah ihn scharf an. »Dann frag auch nicht.«

»Denk doch mal nach«, sagte Langston. »Im Grunde ergibt nichts an dir Sinn. Du trinkst gern Gin, aber du magst keinen Gin.«

»Wer nennt denn den Fusel, den es hier gibt, ernsthaft Gin? Es sollte ein Gesetz geben, das –«

»Zora –«, warnte Wallace sie.

»Es gefällt dir, ein Neger zu sein«, fuhr Langston fort, »aber du empfindest es als Handicap.«

Wallace schlug sich an die Stirn und knurrte. »Ist es doch auch, oder?«

»Du vergötterst das Bohème-Dasein, findest es aber unmög-lich, ein Bohèmian zu sein.«

»Die reden zu viel und haben bei weitem nicht genug Ahnung, um die aufgewendete Energie auszugleichen. Sie verschwenden viel zu viel Zeit.«

»Du liebst Zeitverschwendung. Aber Zeit zu verschwenden, führt dazu, dass du dich schuldig fühlst. (Sag, wenn's reicht, sonst mach ich noch ein paar Tage lang weiter. Nein? Okay.) Eine andere Sache – du ekelst dich vor Menschenmengen und hasst es gleichzeitig, allein zu sein.«

»Aber«, sagte Wallace, »ich denke, da bin ich lernfähig. In Sachen Alleinsein, meine ich ...«

»Das Komischste überhaupt ist, dass du dich eigentlich immer beschissen fühlst, aber nie Gedichte schreibst. Lieber Himmel!«, rief Langston. »Wenn ich mich ständig so beschissen wie du fühlen könnte, kämen dabei ganze Bände mit den großartigsten Gedichten aller Zeiten heraus!«

»Aber nur, wenn die Niggerati dich nicht vorher in die Finger kriegen.«

»Zora!« Das Gesicht von Wallace wurde dunkel und saftig wie eine Traube. »Ich habe noch genau einen Nerv übrig und an dem nagst du gerade herum.«

»Aha!« Zora sprang auf und stemmte die Hände in die Seiten. »Und was gedenkst du, dagegen zu tun? Abgesehen von *Gar Nichts?*«

Sie ließ ihren Blick durch den Raum schweifen und streckte einen Arm hoch. »Verdammt! Der Knabe hier will doch hoffentlich nicht, dass ich meinen afrikanischen Suppenknochen hier ausfahre. Denn wenn ich das machen muss, geht mit Sicherheit etwas zu Bruch.«

Wir krümmten uns vor Lachen. Sogar Wallace verzog das Gesicht. Sie hatte uns in ihrem Bann.

»Ihr habt's alle gehört. Ich sage euch, wenn ich einem Mann eine zünde und er nicht umkippt, dann muss ich um ihn 'rumgehen und nachsehen, was es denn nun ist, das ihn auf den Beinen hält! Ihr wisst, wovon ich rede, ihr Rentner, ihr.«

»Rentner?«, fragte ich. »Was ist ein Rentner?«

Sie rollte mit den Augen. »Ein Rentner. Du weißt schon. Dieses dreckige Gesindel da unten in 'Bama, das es kaum erwarten kann, nordwärts zu rennen.«

Langston wischte sich die Augen ab und sagte: »Zora, so ziemlich der einzige Rentner hier im Raum bist du.«

Zora fiel die Kinnlade runter. »Na, das ist jetzt aber eine stin-kefüßige, leichenfledderische Lüge, wie ich noch nie eine auf-getischt gekriegt habe. Dass ich aus deinem Mund nie wieder so etwas höre! Sonst bist du in Schwierigkeiten wie nie zuvor in deinem mickrigen Leben. Ich sag's dir, ich bin gerade in der Stimmung, die Hölle auszufegen, und den Besen habe ich schon vorgewärmt. Und der ist verdammt heiß!«

Als sie dann die Flasche geleert hatten (und auch die nächste), war es für mich Zeit zum Heimgehen. Die anderen gingen an dem Abend nirgendwo mehr hin. Sie schliefen größtenteils bei Wallace auf dem rissigen Fußboden.

Ich ging die zwei Blocks in der perlenblauen Dunkelheit und lachte immer noch. Stieg die Treppe hinauf und lachte auf jedem Absatz ein bisschen weniger, denn ich wollte meine Fassung wie-dererlangen, für den Fall, dass Papa zu Hause war.

An der Tür räusperte ich mich und straffte meine Gesichtszüge. Doch bevor ich die Türklinke drücken konnte, ging die Tür weit auf, und Mama schob mich zurück in den Hausgang.

»Wir haben Besuch, Baby. Ich wollte es dir sagen, bevor du hereinkommst.«

Meine Mutter vibrierte. Ich weiß nicht, wie ich das sonst be-zeichnen soll. Auf ihrer Haut, in ihren Augen war ein Leuchten, das noch nie zuvor dagewesen war. Eine Empfindlichkeit. Eine Dichte. Das machte mir Angst.

»Wer ist es?«

»Misses Robinson und der Junge. Sie wollten dich besuchen.«

Ich fiel hin. Meine Beine gaben einfach nach. Fast schlug ich mit dem Kopf auf den Boden neben Mamas Füßen. Sie hievte mich hoch und dann rüber zur Treppe. Eng umschlungen saßen wir da, den Rücken zur Tür und zu dem, wofür ich mehr als sechs Jahre lang Morgen für Morgen gebetet hatte.

Ich konnte nicht reingehen. Ich konnte mich nicht einmal

bewegen. Ich saß da, zittrig und bemüht, tief durchzuatmen, um mich nicht übergeben zu müssen. Mama drückte meinen Kopf an ihre Schulter.

»Du schaffst das schon«, flüsterte sie.

»Was machen sie hier?«

»Ich habe Mister Robinson gedrängt, sein Wort zu halten, seitdem sie das Kind mitgenommen haben. Er wollte schon, aber seine Frau ... Es hat einfach so lange gebraucht. May? Willst du ihn sehen? Er ist wunderschön.«

»Oh Gott. Warum gerade jetzt?«

»Willst du's wirklich wissen? Wegen Paul.«

»Wie bitte? Was hat Paul denn damit zu tun?«

»Ab und zu gehe ich beim Geschäft der Robinsons vorbei. Nur um sicherzustellen, dass sie es nicht vergessen. Also, am Dienstag wollte ich gerade reingehen, als Paul vor der Tür auf mich zugelaufen kam, mich umarmte und gleich weiterziehen wollte. Misses Robinson bricht sich fast den Hals, so schnell kommt sie raus, um ihn zu begrüßen. Dann kriegt sie mit, dass ihr befreundet seid und dass du DuBois und die Johnsons und all die anderen Typen kennst. Und mit dem Medizinstudium fast fertig bist. Auf einmal findet sie dich viel interessanter als vorher. Etwas wert. Sie bot an, dass ihr Mann das Kind bei nächster Gelegenheit vorbeibringen würde. Sie sagte, sie erzählt ihm, er solle einen Besuch bei seiner Patentante May machen. Das ist also jetzt, was du zu sein hast, verstehst du? Glaubst du, du schaffst es?«

»Ja.«

»Du schaffst es?«

»Ja.«

»Sicher?«

»Ja.«

Ich stand auf. Mama musste mich am Arm halten, aber ich stand aufrecht und wir gingen rein.

Ich glaube, ich schloss die Augen. Denn in der einen Sekunde war ich allein und in der nächsten füllte er den ganzen Raum aus. Es gab nichts, nicht einmal in meiner Phantasie, was er mit seinen großen grünen Augen nicht in Besitz nahm.

Mein Sohn hatte grüne Augen. Grüne Augen und honigfarbene Haut. Seine Haare in lockigen Wellen aus der feuchten, glühenden Stirn gekämmt. Meinem Jungen war es zu heiß. Warum hatte niemand außer mir das bemerkt?

»Mama, mach bitte ein Fenster auf. Es ist stickig hier drin.«

Er lächelte und versteckte rasch seine Grübchen hinter seinen Händen.

»Und? Wie sagt man?«, fragte Mister Robinson.

»Sehr erfreut, Ma'am.«

Worte. Worte auf meiner Haut. Bilder tauchten vor meinen Augen auf – wie üblich ohne die passenden Gedanken, die sie vollenden konnten. Sie waren in dem Augenblick so groß, so übervoll, dass ich mich aufzulösen begann. Ich wusste, dass ich etwas antworten musste. Der Mann stand neben mir, das Gesicht versteinert. In der Hoffnung, keinen Fehler gemacht zu haben. Aber das war mir so was von egal. Mir war alles egal außer dem Lächeln meines Sohnes. Mir war alles egal außer dem Geruch meines Kindes, einer Mischung aus Stärkemehl und Seife. Die blassgrüne Meerwasserfarbe seiner Augen in den Webrahmen am Grund meiner Kehle einzufügen, damit ich zukünftig in Kreuzmustern über ihn reden konnte – das war, was für mich zählte.

»Hallo«, sagte ich schließlich. »Hallo.«

»Wie geht es dir?«, fragte er und warf einen prüfenden Blick zu seinem Vater.

Mister Robinson nickte und das Kind entspannte sich. Er machte alles richtig.

»Es geht mir gut, danke. Und wie geht es dir selbst?«

Phillip wurde rot und senkte das Kinn tief hinunter auf die

Brust. »Es geht mir gut, Ma'am«, flüsterte er und sah erneut zu seinem Vater.

»Du lieber Himmel. Du bist wirklich der hübscheste kleine Junge, den ich je gesehen habe. Ich würde sehr gerne deine Freundin sein, Phillip. Würde dir das gefallen?«

Phillip kicherte. Das erste Mal seit fast drei Jahren musste ich wieder an Gabriel denken, und ich dankte Gott dafür, wie erhaben, wie wunderbar er war. Er war so viel mehr, als er je selbst auch nur ansatzweise von sich hatte wahrnehmen können. Der Beweis dafür stand direkt vor mir.

»Ich bin doch schon dein Freund.« Er lachte.

Meine Knie gaben nach und ich musste so tun, als versuchte ich niederzuknien. Ich breitete die Arme aus.

»Phillip, würde es dir sehr viel ausmachen, deine Patentante einmal zu drücken?«

Er warf seine Ärmchen in weitem Bogen nach hinten, bevor er breit grinste und mir in die Arme fiel.

Das war die erste Umarmung meines Lebens.

Der Studienabschluss stand bevor. Nach vier Jahren des Schweigens und der Unsichtbarkeit musste ich mich jetzt doch zeigen. Laut Jahrbuch gehörten dem Jahrgang 1926 nur fünf ›Frauen‹ an, aber das konnte mich nicht verletzen. Ich hatte es geschafft.

So schwarz angezogen, dass es juckte, und endlich frei von allem hielten Mama und ich in der U-Bahn den ganzen Weg bis nach Downtown Händchen. Es juckte mich, mir war heiß, und ich war offen für die Möglichkeit und das Wesen von Träumen – so trat ich vor all diese feierlichen weißen Gesichter. Redner kamen und gingen, ohne dass ich zuhörte. Die Sonne schien viel zu hell, als dass ich sonderlich viel mitbekommen hätte außer ihrem Licht und dem Himmel und den Bäumen, die in einem wilden Gewirr aus Sonnenstrahlen spielten.

Eigentlich hatte jeder einzelne Bewohner der Lenox Avenue zur Abschlussfeier kommen wollen. Aber niemand kam. (Niemand außer Phillip und Misses Robinson. Sie standen hinten an der Wand und winkten mir zu, als ich vorbeiging. Allein dieser Moment verlieh den vier Jahren einen Wert.)

Die Leute kamen nicht, denn sie fühlten sich uneingeladen und fehl am Platz. Sie dachten, sie feiern später mit mir, Uptown, bei uns zu Hause. Ich vermisste meine Freunde, aber nicht einmal das konnte mich aufhalten.

Binnen kurzem würde mein Internship, meine praktische Ausbildung am Harlem Hospital beginnen. Nie zuvor hatten sie Afroamerikaner zugelassen. Dies war der erste Jahrgang mit dreien von uns, mir selbst und zwei jungen Männern. So weit hatte ich es gebracht. Und jetzt hatte ich nurmehr zwei Jahre vor mir. Ich hatte keinen blassen Schimmer, was danach geschehen würde. Aber das musste ich ja auch nicht wissen. Ich musste jetzt nur einen Tag nach dem anderen angehen.

Kapitel 17

Harlem, New York – 1926

Ich glaube, das richtige Wort dafür ist *drohen*. Im Grunde hatte ich noch nie im Leben ein Gebäude drohen gesehen. Ich hatte so etwas gelesen, aber es war mir immer lächerlich vorgekommen. Als ich aber jetzt an diesem Gebäude hinaufsah, schienen die glänzenden, roten Backsteine und die breiten, geschlossenen Fenster noch größer zu werden. Sie wurden schwerer. Das Gebäude neigte sich. Es kippte vornüber. Es hing drohend über mir. Fast neun Jahre lang hatte ich zwei Blocks weiter gewohnt, war ich fast jeden Tag hier vorbeigelaufen. Aber es hatte sich noch nie derart für mich interessiert. Ich hatte stets meinen Angelegenheiten nachgehen können, ohne vom Harlem Hospital belästigt zu werden. Aber da ich jetzt hier ein *Internship* machen durfte, lagen die Dinge anders. Unsere Beziehung hatte sich verändert.

Nachdem ich fast eine halbe Stunde auf der gegenüberliegenden Straßenseite gestanden hatte, fasste ich einen Entschluss. Wenn ich ihm nicht die Aufmerksamkeit schenken würde, um die es buhlte, würde es mich auch nicht in dieser Weise bedrohen können. Du liebe Zeit, es war ein Gebäude, nicht mehr. Eine ganz normale alte Anlage wie das Bellevue, wie das Lehrerseminar. Ich konnte ihm nicht zugestehen, sich selbst die Bedeutung zu verleihen, die es anstrebte. Falls doch, würde ich die zwei Jahre nicht durchhalten. Also stand ich da, zwischen zwei geparkten Fords, und erwiderte standhaft den strengen Blick, bis die Fenster wieder Fenster waren, und nicht mehr Augen und

Zähne. Die Backsteine waren immer noch rot, doch, doch, aber sie leuchteten, dehnten und bewegten sich nicht mehr. Ein Gebäude, weiter nichts.

Die einzige Möglichkeit, ins Harlem Hospital zu gelangen, war für eine Negerin bislang gewesen, erschossen, erstochen, verprügelt oder vergiftet zu werden. Ein oder zwei waren vielleicht Putzfrauen, aber selbst Jobs wie diese waren eigentlich den irischen oder deutschen Frauen vorbehalten, die aus der Riverside-Gegend oder von noch weiter nördlich aus der Bronx kamen.

Ich war die Erste. Die Einzige.

Von den neunzehn Leuten in meinem Kurs waren außer mir noch zwei Schwarze. Aubrey Maynard hatte es auch geschafft, außerdem ein Mann namens Louis Wilson. Louis weigerte sich, mit mir zu sprechen. Er vermied es auch, mich anzusehen, wenn irgend möglich. Nach den ersten vier Monaten, als ich mir das Recht erkämpft hatte, im Notarztwagen zu fahren wie alle anderen Ärzte auch, konnte ich belauschen, wie er sich im Intern-Bereich lauthals bei Aubrey beschwerte.

»Das ist doch lächerlich. Eine Frau, die die ganze Nacht durch die Straßen gondelt? Was für ein Licht wirft das auf uns?«

»May ist eine gute Ärztin«, sagte Aubrey.

»Darüber weiß ich nichts. Ich weiß nur, dass sie eine Zumutung ist. Und hast du gehört? Man sagt, sie soll im Frühling die Neger-Abteilung der Speedwell-Klinik übernehmen.«

»Das habe ich auch gehört.«

»Wenn das geschieht, weiß ich nicht, ob ich noch länger hierbleiben kann.«

»Hör doch auf mit dem Quatsch, Louis. Du und von hier weggehen? Du hast riesiges Glück, dass du hiersein darfst, und das weißt du genau.«

Die Tür eines Spinds schlug zu. »Soweit ich sehe, hängt kein einziger weißer Mann am Rockzipfel einer Frau.«

»Vielleicht klappt das ja auch gar nicht. Fields probiert ja alles, um ihr den Weg zu versperren.«

»Und wenn er es nicht schafft? Sollen wir dann hier dumm rumsitzen und Ja und Amen sagen? Ich weiß nicht, wie's dir geht, aber ich halte zu Dr. Fields. Es muss doch einen Weg geben, sie loszuwerden.«

Ich trat von der Tür zurück. In diesem Raum aßen, schliefen und zogen sich die Männer um, wenn sie Dienst hatten. Für Frauen gab es in diesem Krankenhaus keine eigenen Räumlichkeiten. Um mich unterzubringen, hatte man einen kleinen Lagerraum neben der Notaufnahme freigeräumt und eine Liege sowie einen kleinen Metalltisch hineingestellt. Die ganze Nacht hörte ich die Notarztwagen kommen und gehen – Glockengebimmel und ängstliche Stimmen an der hinteren Türe. Dorthin eilte ich, zu meinem Zimmer, um meine Arbeitskleidung anzulegen. Und bereit zu sein für achtundvierzig Stunden auf Achse.

Ich dachte über Louis nach, während ich mich umzog. Er war sehr dunkelhäutig. Dunkler noch als Maynard. Ich fragte mich, ob das dazu beitrug, dass er mich so sehr hasste. Wenn er zur Tür hereinkam, rief einer der weißen Assistenzärzte für gewöhnlich so etwas wie: »He Leute, schaut mal! Da schwimmt eine Fliege in meiner Milch.« Und alle lachten. Das war nichts im Vergleich zu dem, was sie mit mir machten, aber es reichte aus, einen Mann weich zu kriegen.

Louis hatte eine kalte, überhebliche Art. Ich fühlte mich an diese zwei Männer erinnert, die ich im Sommer davor bei einer Dinner-Party kennengelernt hatte. Carl Van Vechten, ein wahnsinnig berühmter weißer Literaturkritiker, hatte mich und meine Freundin Jessie Fauset zu sich nach Hause eingeladen. Wir kamen rein und fanden Carl, seine Frau und vier andere weiße Gäste am Boden auf einem kostbaren Perserteppich sitzen und ganz verzückt in die Gesichter zweier afrikanischer Diplomaten hinaufstarren. Diese

Männer hatten exquisite Smokings an und sprachen ein gehobenes, nahezu perfektes Englisch. Beide waren sehr, sehr schwarz. Es war offensichtlich, dass sie die Aufmerksamkeit, die ihnen ihre dahinschmachtenden weißen Gastgeber zuteil werden ließen, sehr genossen. Jessie und ich stellten uns vor und nahmen ihnen gegenüber in den besten viktorianischen Sesseln Platz, da sie noch frei waren. Als der Abend zum Ende kam, bat Misses Van Vechten die Herren, uns im Taxi nach Hause zu begleiten. Sie stimmten bereitwillig zu, obschon sie den ganzen Abend kaum mit uns gesprochen hatten. Kaum saßen wir dann im Taxi, sah mir der eine der beiden direkt ins Gesicht und sagte: »Wissen Sie, wir würden niemals jemanden wie Sie heiraten. Sie sind doch Bastarde.«

Wir hielten die Luft an. Dieser Mann, mit seiner leuchtend schwarzen Haut, seinen dicken Lippen, seinen schmalen Augen, nahm mir im wahrsten Sinne des Wortes den Wind aus dem Körper. Ich fühlte mich, als hätte er mich geohrfeigt. Jessies Kinnlade hing einfach herunter. Wir hatten doch um gar nichts gebeten. Wir hatten nicht einmal viel geredet. Und trotzdem waren wir Bastarde? Als ich dann wieder atmen konnte, sagte ich: »Und wen, wenn man fragen darf, würden Sie heiraten?«

Der Mann lächelte selbstgewiss und erklärte: »Wir würden die Tochter des wichtigsten Delegierten – weißen Delegierten – heiraten, den man kriegen kann. Es spielt keine Rolle, ob sie blonde Haare oder blaue Augen hat, solange sie nur weiß ist.«

Ich hämmerte mit der Faust an die Trennwand hinter uns. »Halten Sie das Taxi an!«

Der Fahrer hielt an der Ecke westliche 97ste Straße und Central Park. Die Straße war pechschwarz und menschenleer, trotzdem war Jessie schon aus dem Taxi gesprungen und hielt mir die Tür auf. Bevor ich ausstieg, drehte ich mich zu dem Mann um und sagte: »Es liegt natürlich schon im Bereich des Möglichen, dass, wenn wir Bastarde sind, auch Ihre Kinder Bastarde werden.«

Das schockierte die beiden. Offenbar hatten sie so weit nicht gedacht. Ich schlug die Tür zu und ließ sie ein wenig darüber nachdenken, während Jessie und ich uns an der Hand nahmen und auf den vierzig Blocks langen Heimweg machten.

Immer, wenn ich Louis ins Gesicht sah, sah ich diese beiden Afrikaner. Er schaute mich genauso an, nahm mich im Grunde gar nicht wahr. Er war nicht imstande, über ›das Falsche‹ an meiner Anwesenheit hinwegzusehen, wenngleich er ohne mich seine praktische Ausbildung am Harlem Hospital überhaupt nicht hätte machen können.

Die New Yorker Krankenhäuser ließen Farbige nicht zum *Internship* zu, bis zu dem Zeitpunkt, an dem ich dagegen beim Staat Widerspruch eingelegt und gedroht hatte, meine Aufnahme auf Grundlage einer gesetzeswidrigen Ausschlusspraxis einzuklagen. Mama und ich hatten natürlich weder Geld für einen Anwalt noch die geringste Idee, wie wir das anstellen sollten, aber wir behaupteten es einfach. Offenbar standen sie dahingehend schon längere Zeit unter Druck. Unser Widerspruch war dann der Tropfen, der Riss, der den Damm zum Brechen brachte. Das Harlem Hospital erklärte sich bereit, seine Türen in diesem Jahr für farbige *Interns* zu öffnen. Jeden Abend vor dem Einschlafen las ich noch einmal das Aufnahmeschreiben.


```
Dr. May Edward Chinn
145 West 138th Street
New York


Sehr geehrter Herr,
bitte nehmen Sie zur Kenntnis, dass der Verwal-
tungsrat bei seiner Sitzung am 18. Mai 1926 auf
Empfehlung des Medizinischen Ausschusses des
```

```
Harlem Hospital Ihrer zweijährigen Tätigkeit
als Intern am Harlem Hospital, Medizinischer
Dienst, beginnend mit dem 1. Juli 1926 zuge-
stimmt hat.
```

```
Mit freundlichen Grüßen,
Martin E. Dyer
Verwaltungsratsvorsitzender
```

Das war alles. Das ganze Ausmaß der Anerkennung. Aber es reichte. Zwar konnten unsere Ärzte nach wie vor an keinem städtischen Krankenhaus praktizieren, aber wenigstens gab es jetzt eines, in dem wir ausgebildet werden konnten.

Das schien aber Louis bei Weitem nicht so zu beeindrucken, als dass er sich Mühe gegeben hätte, nett zu mir zu sein. So ein Verhalten war ich von Weißen gewohnt, aber dass solche Animositäten in Standesfragen von ihm kamen, belastete mich bis tief ins Herz hinein. Leider war das etwas, mit dem ich im Lauf der Jahre umzugehen lernte.

Als meine Schicht zu Ende ging, hatte ich zwei Babys zur Welt gebracht (eines davon in einer Seitengasse), sechs oberflächliche Messerstiche genäht, einen Unterarm amputiert und drei Tote ins Leichenhaus gebracht.

Ich war müde.

Die Kälte bedrängte mich, rieb unterhalb meines Rocks und strich mir um die Beine wie eine Katze. Selbst das konnte mich kaum wachhalten. Halb sechs Uhr morgens. Zeit, den Mond hinter dem Fluss zu verstauen und ausruhen zu lassen. Wie kam es eigentlich, dass alle anderen ausruhen durften, nur ich nicht?

Ich ging langsam die Treppen zu unserer Wohnung hinauf, wobei ich auf jedem Treppenabsatz die Tasche abstellte und mich ausruhte. Als ich die Treppe zum vierten Stock zur Hälfte geschafft hatte, fiel ein schwacher Lichtkegel aus unserer offenen Wohnungstür auf mich. Irgendetwas stimmte da nicht. Auch Stimmen drangen herunter zu mir. Eine tiefe Männerstimme und dann Papas Stimme, die Laute äußerte wie:»Aha. Hm. Verstehe.« Wahrscheinlich war das der Grund. Die Stimmen aus meinem Zuhause. Meine Augen öffneten sich weit. Ich rannte die letzten paar Stufen hoch und riss die Tür auf. Papa stand in der Küchentür, hatte die Hand auf dem Mund und strich sich über den Schnurrbart. Er schaute zu mir und fixierte mich mit seinem Blick.

Schlagartig war ich wieder fünf Jahre alt und davon überzeugt, dass ich mich auflösen würde, sollte meine Mutter aus dem Zimmer gehen und nicht mehr zu mir zurückkommen.

Dr. Jackson kniete neben Mama, die auf dem Sofa lag, die Augen geschlossen und die weiße Baumwollbluse bis zum Bauchnabel aufgeknöpft. Ihr langer, blauer Arbeitskittel hing seitlich herab auf den Fußboden.

Wann ist sie denn nur so alt geworden?, dachte ich.

Mit geschlossenen Augen und bewegungslosen Händen sah Mama vollkommen abgenutzt aus. Als ob man die Farbe aus ihrer Haut herausgewaschen hätte. Die Ruhe verwandelte den Glanz in ihrem Gesicht zu Lehm, grau und mit Falten überzogen. Und wann war denn ihr Haar so ergraut? Wenn sie wach und in Bewegung war, sah es aus wie in Silber gehüllt.

Ich spürte, wie mir das Blut aus dem Gesicht wich. Mein Körper wurde völlig kalt, völlig taub und einsatzbereit. Ich hatte das gelernt. Ich wusste, was in solchen Situationen zu tun ist.

»Was ist passiert?«

»Alles in Ordnung, May. Schau nicht so. Deine Mutter ruht sich nur ein wenig aus.«

Der Arzt stand auf, kam auf mich zu und winkte Papa und mich an den Küchentisch.

»Wie viele Jobs hat deine Mutter derzeit?«, fragte er.

»Zwei. Manchmal drei«, sagte Papa.

»Oder vier.«

Dr. Jackson zog ein wenig an seinem Bart und rückte die Brille auf seiner Nase zurecht.

»Sie muss damit aufhören«, sagte er. »May, deine Mutter ist heute Morgen zusammengeklappt. Wenn dein Vater sie nicht so rasch gefunden hätte, hätte die Sache viel schlimmer ausgehen können.«

Papa senkte die Augen. Samstagmorgen, er musste nicht zur Arbeit. Dass er wach war, konnte nur daran liegen, dass er gar nicht geschlafen hatte. Er kam heim und fand sie am Boden ausgestreckt in einer Pfütze Seifenwasser, daneben ein umgekippter Zuber voller Leintücher.

»Was ist los mit ihr?«, fragte ich.

»Das Herz. Es ist schwach. Die Belastung ist zu groß. Sie hatte einen leichten Infarkt. Sie steht in letzter Zeit ziemlich unter Druck, stimmt's?«

Ich nickte. Genauso wenig wie mein Vater konnte ich ihm in die Augen sehen.

Dr. Jackson räusperte sich. »Das muss aufhören. Sonst verschlimmert sich ihr Zustand nur. Viel mehr kann ich nicht machen. Sorgen Sie dafür, dass sie zur Ruhe kommt. Ich weiß, dass Sie beide viel unterwegs sind, aber vielleicht gibt es irgendwelche Nachbarn oder Verwandten, die vorbeischauen und nach ihr sehen können, ihr ein bisschen bei der Hausarbeit helfen, etwas in der Art.«

Er stand auf und griff nach seiner Tasche und seinem Wollmantel.

»Ich komme morgen wieder vorbei und schaue, wie es ihr geht.«

Ich gab ihm das Haushaltsgeld für diese Woche und das für die nächste dazu. Er tippte mit dem Finger an die Melone und verbeugte sich, bevor er ging.

Am Donnerstag war Mama um sechs Uhr dreißig auf und bereit, zur Arbeit zu gehen.

»Hab vier Tage gefehlt und geh heut ein bisschen später. Was willst du noch?«

Ich weinte. Ich schrie. Sie machte sich weiter ausgehfertig. Ich trampelte auf Sachen herum, so wie Papa das normalerweise machte. Auch das funktionierte nicht. Verzweifelt und voller Angst drohte ich damit, das Studium hinzuschmeißen. Damit gewann ich ihre Aufmerksamkeit. Mama drehte sich um und richtete ihre Augen auf mich. Der Blick, den sie mir zuwarf, sorgte dafür, dass ich einen Schritt nach hinten machte.

»Das lässt du schön bleiben«, sagte sie. Dann wandte sie mir den Rücken zu und ging hinaus.

Letztendlich schlossen wir einen Kompromiss. Mama willigte ein, sich auf zwei Jobs zu beschränken, und das auch nur noch bis zu meinem Abschluss. Und ich versprach, einen Weg zu finden, wie das Geld für meine Belange beschafft werden könnte. Ich schlug diesen Handel vor, als ob ich da schon eine Idee oder gar einen Plan hätte. Doch das Einzige, was ich wirklich wusste, war, dass ich sie mehr als mein eigenes Leben liebte und dass ich Angst hatte.

Ich döste im Führerhaus des Krankenwagens unter der Seventh-Avenue-Hochbahn. Selbst im Schlaf stritt ich mit Mama und versuchte, weitere Argumente zu finden, um sie zu überzeugen. Im Traum schaute sie rüber zu Coleman und schüttelte den Kopf. »Red du mit ihr. Ich geb's auf«, sagte sie ihm.

Das Rumpeln einer herankommenden Bahn brachte den Sitz zum Vibrieren und weckte mich. Als sie über uns vorüberfuhr, brachten ihre Wucht und Geschwindigkeit den Krankenwagen zum Wackeln.

Die letzte Bahn für heute.

Ohne jede Warnung kam der Zug, noch bevor er ganz in die Station eingefahren war, quietschend zum Stehen, fast eininhalb Blocks von uns entfernt. Selbst im Dunkeln konnte ich das hintere Ende des Zuges unter der Bahnsteigüberdachung herausragen sehen.

Etwas weiter den Block hinunter musste etwas passiert sein, irgendwo bei der Haltestelle. So spät es auch war, lief doch eine Menschenmenge zusammen. Auf dem Treppenaufgang herrschte Gedränge; Leute strömten an der nordwestlichen Straßenecke aus *Cheney's Bar* und *Small's Paradise*. Alle gingen die Treppe hinauf, keiner kam herunter. Zumindest sah es so aus. Genau konnte ich es auf diese Entfernung, im Dunkeln, nicht sagen. Was hingegen deutlich wahrnehmbar war, waren der Lärm und die herumwuselnden menschlichen Körper.

Robert und Andrew sahen es jetzt auch. Sie richteten sich auf und beugten sich vor. Andrew drehte den Zündschlüssel.

Ein junger Mann kam auf uns zugerannt, Arme und Beine in wild ausgreifender Bewegung. An der Ecke schoss er hinaus auf die Straße, um die Fahrerseite des Krankenwagens herum, und hämmerte ans Fenster. Er fing an zu reden, noch bevor Andrew die Scheibe herunterkurbeln konnte.

»– fiel einfach. Er ist da unten.«

»Langsam, langsam. Ganz ruhig, Junge. Was ist passiert?«

»Mein Freund ist ausgerutscht und vor den Zug gefallen. Die Polizei ist schon da, aber kein Arzt. Sie sind los, um einen zu holen, aber er braucht jetzt sofort Hilfe.«

»Einen Schritt zurück«, befahl ich dem Jungen. Andrew fuhr los und raste zur Haltestelle.

Ich sprang raus und bahnte mir einen Weg durch das Gedränge, Robert und Andrew dicht hinter mir. Ein grimmig dreinblickender Polizist stand am oberen Treppenabsatz und hielt die Schaulustigen auf.

»Wachtmeister O'Rourke«, schrie ich. »Ich bin's. Lassen Sie mich durch.«

Der Beamte schaute in meine Richtung, konnte mich aber nicht erkennen. Er hielt seinen Schlagstock vor sich und stieß ihn mit der Spitze voran dem Mann vor sich in die Rippen. »He, Sie da! Aus dem Weg! Sie sind nicht aus Glas. May! Sind Sie das?«

»Ja, ich bin es.«

»Dann kommen Sie.« Er winkte mich hinauf.

Hinter uns bimmelten gellend die Glocken eines Feuerwehrwagens, der um die Ecke geschossen kam und unter der Hochbahn neben dem Krankenwagen anhielt. Die Leute machten den Feuerwehrleuten Platz. Sie mussten ihn sich nicht erst schaffen.

An der Bahnsteigkante standen vier Polizisten beieinander, sprachen leise und deuteten auf das Gleis. Hinter mir kamen vier Feuerwehrleute angerannt und gingen direkt zu den Polizisten. Ich erkannte die vier Polizisten und zwei der Feuerwehrleute. Alle acht ignorierten mich.

»Wachtmeister Scallon«, rief ich. »Was ist hier passiert?«

Einer nach dem anderen sah zu mir her und gleich wieder weg.

»Ich habe gefragt, was passiert ist.«

»Bitte, May, das ist nicht der richtige Ort für Sie.«

»Offenbar doch, denn hier bin ich nun mal. Also bitte, was ist los?«

»Ein Mann steckt unter dem Zug fest«, sagte Wachtmeister Finn. »Wir wissen nicht, wie schwer er verletzt ist. Wir überlegen, wie wir ihn am besten da rauskriegen.«

»Den Zug können wir ja schlecht bewegen«, sagte ein untersetzter Polizist namens Mike Molloy.

»Du bist ein echter Schlaumeier, Molloy«, sagte Scallon. »Und sicher hast du auch schon eine Idee, was wir tun können.«

»Wissen Sie, ob er nur feststeckt, oder ob die Bahn ihn wirklich erwischt hat?«, fragte einer der Feuerwehrmänner. »Wenn er überfahren wurde, ist er vielleicht auch tot. Hat irgendjemand etwas gehört?«

»Also«, sagte ich, »was wir machen sollten, ist –«

»Nein, ich hab nichts gehört. Und du, Finn?«

»Auch nicht.«

»Also, ich denke –«

»Wie's aussieht, muss einer runterklettern.«

Alle nickten.

»In Ordnung«, sagte Scallon. »Wer macht's?«

»Ich.«

Die Männer drehten sich zu mir. Wachtmeister Scallon warf die Hände in die Luft.

»Oh, bitte, May, lassen Sie das. Sie steigen mir hier unter keinen Zug. Nicht, solange ich Dienst habe. Wissen Sie eigentlich, wie tief es da runtergeht?«

»Spielt keine Rolle. Ich fall schon nicht.«

»Das sind mindestens zwei Stockwerke, May«, gab Finn zu bedenken.

»Zwei Stockwerke. Hören Sie? Zwei. Nicht eines. Zwei. Wie, denken Sie, kehre ich zur Wache zurück und sage meinem Captain, dass mir Dr. May auf dem Hochbahnsteig umgekommen ist? Wollen Sie, dass ich mich zum Idioten mache? Lieber Herr Jesus. Wenn ich es nicht besser wüsste, würde ich denken, Sie haben das absichtlich arrangiert, um mir das Leben schwer zu machen.«

»Ich steig runter, und ich werde euch Männern sagen, was zu tun ist, wenn ich bei ihm bin.«

Zwischen zwei Bahn-Waggons ließ ich mich hinunter auf eine der hölzernen Schwellen.

»Ich brauche Licht«, rief ich. »Und schaltet den Motor ab.« Nachdem die Maschine stotternd zum Stillstand gekommen war, hörte ich ihn vor mir, keine fünf Meter entfernt. Der Mann war bei Bewusstsein, wimmerte und versuchte, um Hilfe zu ru-

fen. Ich kroch zu ihm, wobei ich mit einer Hand das Gleichge-
wicht auf dem Gleis behielt und mit der anderen meine Arzttasche umklammerte.

Die Räder waren erhitzt und schwarz vom Ruß. Der beißende
Rauch und Dampf und Kiesstaub unter dem Bauch des Zuges
nahmen mir die Luft. Aber der Mann war nicht allzu weit weg.
Holzsplitter und Nägel, die aus den Schwellen ragten, verhakten
sich in meinem Rock, rissen daran, zerkratzten mir die Knie,
stachen mir in die Handflächen.

Direkt vor mir ragte ein Bein hinter einem Rad hervor. Auf der
anderen Seite, ganz nah am Bahnsteigsockel, winkte ein junger
Mann mit dem Arm. Ich hörte ihn *Hier* und *Bitte* sagen, mehr
brachte er nicht heraus.

»Keine Angst, mein Junge. Wir kümmern uns um dich, okay?«

Ein junger Puertoricaner so um die achtzehn. Das Rad des
Zuges hatte sein Bein am Oberschenkel ein Stück weit abgetrennt.

»Licht! Ich brauche hier etwas Licht!«

Jemand ließ zwei Laternen herunter zu der Stelle, an der man
meine Stimme gehört hatte. Ich griff danach und stellte sie neben
uns. Die Augen des Jungen begannen sich zu schließen.

»Komm, Kleiner. Tu das nicht. Bleib bei mir. Red mit mir. Sag
mir, wie du heißt.«

»Freddy«, sagte er. Auch sein Mund war voller Blut, und er
wimmerte, deshalb fragte ich nicht weiter.

Freddys Oberschenkel war weit aufgeschlitzt, und ich konnte
sowohl venöse als auch arterielle Blutungen erkennen. Doch wie
durch ein Wunder war die Bahn zum Stehen gekommen, bevor
das Bein ganz abgetrennt wurde. Das bedeutete, dass der Junge
es wohl würde behalten können. Ich musste nur noch eine Idee
haben, wie das am besten anzustellen wäre. Ich zog ein Skalpell
aus meiner Tasche, steckte es in den Stoff meines Rocks und

trennte ein langes Stück des seitlichen Saums ab (Mama würde das später wieder annähen können). Vorsichtig schob ich den Stoff unter sein Bein und verknotete ihn oben, um den Blutfluss zu unterbinden. Mit Klammern brachte ich die Blutung zum Stoppen, und dann, Zentimeter für Zentimeter, meinen eigenen Fuß gegen das Rad gestemmt, zog ich ihn darunter hervor.

»Ich brauche hier unten zwei Männer, schnell!«

Scallon und einer der Feuerwehrleute kamen vor uns zwischen den Wagen heruntergeklettert, und mit vereinten Kräften beförderten wir Freddy an den Rand des Bahnsteigsockels.

»Der Lokführer soll den Zug zurücksetzen. Sofort!«

Als der Zug etwa sechs Meter rückwärts gefahren war, sprangen auch die restlichen Polizisten zu uns herunter und hoben Freddy auf mein Kommando rauf auf den Bahnsteig, wo Andrew und Robert mit der Tragbahre warteten. Zu dritt brachten wir ihn eilig die Treppe hinunter und rüber nach Harlem.

Als ich mir sicher sein konnte, dass Freddys Zustand stabil war und sie ihm das Bein nicht abnehmen würden, ging ich nach Hause. Ich war viel zu steif, um die Knie richtig beugen zu können; viel zu müde, um richtig sehen zu können. Aber es gab wenige Augenblicke, in denen ich mich glücklicher gefühlt hatte als jetzt. Wart nur, bis ich das Mama erzählt habe! Der Junge war am Leben, nur wegen mir. Und obwohl ich ständig darum kämpfen musste, hörten diese weißen Männer doch zu, wenn ich etwas sagte. Wir arbeiteten zusammen. Ich tat etwas. Wie viele Menschen können so etwas von sich behaupten? In dieser Nacht tat ich etwas, das mein Leben lebenswert machte. Es half mir dabei, mich anders zu betrachten. Wie neu.

Und dann stolperte ich.

Papa kam an diesem Vormittag gegen zehn Uhr aus dem OP. Sie behielten ihn zur Beobachtung im Krankenhaus, weil es ihm nicht gut ging. Dr. Crump sagte mir, sie hätten den Blinddarm gerade noch erwischt, als er dabei war, durchzubrechen, und nicht danach, deshalb waren sie sich ziemlich sicher, dass er überleben würde, wenn er wollte.

Dr. Crump, einer der Chefärzte am Harlem Hospital, hatte darauf bestanden, die Operation eigenhändig vorzunehmen. Ganz im Gegensatz zu Fields genoss Dr. Crump meine Gegenwart und war stets bemüht, mir behilflich zu sein. Seine Familie war während des Krieges auf der Seite der Abolitionisten gewesen, und er selbst bezeichnete sich als einen überzeugten, fortschrittlich denkenden Liberalen. Deshalb setzte er sich sehr für die Schwarzen im Allgemeinen und für mich im Besonderen ein.

Wenn jemand einen früh abgegangenen Fötus in die Decke auf meiner Liege einwickelte, sorgte Dr. Crump dafür, dass Fields untersuchte, wer mir diesen ›Streich‹ gespielt hatte, wie sie es nannten. Sie fanden nie etwas heraus, und so wurde auch nie jemand bestraft, aber ich wusste die Absicht dennoch zu schätzen. Als ein anderes Mal auf wundersame Weise alle Werkzeuge aus meiner Arzttasche verschwanden, ersetzte mir Dr. Crump alles, was ich brauchte, auf eigene Kosten. Er war ein quirliger, älterer Weißer, klein und drahtig, mit weißen Haaren und Sommersprossen auf der Nase. Und er stammte aus einer stinkreichen Familie. Er arbeitete nicht am Krankenhaus, um Geld zu verdienen, sondern weil er die Medizin liebte. Dr. Crump liebte Menschen, die die Medizin ebenso wie er liebten. Für ihn war mein Können ausschlaggebend, nicht meine Hautfarbe. Ich bin fest davon überzeugt, dass er an diesem Morgen meinem Vater das Leben rettete.

»Gehen Sie heim, May«, sagte er, als die Operation vorbei war. »Sie müssen doch nachher wieder arbeiten, oder nicht? Ruhen Sie sich etwas aus, solange Sie noch können.«

Aber ich konnte mich nicht ausruhen. Zumindest nicht so, dass es wirklich erholsam war. Selbst nachdem ich erschöpft ins Bett gefallen war, ging ich in meinen Träumen das Krankenhaus ab. Als ich wieder aufstehen musste, fühlte ich mich, als hätte ich kein Auge zugetan. Ich nahm ein kochend heißes Bad, machte Dehnungsübungen, um meine strapazierten Muskeln zu pflegen, und dankte Gott dafür, dass ich nur eine Zwölf-Stunden-Schicht vor mir hatte.

»May! Warte auf mich!«

Zora schlängelte sich zwischen zwei Lastwagen hindurch und kam über die Straße auf mich zugeeilt. »Jetzt schau dich nur an, du mieses Weibsstück. Haust ab vor mir. Du hast mich doch längst gehört.«

»Tut mir leid, Zora, nein. Ich schwöre. Ich bin nur in Gedanken eine Million Meilen weg.«

»Wo gehst du hin?«

Ich wusste es nicht, und ich hatte nicht die Kraft für einfache Antworten.

»Wohin bist du unterwegs?«, fragte ich.

»Runter nach Downtown zu einem Lunch mit ein paar Negrotariern. So wie es aussieht, vermittelt mir Van Vechten ein Stipendium, damit ich im Frühjahr nach Florida gehen kann. Und das nicht eine einzige Minute zu früh. Hier ist es ja kalt wie eine Hexentitte. New York im Winter ist einfach voll daneben.«

Sie zitterte übertrieben, um ihre Worte zu unterstreichen, und wickelte sich ihren lilagestreiften Schal enger um den Hals.

»Da wir gerade von Geld reden – hast du welches, May?«

»Nein. Tut mir leid, Liebes. Heute bin ich total pleite.«

»Verdammte Hacke! Da muss schnell der Arsch bewegt werden, und ich hab keinen Cent zum Kratzen. Wie soll ich denn die Bahn bezahlen?«

Bevor sie richtig in Fahrt kam, erregte etwas anderes ihre Aufmerksamkeit.

»He, he, he, Kollege! Bleib mal kurz stehen.«

Zora lief von mir weg und eilte einem großen, kohlraben-schwarzen Mann mit Kolani-Jackett nach, der in die entgegen-gesetzte Richtung ging.

»Ganz ehrlich, Sie haben ja einen ganz schönen Meckel.« Sie umkreiste den Mann und stieß einen Pfiff aus, als sie das Aus-maß seines Kopfes in Augenschein nahm. »Das ist ein beeindru-ckender Schädel, Bruder. Es macht Ihnen doch sicher nichts aus, wenn ich Sie eine Sekunde aufhalte und Maß nehme, oder?«

Zora zog ein Instrument hervor, das ich nur beschreiben kann als eine Mischung aus Armbrust und Hut mit Klappkrempe. Sofort nahm der Mann seinen Hut ab und ließ sich den Kopf messen. Sie würde studierten, erklärte sie, und ihr Professor (*Franz Boas, der Anthropologe – Sie haben nicht zufällig von ihm gehört?*) würde verlangen, dass sie wichtige Informationen über ihre Leute sammelt. Ein bisschen nach links, bitte, und Kinn runter.

Nur Zora konnte einen Harlemiten anquatschen und nicht nur *nicht* beschimpft werden ob des Anliegens einer Kopfmes-sung, sondern noch einen Gruß mit den Fingern am Hut und obendrein beim Gehen noch etwas zu hören kiregen wie: »Recht schönen Dank, Fräulein.«

Als sie mit dem Mann fertig war, gingen wir weiter die Lenox Avenue hinauf.

»Zora, kann ich dich was fragen?«

»Solange du's nicht beweisen kannst, war ich's auch nicht.«

»Nein, im Ernst. Wie läuft's denn so bei dir im Barnard Col-lege?«

»Könnte nicht besser sein. Warum?«

»Weil … fühlst du dich nicht manchmal so, als würdest du nicht dazugehören? Hast du nie Probleme, weil du eine Farbige bist?«

Zoras Augen wurden sanft. »Also, als Erstes gehöre ich überall dazu, wo ich bin. Das ist doch logisch. Sonst wäre ich ja nicht dort. Ich denk mal so: Ins Barnard bin ich ja nicht durch Zufall gekommen. Also lass ich auch nicht zu, dass irgendjemand mir da in die Parade fährt. Das gilt insbesondere, wenn sie im Grunde nur versuchen, so wie ich zu sein. Sie wären wahnsinnig gern so rotzfrech wie ich. Das geben sie natürlich nicht zu. Nicht mit so vielen Worten. Aber eine Katze ist eine Katze, ob sie lange Haare hat oder kurze. Also nein, ich habe keine Probleme. Im Gegenteil, im Barnard existierst du gar nicht, solange du nicht mit Zora Neale zu Mittag gegessen hast. Und einen Termin zu kriegen, ist nicht so leicht, wenn du verstehst, was ich meine.«

Als wir die Treppe zur U-Bahn erreichten, sprach uns ein blinder Bettler an, der vor der Station auf einer Milchkiste saß.

»Verzeihung. Ein Nickel für einen alten Mann? Haben Sie einen Nickel übrig, bitte?«

Der Alte hatte milchig-graue Augen. Er war in eine lohgelbe Decke gehüllt, die gleiche Farbe wie seine Haut. Er klimperte mit der Münze in seinem Blechnapf und streckte ihn hoch.

Zora legte eine Hand auf ihr Herz und lächelte.

»Gott ist voller Güte«, sagte sie.

Dann trat sie direkt vor den alten Mann hin. Der Bettler spürte ihre Anwesenheit und streckte den Becher höher.

»Ein Nickel für die Armen?«

»Die Sache ist so.« Zora griff in seinen kleinen Blechnapf und nahm die eine Münze, die sich bereits darin befand. »Ich brauche diesen Nickel heute dringender als Sie. Aber wenn Sie ihn mir jetzt für die U-Bahn pumpen, kriegen sie ihn ein andermal wieder. Versprochen.«

Während sie auf die Treppe zuging, drehte sie sich noch einmal um und rief mir zu: »Hast du Samstag was vor? Nein? Gut. Dann komm vorbei, so um neun in der Früh. In der neuen Wohnung

Ecke 66ste Straße und Park. Kannst mir beim Umziehen helfen. Du bist klasse, May. Das gefällt mir. Okey-dokey. Bis dann!«
Dem Bettler rief sie noch zu: »Danke, Mister!«, dann war sie verschwunden.

Am Samstagmorgen stand ich vor einem schiefen, gelben Sandstein-Haus direkt gegenüber dem Central Park. Zora wartete bereits.

»Ich komm runter«, schrie sie aus dem Fenster, noch bevor ich klingeln konnte.

Zora öffnete, ihr Haar mit einem gepunkteten Tuch nach oben gebunden, der Rest in einer Jeans-Latzhose. Ihr Gesicht leuchtete hell und bleich in der Morgensonne.

»Komm mit rauf!«

Sie klemmte ein Wörterbuch in die Tür, damit sie nicht zufiel, und führte mich die Treppen hinauf in den zweiten Stock.

»Die da.«

Ihre Stimme hallte von den Holzböden und den weißgetünchten Wänden und sprang dann hoch an die Decke. Ich konnte vom Eingang aus die ganze Wohnung sehen. Die Wohnzimmerfenster rechts überblickten den Park. Die Küche (eine Anrichte, ein Kohleherd, ein Waschbecken, eine Eisbox) war linkerhand. Am Ende des Wohnzimmers führte eine Tür zu einem Nebenraum, vermutlich dem Schlafzimmer, und eine andere ins Badezimmer. Abgesehen von zwei Koffern und einem Berg Hutschachteln war die Wohnung leer.

»Zora? Was genau soll ich hier umziehen?«

»Das sehen wir dann, wenn die Sachen eintrudeln«, sagte sie und setzte sich hin, um zu warten.

Eine Stunde später war überhaupt nichts eingetrudelt. Wir saßen am Boden, neben dem keuchenden Heizkörper unter dem Erkerfenster, und spielten Whist.

»Zora, ich muss jede Menge Bücher –«

»Entspannt euch, die ihr kleingläubig seid. Alles im Anmarsch.«

»*Was* ist im Anmarsch?«

Sie sah mich an, als hätte ich Griechisch geredet. »Meine Sachen. Was glaubst du, warum ich dich herbestellt habe?«

»Aber wo sind diese ganzen Sachen?«

»Gute Frage. Die Leute sind heutzutage einfach so langsam.«

»*Welche Leute*, Zora?«

Schließlich klärte sie mich über die fehlenden Sachen auf. Zoras Vorstellung davon, wie man eine Wohnung einrichtet, war die, all ihren Bekannten zu sagen, dass sie am Samstag ihre neue Wohnung bezieht. Und ob man es glaubt oder nicht, in dieser neuen Wohnung gibt es kein einziges Möbelstück. Die Leute würden aufgrund dieser Information selbstverständlich die richtigen Schritte unternehmen. Was sie nicht verstand, war, wo sie denn alle blieben. Dieser Tag zog ungenutzt vorüber.

Ich war stinksauer. Ein ganzer Vormittag verloren. Ich hatte den langen Weg stadteinwärts auf mich genommen (zwei U-Bahnen und ein Fußmarsch über sechs Blocks) und wofür bitte? Um Karten zu spielen und zuzuhören, wie der Heizkörper vor sich hin grummelte?

»Wohin gehst du?«, jammerte sie.

»Nach Hause, um ein paar Dinge gebacken zu kriegen.« Ich küsste ihre Wangen und steckte Arbeitshandschuhe und Kopftuch in meine Tasche. »Ruf mich an, sobald der Raum nicht mehr hallt.«

Ich riss die Wohnungstüre auf. Eine blonde Frau mit Strohglockenhut und Kamelhaarmantel stolperte herein, die Hand immer noch fest am Türknopf.

»Helen!«, krähte Zora. »Schön, dass du mich besuchen kommst.«

»Na, du hast doch gesagt, dass du heute einziehst, und da dachte ich, du kannst vielleicht ein paar Sachen gebrauchen.«

Mir fiel die Kinnlade runter.

»Ist das nicht typisch? Denkst immer an deinen Nächsten. Glaube ich das? Weißt du, eines Tages werde ich mit dir zu Mittag essen. Helen, das ist meine Freundin Dr. May Chinn. May hilft mir heute beim Einziehen. Das stimmt doch, May, oder?« Beide schauten mich erwartungsvoll an.

»Natürlich«, murmelte ich. »Aus dem Grund bin ich da.« Betreten stellte ich meine Tasche hin und ging raus ins Treppenhaus, um »Zoras Sachen« reinzutragen.

Helen von der Anthropologie brachte Geschirr und Bettwäsche. Margaret von der Soziologie ließ ihren Fahrer einen Schreibtisch mit dazu passendem Eichenstuhl hochtragen. Professor Boas schickte ein Messingbett (das zufälligerweise genau die richtige Größe für die Bettwäsche hatte, die Helen dagelassen hatte) sowie einen lieben Brief mit guten Wünschen für seine »dunkle Tochter«. Fannie Hurst sandte herzliche Grüße und ein nagelneues Chenille-Sofa. Brian, der Zora über gemeinsame Bekannte kennengelernt hatte und hoffte, irgendwann noch besser bekannt zu werden, brachte einen kleinen Esstisch aus dem Ausstellungsraum seines Vaters. Der war nicht wirklich erste Sahne, sah aber aus, als würde er bis ans Ende aller Tage halten.

Als ich abends heimging, war die Wohnung voll. Sogar gemütlich. Sofa, Beistelltischchen, Lampen, Töpfe, Pfannen, Sekretär, Handtücher, ein Perserteppich-Imitat, sogar Bilder für die Wände – alles hatte sie.

»Verdammte Hacke!« Zora kratzte sich am Kopf. »Kein Schwanz hat mir Messer und Gabel gebracht. Was ist los mit dieser Welt? Soll ich mit den Fingern essen?«

Ich nahm sie in den Arm. »Keine Sorge, Zora, die kommen noch.«

Das brachte meine Freundin zum Lachen. Sie lachte, bis ihre Kehle trocken und kratzig war.

»Du hast's kapiert, Lil' Bit«, sagte sie.

Na ja, nicht wirklich, aber dass sie es sagte, fühlte sich gut an. Und weil ich meine Dankbarkeit immer ausdrücken muss, brachte ich am nächsten Tag vor der Arbeit drei Taschen mit Lebensmitteln vorbei, das meiste davon aus meiner eigenen Eisbox, sowie einen Schuhkarton voller Besteck.

»Na, das bist du ja«, rief sie, als hätte sie mich erwartet.

»Ja, klar. Wo soll ich denn sonst hin?«

Zora verstaute das Besteck und lud mich ein, dazubleiben und bei ihrer Housewarming-Party mitzufeiern.

»Ich hab allen gesagt, es gibt Hühnchen aus der Hand, weil ich ja keine Gabeln hatte. Deshalb verstecke ich das Besteck lieber hier hinten in der Schublade. Ich meine, es wäre doch unfair, die Leute zu enttäuschen, wo sie sich doch schon so darauf freuen, sich mal wieder richtig einzusauen. Du weißt doch, Süße, ich will, dass ihr euch wohlfühlt.«

Der Frühling kam. Ich nahm mir den ersten Samstag im April frei, den ganzen Tag, um an der Hochzeit meines Freundes Countee teilzunehmen. Es war das größte gesellschaftliche Ereignis, das Harlem je erlebt hatte. Über dreitausend Leute kamen, um mitzuverfolgen, wie Countee Yolanda heiratete, die einzige Tochter von W. E. B. DuBois. Die Menge drängte sich im Umkreis von mehr als einem Block vor der Kirche, alle waren piekfein angezogen und hofften inständig, in die Kirche eingelassen zu werden und die Zeremonie sehen zu können.

»May!«

Paul kam auf mich zugerannt, ganz aufgeregt und strahlend vor Glück. Er hob mich hoch und warf mich in die Luft wie ein Baby.

»Stell diese Frau wieder hin.«

Essie trat neben uns. Sie lächelte, aber ihr Gesicht war aufgedunsen und blass. Wie üblich setzte diese Frau Maßstäbe mit ihrem atemberaubenden, marineblauen Satinkleid. Der Rock fiel in raffinierten Falten geradewegs hinunter bis zu ihren Fesseln. Dazu trug sie ein passendes Alpaka-Cape über die Schulter und einen marineblauen Schlapphut, der ihre Augen beinahe vollständig verdeckte. Für eine derartige Aufmachung hätte ich die vergangenen zehn Jahre meines Lebens gegeben.

»Du siehst umwerfend aus, Essie«, sagte ich mit Blick auf ihr Kleid.

»Lügnerin. Die Säcke unter meinen Augen sind groß genug, um einen Koffer zu füllen. Aber dem Baby geht's gut, Paul geht's gut, und mir geht's auch wieder besser. Was will man mehr. Und wie geht's dir?«

»Sehr gut. Ich bin bald mit der Assistenz fertig –«

»In drei Monaten«, sagte sie.

Essies Gesicht wurde ruhig, fast weich. Ihre Augen kreisten einen Moment lang, wie zwei aufgeregte braune Spatzen, und ließen sich dann irgendwo in der Ferne nieder, weit vor uns. »Paul spielt gerade eine Hauptrolle in *Porgy*. Hast du's schon gesehen? Wenn nicht, solltest du dich beeilen. Er geht nämlich bald nach London und macht *Showboat*.«

Wir bewegten uns langsam in Richtung Kirche, und Paul versuchte, das betretene Schweigen zu beenden.

»Das neue Baby ist so süß, May. Du solltest es mal sehen. Wer hätte gedacht, dass so etwas Kleines derart viel Spaß machen kann? Und apropos Kinder, ich frage mich, ob Yolanda und Countee auch welche haben wollen?«

Essie schnaubte. »Da würde ich nicht drauf wetten.«

Angeführt von Paul bahnten wir uns einen Weg durch die Menschenmenge in die Kirche hinein. Alle machten ihm Platz. In der vordersten Reihe saß W.E.B. DuBois mit seiner Familie; alle schauten geradeaus nach vorne, wie Mitglieder des Königshauses.

»Sir!« Paul schnappte sich Papa DuBois und umarmte ihn fest. Der schüttelte Paul und Essie die Hand und gab dann mir einen Kuss auf beide Hände und meine gesunde Wange.

»Meine Schöne«, sagte er. »Es tut so gut, hier echte Freunde zu sehen. Ich fühle mich sehr geehrt. Wie geht's deinem Vater?«

»Gut, Sir. Er schickt herzliche Grüße und lässt ausrichten, dass er immer für Sie da ist, was immer auch passiert.«

Papa DuBois sackte ein klein wenig zusammen. Seine Haltung blieb unverändert. Die Schultern behielten die Spannung. Aber unter der Haut, an einer Stelle, die nicht mit Knochen oder Blut in Berührung stand, ließ er sich selbst ein wenig los. Das tat mir im Herz weh. Ich rief ihn zurück.

»Papa, Sie können wirklich stolz sein. Ich bin stolz für Sie. Schauen Sie doch, wie viel Sie all diesen Menschen bedeuten.«

»Ja.« Er ließ den Blick schweifen, ohne dabei jemandem in die Augen zu sehen. »Es gibt vieles, worauf man stolz sein kann. Es gibt hier Wahrheit. Eine Zukunft. Oder täusche ich mich?«

»Ja«, sagte ich. »Und all das nur wegen Ihnen.«

Er küsste mich noch einmal. »Du musst dich hierhersetzen. Zu uns. Du gehörst auch zur Familie.«

Paul, Essie und ich ließen uns nieder und schauten uns um. James Weldon Johnson saß neben, Alain Locke hinter uns.

»Schau nur, Essie«, sagte ich. »Dort ist Jessie Fauset mit Gwendolyn Bennett.«

Essie verdrehte unbeeindruckt die Augen. »Seit Jessie ihr Buch *Plum Bun* veröffentlicht hat, tut sie, als würden Sonnenaufgang und Sonnenuntergang auf ihrem Hinterteil stattfinden.«

Paul studierte sein Programmheftchen.

»Und schau. Ist das da hinten Claude McKay?«

»Wo denn?«, schrie sie. »Ich hoffe doch sehr, dass dieses schwarze Affengesicht nicht da ist. Warum sollte man eine perfekte Feier mit derartigem Nigger-Gesindel ruinieren? Aber weißt du was?

Home to Harlem ist ein Bestseller. Kaum zu glauben, aber dieser Schwarzgebackene ist der erste afroamerikanische Autor mit einem Bestseller. Ist das nicht typisch?«

»Zora!«, rief Paul und hob den Arm über die Köpfe der Gäste. »Rutsch mal, Essie. Machen wir Platz für Zora.«

»Weißt du«, sagte Essie, »ich kann diese Frau immer weniger leiden, je öfter ich sie sehe.«

Viele meiner Freunde tauchten in der Menge auf, manche hatte ich seit Jahren nicht gesehen. Nella Larsen, Bud Fisher, Aaron Douglas, Duke Ellington, A. Phillip Randolph, Wallace Thurman, Fauntleroy. Ich war drauf und dran, auch nach Jean Toomer Ausschau zu halten, aber im Grunde wusste ich, dass er nicht da war. Als vor ein paar Jahren *Cane* erschienen war, hatten ihn die weißen Kritiker als den größten Neger-Schriftsteller aller Zeiten gefeiert, als *das* Genie der Renaissance. Das stank ihm gewaltig, und von da an weigerte er sich, ein Neger zu sein. Mir war klar, dass er niemals bei einem Event mit mehreren Tausend dunklen Gesichtern auftauchen würde. Aber trotzdem fehlte er mir. Nach einer Weile hörte ich auf damit, die Namen der Leute, die ich entdeckte, zu rufen, um Essies Kommentare nicht mehr anhören zu müssen. Ich gönnte mir das Vergnügen, mich in aller Stille an ihnen zu freuen.

Die Hochzeit war ergreifend. Langston führte den Bräutigam zum Altar, und Countees bester Freund, ein gutaussehender junger Lehrer namens Harold Jackman, war der Trauzeuge. Die Jungvermählten fuhren dann auffallend gefasst und würdevoll davon, in einer vergoldeten Kutsche mit sechs Schimmeln. Ganz Harlem stand am Straßenrand und sah sie vorbeifahren.

Als wir uns dann alle zur Genüge durcheinander gedrängelt hatten und alles beredet war, als ich mich von allen verabschiedet und allen versprochen hatte, in Kontakt zu bleiben, war es schon dunkel. Ich bummelte nach Hause, ganz erfüllt von Gesichtern,

Musik und Geschichten, die ich Mama erzählen konnte. Sie wurde wach, gerade lang genug, um alles anzuhören und mich zu fragen, ob ich glücklich sei. Dann gähnte sie in ihre geschlossene Faust und schlief weiter.

Ich betrachtete eine Strähne meiner Haare im Licht der Lampe – unten waren sie in viele dünne Enden aufgesplisst wie das Bein eines Käfers. Ich hatte auch zugenommen. Weich und rund in der Körpermitte. Den Männern gefiel das offensichtlich, sie lächelten noch einen Tick mehr, wenn ich vorbeiging, doch mich machte es müde.

Ich arbeitete zu viel. Sollte eigentlich mehr auf mich achten. Doch seltsam, je mehr ich arbeiten musste, desto mehr spornte es mich an, damit klarzukommen

Ich hatte es fast geschafft. Noch knapp zwei Monate am Harlem, dann war ich fertig und auf mich allein gestellt. Es fühlte sich gut an, auch wenn ich nicht wusste, was auf mich zukam und wie ich überleben würde. Die anderen, darunter auch Louis, schlossen Wetten ab, wie lange ich mich in Harlem würde über Wasser halten können. Manchmal fragten sie mich, ob ich mitwetten wollte.

Zeit zum Gehen. Ich legte den Brief, den ich las, beiseite.

May, hast Du gehört? Ein richtiger Skandal! Countees Zirkusvorstellung von einer Hochzeit ist gerade mal zwei Monate her, und schon ist er nach Paris abgedüst – mit Harold Jackman. Dem Trauzeugen. Skandal, sage ich, Skandal! Die Familien DuBois und Cullen sind verständlicherweise völlig in Panik. Und natürlich verbreiten ihre Kritiker die Neuigkeit in ganz Harlem. Darkies können so anstrengend sein … Ich küsse Dich.
Deine

Essie

323

Dumm gelaufen. Aber ich hatte keine Zeit, groß darüber nachzudenken. Ich musste noch einen Hausbesuch machen, bevor ich mich fürs Wochenende abmelden konnte.

Ich nahm meine Tasche und ging durch den Hintereingang raus, als gerade der Notarztwagen mit einem neuen Patienten ankam. Ich ging die Lenox Avenue runter, um die 131ste Straße vor dem Lafayette-Theater zu überqueren, und wartete darauf, dass die Ampel umschaltete. Ich wollte nicht rüber zur Seventh, bevor ich nicht an *Connie's Inn* vorbei war, das Schwarzen noch immer keinen Einlass gewährte.

Die Sonne überzog die niedrigen Backsteinhäuser mit Verzierungen aus Gold und Bernstein. Die Bäume entlang der Straße trugen kleine Knospen, wie gepunktete Lippen, fest und kühl und grün. In den Räumen über meinem Kopf ließen Frauen in großen Töpfen Essen vor sich hin köcheln. Das konnte ich deutlich riechen. Farbige Frauen kochten gut an Abenden wie diesem. Ihre Aufmerksamkeit war großzügig, langsam und entspannt und ausschließlich. Sie gossen reine Liebe in ihr Essen hinein und ließen dabei die Fenster geöffnet. Ich ging zu meinem Termin und sog alles ein, roch Bäume und Kohlgemüse und, von irgendwo über mir, eine Duftwolke mit Lavendelparfüm.

Ich ging hinauf in den dritten Stock und klopfte an die Tür. Nichts. Ich wusste, dass Mister Daniels da drin sein musste. Er konnte allein gar nicht raus. Ich fing an, gegen die Tür zu hämmern. Immer noch keine Antwort. Ich hämmerte so laut, dass Mister Raimes, der Hauswart, heraufgerannt kam, um zu sehen, was los ist. Als er mich da stehen sah, eilte er wieder runter, um den Ersatzschlüssel zu holen.

Der alte Mann schloss die Tür auf und öffnete sie weit. Mister Daniels erwartete mich.

Nackt hing er an einem Gürtel am Rohr neben dem Heizkörper, direkt am Fenster. Mister Daniels' Beine waren im Krieg an den Knien amputiert worden. Deshalb hatte er es auch nicht geschafft, die Lichtarmatur an der Decke zu erreichen. Dass er es versucht hatte, konnte man an den Kratzspuren auf der Einfassung erkennen. Sein toter Körper sah aus, als würde er bloß an die Wand gelehnt am Boden sitzen, nur dass sein Hinterteil zehn Zentimeter über dem Boden schwebte. Er war lila angelaufen und steif, und die Haut war stellenweise bereits fahl und verdorben.

Das Einzige, woran ich denken konnte, war, dass der Mann gerade mal so alt war wie Coleman, so alt, wie er jetzt wäre, wenn er noch lebte. Sie hatten sich während des Krieges gekannt. Das Fünfzehnte »Heavy Foot«.

Mister Daniels' Augen waren hervorgewölbt und ausgelaufen, so als wäre er tot und könnte trotzdem nicht aufhören zu weinen.

Ein Blatt Papier lag neben dem Toten. Mister Raimes kickte es mit dem Fuß, bis es weit genug entfernt lag. Dann bedeckte er seine Nase mit seinem Hut und hob es auf.

»Für Sie«, sagte er und reichte es mir.

Liebe Dr. May,
verzeihen Sie mir. Danke für alles, was Sie getan haben. Es ist nicht Ihre Schuld. Wenn Sie nicht wären, hätte ich es früher getan. Gott schütze Sie. Suchen Sie bitte meine Familie auf, wenn Sie können. Sagen Sie ihnen, es war nicht schwer.
In großer Liebe und Dankbarkeit,
Edward Daniels

»Kommen Sie raus«, sagte ich zu Mister Raimes. »Machen Sie die Tür zu. Ich sorge dafür, dass innerhalb der nächsten Stunde jemand die Leiche abholt.«

Mister Daniels' Augen gingen mir nicht aus dem Kopf. Sie waren der Grund dafür, dass ich, als ich mein Kämmerchen hinter der Notaufnahme betrat, ihn nicht gleich sehen konnte. Meine Gedanken waren Jahre zurückgeschweift, auf der Suche nach neuen Erklärungen.

Als Erstes schlug mir der Geruch entgegen.

Ein gehäuteter Waschbär, blutig und roh, lag auf meinem Tisch, mit den Beinen nach oben, Augen, Zunge und Vorderpfoten fehlten.

Ich musste mich nicht übergeben und schrie auch nicht. Der Fötus war schlimmer gewesen. Die dunkelgrauen Genitalien, die man einem toten Landstreicher abgeschnitten und in meine Tasche gesteckt hatte, waren schlimmer gewesen. Trotzdem taumelte ich rückwärts aus dem Zimmer und schlug die Tür hinter mir zu, während es mich würgte. Drei oder vier andere Assistenzärzte kamen zufällig vorbei.

»Habt ihr das gemacht? Ja oder nein?«

»Was gemacht? Wovon redest du?«

Um die Ecke herum hörte ich ein paar Stimmen, ein Kichern, dann fiel eine schwere Eisentür zu. Ich rannte den Geräuschen nach, über die Treppe, hinauf ins oberste Stockwerk und dann wieder ganz hinunter. Das Treppenhaus war leer. Sie waren verschwunden.

Ich kauerte mich auf der untersten Stufe zusammen, presste den Oberkörper auf die Knie und blieb lange so sitzen. Dann machte ich mich auf die Suche nach einer Putzfrau. Ich musste länger als eine Stunde warten, bis endlich eine der farbigen Frauen ihren Dienst begann, denn ich schämte mich, eine der weißen Putzfrauen um Hilfe zu bitten. Die Frau, Dot, half mir, den Waschbär in festen Leinenstoff einzuwickeln und draußen zu entsorgen. Dann kam sie mit mir zurück und gemeinsam schrubbten wir den Raum. Während ich putzte, achtete ich genau auf jeden der Gedanken, die in mir hochkochten. Diese lodernden, blutigen Gedanken mussten freigesetzt werden. Ich weigerte mich, sie zu hassen, oder so klein zu werden, wie sie versuchten, mich zu kriegen. Aber das war so unglaublich schwer. Immer wenn ich spürte, wie ein Schrei in meiner Kehle aufwallte, sagte ich mir laut: »Zwei Monate«, schloss die Augen und senkte den Kopf, bis ich wieder atmen konnte.

In der Woche darauf erwartete Dr. Crump mich in meiner Kammer, als ich mich zum Dienst zurückmeldete.

»Schlimme Sache, die Ihnen da widerfahren ist. Alles wieder in Ordnung?«

»Mir geht's gut, Sir.«

»Es sind nur noch ein paar Wochen bis zum Examen. Nehmen Sie teil?«

Niemand hatte mir bis jetzt diese Frage gestellt. Kein einziges Mal. Ich hätte losheulen können.

»Ja, Sir.«

Dr. Crump lächelte. »Gut. Dann habe ich etwas für Sie.«

Er reichte mir ein Stück Papier mit einem Namen und einer Adresse – Dr. Ronald Williams in der Edgecombe Avenue Nr. 44.

»Sie werden nach dem Abschluss in keinem einzigen Krankenhaus eine Stelle kriegen, das ist klar. Dieser Mann ist Chefarzt am Edgecombe-Sanatorium. Sieben Negerärzte praktizieren dort, und man sagt mir, dass noch eine Praxis für einen achten frei ist. Das ist natürlich mit einer Anstellung nicht vergleichbar, aber es ist immer noch besser, als ganz alleine zu sein. Treffen Sie sich mit ihm.«

Ich wusste nicht, was ich sagen sollte. Er hatte die Hilfe angeboten, die ich dringend brauchte, und das noch, bevor ich überhaupt gefragt hatte. Das bewies mir, mehr als alles andere, dass ich das Richtige tat. Und wenn das wirklich der Fall war, dann würde alles andere auch klappen. Irgendwie.

Sechs Wochen danach fand die Verleihungsfeier für die Absolventen des *Intern*-Praktikums statt.

Mama ging hin. Ich verschlief das Ganze. Das erste Mal seit zwei Jahren konnte ich gut schlafen.

Kapitel 18

Mama schenkte mir zum bestandenen Examen ein glänzendes Messingschild mit meinem Namen drauf:

DR. MED. MAY EDWARD CHINN

Wir montierten es außen an meiner neuen Praxis im Empfangsbereich des Edgecombe-Sanatoriums.

Am Tag, nachdem Dr. Crump mir den Hinweis gegeben hatte, war ich gleich zu Williams gegangen, meinen Lebenslauf in der einen Hand und ein Vorstellungsschreiben in der anderen. Dr. Williams warf einen Blick auf den Lebenslauf und steckte das Schreiben ungeöffnet in die Westentasche. Er schaute mich von oben bis unten an, fragte, ob es stimmt, dass ich Paul Robeson und W.E.B. DuBois kenne, und war damit einverstanden, dass ich auf der Stelle anfing. Er bot mir die Praxisräume und die Zweizimmerwohnung darüber für nur hundert Dollar im Monat an. Ich griff zu, auch wenn all das irgendwie zu schön war, um wahr zu sein.

Das Sanatorium bestand eigentlich aus zwei Sandstein-Häusern mit einem Verbindungsgang aus Glas und Backstein im vierten Stock. Stationäre Patienten waren im südlichen Teil des vierten Stocks untergebracht, direkt neben dem Operationssaal. Ich hatte im Empfangsbereich ein langgestrecktes Wartezimmer auf den Park hinaus. Der kleine, quadratische Raum dahinter wurde mein Büro. Irgendwie gelang es mir, dort einen

329

Untersuchungstisch, eine Glasvitrine für das Arbeitsmaterial, einen hüfthohen Aktenschrank und einen Mahagoni-Schreibtisch (zum Studienabschluss geschickt von Paul) hineinzuquetschen. Um hinter dem Schreibtisch hervorzukommen, musste ich den Bauch einziehen und seitwärts gehen. Gleich zu Beginn verwandelte ich die Abstellkammer zwischen Wartezimmer und Büro in ein Mini-Pathologie-Labor, um meine eigenen Bluttests und Gewebeanalysen machen zu können. Und das war's auch schon.

Ich war angekommen. Mama und ich waren angekommen. Wir hatten es geschafft.

Dr. med. May Edward Chinn.

Am meinem ersten Arbeitstag kamen die anderen Ärzte in mein Büro, um sich vorzustellen. Was mich an ihnen am meisten faszinierte, war, dass sie alle irgendwie gleich waren, dass jedem von ihnen etwas Individuelles fehlte, sodass ich mir vorkam, als würde ich immer wieder ein und demselben Mann die Hand schütteln. Sie alle waren sepiafarbene Männer, keiner von ihnen dunkler als eine weiche Scheibe Toast. Ich konnte sehen, wie stolz sie darauf waren. Jeder von ihnen hatte welliges Haar, das vom Kopf abstand und glatt zur Seite frisiert war.

Als sie mir die Hand drückten, fühlten ihre Finger sich so hart wie Klaviertasten an. Ihre Hände machten mich nervös.

Um sie voneinander unterscheiden zu können, musste ich mich auf die kleinen Dinge konzentrieren. Dr. Rayburn hatte eine gespaltene Nase, breit in der Mitte und mit schmalen Flügeln, die ihm große Ähnlichkeit mit dem Teufel verlieh. Dr. Woodbine klappte seine falschen Zähne auf und zu, sobald er nicht redete. Das klang wie Porzellan-Kastagnetten. Dr. Randolph begann jeden Satz mit »ähm-ähm«. (Also etwa: »Äh-ähm, das ist, ähm-ähm, genau das, worüber, ähm, ich gesprochen habe. Ähmähm.«) Dr. Murray starrte mich nur an.

330

Ich kümmerte mich nicht um Dr. Murray. Er war nicht gefährlich, und zumindest schien er etwas zu sehen, wenn er mir ins Gesicht schaute. Er reagierte ungekünstelt, wenn ich ihn begrüßte, und zeigte auch tatsächlich seine Zähne, wenn er lächelte. Ich hoffte, wir würden uns anfreunden.

»Es ist gut, dass Sie hier sind, May«, sagte Dr. Williams. »Sie sind genau das, was uns gefehlt hat.«

»Vielen, vielen Dank, Dr. Williams. Ich weiß Ihr Entgegenkommen sehr zu schätzen, und ich versichere Ihnen, Sie werden nie bereuen, dass Sie mir vertraut haben.«

»Achten Sie nur darauf, junges Fräulein, dass Sie das Gebäude abends nach acht Uhr dreißig nicht verlassen«, sagte Dr. Woodbine.

»Ähm, Verzeihung, Sir?«

»Sie haben schon richtig gehört«, fauchte der alte Mann. Er drehte mir den Rücken zu und schaute zum Fenster.

»Was er meint, May«, sagte Dr. Williams, »ist, dass der Staat New York per Gesetz vorschreibt, dass rund um die Uhr jemand da sein muss, wenn es stationäre Patienten im Südflügel gibt. Und normalerweise gibt es die. Und da Sie jetzt hier wohnen, sind Sie diese Person.«

Meine Hände fingen an zu zittern. Ich ballte sie zu Fäusten und verschränkte die Arme, um sie unter meinen Achseln zu verstecken. Doch ich zitterte weiter, kleine Krämpfe, die wie Wellen von meinen Händen rollten, die Arme hinauf, durch die Rippen und weiter über den ganzen restlichen Körper.

Plötzlich ergab alles Sinn. Dass Dr. Williams so schnell Ja gesagt hatte. Dass er mir nicht in die Augen sehen konnte, ohne eine leichte Grimasse zu ziehen. Dr. Murray drehte sich weg und starrte auch aus dem Fenster.

»Ich bin also auf einmal *Resident*, der verantwortliche Facharzt?«

Williams klopfte mir auf die Schulter. »So würde ich das nicht ausdrücken. Es wäre der Sache nicht dienlich, wenn wir es so betrachten würden. Und wir wollen doch alle, dass das hier funktioniert. Oder etwa nicht, May?«

»Wie haben Sie das denn vorher gehandhabt?«, fragte ich.

»Wir haben uns abgewechselt. Aber jetzt, da Sie da sind, ist das ja nicht mehr nötig. Mal ehrlich, die Art von Schichtbetrieb ist schon anstrengend. Zu wenig Zeit für die Familie. Sie haben ja keine Familie. Also sind Sie sicher auch der Meinung, dass das die fairste Lösung ist.«

Das Wort *Nein* sprang in mir auf und ab, ein kleiner Metallknoten, der zwischen meinen Rippen wirbelte.

Er wurde größer, heißer, hässlicher, je länger ich dastand. Ich wollte nicht zulassen, dass diese Männer mich an meinem Traum festketteten. Das durfte nicht geschehen. Es musste einen anderen Weg geben. Aber ich konnte ihnen ja nicht geradeheraus Nein sagen. Wo sollte ich sonst hin? Was würden sie von mir denken? Was würde Dr. Crump denken?

»Ich tu, was ich kann«, murmelte ich. »Verzeihen Sie, meine Herren. Ich muss mich dann fertigmachen.«

Und ich tat furchtbar wichtig und richtete mein makelloses Wartezimmer aus, zog die Rollos hoch, trug einen Stapel Unterlagen von einer Seite zur anderen, um meinen Start in den Tag vorzubereiten.

Und das alles, obwohl ich gar keine Patienten hatte.

Vier Tage später hatte ich immer noch keinen einzigen Patienten.

Einen der Gründe dafür hatte ich am Tag vorher entdeckt. Um sieben in der Früh war es bereits wahnsinnig heiß. Ich dachte, wenn ich schnell runter zur St. Nicholas Avenue renne, erwische ich noch den Eismann auf seiner Route. Als ich zur Tür rausging und grad die Treppe runterwollte, hörte ich zufällig, wie Dr. Ray-

burn, einer der älteren Kollegen, einer meiner Patientinnen aus
Harlem sagte: »Sie ist nicht da, Misses Fontaine. Wahrscheinlich
hat sie wieder verschlafen. Bringen Sie Ihren Sohn doch einfach
in meine Praxis.«

»Ich bin nicht sicher, ob das gut ist, Sir – nichts gegen Sie. Aber
Dr. May ist doch die, die ihn behandelt.«

»Meine Liebe!«, rief er. »Was um alles in der Welt könnte denn
eine Frau für Sie tun, das ein Mann als Arzt nicht viel besser
kann?«

Und er führte sie an der Hand in sein Büro im Erdgeschoss.

Ich sah, wie sich seine Tür schloss, fühlte mich wie ein Vollidiot
und schämte mich.

Von da an wartete ich auf einem der Stühle am Fenster. Am
darauffolgenden Dienstag hatte ich endlich meinen ersten Patienten. Eine gutaussehende schwangere Frau im rosa Röhrenkleid
und breitkrempigen Strohhut schwankte die Treppe herauf.

»Sind Sie Dr. May?«, fragte sie, als ich ihr die Tür öffnete.

»Aber sicher bin ich das. Und Sie sind?«

»Anabelle Lincoln. Die Frau von Dr. Lincoln.«

Dr. Lincoln hatte das südwestliche Büro im zweiten Stock. Ich
zwang mich zum Weiterlächeln. Für ihre Patienten war ich nicht
gut genug, aber für ihre Frauen und Kinder offenbar schon – die
selbstredend umsonst behandelt wurden, ein Fall von kollegialer
Höflichkeit, ein ungeschriebenes Gesetz unter Ärzten.

In diesem Sommer waren meine einzigen regelmäßigen Pati-
enten die Familienangehörigen der anderen Ärzte. Zwei schwan-
gere Ehefrauen, eine Schwester mit gebrochenem Bein, eine
Großmutter mit Nierenversagen, ein Junge mit einer Murmel,
die im Ohr steckte, sowie Nipsey, die Katze der alten Misses
Woodbine – die auch zur Familie gehörte und sich seit einiger
Zeit nicht besonders wohl fühlte. Ob es mir etwas ausmacht?
Nur mal kurz nachsehen ... Mama ging weiterhin einem ihrer

Jobs nach, und ich glaube, sie schmuggelte auch immer noch heimlich Wäsche ins Haus, wenn sie dachte, dass Papa und ich es nicht mitkriegen.

Ab und zu klopfte Dr. Murray an meine Tür.

»Will nur mal sehen, wie's Ihnen geht, May. Alles in Ordnung?«

»Ja, Steven. Danke.«

Dann winkte er und ging wieder die Treppe runter und in sein Büro. Eines Nachmittags, als es zu schwül war, um zum Mittagessen rauszugehen, kam er mit einer fettigen, braunen Papiertüte in der Hand herein.

»Hungrig?«, fragt er.

Der Geruch nach frittiertem Weißfisch und Bratkartoffeln drang mit ihm zur Tür herein. Mein Magen knurrte so laut, dass es von den Wänden widerhallte.

»Ich interpretiere das mal als ein Ja.«

»Wahnsinnig gern«, sagte ich. »Aber ich habe hier nur den einen Stuhl.«

»Dann gehen wir eben raus ins Wartezimmer.«

»Ich weiß nicht, ob das so eine gute Idee ist. Wie sieht denn das aus, wenn ein Patient hereinkommt?«

Steven legte den Kopf zur Seite und zog eine Augenbraue hoch. Er war so anständig, nicht so zu tun, als hätte ich ein ernstzunehmendes Argument geliefert. Er rief mich zur Ordnung, und recht hatte er. In meiner Praxis war seit eineinhalb Tagen kein Patient mehr gewesen.

»Ich denke, wenn wir schnell aufessen, könnte es gehen.«

Wir saßen am offenen Fenster und verjagten die Fliegen von unseren Sandwichs – dicke Weizenbrotscheiben mit jeweils drei panierten Filets drin und schön viel scharfer Soße. Und Steven hatte dafür gesorgt, dass auch die Kartoffeln ordentlich mit Salz, Pfeffer und scharfer Soße bedeckt waren.

»Wetten, Sie hätten sich nicht träumen lassen, dass ich so gut kochen kann?«

Ich verschluckte mich beinahe an einer Gräte. »Das haben Sie selbst zubereitet?«

»Sie dachten sicher, ich esse nichts außer Lachskroketten und Brunnenkresse.«

»Irgendwas in die Richtung, ja.«

»Nein, Ma'am.« Er lachte. »Meine Familie stammt aus dem Süden, aus Charlotte. Einfache Leute. Und meine Mutter war eine, die auf Selbstständigkeit Wert gelegt hat. Als wir ein gewisses Alter erreicht hatten, sagte sie, wenn wir essen wollen, müssen wir auch lernen, wie man sich in der Küche bewegt.«

Er steckte sich eine Schwanzflosse in den Mund und leckte sich die Finger.

»Ich glaube, ich geh' dann mal. Danke für Ihre Gesellschaft, Ma'am. Das war sehr schön. Vielleicht können wir so was bald wieder machen?«

So begannen Steven und ich, miteinander zu reden. Nach und nach erklärte er mir die Zusammenhänge im Sanatorium. Aber all seinen Ausführungen konnte man unter dem Strich nur eines entnehmen: Geh ihnen aus dem Weg. Tagsüber folgte ich diesem Rat, so gut es ging, und nachts schrieb ich Bewerbungen für die städtischen Krankenhäuser, obwohl ich wusste, dass sie keine Schwarzen anstellten. Steven hielt mir den Rücken frei und sorgte dafür, dass die anderen mir nicht die Patienten wegschnappten.

Und so kamen langsam mehr und mehr Leute. Meistens meine alten Patienten vom Harlem Hospital, die herausgefunden hatten, wo ich steckte. Ein ganz schön buntes Durcheinander herrschte da in meiner kleinen Praxis. Italiener, Iren, Jamaikaner, Polen, Puertoricaner, Chinesen, sogar irgendwelche Mohawk-Indianer – alle kamen zu mir. Ich behandelte sie alle gleich und, vielleicht noch wichtiger, ich schickte auch niemanden weg, nur weil er kein Geld hatte, um mich zu bezahlen. Das brachte ich nicht fertig. Dafür hatte ich den weiten Weg ja nicht auf mich genommen.

Nachdem ein paar Monate vergangen waren und es schon wieder kühl wurde, kam eines späten Abends eine junge Frau hereinspaziert. Sie schaute herum, dann wieder zu mir und ging wieder hinaus auf den Gang.

Als sie außer mir niemanden entdecken konnte, steckte sie den Kopf wieder herein und sagte: »Verzeihen Sie, Ma'am. Ich suche Dr. Chinn.«

»Das bin ich.«

»Oh«, sagte die dunkelhäutige junge Frau. »Oh.«

»Es gibt noch sieben andere Ärzte hier im Haus, wenn Ihnen das lieber ist.«

»Nein, Ma'am. Es tut mir leid. Ich habe nur nicht mit Ihnen gerechnet, das ist alles. Eine Freundin von mir hat gesagt, ich soll zu Dr. Chinn gehen. Sie sagte, dass Sie wirklich gut sind. Und nett.«

»Was kann ich für Sie tun, Herzchen?«

Das Mädchen knöpfte ihre Bluse auf und zog sie bis über die Schultern herunter. Am Halsansatz, direkt auf der Wirbelsäule, befand sich ein blutiger Abszess, so groß wie ein Ei.

Sie drehte sich wieder zu mir und senkte den Blick. »Ich hab kein Geld. Meine Freundin ja auch nicht, aber sie sagte, Sie haben sie trotzdem behandelt. Ich dachte, wenn Sie mir jetzt helfen, kann ich es vielleicht irgendwie abarbeiten.«

Ihre Stimme senkte sich, und ich fragte mich, was sie wohl mit »abarbeiten« meinen könnte.

»Wie heißt du, Kind?«

»Henriette.«

»Und wie alt bist du, Henriette?«

»Siebzehn, Ma'am.«

»Darf ich fragen, wie das passiert ist?«

Sie antwortete nicht, deshalb sagte ich: »Egal«, und führte sie nach hinten.

Henriettes Nacken und Schultern rund um den Abszess waren knallrot und übersät mit offenen Wunden. Ich reinigte den Bereich und redete beruhigend auf sie ein, denn jede Berührung tat ihr weh. Ich reichte hinauf und holte von der Vitrine eine große braune Flasche, deren Deckel ich aufschraubte. Mit einer sterilisierten Zange ergriff ich den Blutegel, holte ihn heraus und setzte ihn auf den Nacken des Mädchens. Sie schrie auf, als das Ding sich an ihr festsaugte und anfing, ihr Blut zu ziehen.

Als ich sie dann gesäubert und verbunden hatte, fragte ich erneut: »Wer war das?«

»Der Boss von meiner Agentur. Hat mich und ein paar andere Mädels aus dem Süden hergekarrt. Er hat gesagt, hier gibt's Arbeit noch und nöcher.«

»Und wo wohnst du?«

»Im Red Rose-Heim. LaValle nimmt uns den Tag über mit auf Arbeit, nachts sind wir dort. Aber es ist … nicht so wie er versprochen hat. Eins der Mädchen ist jetzt schwanger. Es geht ihr nicht gut.«

Diesen Hinweis konnte ich nicht ignorieren.

Und so wurde ich Hausärztin des Red Rose-Mädchenheims. Das Heim war ein dreistöckiges Backsteingebäude in Flussnähe, eine Einrichtung, die eigentlich jungen, arbeitenden Mädchen anständige Zimmer in anständigem Ambiente bieten sollte.

Am nächsten Abend quetschten Henriette und ich uns auf der Rückseite des Gebäudes durch ein loses Brett des vernagelten Luftschachts, durch den man zur Hintertreppe gelangte. Sie führte mich eine schmale Betontreppe runter zur Kellertür. Die Mädchen hatten herausgefunden, wie sie das ausgeleierte Türschloss knacken konnten, so waren sie in der Lage, sich, wenn nötig, auch nach Einbruch der Nacht noch rauszuschleichen. Als

Henriette die Tür unten öffnete, verursachte der Geruch mir einen Brechreiz. Der düstere Betonbunker stank nach Urin, Fäkalien, aneinander gequetschten Körpern und der unverwechselbaren Ausdünstung von krankem Fleisch, offenen Wunden in rohem, eitrigem Zustand. Während meine Augen sich an die Dunkelheit gewöhnten, zählte ich mehr als dreißig Schlafplätze, dicht nebeneinander am Boden aufgereiht. Einige Mädchen schliefen bereits, bewusstlos vor Erschöpfung, wo immer sie auch Platz gefunden hatten, einige sogar im Sitzen, gegen die Wand gelehnt. Der Kellerraum war kleiner als die Wohnung, die ich mir mit meinen Eltern geteilt hatte. Es gab keine Küche und keine Toilette. Ich entzündete die Leuchten, die wir mitgebracht hatten, und machte mich an die Arbeit.

Als ich jedes der Mädchen untersucht hatte, wurde es nicht nur hell, ich hatte auch sechs Fälle von Tuberkulose diagnostiziert, drei von Ruhr, zwei weitere Schwangerschaften (vermutlich auch von diesem reizenden Herrn LaValle) sowie eine gebrochene Rippe. Zwei Mädchen hatten Entzündungen wie bei einer Syphilis, und ich gab ihnen meine Adresse und wies sie an, zu mir zu kommen, nachts, damit ich sie mit Medizin versorgen und weiterverweisen konnte. Alle Mädchen hatten blaue Flecken und einigen fehlten sogar Zähne. Keine war älter als einundzwanzig. Die Jüngste war dreizehn.

Wie sich herausstellte, hatte dieser LaValle drei Partner. Die vier Männer lockten all diese Mädchen nach New York, genau wie Henriette mir gesagt hatte, indem sie ihren Familien versprachen, ihnen anständige Arbeit zu vermitteln. Wenn sie dann vor Ort waren, wurden sie tagsüber für alle möglichen Dinge eingesetzt. Dann holten sie die Mädchen wieder ab und sperrten sie die ganze Nacht in diesen Keller, bis es am nächsten Morgen wieder Zeit war, zur Arbeit zu gehen. Die Mädchen konnten sich von der »Agentur« nicht trennen, bevor sie den Männern ihre Auslagen für Transport, Miete, Verpflegung und sonstigen Aufwand zurückgezahlt hatten. Und das waren natürlich sehr teure Posten.

Was ich sah, waren Kinder, die man eingeschüchtert und zum Gehorsam geprügelt hatte. Es schien, als könnten sie fliehen, wenn sie nur wollten. Aber sie wussten nicht, wohin, und sie hatten viel zu viel Angst, um es zu versuchen. Ich hatte mit Vorgängen wie diesen noch nie direkt zu tun gehabt, doch ich hatte davon gehört. Eine Mischung aus urbaner Farmpacht und Sklaverei, und das im zwanzigsten Jahrhundert.

In Gedanken behandelte ich meine Patienten die ganze Nacht, den ganzen Tag, und dann wieder die ganze Nacht, wobei ich aberwitzige Ideen und Pläne vor mich hin murmelte. In meiner Praxis schlief ich, wenn einmal Zeit zwischen zwei Terminen war, auf dem Untersuchungstisch ein.

»Pass nur auf«, warnte mich Steven. »Leute, die sich da einmischen, werden schnell mal als vermisst gemeldet. Die Polizei kümmert sich nicht um so was. May, du kannst die Welt nicht im Alleingang verändern.«

»Das versuche ich ja auch gar nicht. Aber ich kann nicht so tun, als würde ich nicht sehen, was sich vor meinen Augen abspielt. Das ist nicht das, wofür meine Mutter mich großgezogen hat.«

»Lass uns die Polizei rufen«, bot er an.

»Was wird die Polizei schon für ein paar farbige Mädchen unternehmen? Vielleicht kriegen sie den Mann zu fassen, vielleicht nehmen sie ihn eine Minute lang in die Mangel, aber was dann? Wahrscheinlich kennen sie ihn sowieso längst.«

»Und was willst du sonst machen?«

»Ich bin nicht sicher«, sagte ich. »Ich glaube, ich sollte einen Platz finden, an den ich sie verfrachten kann. Wenn es einen sicheren Ort gibt, an den sie gehen können, fällt es ihnen vielleicht leichter, dort wegzugehen.«

»Und was, wenn Williams oder einer der anderen mitkriegt, dass du dich davonschleichst?«, sagte Steven. »Was, wenn einer unserer Patienten hier etwas braucht und niemand ist da? Du könntest deine Zulassung verlieren, May. Die machen uns den Laden hier zu.«

Das brachte mich zum Nachdenken. Was, wenn ein Patient mitten in der Nacht um Hilfe läuten würde und niemand wäre da? Man würde mir die Schuld geben. Wie hatten nur drei stationäre Patienten, aber ich trug trotzdem die Verantwortung für sie. Da hatte Steven völlig recht.

Fast eine Woche lang hielt ich mich vom Red Rose fern.

Als ich wieder hinging (und ich musste hingehen), erfuhr ich, dass eines der Mädchen mit Tuberkulose am vergangenen Sonntag irgendwann vor Tagesanbruch verstorben war. Eine Sechzehnjährige aus Winterville, North Carolina, namens Ellen. Sie erzählten mir, dass sie den ganzen Tag und die folgende Nacht auf ihrem Platz liegen geblieben sei, bis LaValle endlich jemanden gefunden hatte, der die Leiche abholen konnte. Als ich kam, war Ellens Schlafplatz bereits wieder belegt.

Zwei Wochen später merkte ich, dass Henriette verschwunden war. Die anderen Mädchen sagten mir, dass sie zwei Nächte zuvor nach oben gerufen wurde und dann nicht mehr wiederkam.

Ich suchte nach ihr. Nach zwei Tagen heftigen Telefonierens meldete man mir, dass eine Leiche, auf die ihre Beschreibung passte, im aufgewühlten Wasser des Hell Gate-Arms treibend am Fuß des Leuchtturms von Welfare Island aufgefunden worden war. Sie befand sich immer noch auf der Insel, im Leichenhaus der Blackwell-Besserungsanstalt.

Ich sagte drei Termine ab, um am nächsten Tag hinausfahren zu können. Sie war es. Man hatte ihr offenbar auf den Oberkörper geschlagen oder sie getreten, so heftig, dass eine Rippe brach und sich mitten durch die Lunge bohrte. Sie war an ihrem eigenen Blut erstickt. Der Arzt war gerade dabei, sie zusammen mit acht Gefängnisinsassen, die ebenfalls kürzlich verstorben waren, aufs Schiff zu verladen, um sie am Potter's Field zu beerdigen.

Ich hatte nicht das Geld, um ihr ein anständiges Begräbnis zu ermöglichen, und wusste zu wenig über ihre Familie, als dass ich sie auch nur hätte informieren können. Also verabschiedete ich mich und nahm die Fähre zurück über den Fluss.

Als ich wieder ins Sanatorium kam, wartete Williams auf mich.

»Chinn. Ich brauche Ihre Vermerke zu Sadie Dempsey von vergangener Nacht. Sie wird noch einmal operiert. Vielleicht schon morgen früh.«

Ich erstarrte. Alles, was Steven mir über das Riskieren meiner Zulassung gesagt hatte, schoss mir noch einmal durch den Kopf. Warum hatte ich nicht auf ihn gehört? Er hatte mich gewarnt, aber ich hatte ihn ignoriert. Wie eigensinnig. So beschäftigt mit Dingen, die ich doch nicht reparieren konnte. Genau wie er gesagt hatte. Williams stand da, starrte mich an und wartete darauf, dass ich mich erhängte.

Wie viele Jahre hatten wir nochmal für das hier gearbeitet?

»Welche Vermerke, Sir?«

»Ich habe jetzt keine Zeit für so was, Dr. Chinn. Sie sind die, die weiß, was los war. Ich versuche immer noch, mir ein Bild zu machen. Ich muss wissen, wie Sie Misses Dempseys Bein letzte Nacht behandelt haben. Sie sagte, sie hat Schmerzen an derselben Stelle, an der ich die Blutgerinnsel gefunden habe, und sie sagte, der diensthabende Arzt hätte sich um sie gekümmert. Also, wo ist ihr Krankenblatt?«

»Der diensthabende Arzt?«

Dr. Williams nahm die Brille ab und massierte seinen Nasenrücken. »Ich frage nicht noch einmal, Doktor.«

»Verzeihen Sie, Sir. Ich bin heute nicht ganz bei mir. Geben Sie mir nur eine Minute. Ich ... ich komme gleich mit dem Bericht zu Ihnen runter.«

Er warf die Tür weit auf und verschwand den Gang hinunter. Sobald seine Tür zugefallen war, rannte ich zu Stevens Praxis.

»Komm rein. Ich bin gerade fertig.« Er zog einen gelben Ordner aus seinem Schreibtisch. »Hier ist dein Bericht. Ich hab dein Kürzel drunter gesetzt, also lies ihn sorgfältig, bevor du ihn Williams gibst.«

»Du bist jede Nacht hiergeblieben, wenn ich weg war?«

Steven zuckte die Achseln. »Du bist eine gute Ärztin. Wenn ich ehrlich bin, muss ich sogar sagen, du bist besser als wir alle. Du denkst nur nicht nach. Wenn ich dich so ansehe, ist das der einzige Fehler, den du hast. Aber weißt du was? Manchmal wünsche ich mir, ich könnte auch ein bisschen so sein.«

»Tust du nicht«, sagte ich. »Du bist schlau genug, genau so zu sein, wie du bist.«

Ein Mann wie Steven Murray käme nie in die Situation, in den trüben Gewässern des Hell Gate herumzufischen und im Fluss nach Erklärungen zu suchen. Er würde niemals all das riskieren, wofür er über zehn Jahre lang gekämpft hatte, völlig grundlos, völlig planlos.

»Danke jedenfalls. Für alles. Aber du hast recht gehabt. Ich kann dort nicht mehr hin.«

Oben klopfte ich an die Tür von Dr. Williams und schob den Bericht unten durch. Noch bevor ich die Treppe wieder runtergehen konnte, öffnete er die Tür und sagte: »Dr. Chinn, ich setze Misses Dempseys nächste Operation für morgen Nachmittag an. Sie müssen einen meiner Hausbesuche übernehmen.«

»Aber Doktor. Ich habe selbst Patienten am Nachmittag.«

»Verschieben Sie sie«, sagte er.

Ich gab einem der Nachbarjungen einen Vierteldollar, damit er losrannte und den Patienten sagte, sie sollten frühmorgens kommen. Wegen ihnen öffnete ich die Praxis schon um sieben statt wie sonst um halb neun. Das verschaffte mir einen freien Nachmittag. Ich erwischte eine Straßenbahn stadtauswärts zur 190sten Straße und ging dann direkt nach Westen, in Richtung des grauen Flusses, an den Rand des Fort Tryon Parks. Vor mir erhob sich ein viergeschossiges viktorianisches Gebäude. Das ausgebleichte, baufällige Haus sah fast aus wie eine Villa und war kurz vor dem Zusammenbrechen. Ich ging den Weg entlang, der auf beiden Seiten mit Rosenbüschen gesäumt war, die Zweige verwittert und verästelt wie Äderchen. Hochgewachsene Hartriegelbäume und Zypressen schützten mich vor dem Novemberwind. Ich drückte eine Klingel an der Tür und irgendwo im Haus ertönte ein großer, tiefschwingender Gong. Die Tür wurde aufgerissen und eine dunkelhäutige Frau mittleren Alters in schwarzer Nonnentracht führte mich hinein ins Foyer.

»Guten Tag«, sagte sie. Ihr dunkles Gesicht strahlte. »Ich bin Schwester Bernardine. Und Sie sind sicher die Krankenschwester.«

»Dr. Chinn«, sagte ich und griff nach ihrer Hand.

Die Frau jauchzte auf und warf vor Freude die Arme um mich. »Großartig! Eine Ärztin. Gott ist gnädig, nicht wahr? Er bringt stets die richtigen Leute zusammen. Willkommen. Dieser Orden heißt Handmaids of Mary. Hier ist unser Sitz.«

»Ein katholischer Orden für Neger-Nonnen? So etwas habe ich ja noch nie gehört.«

»Und ich habe noch nie eine Neger-Ärztin gesehen, also sind wir quitt.«

Schwester Bernardine lachte und drückte meine Schultern, und ich wünschte mir, dass auch die anderen Nonnen so wie sie wären. Sie zeigte mir das Gebäude, das ein Geschenk eines reichen weißen Stifters war. (*Siehst du, auch Gott hat seine Negrotarier*, hörte ich Zora sagen.) Gewölbte Decken spannten sich in den Aufenthaltsräumen und dem großen Speisesaal im Erdge-

343

schoss ohne Weiteres sechs Meter über meinem Kopf. Kleine weiße Putten in den Ecken, auf Geländern und Fensterbänken beobachteten uns, als wir vorbeigingen. Die Räume waren karg eingerichtet, mit Holzbänken und -stühlen sowie hin und wieder einem groben, offensichtlich handgewebten Teppich, der den kalten Steinboden bedeckte. Ein Abbild von Jesus am Kreuz hing deutlich sichtbar in jedem Raum.

»Dieser Ort ist absolut phantastisch. Wie viele Nonnen sind Sie denn im Orden?«

»Unsere Gruppe ist klein«, sagte Schwester Bernardine. »Sie können sich vorstellen, dass nicht sonderlich viele schwarze Frauen ins Kloster gehen wollen. Wir sind etwa fünfundzwanzig, von denen fast die Hälfte sich etwas ganz Blödes eingefangen hat.«

Ich unterdrückte meine Fragen ebenso wie das bohrende Gefühl in meinem Magen und ließ mich von ihr in die Sonnenliegehalle führen. Drei Wände des Raums bestanden komplett aus Fenstern, auf dem Mittelstück eine Glasmalerei mit Jesus, der blutige Tränen am Kreuz weinte. Draußen überzog der Fort Tryon Park das Gebäude mit weitverzweigten Schatten. Direkt dahinter konnte man den träge dahindämmernden Hudson River erkennen.

Ich packte mein Instrumentarium aus und Schwester Bernardine führte die Nonnen eine nach der anderen herein. Die letzte der Schwestern, die an dem Abend hereinkam, hatte nicht wie die anderen einen Husten oder die Grippe. Sie erinnerte mich an Henriette, mit all ihren Blutergüssen und so, wie sie zitterte. Die Frau war viel hellhäutiger als die anderen, deshalb waren die Zeichen auf Brust, Nacken und Rücken deutlich als Abdrücke einer Hand zu erkennen. Ich gab ihr Salbe und Schmerztabletten, aber mehr konnte ich eigentlich nicht tun. Sie nickte mir zu und ging wortlos weg.

»Was ist denn mir ihr passiert?«, fragte ich Schwester Bernardine.

»Sie ist neu hier. Aus einem Kloster in Maryland. Ich glaube, dass einer der Priester sie so zugerichtet hat. Ihre Oberin hat sie mit einem Begleitschreiben geschickt, in dem sie bat, dass wir sie aufnehmen. Mehr weiß ich nicht.«

»Nehmen Sie öfter Leute auf, die solche Probleme haben?«

»Bislang nicht.«

»Und würden Sie?«

Schwester Bernardine dachte einen Moment lang nach. »Ja, das würde ich«, antwortete sie langsam. »Ich glaube, das ist, was Jesus Christus uns gebieten würde, im Namen des Herrn. Den Schwachen und den Gebrechlichen zu helfen. Wozu gäbe es uns sonst? Oder was denken Sie?«

»Ich denke, Sie haben recht.«

Was sich in meinen Gedanken abspielte, schien fast zu gut, um wahr zu sein. Aber ich sprach noch nicht darüber. Es war noch zu früh, zu unsicher, dahingehend etwas zu erhoffen. Doch ich schloss es in meinem Brustkorb ein, an einer Stelle, wo es Wurzeln schlagen konnte.

Wir transportierten die Mädchen in der Nacht. Steven und ich, in einem geborgten Lieferwagen mit abgedunkelten Scheinwerfern.

Nur zwölf der Mädchen hatten genügend Vertrauen zu mir, um in dieser Nacht herauszukriechen und im Matsch des Flussufers versteckt zu warten, bis sie unser Signal hörten. Die anderen hatten zu viel Angst, als dass sie weggegangen wären.

»Der Teufel, den man kennt, ist besser als der Teufel, den man nicht kennt«, hatte eine von ihnen gesagt.

Es tat mir im Herzen weh, ohne sie gehen zu müssen. Noch mehr schmerzte der Gedanke, dass die leeren Schlafplätze bis zum Ende der Woche bereits wieder belegt sein würden. Aber zumindest wollten uns die Mädchen, die geblieben waren, nicht verraten.

Am Harlem River Drive kam der Lieferwagen langsam zum

Halten, etwa einen Block vom Red Rose entfernt. Steven pfiff nach ihnen, wie ein Rotkehlchen, über den Rand der Böschung hinweg. Doch da ging im zweiten Stock des Gebäudes ein Licht an. Ich tippte Steven auf die Schulter und zeigte hin, während der Schatten einer Person ans Fenster kam und dort stehen blieb. Steven pfiff erneut und die Bewegungen am Ufer froren ein. Von dort, wo wir im Dunkeln saßen, sah es aus, als würde das Fenster geöffnet und der Kopf eines Mannes herausgestreckt, der erst nach Westen, dann nach Osten über das Wasser spähte. Ich packte Stevens Hand und wir duckten uns im Führerhaus des Lieferwagens so weit hinunter wie möglich.

»Keine Sorge, May. Er kann uns nicht sehen von dort, wo er ist. Es ist viel zu weit.«

Aber wir bewegten uns nicht, bevor der Mann nicht das Fenster geschlossen hatte und wieder im Zimmer verschwunden war. Noch einmal pfiff Steven. Nur Sekunden später hörten wir, wie sie den Abhang heraufkrochen und, sich gegenseitig helfend, auf die Straße heraufzogen. Sobald wir eine Bewegung wahrnehmen konnten, sprangen wir aus dem Führerhaus und rannten rüber, um die Mädchen von der Böschung wegzuholen.

Keine von ihnen trug etwas bei sich. Sie fragten nicht einmal, wo es hinging. Sie kauerten sich nur hinten eng aneinander, die Gesichter im Fahrtwind nach unten gepresst und die Arme untergehakt.

Steven schaute mich an und küsste meine Hand. Dann startete er den Lieferwagen und fuhr am aufgewühlten Harlem River entlang nach Norden.

Schwester Bernardine öffnete sofort, als ich klingelte. Sie führte uns hinauf in den dritten Stock, wo vier leere Zimmer auf uns warteten. Ein sauberes Nachthemd lag zusammengefaltet auf jedem Bett, und die Bettdecken waren sogar schon aufgeschlagen.

»Erst baden«, ordnete Schwester Bernardine an. »Dann Brote

und Tee, wenn ihr wollt. Schlaft ein paar Stunden, und wenn ihr aufwacht, können wir uns alle ein bisschen besser kennenlernen. Lasst uns dort weitermachen.«

Die Mädchen hielten sich eng umschlungen, und die drei, die schwanger waren, fingen an zu weinen.

Als sie sich einigermaßen eingerichtet hatten, begleitete Schwester Bernardine Steven und mich hinaus. Frost glitzerte auf den Rosenzweigen und knirschte unter unseren Füßen. Die Sonne umhüllte die zarten Spitzen der Dornen mit weichen, roten Schatten. Die Zypresse vor uns verneigte sich leicht, als die Sonne sich gegen ihre Krone lehnte, und ihr Schatten wurde länger. Ein vollkommener Morgen.

Steven nahm erneut meine Hand und drückte sie.

»Schau nicht so traurig, May«, sagte er. »Du hast getan, was du konntest.«

»Ein bisschen was ist besser als gar nichts, vermute ich mal.«

Wir waren gerade noch rechtzeitig zurück in der Stadt, um unsere Büros aufmachen zu können.

Kapitel 19

Nach und nach, ganz langsam, verlagerte sich meine Liebe von der Vergangenheit in die Gegenwart. Schließlich öffnete sie sich für den Augenblick. Das Hier und Jetzt begann tatsächlich Wirklichkeit zu werden, möglicherweise zum ersten Mal in meinem Leben, wie eine Ewigkeit, bestehend aus Erkenntnis und Offenbarung, in der nichts drumherum existiert und es kein Ende gibt. Ich schaute in den Spiegel und sah mich zum ersten Mal seit meiner Kindheit klar und deutlich; mein Herz begann, dieses Kind wiederherzustellen, ein pausbäckiges kleines Mädchen, das sich in keiner Weise ausgesondert fühlt. Das muss man sich vorstellen.

Meine Mutter bemerkte es und fing an, wieder in der Bibel zu lesen. Sie wies mich auf Prophezeiungen hin, etwa: *Ich will euch die Jahre erstatten, deren Ertrag die Heuschrecken gefressen haben*, und fragte dann: »Wie findest du das?«

Sie suchte Stellen im Hohelied Salomons und fragte: »Erinnerst du dich daran, Ladybug? Oder an das hier?«

Mein Vater wurde ein bisschen sanfter, weigerte sich jedoch weiterhin, zu reden. Das machte mir aber nicht sonderlich viel aus. Ich kam mit Bereichen in mir ins Reine, zu denen er keinen Zugang mehr hatte.

Und der Winter kam. Mit sehr viel Arbeit.

»Musst du in der Früh eigentlich wirklich weg?«, fragte mich Steven eines Nachts, als wir allein waren. »Es ist Samstag. Nimm doch den Tag frei. Wir unternehmen etwas.«

Das Klappbett, auf dem wir nebeneinander lagen, war eigentlich viel zu schmal für uns beide. Steven hatte es gebracht, weil ich mir keins leisten konnte, und wir schoben es nachts an die Wand meines Wartezimmers. Da ich das Gebäude nicht verlassen durfte, musste er zu mir kommen. Wir hatten es sehr kuschelig, obwohl es kaum Platz gab und mir die Matratzenfedern in die Rippen pieksten. Wir lachten jedes Mal, wenn das Bett sich aufbäumte und zusammenklappte und einer von uns beiden über den Rand hinauspurzelte. Wie schön, wenn einen nachts jemand hält im Winter und man rundum zufrieden ist.

»Lass uns am Nachmittag etwas machen. Um zwölf bin ich wieder da.«

Er vergrub seine Nase in meinem Nacken. »Ich mag es nicht, wenn du dorthin gehst. Es ist zu gefährlich.«

»Es ist kein bisschen schlimmer als andere Orte, an die ich gehe. Und ich gehe ja auch nicht bei Nacht.«

»Na und? Als du das letzte Mal überfallen wurdest, war es heller Nachmittag. Was, wenn beim nächsten Mal jemand glaubt, er muss abdrücken?«

»Dann musst du meine Runden dort übernehmen.«

Steven drehte sich von mir weg und justierte das Bett.

»Das finde ich nicht lustig.«

»Was? Meinen Witz? Oder dass du schon wieder aus dem Bett gefallen bist?«

»May, bitte.« Steven setzte sich aufs Bett, rollte zu mir und fasst mich an der Hüfte. »Was hast du denn dort verloren?«

»Sie brauchen mich.«

Steven konnte ihre Augen ebenso sehen wie ich. Aber im Gegensatz zu mir sah er nicht in diese Augen hinein. In der Barackensiedlung am Fluss, unter den Brücken der 135sten und der 145sten Straße, starben die Menschen wie die Fliegen. Ich lag nächtelang wach und versuchte zu verstehen, warum.

Die Tuberkulose schien ein Teil der Antwort zu sein. Einmal pro Woche schaute ich dort vorbei und rief dann das Leichenhaus in Harlem an, um durchzugeben, wie viele Tote man abholen muss und wo. Und dann die Kälte. Der Wind und der Frost, die vom Fluss her kamen. Der offene Abwasserkanal, der sich mitten durch die Siedlung zog. Die Tuberkulose schien nicht nur ein Teil der Antwort zu sein, sie war geradezu unvermeidlich. Das Einzige, was daran ein wenig überraschte, war die Tatsache, dass die Epidemie sich nicht in die angrenzenden Straßen ausgebreitet hatte. Aber da war noch etwas anderes. Etwas, das den Leuten zu schaffen machte, ihnen wunde Stellen zufügte, deren Ausfluss über der Kleidung gerann und verkrustete. Etwas, das sie viel zu sehr schwächte, als dass sie hätten fortziehen können. Einige husteten Blut aus der Lunge. Andere bluteten aus dem After und hin und wieder sogar urplötzlich aus Rissen in der Haut. Wieder andere siechten einfach dahin. Alles deutete auf Krebs, doch ich hatte keinen Weg gefunden, das nachzuweisen. Außer mir wollte kein Arzt mit der Sache zu tun haben. Nicht nur war keine Rede davon, auch nur die geringste Bezahlung zu bekommen, allein die Siedlung zu betreten, bedeutete oft genug, sich den Weg heraus freikämpfen zu müssen. Für die Drogenabhängigen war Kodeinpulver genauso gut wie Kokain, was im Grunde ja auch zutrifft.

»Ich brauche dich, May. Bleib bei mir.«

»Ich gehe doch gar nicht weg.«

»Wirklich? Ich bin mir manchmal nicht so sicher.«

Ich küsste seine Augenlider und den Rücken seiner Nase. Dann leckte ich über seine Mundwinkel, bis sie in einem Lächeln nach oben wanderten.

»Ich gehe doch gar nicht weg.«

»Möchtest du mich dann heiraten?«

Ich kann nicht behaupten, dass ich darauf nicht vorbereitet

gewesen wäre. Dennoch, die Worte dann zu hören ... Wie viele Geister waren zu uns ins Zimmer hereingeschwebt, als er das sagte? Gabriel. Coleman. Mein Sohn. Mein Vater. Auf einmal war es ziemlich eng hier.

»Steven –«

»Lass mich nicht länger zappeln. Liebst du mich jetzt oder nicht?«

»Du weißt, dass ich das tue, aber –«

»Es gibt kein Aber. Wenn du mich liebst, wenn du mit mir zusammensein willst, gibt es doch kein Problem. Wir sind beide erwachsene Menschen. Es ist doch albern, dass wir uns hier verstecken.«

Es klang ja so einfach. Nicht nur einfach, sondern richtig. Als könnte ich endlich loslassen und mich ausruhen. Ich müsste niemanden mehr vermissen. Ich könnte bei ihm sein und jeden Moment neu gestalten. Unmittelbar. Offen. Wie würde sich das anfühlen, nie mehr allein sein zu müssen?

»Steven, ich möchte dich gern heiraten.«

»Aber?«

»Nein. Kein Aber. Ich denke, das ist meine Antwort. Ich denke, ich möchte dich gern heiraten.«

Steven schlang sich um mich, vergrub die Hände in meinen Haaren, legte die Beine um meine Hüften und küsste mich. Unter dem Klang seiner Versprechungen schlief ich ein.

Als ich am nächsten Morgen aufstand und mich anzog, um an den Fluss zu gehen, fing er nicht einmal zu diskutieren an.

Ich ging an einer Reihe von Hütten vorbei, die mit Pappe bedeckt und mit Schnur zusammengehalten waren. Einige hatten Wände aus Sperrholz und Dächer aus Wellblech. Aber das waren die wenigsten. An derartig teures Baumaterial war schwer ranzukommen. Gefrorener Matsch knirschte unter meinen Füßen, als ich hüpfend und im Zickzack die Reihen entlangging, um den Schlammpfützen auszuweichen.

»'N Morgen, Dr. May. 'N Morgen.«

Aus allen Ecken riefen mir die Leute zu. Männer standen um ein Feuer aus Lumpen und Zeitungen, das aus einer Blechtonne aufloderte, und riefen meinen Namen. Frauen winkten mir von den Türen her. In Deckenstücke gewickelte Kinder liefen neben mir her und boten an, meine Tasche zu tragen.

»Wie geht's Ihnen, Ma'am? Haben Sie Süßigkeiten?«

Wie sollte ich auf die Idee kommen, den Kindern Süßigkeiten zu geben? Einige waren rachitisch und verloren bereits ihre Zähne. Bei anderen waren die Zähne kaputt bis auf die Stummel, sei es wegen diverser Krankheiten oder auch nur wegen der ganz normalen mangelnden Pflege. Ich griff trotzdem in die Tasche und zog eine Tüte Pfefferminzdrops heraus. Sie bekamen so selten etwas.

Am Ende der Gasse kam ich zu einem Verschlag, dessen Sperrholzwände rundum von ausgefransten Seilen zusammengehalten wurden. Flach ausgebreitete Kisten, an den Rändern mit Steinen beschwert, bildeten das Dach.

»Mister Wilson? Ich bin's, Dr. May.«

»'N Morgen, Lil' Bit.«

Ich schob die verwitterte Plane beiseite und trat ein. Der alte Mann lag auf der Seite, zwischen sich und dem Erdboden nichts als ein paar aufgeweichte, flachgedrückte Pappschachteln.

»Ich habe eine neue Decke für Sie, Sir. Ihre alte sieht ziemlich mitgenommen aus.«

»Ich behalte sie trotzdem und leg die, die du mitgebracht hast, noch oben drauf.«

»Wie ist es Ihnen ergangen?«

»Nicht so gut, Lil' Bit. Gar nicht so gut. Die Schmerztabletten, die du mir gegeben hast, sind alle. Mein Magen spielt seither verrückt.«

Mister Wilson wog nur noch um die vierzig, fünfundvierzig Kilo. Sein Handgelenk hatte den Umfang von dreien meiner zusammengehaltenen Finger. Ich war mit diesem alten Mann aufgewachsen. Er hatte mit Papa zusammen unten bei Gorham gearbeitet, bis seine Frau ihn vor ein paar Jahren verlassen und er mit dem Saufen angefangen hatte. Als Papa dann einen neuen Job im Sicherheitsdienst eines Bankhauses bekam, verloren wir den Kontakt. Ich hatte ihn erst vor ein paar Wochen wieder getroffen, als ich meine Runde drehte.

»Hören Sie, Sir. Ich komme am Montagmorgen wieder. Ich möchte, dass Sie mit mir in meine Praxis kommen, damit ich Sie richtig untersuchen kann. Okay?«

»Keine Ahnung, was das bringen soll. Aber wenn du denkst, das muss sein, komme ich.«

Ich versorgte ihn und meine anderen Patienten gerade so, dass ich rechtzeitig zu Mittag wieder im Sanatorium war, wie versprochen.

Steven empfing mich an der Tür mit einem Kuss.

»Guten Tag, Misses Murray.«

»Tag, Steven. Wie geht's?«

»Wie im siebten Himmel. Ich habe meine Eltern angerufen. Sie brennen darauf, dich kennenzulernen. Ich dachte, vielleicht können wir nächsten oder übernächsten Monat in den Süden fahren. Wenn es wieder wärmer wird. Was denkst du? Und wir müssen uns auch überlegen, was wir Williams und den andern sagen. Die Sache wird ihnen nicht sonderlich schmecken. Ich glaube –«

»War die Post schon da?«

Er war gerade dabei, meinen Mantel aufzuhängen, hielt aber inne und runzelte die Stirn.

»Ja. So vor einer Stunde.«

Ich rannte in mein Büro und zog die Tür zu.

Ich quetschte mich hinter meinen Schreibtisch und ließ mich

vor einem Stapel Rechnungen nieder, auf denen mein Name stand. Mama zahlte nach wie vor den Großteil der Miete. Steven überließ mir ganz diskret Geld (und Patienten), wann immer er konnte. Dennoch wusste ich nie, wo bis zum Monatsende die Praxismiete und das Geld für die anderen Ausgaben herkommen sollten. Mir zog sich immer der Magen zusammen, wenn ich die Briefe, Überweisungsformulare und Schuldscheine ansah, die sich da aufstapelten. Ich arbeitete, so viel ich konnte. Es machte doch keinen Sinn, dass alles, was ich besaß, davonflatterte und nicht das Geringste hereinkam.

Ganz unten in dem Stapel fand ich, wonach ich gesucht hatte. Eine Antwort auf mein Ansuchen, in die Belegschaft des Memorial Hospital aufgenommen zu werden. Die städtischen Krankenhäuser erlaubten farbigen Ärzten nach wie vor nicht, innerhalb ihrer Räumlichkeiten zu praktizieren. Aber ich dachte mir, das wird wie überall sonst sein. Man musste einfach so lange Druck machen, bis sie ihre Türen öffneten. Die meisten Menschen standen mir immer noch äußerst skeptisch gegenüber. Manche, vor allem Männer, vor allem männliche Ärzte, wurden sogar richtiggehend feindselig. Es dauerte viel zu lange, einen beständigen, *zahlenden* Kundenstamm aufzubauen. Meine Praxis würde eingehen, sollte sich nicht rasch etwas ändern. Aber mir wollte einfach nicht einleuchten, was ich falsch machte.

Es nagte an meinen Stolz, zugeben zu müssen, dass es nach zehn Jahren medizinischer Ausbildung, nachdem ich mein komplettes Leben dafür aufgeopfert hatte, Tage gab, an denen ich nicht Geld genug hatte, um mir etwas zu essen zu kaufen. Mama gab sich immer Mühe, etwas bereitzuhalten. Aber wenn sie es nicht tat (oder nicht konnte), sagte ich: »Macht nichts. Ich hab schon unten im Büro was gegessen. Geh ruhig schlafen.«

Stolz und Furcht sind in Wirklichkeit ein und dasselbe.

Manchmal brachten mir Patienten, die nicht das Geld hatten,

um mich zu bezahlen, Geschmortes oder Hühnchen mit Erbsen und Reis. Da sagte ich dann nicht Nein.

10. Dezember 1930

Liebe Dr. Chinn,

nach Maßgabe des Verwaltungsrats des Memorial Hospital bedauern wir, Ihnen mitteilen zu müssen ...

Ich riss den Brief entzwei und warf ihn weg. Eine Sekunde später fischte ich ihn wieder aus dem Müll und legte ihn in meinen Ordner zu all den anderen.

Steven klopfte an der Tür.

»Alles in Ordnung, Liebling?«

Ich wischte mir das Gesicht ab, quetschte mich wieder hinter meinem Schreibtisch hervor und machte auf.

»Ja, alles gut. Also, was willst du heut Nachmittag machen?«

»Memorial hat auch abgelehnt, richtig?«

»Ich habe auch noch andere Briefe rausgeschickt. Irgendetwas wird schon klappen. Es muss einfach.«

»Lass uns ausgehen. Lass uns diesen ganzen Arbeitskram doch einfach mal vergessen, und sei es auch nur für ein paar Stunden. Ich will feiern.«

Das klang gut.

Steven lud mich auf ein sehr feines Steak ein, und danach gingen wir im Central Park Schlittschuhlaufen. Jedes Mal, wenn es ihn auf den Hosenboden setzte, musste ich ihm ausweichen, damit er mich nicht auch mit nach unten zog.

»Schau, schau.« Er zog eine Schnute. »Kaum verheiratet und schon untreu.«

»Wenn du das so nennen willst, bitte sehr. Ich weiß nur, dass ein gefrorener Hintern nicht genau das ist, wovon ich träume.«

Er zog mich zu sich runter aufs Eis und legte sich auf mich, bis ich vor Lachen nicht mehr konnte.

Montagmorgen borgte ich mir eine Schubkarre von Mister Feinman, dem Lebensmittelhändler, und steuerte quer durch die Siedlung, um Mister Wilson abzuholen. Die Räder quietschten und eierten und blieben alle drei Meter im Schlamm stecken. Männer verließen ihre Feuerstellen und Gesprächsrunden und Frühschoppen, um mir den Weg hinunter und dann wieder herauf zu helfen, als Mister Wilson in der Karre saß, eingemummt wie ein graugesichtiges altes Baby. Sogar eine Flasche hatte er.

Ein leichter Flussnebel hüllte uns in Silber. Er hinterließ eisige Spuren in den Falten und Nähten meines Mantels. Wir kamen nur langsam voran, doch schließlich hatten wir den Weg zurück zur West Side geschafft. Als wir in meiner Praxis ankamen, war ich völlig nassgeschwitzt. Steven kam heraus, trug Mister Wilson für mich nach oben und ließ mich dann allein mit meinem Patienten.

Zwei Stunden später war ich mit meiner Untersuchung fertig. Ich war mir sicher. Der alte Mann hatte Krebs. Ich konnte es nicht beweisen, aber ich fühlte es im Bauch. Er war so ausgezehrt, dass seine Knochen brüchig waren und seine Gliedmaßen so gut wie nutzlos. Er konnte nichts mehr essen, denn seine Magenwände und damit auch ihre Funktionen hatten sich aufgelöst. Was konnte er denn schon tun außer trinken?

Ich rief im Memorial an. Im Sydenham. Im Wadsworth. Niemand wollte ihn aufnehmen. Schließlich rief ich im Flower an und bat meine alte Mentorin Dr. Emerson auf Knien, Mister Wilson einen Termin zu geben.

»Bringen Sie ihn her«, sagte sie. »Ich sorge dafür, dass er reinkommt.«

Steven übernahm meine Patienten zusätzlich zu seinen eigenen, damit ich Mister Wilson begleiten konnte. Er gab mir das Taxigeld für beide Strecken sowie alle eingenommenen Honorare, als ich wiederkam.

Als fünf Tage später die Ergebnisse der Laboruntersuchung vorlagen, bestätigten diese, was mein Instinkt mir gesagt hatte. Magenkrebs.

»Was glauben Sie, wie lange hat er noch?«, fragte ich den Laborarzt am Telefon.

»Ich wundere mich, dass er nicht schon längst tot ist.«

Ich hängte ein, während ich darüber nachdachte, was das bedeutete. Wie viele meiner Patienten starben, nur weil niemand sich je die Zeit genommen hatte, sie anständig zu untersuchen?

»Was hat er gesagt?«, fragte Steven am Abend.

»Genau das, was ich schon wusste. Weißt du, was das heißt?«

»Wenn du recht hast, dann heißt das, wir haben es hier mit einer Art Epidemie zu tun, und man muss etwas unternehmen.«

»Aber wie soll ich das beweisen, wenn ich nicht einmal eine richtige Diagnose stellen kann? Ich kann doch nicht mit einem Patienten ins Memorial spazieren und sagen: ›Wissen Sie, ich habe so das Gefühl, dieser Mensch hier hat Krebs. Können Sie das bitte mal checken?‹«

»Warum denn nicht?«

»Glaubst du vielleicht, die hören mir zu?«

»Wenn sie nicht zuhören, bleibst du dort, bis du sie dazu bringen kannst, dir zuzuhören. Das hast du doch schon immer gemacht. Was ist jetzt anders?«

Er hatte recht. Am Samstag darauf stand ich früh auf und ging hinüber zum Fluss, um Mister Wilson noch ein paar Schmerztabletten zu bringen. Mehr Hilfe konnte ich ihm nicht anbieten. Ich war vielleicht nicht in der Lage, sein Leben zu retten, aber wenigstens würde er nicht qualvoll sterben müssen.

Ich war noch nicht ganz bei seinem Verschlag angekommen, da schrie jemand: »Dr. May! Hierher!«

Ein dünner junger Italiener namens Martelle, der genau wie die Neger in den Hütten hauste, kam auf mich zugelaufen. Er zerrte mich über die Straße und in einen Seitenweg zwischen zwei Baracken hinein.

»Schauen Sie, Dr. May!«

Meine Augen folgten der Bewegung seiner Finger etwa die Hälfte der Gasse hinunter. Dort ragten zwei nackte Füße zwischen umgeworfenen Mülltonnen hervor. Martelle nahm eine Handvoll Steine und warf sie auf die Ratten, die im Müll und auf den Beinen dieser Person herumkrochen. Ich hob ein verrostetes Rohr auf und schlug damit auf die Erde, um sie zu verjagen. Die Ratten huschten zur Seite, aber nicht sonderlich weit weg. Eine fette braune Ratte, die fast so groß war wie eine Katze, stellte sich auf die Hinterbeine und fletschte die Zähne. Martelle warf noch einen Stein und traf sie mitten ins Gesicht. Die Ratte quietschte auf, schüttelte sich und griff an.

Ich stolperte rückwärts aus der Gasse hinaus, fiel und knallte auf den Boden. Gerade als die Ratte nah genug war, um mich anzufallen, griff Martelle nach einem kaputten Ziegelstein und schlug zu, zertrümmerte ihren Schädel. Der Körper wirbelte im Kreis, verspritzte Blut auf den schmutzigen Asphalt, krümmte und wand sich und verendete mit zischenden Geräuschen. Ich konnte nicht hinsehen. Ich musste drübersteigen, um zu der Person in der Gasse zu gelangen, aber ich konnte mich nicht überwinden hinzusehen. Die anderen Ratten stoben auseinander, als wir rasch herankamen. Als wir nah genug waren, sah ich, dass die Beine zu einer jungen, halb bewusstlosen Puertoricanerin gehörten. Sie lag in den Wehen.

Wir zerrten die Frau aus der Gasse heraus, und Martelle hielt einen vorbeifahrenden Lieferwagen an. Der Fahrer war ein junger Schwarzer in Martelles Alter, allerdings groß und stämmig. Er hob die Frau hoch, legte sie hinten in seinen Lieferwagen und deckte sie mit Sackleinwand zu. Ich sprang in die Fahrerkabine, aber als ich mich zu Martelle umdrehte, war der schon verschwunden.

Der Junge brachte uns zum Sanatorium und trug die Frau hinauf in meine Praxis. Auf dem Weg nach oben klopfte ich bei Steven an die Türe.

»Ich brauche dich!«

Als der Junge gegangen war, zog ich die Frau aus und begann ihre Wunden zu säubern. Sie konnte nicht lange in der Gasse gelegen haben. Die Ratten hatten nur kleine Löcher in ihre Beine und ihre Seite genagt, gefährlich nahe am Bauch. Aber es hätte viel schlimmer sein können. Wäre Martelle eine Stunde später gekommen, hätte das anders ausgesehen.

Steven kam und half mir, sie sauber zu machen. Er hielt ihren Kopf über den Rand des Tisches, als sie anfing sich zu übergeben, und hielt ihr Riechsalz unter die Nase, um sie so weit bei Bewusstsein zu halten, dass sie pressen konnte. Der Kopf des Babys zeigte sich, noch bevor ich ihre Beine auseinanderdrücken und hochlegen konnte. Die Augen der Frau gingen pausenlos auf und gleich wieder zu. Aber trotz allem presste sie, als sie es musste. Der Kopf des Babys schob sich heraus. Dann rutschte der restliche Körper fast wie von selbst hinterher in meine Arme. Ich gab dem Baby einen Klaps auf den Popo. Nichts. Der bleiche, schleimige Körper lag reglos da, zitterte nur hie und da leicht.

Auf einmal bäumte sich das Baby wie ein Fisch auf, sodass es mir fast entglitt. Der kleine Mädchenkörper zappelte und schüttelte sich. Der Brustkorb hob sich und ihr Kopf schnellte nach oben. Alles bebte in unterschiedlichem Takt, verschiedenen Rhythmen, die Kontraktionen wurden stärker und stärker. Dann öffneten sich ihre Augen weit, bevor sie wieder zurück in den Kopf sanken und der ganze Körper vollkommen steif wurde. Ich wusste nicht, was ich tun sollte. So etwas hatte ich noch nie gesehen.

»Pack sie ein«, rief Steven. »Sie verletzt sich noch selbst.«

Ich nahm eine Decke aus dem Regal und wickelte das Baby ein, Arme und Beine eng an den Körper gedrückt, damit es sich nicht selbst Schaden zufügen konnte. Ich legte das Kind auf die Seite mit meinem Finger in seinem Mund und entfernte ein wenig erbrochenen Schleim.

Die Mutter fing an, Spanisch zu sprechen, aber wir konnten nicht verstehen, was sie sagte. Als das Baby aufhörte, sich zu bewegen, fing sie an zu weinen.

»Sie ist nicht tot«, erklärte ich der Frau. Aber sie weinte nur noch mehr.

Ich ließ Dr. Crump rufen, der sofort kam, aber auch keine bessere Idee hatte als wir. Das Baby wurde bewusstlos. Die Frau machte irgendeine Art von Entzug durch – zitterte und krümmte sich wie das Baby, erbrach sich und hatte gleichzeitig Durchfall. Ich untersuchte sie noch einmal nach irgendeinem Hinweis. Ihre Arme und Oberschenkel waren voller entzündeter Einstiche. Ich nahm ihr Blut ab und untersuchte, ob sie vielleicht eine Blutkrankheit hatte. Die Ergebnisse waren negativ.

Mir fiel nur noch eine einzige Sache ein, die ich machen konnte. Die Sonne ging schon unter. Ich musste schnell sein. Ich setzte Stevens Hut auf, wickelte mich fest in seinen Herrenmantel, der um Vieles wärmer war als mein eigener, und ging zurück an den Fluss.

Nach einigem Suchen fand ich Martelle und einen untersetzten schwarzen Jungen, die dabei waren, Zeitungen und Kartons zum Feuermachen zusammenzuklauen, also begann ich dort.

»Danke für das, was du vorhin getan hast, Martelle. Du hast der Frau das Leben gerettet.«

Der Junge schien sich vor seinem Freund zu schämen und tat das mit einem Achselzucken ab.

»Ich habe eine Frage an euch, Jungs. Sagt ihr mir bitte die Wahrheit?«

Sie schauten sich zuerst gegenseitig an und blickten dann zu mir. »Ja, Ma'am«, sagte der schwarze Junge.

»Die Frau, die wir gefunden haben, hatte Einstiche auf Armen und Beinen. Von Nadeln. Richtig wunde Stellen. Sie muss sich für diese Art von Verletzungen selbst irgendetwas zugefügt haben. Aber ich weiß nicht, was. Habt ihr Jungs eine Ahnung? Ist irgendetwas Neues draußen, das diese Wirkung hat?«

Die Jungs sahen mich einen Augenblick prüfend an. Dann sagte der schwarze Junge: »Wahrscheinlich spritzt sie Smack. Was anderes macht keine Löcher.«

»Smack?«

»Ja, Mann«, sagte Martelle. »Das ist wie Kokain, nur schlimmer. Wenn man drauf ist und dann aufhört, dreht man durch oder stirbt oder so.«

»Danke. Ihr habt mir sehr geholfen.«

Die Jungs nickten und wandten sich wieder ihren Dingen zu, und ich ging weiter und dachte über Kokain-Derivate nach und über mögliche Gegenmittel zur Linderung der Nebenwirkungen.

»Mister Wilson?«, rief ich am Eingang zu seinem Verschlag. Er antwortete nicht.

»Ich habe Ihre Medizin, Sir.«

Ich linste hinein und sah etwas aufgewölbt Daliegendes, mit Schlamm und Schatten bedeckt. Kein Geräusch. Kein Atmen. Nichts mehr übrig von seiner Präsenz. Nicht einmal mehr der verräterische Geruch von verschüttetem Wein. Er war schon tot.

Ich steckte die Pillen wieder in meine Tasche und ging hinaus. Die Leiche würde bis zum Montag warten müssen. Das städtische Leichenhaus würde am Sonntag keinen Wagen für einen ollen Neger schicken. Zu wenig Personal. Zuviel anderes zu erledigen.

Ich erinnerte mich daran, wie Mister Wilson früher war. Groß und laut und quirlig. Er war ein bisschen in Mama verknallt.

Seine Frau lachte damals ohne Ende und streichelte seinen Kopf. Sie sagte ihm, wenn er nicht aufpasst, lässt sie zu, dass meine Mutter ihn sich schnappt.

»Gott steh mir bei, Weib. Du weißt doch, ich will keine außer dir«, sagte er darauf.

»Sonst nimmt dich ja auch keine«, sagte sie und küsste die kahle Stelle auf seinem Kopf.

Wie wurden denn die Dinge so, wie sie wurden? In welchem Moment wurde Veränderung denn zu Veränderung, unwiderrufbar und abgeschlossen?

Ich war so tief in Gedanken versunken, dass ich die zwei Männer hinter mir erst herankommen hörte, als der eine den Kragen meines Mantels packte und mich zu Boden riss.

Kapitel 20

Stevens Gesicht war das Erste, was ich sah, als ich die Augen öffnete. Es machte mir Angst.

»Was ist mit dir passiert?«, hauchte ich.

Das brachte ihn zum Lachen. Und dann zum Weinen.

Zwei Männer, erzählte er mir, hätten mich bis zur Bewusstlosigkeit geschlagen und getreten. Dann hätten sie versucht, mich in eine Seitengasse zu ziehen, doch da seien Leute gekommen, eine ganze Gruppe, die sie mit Stöcken und Hämmern und Flaschen verjagt hätten. Sie nahmen mir die Arzttasche, aber mehr Gott sei Dank auch nicht.

Während er sprach, schien es, als würden die Schmerzen in meinem Körper sich durch seine Erzählung an sich selbst erinnern. Als er sagte, dass zwei Rippen gebrochen seien, drückte und pulsierte meine rechte Seite. Und als er sagte, dass mein Auge blau geschlagen und zugeschwollen sei, fiel mir auf, wie düster und verschwommen der Raum wirkte.

Der Raum. Ich war im Aufwachraum des Sanatoriums. Die drogenabhängige Frau schlief im Bett neben mir. Ihr Baby lag reglos wie eine kleine Puppe in einer Wanne auf der anderen Seite. Die Ironie des Ganzen gefiel mir, doch zum Glück musste ich nicht besonders lange darüber nachdenken. Ich schlief gleich wieder ein.

Als ich am nächsten Tag aufwachte, war Dr. Williams gerade dabei, meine Temperatur zu messen.

»Guten Morgen, Doktor«, sagte er. »Wie geht's Ihnen?«

»Besser.«

Ich versuchte mich aufzusetzen, doch seine Hand drückte mich sanft wieder nach unten.

»Später. Wenn Sie wieder bei Kräften sind. Glauben Sie mir, ich lasse Sie keinen Moment länger ausruhen als nötig. Es gibt allerhand, worüber wir reden müssen.«

Ich drehte den Kopf zur Tür und suchte nach Steven. Er war nicht da. Und meine Patientin auch nicht.

»Was ist mit der Frau und dem Baby geschehen?«

»Mit welcher Frau? Misses Broderick?«

»Nein. Ich meine die Frau aus der Gasse und ihr Baby.«

»Ach, die. Ich habe den Krankenwagen gerufen und sie ins Charity Hospital bringen lassen. Das Baby haben sie auch mitgenommen.«

»Was soll das heißen, das Baby auch? Was geschieht mit ihm?«

»Wenn es überlebt, stecken sie es vermutlich in ein Waisenhaus. Die Frau, die Sie hergeschleppt haben, ist nicht in dem Zustand, in dem man sich um ein Kind kümmern kann.«

»Dr. Williams, sie war meine Patientin, und nicht Ihre.«

»Dr. Chinn, dies hier ist mein Sanatorium. Und sollte Ihnen nicht passen, wie ich es leite, steht es Ihnen frei, zu gehen. Ihnen mag es Freude bereiten, sich um Penner und Drogenabhängige zu kümmern, aber eine derartige Institution betreibe ich nun einmal nicht, und deshalb hört das auf. Sonst müssen Sie sich einen anderen Ort suchen, an dem Sie praktizieren können.«

Der alte Mann ging weiter zum nächsten Bett, um die Frau zu untersuchen, die dort lag. Er schaute nicht mehr her und schien gar nicht wahrzunehmen, dass ich noch da war, immer noch seinen Rücken anstarrte, schwindlig vor Enttäuschung und Schmerz.

Sobald ich wieder gehen konnte, schleppte ich mich nach unten und fing an zu packen.

»Du gehst also?« Steven stand plötzlich in der Tür, als hätte er schon gewartet.

»Woher weißt du, dass ich hier bin?«

»Ich hab mitgekriegt, wie du die Treppe runtergehumpelt bist. Das war nicht zu überhören. Du hast meine Frage nicht beantwortet.«

»Ja. Ich dachte schon länger, es ist Zeit, dass ich hier verschwinde. Und jetzt sieht es so aus, als hätte ich keine Wahl mehr.«

»Ich wusste, dass du das sagst. Wo willst du hin?«

»Ich habe keine Ahnung.«

Steven setzte sich auf die Kante meines Schreibtischs und spielte mit dem Stethoskop.

»Weißt du«, sagte er, »erst gestern bin ich an einem Büro in der 125sten Straße vorbeigekommen. Es steht zur Miete. Zwei Behandlungsräume, ein Wartezimmer, viel Stauraum und eine separate Kammer für dein Labor. Fast direkt an der Seventh Avenue. Eine tolle Lage. Da können wir einen Mordsumsatz machen – natürlich nicht im doppelten Sinn. Aber wenn wir das anfangen, musst du mir versprechen, ab jetzt mindestens der Hälfte deiner Patienten Rechnungen zu stellen. Was denkst du?«

Das Erste, was ich dachte, war, *ich höre wohl nicht recht.*

»Eine eigene Praxis? Bist du dir sicher?«

»Würde ich fragen, wenn ich es nicht wäre?«

»Glaubst du wirklich, wir kriegen das hin?«

»Du kriegst alles hin«, sagte er und küsste mich zärtlich.

Drei Wochen später bezogen Steven und ich unsere eigene Praxis. Wir montierten unsere Schilder außen an der glänzenden Mahagonitüre. Seines auf die eine Seite, meines auf die andere.

Und sie kamen. Jede Woche mehr. Jetzt, da ich wusste, was es war, wurde es in gewisser Weise schlimmer. Alte Frauen, kleine

Kinder, Männer, die in meinen Armen weinten beim Gedanken daran, dass sie Familien zurückließen. Nach einer Weile konnte ich eine Wohnung betreten und es spüren. Krebs hat eine eigene Ausstrahlung. Eine ganz eigene Schwingung. Wenn ich ein Haus betrat, in dem es Krebs gab, fühlte ich im Inneren, wie die Energie sich verdichtete und anfing, Schatten zu werfen. Mein Magen wurde kribbelig und flattrig, wie bei zuviel Koffein. Und wenn ein Patient schon zu weit weg war, wenn ich nurmehr Pillen verabreichen und trösten konnte, konnte ich spüren, wie sich die Schatten über Türen und Fenster ausbreiteten. Geschlossene Läden an einem Haus, das sich bereits in Trauer befand.

Ein junges Mädchen gab es, bei dem ich dachte, ich könnte es retten, ein fünfzehnjähriges Mädchen namens Liberty. Ihre Mutter, Miss Julie, hatte sie einen Monat zuvor angeschleppt und geschrien und getobt, ihre Tochter sei schwanger. Sie sei nicht nur schwanger, sondern darüber hinaus auch so unverschämt, das abzustreiten. Geradeheraus zu lügen, wo doch deutlich zu erkennen war, dass der Bauch des Kindes mit jedem Tag größer wurde.

Liberty sagte, sie würde gern zur Schule gehen und Bücher lesen, und ja, sie hätte einen Freund, aber sie hätten nur Händchen gehalten, mehr nicht. Sie könne unmöglich schwanger sein.

Das Mädchen sagte die Wahrheit. Das wusste ich, noch bevor ich auch nur ihre Temperatur gemessen hatte. Ich konnte spüren, wie die Schatten in ihr wuchsen, in ihr fraßen. Doch ich tat, als bemerkte ich nichts, und vereinbarte für sie einen Termin im Memorial. Zur allgemeinen Überraschung tauchte ich am nächsten Tag vor dem Krankenhaus auf und begleitete sie hinein.

»Ich bin die Hausärztin von Miss Towns«, erklärte ich dem anderen Arzt. »Könnte ich vielleicht bei ihr bleiben und zusehen, was Sie machen?«

»Ich sehe keinen Grund, warum das nicht möglich sein sollte«, sagte der Arzt. Und so bekam ich zum ersten Mal mit, wie man eine Biopsie vornimmt.

Als die Ergebnisse dann vorlagen, setzte ich mein Onkel-Doktor-Gesicht auf und erklärte dem Kind und seiner Mutter, dass in ihrem Bauch ein Tumor heranwuchs und kein Baby. Aber laut Testergebnis war der Tumor Gott sei Dank gutartig. Wenn man ihn entfernen würde, wäre sie bald wieder auf dem Damm. Miss Julies Gesicht gefror zu einer Steinmaske. Sie fragte, ob wir die Operation gleich nächste Woche ansetzen könnten. Je früher, desto besser. Ich nahm sie vorsichtig in den Arm und flüsterte ihr ins Ohr: »Sie konnten es nicht wissen. Es ist alles in Ordnung. Sie konnten es nicht wissen.«

Langsam, ganz langsam, zogen sich Risse durch die Maske. Sie brach in meinen Armen zusammen. Und ich hielt sie im Arm, die Mutter auf einer Seite, die Tochter auf der anderen, stundenlang, bis keine von beiden noch eine Träne übrig hatte.

Steven assistierte mir bei dieser Operation. Da wir in der Praxis nur kleinere Eingriffe durchführten, die größeren hingegen bei den Patienten zu Hause, gingen wir zwei Tage vorher in Miss Julies Wohnung, um alles vorzubereiten. Sie wohnte in einer Zweizimmerwohnung mit fließend kaltem Wasser an der nordwestlichen Ecke 125ste Straße und Eighth Avenue, direkt über der »Borden's Milk«-Aufschrift. Wir brachten unsere Operationslampen und Aggregate mit, weil von der 125sten Straße an aufwärts die Wohnungen nur mit Schwachstrom versorgt wurden. Die meisten Leute behalfen sich mit Kerosinlampen.

Ein Zug Richtung Downtown rumpelte vorbei, während wir die Lampen aufbauten, und seine Wucht brachte den ganzen Raum zum Beben. Steven warf mir einen Blick zu. Er wusste, was ich dachte. »Keine Bange. Das klappt alles. Wenn ein Zug durchfährt, hör einfach auf. Halt still, bis er vorbei ist.«

Miss Julie zündete den Kohlenherd für mich an, und ich packte unsere Kleider in braunes Zeitungspapier. Ich legte das Päckchen auf ein Backblech und schob es in den Ofen zum Backen. Wenn es dann durchgebacken war, würden die Kleider sterilisiert sein.

»Denken Sie dran, Sie dürfen das Papier auf keinen Fall aufmachen, unter gar keinen Umständen.«

»Ja, Ma'am.«

»Wo ist Liberty?«

»Krank im Bett. Sie war nicht viel auf diese Woche. Ich glaube, sie hat ziemliche Schmerzen.«

Ich ging hinüber zum Schlafzimmer und klopfte an die Tür.

»Herein.« In dem kleinen Zimmer hing ein durchdringender, metallener Geruch. Das überraschte mich. Miss Julie hielt die Wohnung ansonsten eigentlich auffallend sauber.

»Was ist los, Liberty? Deine Mutter sagt, du bist schwach. Geht's dir nicht gut?«

Was für ein hübsches, kleines braunes Mädchen. Sie hatte große Augen und straffe Backen, und ihre Haare lösten sich aus einem Knoten. Ich hätte sie nicht älter als elf geschätzt. Sie trug immer noch kurze Kleidchen.

Liberty bedeckte ihre Augen mit der Hand. »Ich blute, Ma'am.«

Sie zog eine Papiertüte unter dem Bett hervor und zeigte mir den Haufen blutgetränkter Lumpen darin.

»Ich hab sie jeden Tag gewaschen, aber ich komm einfach nicht hinterher.«

»Hast du's deiner Mutter gesagt?«

Sie schüttelte den Kopf.

»Keine Sorge. Ich kläre das.«

Ich sagte Miss Julie, dass ihre Tochter wegen des Tumors große Mengen an Blut verloren habe und sie deshalb zu uns in die Praxis kommen müsse, um ihre Blutgruppe bestimmen zu können. Ich hatte das Gefühl, Liberty würde eine Bluttransfusion brauchen, bevor die ganze Sache erledigt wäre. Zum Glück entpuppte sich ihre Mutter als zuverlässige Mitspielerin.

Am Tag der Operation kochte ich unsere Instrumente in Miss Julies Waschkessel aus, während Steven das Bügelbrett mit Gewichten beschwerte, damit es fest auf dem Boden stand. Das war unsere Bühne. Wir legten eine Sperrholzplatte auf die Badwanne, um einen zweiten Operationstisch zu haben. Miss Julie sollte unsere OP-Schwester sein, bis zu dem Zeitpunkt, an dem ich möglicherweise die Transfusion vornehmen musste. Das konnte ich erst abschätzen, wenn ich drin war.

Steven hob Liberty auf das Bügelbrett und gab ihr die Narkose.

Die erste Bahn kam angedonnert, als ich gerade meinen ersten Schnitt machte. Aber ich tat, was Steven gesagt hatte, und hielt einfach still. So still, dass ich nicht einmal mehr atmete.

Der Tumor war so groß wie eine saftige Grapefruit. Miss Julie fing an zu beten, als er sichtbar wurde. Nachdem ich ihn herausgeholt hatte, legte ich die blutig-graue Masse in eine große Schale auf dem Stuhl neben mir. Ich wollte das später untersuchen.

»Miss Julie? Ich brauche Sie gleich. Halten Sie sich bereit.«

Als der Einschnitt wieder vernäht und Liberty bandagiert war, legte sich Miss Julie neben ihre Tochter auf die Badwanne. Ich führte in ihre Arterie eine Kanüle ein, an der ein Y-förmiges, mit Paraffin umhülltes Röhrchen angebracht war. Das andere Ende verband ich mit Libertys Vene. In der Mitte des Röhrchens befand sich ein geschliffener Glashahn. Ich regelte den Blutfluss, indem ich den Regler des Hahns drehte wie den Wasserhahn in der Küche. Nach ein paar Minuten drehte ich den Regler zu, bis der Blutfluss schließlich total aufhörte.

»Ich glaube, das ist genug.«

»Wie lange war das?«, fragte Steven.

»Weiß nicht. Aber es reicht.«

Wir entfernten die Einstichnadeln und ließen die beiden ausruhen, während wir aufräumten und uns zum Gehen vorbereiteten. Ich wusch sogar das Geschirr ab, das in der Spüle war, wischte den Boden und machte ihnen das Essen warm, während Steven Liberty wieder in ihr Bett beförderte.

Es war schon sehr spät und ich war müde, deshalb übernahm Steven den Großteil des Beladens und Tragens. Auf dem Weg zurück zur Praxis küsste er mich auf die Stirn und sagte: »Wir sind echt ein wunderbares Team. Glaubst du nicht auch?«

»Aber ja.«

»Weißt du, May, ich liebe es, mit dir zu arbeiten. Wenn wir erst verheiratet sind, wird das sicher noch besser. Dann wird alles anders, klarerweise. Nicht, dass ich möchte, dass du aufhörst zu arbeiten«, sagte er schnell. »Aber ich denke schon, dass wir versuchen sollten, mehr Zeit miteinander zu verbringen – außerhalb der Praxis. Und da wir gerade vom Heiraten reden: Du hast meine Frage immer noch nicht beantwortet.«

»Steven, ich weiß einfach nicht, wann der richtige Zeitpunkt sein könnte. Es kommt immer soviel zusammen.«

Das war natürlich nicht die richtige Antwort. Ich hatte dieses Argument viel zu oft vorgeschoben. Sein Gesicht schrumpelte vor Wut und Enttäuschung zusammen.

»May, es sind jetzt mehr als zwei Jahre. Ich krieg dich nicht mal dazu, abends mit mir auszugehen.«

»Bald«, versprach ich. »Bald.«

Steven hielt am Bordstein vor unserer Praxis. Er stieg aus, schlug seine Tür zu und riss die hintere Klappe des Wagens auf.

»Das sagst du immer. Wenn du mich einfach nicht heiraten willst, dann –«

»Das ist es nicht.«

»Ich bin nicht dein Vater. Ich bin keiner von deinen alten Verehrern. Ich bin nur ich selbst. Aber das scheint dir ja nicht zu genügen.«

Er zerrte die Lampe vom Rücksitz und schleppte sie zum Eingang, ohne sich umzusehen.

—

Es war ein wunderschöner, sonniger Mittwochvormittag. Um elf waren die Straßen gesteckt voll. Überall standen Männer herum – unter der Hochbahn, mitten auf der Straße, angelehnt an Motorhauben und Hydranten, versteckt im Schatten unter der blaugestreiften Markise des C&G-Lebensmittelmarktes in der Lenox Avenue. Sie lungerten im Eingang von *Daniel's Bar &* *Grill*, schoben die Mützen nach hinten und kauten auf Zigarren, die sie doch nie rauchten. Andere gingen durch die Straßen, zogen leere Holzkarren und suchten nach Dingen, die sie mitnehmen konnten. Über die Hälfte der Männer in Harlem war arbeitslos. Und es war noch lange keine Rede von so etwas wie Depression. Die Welt schien auf einmal angefüllt, ja übersät mit breitschultrigen Männern auf der Suche nach etwas, das sie machen konnten, bis die Nacht einbrach.

Ich ging den ganzen Weg von der Praxis bis hinauf zur 138sten Straße, unweit der Striver's Row. Ein Augenblick für mich, um nachzudenken. Steven redete nicht mit mir. Wieder einmal.

Das Einzige, was er sagte, wenn ich ihm das Messer auf die Brust setzte, war: »Es sind jetzt vier Jahre, May. Wie lange soll ich denn noch warten?«

Ehrlich gesagt gab es keinen wirklichen Grund. Der Gedanke, ihn zu verlieren, führte jedes Mal dazu, dass ich Schmerzen im Brustkorb und weiche Knie bekam. Aber es schien, als konnte ich ihm einfach nicht zu Willen sein. Was hatte dieser Mann nicht alles für mich getan? Er hatte an mich geglaubt, als jeder andere mir ins Gesicht sagte, das Einzige, wozu ich taugen würde, sei, Kinder in die Welt zu setzen, und ich solle doch die ganze

Medizin den Männern überlassen, die damit umgehen könnten. Als ein Krankenhaus nach dem anderen mir die Tür vor der Nase zuschlug, zeigte er mir einen anderen Weg, den ich gehen konnte, und der mir dennoch meine Würde bewahrte. Unsere Praxis lief immer besser, wohingegen viele andere, darunter auch die Edgecombe-Ärzte, kaum über die Runden kamen. Einige hatten sogar schon zumachen müssen. Aber zu uns kamen die Leute, weil sie an uns glaubten. Sie vertrauten uns. Sie vertrauten mir. Aus ganz New York kamen Patienten, und sogar von noch weiter her, etwa aus New Jersey oder dem Brooklyn County. Ich musste nicht einmal zu ihnen gehen, es sei denn, ich wollte das. Steven hatte mir den Weg gezeigt, der all das möglich gemacht hatte.

Sogar Mama hatte mich kürzlich gefragt: »Wann kommt denn der Junge endlich und zerrt dich vor den Altar? Das geht ja jetzt doch schon eine ganze Weile, Ladybug. Bald bist du so alt, dass die einzigen Hochzeitsgeschenke, die du kriegst, ein paar farblich passende Krücken und falsche Zähne sind.«

Ich verdankte Steven die Gesundheit meiner Mutter. Weil die Praxis gut lief, konnte ich mittlerweile fast all unsere Rechnungen zahlen. Mama konnte das erste Mal in ihrem Leben zu Hause bleiben. Vom Timing her konnte alles gar nicht besser laufen. Oder auch notwendiger. Ihr Herz war schwächer geworden. Sie hatte immer weniger die Kraft, auch nur die einfachsten Dinge zu tun. Jetzt, mit dreiundfünfzig, konnte meine Mutter sich endlich ausruhen.

Ich drückte die Klingel eines imposanten Reihenhauses an der Ecke zur Eighth Avenue. Ein junger, hellhäutiger Mann mit langer Hakennase und gelockerter Krawatte öffnete die Tür.

»Oh. Sie müssen Dr. Chinn sein.«

»Ja, das bin ich.« Ich setzte an, das Haus zu betreten, doch der junge Mann rührte sich nicht von der Stelle.

»Schöner Tag«, sagte er.

»Aber ja.«

»Sind Sie zu Fuß gegangen oder gefahren?«

»Ich bin gegangen.«

»Sie haben das Auto stehen lassen, obwohl der Tag wie gemacht ist für eine Spritztour?«

Ich wusste, worauf er hinauswollte. Derartige Gespräche hatte ich schon oft geführt.

»Ich habe kein Auto, Sir.«

»Oh«, sagte er und musterte mich vom Scheitel bis zur Sohle. »Verstehe.«

»Wo ist denn der Patient, bitte?«

»Hier lang. Vermute ich mal.«

Ganz am Ende der Treppe, in einem kleinen Zimmer im zweiten Stock, fand ich meinen Patienten auf einer unbezogenen Matratze liegen, mit nichts bekleidet als seiner Unterwäsche. Jemand hatte das Fenster geöffnet, so weit es irgend ging, dennoch war die Luft im Raum stickig. Der alte Mann auf dem schweißgetränkten Bett murmelte vor sich hin und drehte das Gesicht zur Wand.

»Was fehlt ihm denn?«

»Das wissen Sie nicht?«, witzelte der andere Mann. »Sie sind doch der Doktor.«

»Ich meine, warum haben Sie mich gerufen? Was sind seine Symptome?«

»Er hat Probleme mit dem Magen. Sehr starke Schmerzen, die kommen und gehen. Hin und wieder werden seine Arme und Beine ganz hart, sodass er nicht einmal gehen oder sich sauber halten kann.«

»Hat er das zum ersten Mal?«

»Nein. Ihm ist es schon öfter schlecht gegangen. Die gleichen Symptome. Aber das ist lange her. So zehn oder fünfzehn Jahre. Wir dachten eigentlich, er hat es überstanden, aber dann bekam er letztes Jahr wieder Anfälle, musste sich übergeben, hatte rasende Kopfschmerzen. So was halt.«

»Wie heißt er?«

»Richard Glass. Er ist mein Onkel.«

Ich legte meine Finger auf die Wange des alten Mannes und drehte sein Gesicht vorsichtig zu mir. Als seine wässrigen grauen Augen und meine sich trafen, fing er an zu zittern.

»Haben Sie keine Angst, Mister Glass. Ich bin Dr. Chinn. Ich bin hier, um Ihnen zu helfen.«

Parenchymatöse Syphilis, gekoppelt mit Tabes und Parese …

»Ich sage es Ihnen, verehrte Kollegen. Was wir hier vor uns haben, ist ein Neger mit Syphilis des Gehirns.«

… tritt zehn bis zwanzig Jahre nach der ursprünglichen Ansteckung auf.

»Nein. Das ist nicht möglich, Sir.«

Während Neger bekanntermaßen unmoralisch und von Natur aus viel anfälliger für Geschlechtskrankheiten, darunter auch Syphilis, sind als die Weißen …

»Es ist mir völlig gleichgültig, was in den Lehrbüchern steht. Schauen Sie sich diesen Mann an …«

… sind sie nicht imstande, sich eine Syphilis des Gehirns einzufangen. Das Negergehirn, kleiner und viel weniger entwickelt, wird nicht mit genug Blut versorgt, als dass es daran erkranken könnte.

Drei Ärzte von der Columbia University, vier vom Bellevue, drei vom Harlem Hospital (darunter Gott sei Dank auch Dr. Crump) sowie drei vom Memorial waren nötig, um meine Eingabe zu überprüfen. Und dann brauchten sie noch wochenlang, um meinen Ergebnissen zuzustimmen.

Aber ich hatte recht. Sie mussten ihre Lehrbücher ändern, die Prinzipien der Diagnose. Ich selbst beantragte bei der Stadt, dass mehr Krankenhäuser in Harlem gebaut würden. Die Syphilis-Rate war hier neun Mal höher als im Rest der Stadt. Kaum verwunderlich, dass die psychiatrische Abteilung des Charity Hospitals immer unverhältnismäßig voll war. Jetzt wurde ihnen klar, dass das, was sie bisher für den unvermeidlichen Zusammenbruch des kleingewachsenen Negerhirns gehalten hatten, in den meisten Fällen eine unbehandelte Geschlechtskrankheit war. Ich war mir sicher, dass sich jetzt, da die Wahrheit ans Licht gekommen war, die Dinge ändern würden. (Meine Annahme erwies sich natürlich als vollkommen falsch. Die Stadt lehnte jeden meiner Anträge ab. Zunächst war ich aber noch zuversichtlich. Überzeugt und stolz.)

»Wir sollten feiern«, schlug ich Steven vor. »Machen wir doch Urlaub. Ich fahre dich.«

»Du hast doch gar kein Auto.«

»Ich weiß. Aber ich habe beschlossen, eines zu kaufen.«

»Gut«, sagte er. »Sonst denken die Leute, du bist entweder zu geizig oder zu arm, dir eins zu leisten. Niemand will einen armen Arzt. Man fragt sich automatisch, was mit all seinen Patienten passiert ist.«

Ich zog los und kaufte ein nagelneues, dunkelgraues Nash-Kabriolett. Der erste Luxusgegenstand meines Lebens.

Wir beschlossen, nach Saratoga Springs zu fahren. Doch am Tag vor unserer Abfahrt hatte einer von Stevens Patienten einen Rückfall und musste rasch operiert werden.

»Ich glaube, ich fahr schon mal voraus, wenn es dir nichts ausmacht. Ich brauche jetzt wirklich eine Pause.«

»Gute Idee«, sagte Steven. »Ruf mich an, wenn du ankommst, und sag, ob alles in Ordnung ist.«

Als ich am Samstag frühmorgens losfuhr, strahlte der Himmel in sanftem Türkis. Die Hügel und die grüngoldenen Felder, die an mir vorbeizogen, sorgten dafür, dass ich mich wieder fühlte, als würde ich fliegen. Das Herz ging mir auf.

Das verschlafene Städtchen Saratoga Springs war geprägt von wogenden Feldern, Farmen und viktorianischen Herrschaftshäusern, die wie Museen wirkten. Ich schlief drei Tage wie ein Stein, rührte mich nie vor neun Uhr oder noch später, und ließ mir Kaffee und süße Krapfen aufs Zimmer bringen. Ob ich am Nachmittag mit dem Pferd ausreiten oder lieber im einzigen Kino der Stadt einen Film ansehen sollte – das war die Sorte von Entscheidungen, die ich in dieser Woche zu treffen hatte.

Doch am vierten Tag wurde der Himmel schwer, massiv und klebrig. Das Blau verwandelte sich in eine bösartige Masse tiefgrauer Wolken mit nahezu schwarzer Unterseite. Die Wolken tanzten wie die Flammen eines Grillfeuers. Die Leute verrammelten die Fensterläden, holten die Tiere von der Weide und schlossen sie weg. Als Wind und Regen dann kamen, peitschten sie Dächer von ihren Fundamenten, rissen sie Bäume und Telefonmasten nieder; Brücken gingen zu Bruch und Automobile stürzten um.

Noch drei Tage nach Ende des Sturms war es unmöglich, zu meiner Mutter durchzukommen. Schließlich gelang es mir, das Telefon in unserer Praxis zu erreichen.

»Bleib, wo du bist«, sagte Steven. »Deine Mutter sagte, im Fall, dass ich von dir höre, soll ich deine Adresse aufschreiben und losfahren, um dich abzuholen. Die Straßen sind viel zu gefährlich, als dass du alleine fahren könntest.«

Am nächsten Morgen saß ich auf meinen gepackten Koffern im Foyer der Pension, als Steven in seinem Cadillac vorfuhr. Er griff nach mir und zog mich stürmisch an sich, küsste meine Haare, küsste meine Lippen und musterte mich von Kopf bis Fuß.

Langsam fuhren wir aus der Stadt hinaus, zwischen umgestürzten Bäumen und zerstörten Häusern hindurch. Irgendwann musste Steven aussteigen, um einer Gruppe von Männern zu helfen, einen toten Ochsen von der Mitte der Fahrbahn zu hieven. Die Landschaft, die beim Ankommen so friedlich und unbekümmert dagelegen hatte, zeigte jetzt ihre Innereien. Wir fuhren an Tieren und Menschen vorbei, die der Fluss und der Regen aufgebläht hatten. Wir halfen, wo wir konnten, doch was vornehmlich zu tun war, waren Begräbnisse. Nach einer Weile wollte ich es nicht mehr sehen. Ich schlief ein.

Als ich aufwachte, passierten wir gerade das Schild

WILLKOMMEN IN CONNECTICUT!

an der Grenze des Bundesstaats. Ich setzte mich kerzengerade auf.

»Steven, wo fahren wir hin?«

»Ich liebe dich, May, und ich will dich heiraten. Jetzt sofort.«

»Das geht nicht. Zuerst muss man ein paar Dinge erledigen. Formulare –«

»Nicht hier. Das Einzige, was du hier machen musst, ist, deinen Namen unter die Heiratsurkunde zu setzen. Wir fahren dahin, wo Paul mit Essie war. Weißt du noch? Du hast mir selbst davon erzählt. Als sie heirateten, dauerte es einen Tag, mehr nicht.«

»Ich kann dich jetzt nicht heiraten. Meine Mutter ist nicht da.«

»Dann machen wir eine zweite Hochzeit, zu der wir alle einladen.«

»Aber was ist mit meiner Praxis?«

»Ich habe nie verlangt, dass du aufhörst zu arbeiten. Das würde ich nie tun.«

Die Sonne ging unter. Bald würde es dunkel werden. Zu dunkel, um allein den Weg nach Hause zu finden. Ich geriet in Panik. Ich fing an zu weinen.

»Steven, du bringst mich jetzt auf der Stelle heim. Das meine ich ernst.«

Er lenkte den Wagen an den Straßenrand und stellte den Motor ab.

»Schau mich an, May. Liebst du mich? Wenigstens ein bisschen?«

»Natürlich tu ich das.«

»Aber nicht genug, um mich zu heiraten.«

»Liebe hat damit rein gar nichts zu tun.«

Seine Begeisterung kam zum Erliegen. Genau in dem Moment. Das spürte ich. Steven wandte sein Gesicht von mir ab und blickte über die abgeflachten Weizenhügel.

»Falsche Antwort.«

Er brachte mich nach Hause.

Als ich daheim zur Tür hereinstolperte, erwartete Mama mich bereits mit Dr. Crump. Sie warf ihre Arme um mich und umarmte und küsste mich und wirbelte mich herum auf der Suche nach etwas, das nicht in Ordnung war.

»Dr. Crump muss dich unbedingt untersuchen, mein Herz. Nur für den Fall, dass. Ich bin nebenan, wenn du etwas brauchst, hörst du?«

Nachdem sich die Tür geschlossen hatte, umarmte ich Dr. Crump und sagte: »Alles in Ordnung. Sie können jetzt gehen.«

»Ich könnte. Aber Ihre Mutter würde mir das nie verzeihen.«

Er untersuchte mich sorgfältig, wobei er kein Detail ausließ und Fragen stellte. Er behandelte mich so, wie ich meine Patienten zu behandeln pflegte.

»Und Dr. Murray? Wie geht's dem?«

Ich legte die Hand auf meine Wange. »Gut.«

»Ich muss sagen, er kann sich glücklich schätzen. Sie sind schon ein Fang.«

»Nein. Das stimmt doch nicht.«

Dr. Crump schob meine Hand von meinem Gesicht und sah mich genau an.

»Sie sind wunderschön.«

Dann machte er sich wieder an die Arbeit. Er untersuchte mich schweigend, bis es Zeit war zu gehen.

»Tadelloser Befund.« Er ließ seine Tasche zuschnappen. An der Tür drehte Dr. Crump sich zu mir um und sagte, als ob er just im Moment den Gedanken gehabt hätte: »Wissen Sie May, ich könnte mich um diese Narben kümmern, wenn Sie möchten. Die Wiederherstellungschirurgie hat in den letzten Jahren faszinierende Fortschritte gemacht. Wenn Sie wollen, kann ich das machen. Und wenn ich mit Ihnen fertig bin, wird Ihr Gesicht wie neu aussehen.«

»Oh, nein, Sir. Darüber denke ich gar nicht mehr nach. Ich fürchte, Sie würden mit mir nur Ihre Zeit verschwenden.«

»Na gut«, sagte er. »Aber sollten Sie es sich anders überlegen – mein Angebot gilt.«

Ich bedankte mich und schloss die Tür.

Am nächsten Morgen ging ich ganz normal zur Arbeit. Steven hatte Umzugshelfer da, ein paar Männer von der Avenue, die seine Sachen auf einen Lieferwagen luden.

»Ich ziehe aus«, sagte er. »Nicht, dass ich dich verlasse. Ich liebe dich und habe ein Versprechen gemacht. Aber ich denke, es ist das Beste, wenn wir ein bisschen Platz zwischen uns haben. Ich habe drinnen ein paar Namen aufgeschrieben, an die du dich wenden kannst, um vielleicht die Räume hier zu teilen. Ich zahle meine Hälfte, bis du jemanden gefunden hast.«

Dann ging er weg und überließ es seinen Helfern, die restlichen Dinge zu verladen. Ich ging in mein Büro, setzte mich an meinen Schreibtisch und blieb dort eine Ewigkeit. Irgendwie übersah ich die Notiz vor mir, bis der ganze Tag an mir vorübergezogen war und ich schließlich aufstand, um zu gehen. Im Innern des Umschlags war eine Karte mit einer weißen Rose auf der Vorderseite. Ich öffnete die Karte. Sie war auf den 23. August 1933 datiert, das war zwei Tage, bevor ich nach Saratoga Springs gefahren war, kurz bevor Stevens Patient angerufen hatte. Seit damals hatte ich sie übersehen.

Ich lebe, damit du weißt, dass du weit über jede Vorstellung hinaus geliebt wirst.
Steven

Ich klappte die Karte zu und ging nach Hause.

Steven hielt Wort und kam so oft es ging zu Besuch. Aber seine neue Praxis war größer geworden und meine auch. Die Abstände zwischen den Besuchen wurden immer länger, je voller unsere Terminkalender wurden. Mittlerweile schickten mir auch andere Ärzte aus Harlem und selbst weiße Ärzte aus Downtown die Gewebeproben von Patienten, bei denen sie Krebs vermuteten. Ich nahm dann eine Biopsie vor und leitete die Proben weiter ans Memorial, wenn Anzeichen von Krebs zu erkennen waren. Das Memorial war damals der einzige Ort mit einer richtigen Forschungsstelle für Krebsfrüherkennung. Regelmäßig versetzte ich die Ärzte dort in Erstaunen. Ihnen war vollkommen unklar, wie ich imstande sein konnte, so viele Fälle zu diagnostizieren. Nach wie vor wollte man mir keine Behandlungbefugnisse erteilen, aber sie zogen mich stets hinzu, wenn ein Fall ihnen Kopfzerbrechen machte oder wenn sie Hilfe brauchten bei etwas, das nicht direkt vor Ort erledigt werden musste.

Schließlich hatten wir so viel zu tun, dass es wie ein seltenes Geschenk wirkte, wenn ich Steven wenigstens zweimal im Monat sah.

Eines Abends war ich zu Hause gerade dabei, einen Stapel Krankenblätter meiner Patienten durchzugehen, als jemand an meine Tür klopfte. Eine junge, hübsche Frau, so groß und ähnlich gebaut wie ich, aber ein ganzes Stück dunkler, stand vor mir und knetete ein seidenes Taschentuch in ihren Händen. Sie hatte ein offenes, ehrliches Gesicht. Große Augen und einen süßen geschwungenen Mund ohne Lippenstift. Ihre geglätteten Haare fielen in frisch gedrehten Locken herab bis auf ihren Kragen.

»Guten Abend. Kann ich Ihnen helfen?«

Die Art, wie sie mein Gesicht betrachtete, wirkte beinahe hungrig. Verlegen. Doch dann schluckte die Frau und hob ihr Kinn.

»Sind Sie May Chinn, Ma'am?«

»Ja, das bin ich.«

»Ich heiße Lucille Brewer, Ma'am. Ich bin gut befreundet mit Dr. Steven Murray.«

Mein Herz wurde weich und rutschte ein Stück nach unten. Das Zimmer schien wärmer zu werden, je länger sie dastand, Tränen in den Augen, und mich anstarrte.

Was hatte ich denn erwartet? Daran war ich selbst schuld. Das hatte ich gemacht. Es war nicht fair, jetzt das Opfer zu spielen.

»Sie sind schön«, sagte ich.

Lucille holte tief Luft, schüttelte sich und lächelte mich an.

»Nicht so schön wie Sie. Genau das ist irgendwie mein Problem. Ich weiß nicht, wie ich es anders sagen soll, deshalb sage ich es jetzt so, wie es ist. Miss Chinn, ich bin in Steven verliebt.«

»Sagen Sie May zu mir.«

»Äh ... okay. Also. Ich bin in Steven verliebt, May. Und ich möchte ehrlich zu Ihnen sein. Noch nie war ich so verliebt wie jetzt. Er ist wunderbar und sieht gut aus und ist nett und höflich und erfolgreich und treu ...«

»Ich weiß, Lucille.«

Sie lachte kurz auf. »Verzeihung. Ich bin aufgeregt. Was ich sagen will, ist, ist möchte so gern mit ihm zusammensein, dass ich für ihn sogar meinen Ehemann verlassen habe. Aber er will mich nicht heiraten. Er ist nicht einmal bereit, mich seine Freundin zu nennen, weil er doch Ihnen das Versprechen gegeben hat. Und Sie beide haben Ihre Verlobung doch nie aufgelöst. Also eigentlich steh ich hier, um zu fragen, ob Sie ihn nicht aus seinem Versprechen entlassen können. Bitte. Wenn nicht, weiß ich nicht, was ich machen soll.«

Die Frau verdiente es, glücklich zu sein. Sie war so schlau, zu erbitten, was sie wollte, und, wichtiger noch, zu erwarten, es auch zu bekommen. Von ihr konnte ich eine Menge lernen.

»Sie sind eine sehr glückliche Frau. Ich wünsche Ihnen beiden das Allerbeste.«

Es war Zeit zum Loslassen. Wie lange hatte ich gebraucht, um das endlich zu erkennen? Lange genug, um Steven zu verlieren. Meinen besten Freund. Lange genug, um letzten Endes ganz allein zu sein, ohne Mann, ohne Kinder, mit nichts als ein paar wenigen, engen Freunden. Fast mein ganzes Leben hatte ich dafür gebraucht. Ich war vollkommen damit beschäftigt gewesen, Antworten in anderen Menschen zu finden, ihre Geschichten zu studieren und zu glauben, ihre Geschichten könnten auf die Fragen meines Lebens die Antworten geben. Ich hatte eine so große Angst davor gehabt, auf engem Raum eingesperrt zu sein, dass ich mir selbst einen noch viel kleineren Raum geschaffen hatte. Fast mein ganzes Leben lang war ich ganz Unterschiedliches für eine Vielzahl ganz unterschiedlicher Leute gewesen. Aber was war ich denn nun eigentlich für mich selbst? Das war das, was ich herausfinden musste.

Ich vereinbarte mit Dr. Crump einen Operationstermin für den Tag, an dem Stevens Hochzeit stattfand.

Jeder erzählte mir hinterher, wie schön die Hochzeit war. Lucille wurde wenige Wochen danach schwanger. Als sie die Schwangerschaft dann offiziell verkündeten, kamen sie zu mir und fragten, ob ich die Patenschaft übernehmen wollte. Ich willigte dankbar ein.

Sechs Wochen später erklärte Dr. Crump mich für vollkommen geheilt. Es dauerte noch drei weitere Tage, bis ich mich endlich getraute, in den Spiegel zu sehen. Als ich es dann tat, entdeckte ich neue, glatte Haut, weich und ebenmäßig. Das Unmögliche war möglich geworden. Ich hatte ein neues Gesicht. Es war so neu, so verrückt und unglaublich, dass ich mich dabei ertappte, wie ich die Narben schon fast vermisste. Die waren beruhigend gewesen. Vertraut. Aber sie gehörten einfach nicht mehr zu der Frau, die ich geworden war.

Es war Zeit zum Loslassen. Und ich war stolz auf mich, weil ich es konnte.

Kapitel 21

Als die Unruhen ausbrachen, war Harlem schon ziemlich heruntergekommen. Kokain. Wein und Gin. Männer ohne Arbeit. Frauen ohne Hoffnung. Krankheiten. Schlangen vor den Suppenküchen, die den Menschen den Stolz raubten. Selbstwert gegen einen vollen Bauch ist zu keiner Zeit ein fairer Handel. Die Menschen hatten so viele Feinde.

Eines späten Nachmittags nahm der Feind Gestalt an.

Ein Junge schnappte sich etwas vom Ladentisch irgendeines Ramschladens und versuchte, damit rauszugehen. Der weiße Verkäufer erwischte ihn, packte den Kleinen am Kragen und fing an, auf ihn zu einzuschlagen. Zwei andere Verkäufer kamen hinzu und machten mit. Der Junge versuchte, durch die Eingangstür zu entkommen, doch die Verkäufer waren schneller und stellten ihn.

Ein paar Leute sahen, was da passierte, und fingen an zu murren. Das Murren wurde lauter, schärfer. Als die Nachricht die Seventh Avenue erreichte, war der Junge so furchtbar verprügelt worden, dass sein Leben an einem Faden hing. Als sie in der Lenox Avenue ankam, war er »wahrscheinlich tot«, und als sie quer durchs Viertel wieder zurück zur Eighth Avenue gedrungen war, wusste jedermann, dass der Junge auf offener Straße ermordet worden war wie ein Hund. Die gärende, enttäuschte Wut, die sich wegen allen möglichen Dingen schon so lange aufstaut hatte, kam jetzt zum Ausbruch.

Zu Hunderten überschwemmten die Menschen die Straßen, schrien, grölten und fluchten, warfen Backsteine in die Schaufenster. Die Polizisten flüchteten. Sie verbarrikadierten sich in ihren Revieren und riefen Spezialeinheiten zu Hilfe. Das war der Zeitpunkt, an dem die Plünderungen begannen.

Ich war wegen der Brände und Schüsse in meinem Büro gefangen und konnte bis spät in die Nacht hören, wie die Menschen randalierend durch die Straßen zogen.

Am Morgen war mein Zuhause verwüstet. Die Straßen waren mit Glas, zertrümmerten Möbelstücken, plattgetrampelten Lebensmitteln und bewusstlosen Männern übersät. Der Rauch der Brände, die die ganze Nacht gewütet hatten, stand in der Luft wie tief hängender Nebel. Kein einziges Geschäft war verschont geblieben – Kaufhäuser, Bekleidungs-, Möbel- und Juwelierläden, Metzgereien und Bäckereien. Die Besitzer, schwarz wie weiß, saßen weinend in ihren ausgebrannten Räumen.

Den Jungen hatte man, wie ich hörte, irgendwann in der Wohnung seiner Eltern entdeckt, drei Blocks weiter. Er war in Sicherheit. Er war in der Menge untergetaucht, dann zurück in den Laden und durch die Hintertür entwischt.

Die Welt schien unnatürlich ruhig an diesem Morgen. Der Hass war restlos ausgegeben, und man hatte nichts dafür bekommen. Ich ging mitten auf der Seventh Avenue, fast schlafwandelnd, innerlich tot, während die verstreuten Feuer mich wärmten und ich das Licht im Rauch spielen sah, der aus den ausgebeinten Wohnungen drang.

Es war gar nicht allzu lange her, dass wir voller Hoffnung waren, bereit, unser Leben, unseren Atem und unser Blut für die Bewegung zu geben. Und wohin hatte es geführt? Außer zum Ende?

Mama war auf einem Stuhl neben der Tür eingeschlafen. Ich küsste sie auf die Stirn, um sie zu wecken.

»Bei mir alles in Ordnung. Ich liebe dich.«

Ohne recht aufzuwachen, nickte sie und wankte rüber zur Couch und schlief wieder fest ein.

»Ladybug? Bist du das?«

Eine Sinnestäuschung, dachte ich. *Noch eine*. Aber dann rief er ein zweites Mal.

Ich betrat rasch das Zimmer. Mit dem Mann konnte etwas nicht stimmen, wenn er es nötig hatte, meinen Namen auszusprechen. »Papa! Alles in Ordnung?«

»Ja. Mir geht's gut. Besser geht's mir jedenfalls nicht mehr, bis ich sterbe. Hab mir nur Sorgen gemacht, weil du nicht heimgekommen bist. Deine Mutter ist die ganze Nacht über wachgeblieben.«

Ich stand sprachlos in der Schlafzimmertür. Er hätte mich nicht mehr überraschen können, hätte er mit den Armen gewedelt und damit den Harlem River geteilt. Wie viele Jahre? Mein Vater hatte soeben mehr aufeinanderfolgende Worte an mich gerichtet als in den vergangenen zehn Jahren zusammen.

»Komm, setz dich zu mir.« Papa tätschelte den Rand seines Bettes. »Ich hab letzte Nacht die Feuer gesehen. Hab das ganze Durcheinander da unten mitgekriegt.«

Er seufzte. »Nichts ist, wie es früher war. Ich bin ein alter Mann. Ist das zu viel verlangt, dass man ein bisschen was will, was man kennt?«

»Nein, Sir.«

»May, du bist'n schlaues Mädel. So ungefähr das schlauste, das ich kenn. Manchmal fass ich gar nicht, dass du von mir bist. Kann's fast nicht glauben. Ich wollt dich schon lang was fragen, aber irgendwie hab ich mich nicht getraut. Aber jetzt merk ich, ich muss es machen, sonst mach ich's nie. Also komm her.«

Papa berührte meine Wange, die, auf der die Narben gewesen waren, zog mich zu sich und küsste mich dorthin. So wie er es früher gemacht hatte. Er griff hinter sich und verzog vor Anstrengung das Gesicht.

»Was brauchst du, Papa? Ich hol's dir.«

»Nein, Mädchen. Setz dich wieder hin. Ich mach's selbst.«
Mein Vater zog eine abgenutzte, in Leder gebundene Bibel
unter seinem Kissen hervor und drückte sie mir in die Hand. Er
lachte.

»Schau nicht so schockiert. Wenn ein Mann stirbt, interessiert
ihn das. Ich kann nicht sagen, dass ich viel davon richtig finde,
aber ich denk mal, ich sollte mit Gott wenigstens die wichtigsten
Punkte diskutieren können, man weiß ja nie. Jetzt hör mal zu.
Ich muss dich was fragen.«

Er zeigte auf eine Stelle im Matthäus-Evangelium. Ich folgte
seinem knochigen Finger und las:

Dein Glaube wird dir helfen.

»Lies das mal für mich. Und sag jetzt nix. Ich will, dass du darüber nachdenkst. Dann kommst du wieder, Lil' Bit. Dann reden
wir.«

Aber dazu kam es nie. Jedes Mal, wenn ich versuchte, das Gespräch darauf zu lenken, scheuchte er mich weg. Ich wünschte
ihm so sehr, über mich staunen zu können. Ich wollte ihm eine
klare, hilfreiche Antwort geben, die ihm den Übergang erleich-
terte und all die Jahre wiedergutmachte, die wir beide vergeudet
hatten. Aber er tat, als sei ich verrückt. Er schaute zu meiner
Mutter und hob fragend die schmalen Schultern. »Lu, von was
redet das Kind?«

Aber das war schon in Ordnung. Den ganzen restlichen Sommer und weit bis in den Herbst machten wir andere Sachen.

Einmal hörte ich nachmittags früher auf zu arbeiten und begleitete meinen Vater an seinen Lieblingsort früherer Tage: *Ye
Olde Barber Shop* in der 133sten Straße zwischen Lenox und
Fifth Avenue. Das war ein kleiner Laden, wo die Männer Geschichten erzählten und sich gegenseitig schlimme, fette Lügen
auftischten, die sie samt und sonders beweisen konnten, wie sie
versicherten.

Der Laden lag eingekeilt zwischen einem verlassenen Gebäude und einem Waschsalon und roch nach hohem Alter und Rasierschaum und Zigarrenrauch. Ich saß draußen auf der Treppe und nippte an meiner Coca-Cola, während mein Papa und seine Kumpels sich an der Vergangenheit labten wie an etwas, das beständig, nahrhaft und von ewiger Reife ist.

Danach schlenderten wir rüber zur Fifth und bogen links ab. Zwischen 133ster und 134ster Straße gab es eine Bude namens Peace Shine, wo mein Papa sich für 3 Cent die Schuhe putzen lassen und dazu noch ordentlich herumpalavern konnte. Wie schon zuvor, wartete ich draußen und ließ die Männer ihre Dinge erledigen. Aber ich hatte dafür gesorgt, dass er ein paar Dollar in der Tasche stecken hatte, sodass er alles, was er konsumierte, selbst bezahlen konnte. Auf dem Heimweg kamen wir an der Behörde vorbei, wo die Regierung Essensrationen ausgab. Die Schlange erstreckte sich fast über die ganze Länge der Avenue. Hier in Harlem – wie auch in vielen anderen Teilen des Landes – überwachten Soldaten mit Automatikwaffen die Essensschlange, die sich langsam vorwärtsschob. Sie verhielten sich ruhig und stellten nur sicher, dass die Menschen die Schlange mit ihrem Essen unbehelligt verlassen konnten. Wir gingen schweigend weiter, bis wir an ihnen vorbei waren.

Der Rest des Nachmittags verlief dann sehr erfreulich. Als er zu Ende war, liebten wir uns wieder. Keiner von uns entschuldigte sich, und wir sprachen auch nicht über die Vergangenheit. Wir ließen sie einfach hinter uns. Ein schlichter, aber dauerhafter Frieden.

Sechs Monate danach starb er.

Zurück an die Arbeit.

Jetzt gab es nur noch Mama und mich. Sie war alles, was ich noch hatte. Abends spielten wir Karten, an den Wochenenden machten wir Spaziergänge den Fluss entlang. Aber nie allzu weit.

Sie wurde so schnell müde. Das war nicht mehr die Lulu, die ich einst gekannt hatte.

Eines Nachmittags, als wir den Broadway entlangspazierten, sah ich aus dem Augenwinkel eine Frau im Schaufenster. *Wer ist das denn?*, dachte ich. *Du liebe Zeit! Ist die nicht entzückend?* Ich ging ein bisschen näher und bemühte mich dabei, nicht aufdringlich zu wirken. Sie kam mir so bekannt vor. Die kannte ich doch. Erst als ich ganz nah gekommen war, merkte ich, dass ich mein eigenes Spiegelbild betrachtete, in einem Spiegel, der durchs Fenster hinaus auf die Straße gerichtet war.

»Sie ist schön, stimmt's?«, sagte Mama und ging weiter geradeaus.

Ich stand da und starrte vor mich hin, bis der Geschäftsinhaber herauskam und fragte, ob mit mir alles in Ordnung sei.

»Mir geht's gut«, sagte ich. »Wirklich gut.« Und ich eilte meiner Mutter hinterher.

Im Sommer 1942 starb Mama. Ich kam eines Abends von der Arbeit heim und fand sie friedlich und sichtlich befreit in ihrem Bett liegen. Sie war nicht darauf angewiesen, dass ich ihr sagte, sie solle gehen. Sie hatte es auch so gewusst.

Wenn man trauert, gibt es einen Punkt, an dem der Schmerz so stechend ist, so durchdringend, dass man ihn gar nicht mehr wahrnimmt. An dem Tränen eine Beleidigung sind. Die Leute sagten mir, ich sei so stark. Sie sagten ihren Töchtern: »Schau dir Dr. May an. Wenn du groß bist, wirst du auch so sein wie sie.«

Sie hatten keine Ahnung.

Beim Begräbnis war fast halb Harlem anwesend, um meiner Mutter die letzte Ehre zu erweisen. Mit großem und plötzlichem Bedauern wurde mir klar, dass das so gut wie alles war, was die meisten Leute über Lu Chinn wussten. Dass sie die Mutter von Dr. May war.

Hatte meine Mutter je etwas für sich selbst verlangt, etwas, das nichts mit mir zu tun hatte? Hatte ich je nachgefragt?

Nach der Beerdigung zog ich um.

Mich in der alten Wohnung aufzuhalten, mit ihrem Geist, der neben mir saß, in der Küche herumwanderte oder im Stuhl neben der Tür saß und schlief, brachte mich fast um den Verstand. Sie fehlte mir so sehr, dass ich dachte, ich werde wahnsinnig. Ich konnte nicht schlafen. Ich hörte auf zu essen. Manchmal war ich morgens so daneben, dass ich vergaß, mich zu waschen, nur um mich dann den ganzen Tag dafür zu schämen, da ich in der Praxis so engen Umgang mit anderen Menschen hatte.

Das musste aufhören. Es musste sich etwas ändern. Deshalb beschloss ich umzuziehen. Ich konnte nicht länger herumgehen, mutterseelenallein, und jedes Mal fast in Ohnmacht fallen, wenn eine Diele knarrte oder die Nachbarskatze die Feuerleiter herunter und zum Fenster hereingekrochen kam und mir um die Beine strich. Es gab keine anderen Schritte in der Wohnung und das machte mich langsam aber sicher verrückt. Malmende, betäubende Fragen tauchten in der Stille auf, eine nach der anderen. Wie viele Gelegenheiten zu lieben hatte ich denn gehabt? Wie oft hatte ich sie einfach weggeworfen? Ich war ständig derart verzweifelt hinter Anerkennung hergewesen, dass ich überhaupt nicht wusste, wie ich sie annehmen sollte, wenn sie vor mir stand. Sollte ich wirklich allein alt werden müssen, trug daran niemand die Schuld außer mir selbst.

Ich mietete eine Wohnung und eine Praxis im Erdgeschoss des Hochhauses Edgecombe Avenue 409, welches den Polo Ground, das alte Stadion der Giants, überblickte. Jedermann, von DuBois über Aaron Douglas bis hin zu Walter White, wohnte hier. Es war die exklusivste Adresse in ganz Harlem.

Ich konnte mir das jetzt leisten.

—

»Kommen Sie mit mir nach Alabama, May.«

Dr. Crump saß in einem glänzenden Ledersessel in meiner neuen Praxis.

»Was gibt's denn in Alabama?«

»Jedes Jahr organisiere ich in Tuskegee eine Woche lang eine Veranstaltung, die sich ›Bundesgesundheitswoche für Neger‹ nennt. Circa fünfzig Ärzte von hier aus dem Norden gehen in den Süden, um Menschen zu behandeln, Kurse zu geben, Erfahrungen auszutauschen und was sonst so dazugehört. Wenn Sie denken, Sie hätten es hier bei uns schwer gehabt, überlegen Sie mal, womit sich Ärzte in Alabama herumschlagen müssen. Die meisten von ihnen sind gar nicht anerkannt. Sie haben keinen Abschluss und erst recht keine Behandlungsbefugnisse. Sie helfen den Menschen einfach. Jetzt könnten Sie ihnen helfen. Was meinen Sie?«

»Glauben Sie wirklich, es gibt Menschen, die sich für das interessieren, was ich zu sagen habe?«

Dr. Crump seufzte. »Kommen Sie jetzt mit? Ich habe das Gefühl, Sie könnten einen Wechsel der Gangart gut gebrauchen. Habe ich recht?«

Da musste ich zustimmen. Ich fühlte, wie ich mich unter meiner Haut langsam aber sicher auflöste. Es musste sich etwas ändern.

Drei Wochen später war alles gepackt und ich gerade dabei, zum Bahnhof Penn Station aufzubrechen. Ich öffnete die Tür, stellte den Koffer im Gang ab und suchte in der Handtasche nach meinen Schlüsseln. Das Telefon klingelte. Fast wäre ich nicht hingegangen. Doch dann rannte ich wieder hinein und hob gerade noch rechtzeitig ab.

»Hallo?«

»Hallo? Dr. Chinn? Hier ist Dr. Maitland vom Memorial. Ich wollte Sie nur über den Zustand eines Ihrer Patienten unterrichten, Mister Jackson.«

»Ja?«

»Die Ergebnisse der Laboruntersuchung kamen zurück und Sie lagen richtig. Er hat einen bösartigen Tumor. Da Sie die behandelnde Ärztin sind, halten wir es für angebracht, dass Sie ihn auffordern, sofort zu uns ins Krankenhaus zu kommen.«

Hätte ich nur das Telefon nicht abgenommen. Jetzt würde ich die ganze Woche an diese Sache hier denken müssen.

»Danke, Doktor. Danke für den Anruf. Wir bleiben in Verbindung.«

»Bleiben Sie noch einen Moment dran, Dr. Chinn.«

»Wissen Sie, eigentlich wollte ich gerade zur Tür hinaus –«

»Es dauert nur eine Sekunde. Hier ist jemand, der Sie sprechen möchte.«

Das Telefon knisterte einen Moment lang und wurde weitergegeben, dann hörte ich die heisere Stimme einer Frau, die sagte: »Hallo? Sind Sie May Chinn?«

»Ja, das bin ich. Und wer sind Sie?«

»Ich bin Dr. Elsie L'Esperance. Ich habe Sie gesucht, Doktor. An Ihre Nummer ist hier bei uns schwer heranzukommen. Was mich etwas verwundert angesichts der Tatsache, dass Sie schon so viele Aufträge für dieses Krankenhaus übernommen haben.«

»Was kann ich für Sie tun, Doktor?«

»Es ist eher so, dass ich Ihnen ein Angebot machen will. Ich leite ein neues Institut, die Strang-Klinik. Wir sind ganz auf Krebsfrüherkennung spezialisiert, und ich habe Sie gesucht, um Ihnen eine Stelle als Klinikärztin anzubieten. Wir sind an das Memorial und das New York Infirmary gekoppelt. Ich hoffe sehr, dass Sie das interessiert.«

Das Erste, was ich dachte, war: *Wart nur, bis Mama das erfährt!* Mehr wollte ich nicht. In dem Moment gab es nichts Wichtigeres, als meiner Mutter zu erzählen, was wir hingekriegt hatten. Dr. L'Esperance teilte ich mit, dass ich auf jeden Fall großes

Interesse hätte und mich wegen eines Termins bei ihr melden würde, sobald ich aus Alabama zurück sei. Als ich das Telefon einhängte, wurde ich von einer derart heftigen Gefühlswelle erfasst, dass mein Magen sich verkrampfte. Ich lief ins Badezimmer und übergab mich ins Waschbecken.

Auf einmal war mir so schlecht, dass ich fast nicht mehr stehen konnte, aber nicht, weil ich traurig war oder den Verlust spürte. Es war auch keine Angst. Und ich war nicht einmal wütend.

Ich spürte eine Energie, eine Strahlung durch mich hindurchschießen, und ich war offensichtlich nicht in der Lage, damit umzugehen. Mir schwirrte der Kopf. Es fühlte sich an, als würde mein Körper sich niemals weit genug ausdehnen können, um all dem Raum zu geben, was sich in meinem Inneren entfaltete. Da war so viel in mir. Alles gehörte dazu, das Gute wie das Schlechte. Mein Leben, meine Entscheidungen, meine Erfahrungen. Und mit einem Mal entdeckte ich, während ich am Rand der Wanne lehnte und die Knie auf den Boden presste, dass, egal wie es auch aussehen mochte, alles gut war.

Ich war gut.

Ich war besser als gut. Ich war würdig.

Dieser Gedanke jagte mir Schauer durch den Körper. Und ironischerweise hatte das nichts mit dem Anruf zu tun. Das Wissen in mir war schon vorher dagewesen. Aber ich hatte es nicht als Erkenntnis wahrgenommen, als Überzeugung, bis ich den Hörer zurück in die Gabel gelegt hatte. Im Bruchteil einer Sekunde wurde mir klar, dass man mir nichts angeboten hatte, was ich nicht schon längst besaß. Und das würde auch in Zukunft so sein.

Es hatte nichts zu tun mit meinen Patienten oder meiner neuen Praxis. Es hatte nichts zu tun mit Plaketten und Titeln und Berufungen und Auszeichnungen. Es hatte nichts zu tun mit den Menschen, die mich liebten. Es hatte nichts zu tun mit denen, die mich ablehnten. Es hatte nichts zu tun mit den Leben, die ich gerettet hatte, oder den Menschen, die in meinen Armen gestorben waren. Es hatte nichts zu tun damit, dass ich arm war. Es hatte nichts zu tun mit meinem Sohn. Es hatte nichts zu tun mit dem Tod. Es hatte nicht einmal etwas zu tun mit meinem Leben.

Ich sah mich selbst in diesem Moment, rein und unversehrt. Vollkommen, ganz, abgeschlossen. Ich verstand, anscheinend zum ersten Mal überhaupt, dass meine Existenz *an sich* ihren Wert hatte, würdig war. Die Handlungen und Umstände meines Lebens waren nicht von Bedeutung. Es hatte nur zu tun mit dem Wesen, der Wahrheit dessen, wer ich war.

Ich bin würdig.

Immer wieder, immer wieder, so schuf ich mir mein Mantra als dreifaltiges Glaubensbekenntnis.

Ich bin würdig.

Alles andere fiel einfach von mir ab.

Dr. Crump organisierte einen Sonderzug für die Reise. Er hatte schwere, schwarze Baumwollvorhänge, die zugezogen werden mussten, sobald wir den Staat Delaware passiert hatten. Schwarze Ärzte und weiße Ärzte, die zusammen im gleichen Waggon des gleichen Zuges reisten. So was hatte es noch nie gegeben. Das war lebensgefährlich. Wir machten es trotzdem.

Jedes Mal, wenn wir anhielten, um einen Arzt einsteigen zu lassen, der an der Konferenz teilnehmen wollte, erhielt der Zugführer Weisung, auf den Rangiergleisen außerhalb der Stadt anzuhalten. In vollkommener Dunkelheit wurde dem neuen Fahrgast dann an Bord des Zuges geholfen. Und gleich fing die Maschine wieder an zu dröhnen und wir rasten weiter.

Einmal hielt der Zug außerhalb eines Bahnhofs, an einem Ort, wo kein Arzt auf uns wartete. Dr. Crump eilte zur Spitze des Zuges. Obwohl ich das eigentlich nicht sollte, hob ich den Vorhang.

Draußen versperrte der Wagen des Sheriffs unser Gleis. Eine Gruppe von Männern stand bei ihm, manche auf Pferden, andere mit Fackeln und Gewehren in Händen. Insgesamt sechzig, vielleicht auch siebzig Weiße. Alle wurden still. Wir wussten, was geschehen würde, sollten sie den Zug betreten. Viele von uns, insbesondere die Dunkelhäutigen, würden es nicht bis nach Hause schaffen.

Komischerweise hatte ich keine Angst. Diese Männer konnten mir nichts anhaben. So war das, auch wenn sie nichts davon wussten.

Vom Waggon vor uns hörten wir eilige Schritte auf uns zukommen. Einer der farbigen Männer packte mich, und dann spürte ich viele verschiedene Hände auf mir, die mich ins Hintere des Waggons beförderten, hinter all die Fahrgäste, weg von der Bildfläche, in den Schutz einer Wand aus Menschen.

»Wir fahren weiter. Ganz ruhig bleiben.«

»Dr. Crump, was ist passiert?«

Ich hörte den Arzt lachen.

»Der Sheriff und die braven Bewohner dieser Stadt haben mitgekriegt, was sich möglicherweise an Bord dieses Zuges befinden könnte. Also kamen sie, um sich selbst davon zu überzeugen. Ich habe sie aufgehalten.«

»Wie?«, fragte jemand.

»Ich sagte ihnen, der Zug hält nirgendwo an, da er verseucht ist. Wir hätten fünfzig Männer und eine Frau an Bord, allesamt an Pocken erkrankt. Ich hab ihnen angeboten, sie könnten gern reinkommen und selbst nachsehen. Aber sie haben dankend abgelehnt.«

Später lachten wir dann darüber. In dem Augenblick schauten wir Dr. Crump aber nur schweigend an, voller Ehrfurcht, wie mir schien.

Wir erreichten Tuskegee in den frühen Morgenstunden. Schwarze Farmer mit Pferden und Buggys, Ochsenkarren und sogar ein paar Lieferwagen erwarteten uns am Rangiergleis und brachten uns im Handumdrehen zum sicheren Konferenzgelände.

Als ich später aufwachte und hinaus in den Hof zu den anderen Ärzten ging, sah ich etwas höchst Merkwürdiges.

Der ganze Hügel, auf dem unser Gebäude stand, war übersät mit Krankenbahren. Tausende von Menschen waren in der Nacht angereist, manche, wie man mir sagte, sogar aus Georgia. Sie kamen im Dunkeln, auf Karren, zu Pferd, in Wagen und auf holpernden Lieferwagen für die Lahmen. Sie ritten und marschierten durch die Dunkelheit, obgleich die Dunkelheit in diesen Breitengraden so gefährlich sein konnte. Sie setzten alles aufs Spiel, was sie hatten, weil sie geheilt werden wollten.

Ich sah es und schaute auf zum Himmel und fing an zu lachen. Ich lachte von ganzem Herzen.

So lange hatte ich gebraucht, um zu verstehen. Wie viele Jahre hatte ich voller Verzweiflung nach dem gesucht, was mir schon längst gehörte? Ich schaute auf all die Menschen um mich herum, die von so weit her gekommen waren, weil sie mehr als alles andere an Unversehrtheit und Vollkommenheit glaubten, daran, dass man ganz werden kann. Einige waren darunter, die hofften, ich würde eine Wunderheilung an ihnen vollbringen. Doch als ich in dieses Meer aus Gesichtern blickte, verstand ich, dass es nicht darauf ankam, Wunder zu vollbringen. Wichtig war vielmehr, den Mut zu haben, selbst das Wunder zu sein.

Wie viele Jahre hatte ich gebraucht, um endlich den Mut zu haben, diese einzige Wahrheit voll und ganz zu leben, zu akzeptieren und zu umarmen?

Ich war so sehr von Liebe durchdrungen, dass sie sich mir als etwas ganz Neues offenbarte, als etwas, das weit über ein bloßes Gefühl hinausging. In jedem Gesicht, jedem Moment, jeder Träne der Dankbarkeit dehnte ich mich aus zu einem Universum der Liebe, in dem alle Dinge als Zentrum und Peripherie gleichermaßen existierten, wobei Teile von mir so fest ineinander verwoben waren, dass sie aufhörten, sich ihrer selbst bewusst zu sein. Und gleichzeitig waren sie immer anwesend.

Wer war das nochmal, der gesagt hat, wenn du dich dem Leben auslieferst, legt es sich dir freudestrahlend zu Füßen? Genau so fühlte ich mich jetzt tief im Inneren. Als ob ich mich ausliefern und doch ganz sein könnte.

Hoffnung und Hingabe und Klarheit waren in mir zu einer Liebe zusammengewachsen, die mir antwortete, noch bevor ich etwas gesagt hatte. Die Liebe hatte mir das Leben geschenkt. Sie regnete auf mich nieder und sprudelte von ganz tief unten herauf nach oben. Endlich, endlich, am Abhang eines Hügels im Morgengrauen, wurden sie und ich eins.

Diese Menschen hatten meine Hilfe gar nicht nötig.

Dein Glaube wird dir helfen.

Das war das Schönste, was ich je gesehen habe.

ANHANG

Nachwort der Autorin

Dr. May Edward Chinn wurde eine der führenden Spezialistinnen für Krebsfrüherkennung der USA. Sie betrieb eine gut besuchte Praxis und war ausschließlich in Harlem tätig, dessen unterschiedliche Entwicklungsstufen sie im Verlauf des zwanzigsten Jahrhunderts fast alle mitverfolgen konnte. Als Dr. May 1980 aus dem Leben schied, hatte sie Tausende Babys zur Welt gebracht und unzählige Menschenleben gerettet.

Obschon die Auflistung ihrer Auszeichnungen, Ehrungen und Berufungen ganze Seiten füllen würde, sprach sie niemals von derlei Dingen. Nur von ihren Patienten. Ihren Familien. »Ach, das war wirklich nett mit dieser Familie.« Dann pflegte sie zu lachen und sich in ihren Erinnerungen zu verlieren. Wie oft wurde Dr. May um Hilfe gebeten, wenn es darum ging, Jobs für Arbeitlose oder eine Bleibe für Obdachlose zu finden. Sie leistete Eheberatung und versöhnte Eltern mit ihren Kindern. In ganz New York und quer durch die USA erinnert man sich an sie.

Umgeben von den alten Möbeln ihrer Mutter und ihren Erinnerungen zog sich Dr. May Ende der 1970er Jahre aus dem Berufsleben zurück. Ihre Augen begannen, sie im Stich zu lassen, und die Stadt hatte sich verändert. Es war besser, die Arbeit jüngeren Leuten zu überlassen, die ihr nachgefolgt waren.

Ohne eigene Familie und weitgehend mittellos lebte die Ärztin in den späteren Jahren ihres Lebens unauffällig und allein in den *Projects*, dem heruntergekommenen Sozialbauprojekt in der La-Salle Avenue, der westlichen Verlängerung der 125sten Straße.

Als sie sich selbst das nicht mehr leisten konnte und in ein Altersheim geschafft werden sollte, führte ein Bericht im *New York Times Magazine* zu Beistand aus der Bevölkerung und einer Spendensammlung, die den Verbleib in ihrer Wohnung sicherte. Dr. May brachte allen, die sie kannten, Freude. Und sie machte denen Mut, die versuchten, die Wege zu beschreiten, die sie erstmals eingeschlagen hatte.

In Zeiten wie diesen, in dieser Welt, die wir geerbt haben, brauchen wir mehr Leute, die sich wie sie der Wahrheit verschreiben – die geben, einfach weil es das ist, was zu tun ist, und nicht, weil sie etwas dafür zurückwollen. Dr. May war wirklich eine Heldin. Ihr gilt meine Liebe und mein immerwährender Dank.

Kuwana Haulsey

Danksagung

Dieses Leben ist ein solcher Segen. Es gibt keine Worte, nicht geschrieben, nicht gesprochen, die auch nur ansatzweise seine Schönheit festhalten könnten. Ich bin dem Geist, der in mir lebendig ist, unendlich dankbar, denn er schenkt mir die Überzeugung, dass es nichts gibt, was perfekter, wunderbarer, schöner oder wichtiger sein könnte als ... das Jetzt. Ich umarme diesen Moment und alles, was er bringen mag, als das vollkommene Gottesgeschenk, das er ist.

Meiner Familie bin ich unendlich dankbar für ihre Liebe und Unterstützung. Das war eine spannende Zeit. Euer Glaube in mich ist nicht nur unerschütterlich geblieben, er ist sogar noch gewachsen – egal, in welche Umstände oder wohin es mich auch verschlägt.

In Dr. Chinns letzten fünf Lebensjahren hat George Davis auf der Grundlage peinlich genauer Recherchen sowie mehrerer hundert Stunden Interviews mit Dr. Chinn geholfen, die vielen verschütteten Erinnerungsstränge zu einer zusammenhängenden Geschichte zu formen. Zudem konnte ich im Rahmen der Recherchen für dieses Projekt auf ein paar wunderbare Bücher zurückgreifen. Dazu gehören (unter anderen):

Zora Neal Hurston, *Und ihre Augen schauten Gott.* (Orig.: *Their Eyes were watching God*) Deutsch von Barbara Henninges. Ammann, Zürich 1993;
Jean Toomer, *Zuckerrohr.* (Orig.: *Cane*) Deutsch von Monika Plessner. Ullstein, Frankfurt 1985;

David Levering Lewis (Hrsg.), *The Portable Harlem Renaissance Reader*. Viking, New York 1994;

Arnold Rampersad (Hrsg.), *The Collected Poems of Langston Hughes*. Knopf, New York 1995;

Martin Duberman *Paul Robeson. A Biography*. New Press, New York 1995;

Lewis Porter und Michael Ullman *Jazz: From Its Origins to the Present*. Englewood Cliffs, New York 1993.

Übertragung der im Buch zitierten Texte

S. 197: »I am for sleeping and forgetting ...«

Ich möchte schlafen und alles,
was vergangen ist, vergessen;
Ich möchte still daliegen und
Jeden, der bei mir anklopft, ignorieren;
Ich wünsche mir, die kalte Sonne meines Lebens
würde untergehen und für mich nie mehr aufgehen.

»Requiescam« aus *Color* von Countee Cullen.
Harper & Brothers, New York 1925.

S. 211: »In time, although the sun is setting ...«

Rechtzeitig, mag die Sonne sich auch senken über
einer von Liedern erleuchteten Rasse von Sklaven,
ist sie noch nicht untergegangen;
Auch wenn es spät ist, oh Erdscholle, ist es noch nicht zu spät,
um deine klagende Seele zu erwischen, die fortgeht,
                              bald weg sein wird,
fortgeht, deine klagende Seele zu erwischen,
                              die bald weg sein wird.

Oh Negersklaven, dunkelviolett gereifte Pflaumen,
zusammengequetscht und aufgeplatzt in der Luft
                    voll Kiefernduft,
im Vorübergehen, bevor sie den alten Baum abernten,
wurde eine Pflaume für mich aufgehoben, wird ein Same …

»Song of the Son« (Auszug) aus *Cane*
von Jean Toomer. Boni and Liveright, New York 1923.

S. 245: »Say up in Harlem …«

Da oben in Harlem,
an einem Tisch für zwei,
da waren wir zu viert:
Ich, deine großen Füße und du.
Von den Knöcheln an aufwärts siehst du ja ziemlich süß aus.
Aber nach unten hin gibt es einfach zuviel Fuß.
Ja, deine Füße sind zu groß
Ich will dich nicht, weil: deine Füße sind zu groß
Du nervst, weil: deine Füße sind zu groß
Ich hasse dich, weil: deine Füße sind zu groß
Du lieber Himmel

Oh, deine pedalen Extremitäten [fußlichen Gliedmaßen]
                    sind kolossal

Für mich siehst du aus wie ein Fossil
Oh, von einem solchen Gang hab ich ja noch nie gehört,
                    Gnade
Deine pedalen Extremitäten sind wirklich widerwärtig

Ada Benson; Fred Fisher, »Your Feet's Too Big«, 1935.
Populär geworden durch die Interpretation von Fats Waller.

S. 263: »I've known rivers ...«

Ich habe Flüsse gekannt
Ich habe Flüsse gekannt, alt wie die Welt und älter als das
Fließen des menschlichen Blutes durch Adern.
Meine Seele ist tief geworden, so tief wie die Flüsse.

»The Negro Speaks Of Rivers«, Langston Hughes.
Zuerst veröffentlicht in *The Crisis*, New York 1921.

Seite 273: »Mmmm, did you ever love ...«

Mmmm, hast du jemals geliebt, und deine Liebe wurde
                       nicht erwidert?
Dir war klar, eine Erfüllung konnte es nicht geben,
du warst einfach nicht von Interesse ...

Lovie Austin, Alberta Hunter, »Downhearted Blues« (Auszug), 1922.

Anmerkungen

Kapitel 1
Chickahominy = ein Volk der Virginia-Algonkin-Indianer
Ladybug = Marienkäfer, hier als Kosename verwendet

Kapitel 2
Patois-Dialekt = jamaikanisches Kreolisch (mit englischen Wurzeln)
Lil' Bit = Kosename, etwa Kleine, Kleines (little bit)
Internship = erster Abschnitt der Assistenzausbildung, also der praktischen, klinischen Medizinausbildung in den USA
Intern = Assistenzarzt im ersten Abschnitt der praktischen Medizinausbildung

Kapitel 3
Krieg = amerikanischer Bürgerkrieg oder Sezessionskrieg, 1861–1865
Raw Head und Bloody Bones = der ›schwarze Mann‹, der ›Nachtkrapp‹
grau = Konföderierte, Südstaatler, Sklaverei
blau = Union, Föderalistische, Nordstaatler, Yankees, Freiheit
Stonewall Jackson = Thomas Jonathan Jackson (1824–1863), genannt »Stonewall«, im amerikanischen Bürgerkrieg ein General der Südstaatenarmee
John Pope (1822–1892), im amerikanischen Bürgerkrieg ein General der Nordstaaten-Armee

Kapitel 4

Jungle Alley = der mit Cabarets und Vergnügungslokalen gespickte Abschnitt der 133. Straße zwischen 7th Avenue und Lenox Avenue in Harlem, Manhattan

Mount Sinai Krankenhaus = 5th Avenue, am Central Park

Kapitel 6

Die Wasserkinder = erbauliches Kinderbuch von Charles Kingsley (*Water Babies*; 1869); Deutsche Erstveröffentlichung: *Die kleinen Wasserkinder: ein Feenmärchen für ein kleines Landkind.* Wartig, Leipzig 1880.

Osteomyelitis = Knochenmarksentzündung

San Juan Hill = Viertel in Manhattan

Hell's Kitchen = Viertel in Manhattan

Kapitel 7

Mott Avenue = alter Straßenname, Teil der heutigen Grand Concourse in der Bronx

Kapitel 10

Triangle-Gebäude = eigtl. Asch Building (heute: Brown Building of Science), Sitz der Triangle Shirtwaist Factory, Ort einer Brandkatastrophe im Jahr 1911; Manhattan, Washington Place 23–29

National City = bedeutendes, heute verfallenes Industriegebiet in East St. Louis

Marcus Garvey (1887–1940), nationalistischer Aktivist mit dem Ziel »Africa for the Africans«

NAACP = National Association for the Advancement of Colored People, gegründet 1909, eine der bedeutendsten Bürgerrechtsbewegungen der USA; die Demonstration ist historisch und fand am 28. Juli 1917 statt

Striver's Row = angesagter Gebäudekomplex an westlicher 138.
u. 139. Straße, Harlem, Manhattan

A'Lelia Walker (1885–1931), Tochter von Madame C.J. Walker (1867–1919), der Erfinderin eines Haarglättungsmittels; A'Lelia war als Erbin Mäzenin und ab 1928 Gastgeberin des legendären Intellektuellen-Salons »The Dark Tower«

Countee Cullen (1903–1946), Lyriker und einer der Protagonisten der Harlem Renaissance

James »Jim« Europe (1881–1919), Bandleader, Komponist, Betreiber des Clef Club Orchestras, das auch als Vermittlungsbörse schwarzer Musiker fungierte

Rainbow Division = die 42. Infanterie-Divison, 1917 als spezielle Einsatztruppe aus den besten Regimentern von 26 Bundesstaaten zusammengestellt

Kapitel 12

Eslanda Goode (1896–1965), verh. Robeson, erste Afroamerikanerin, die als wissenschaftliche Fachkraft am New Yorker Presbyterian Hospital arbeitete, ab 1925 Managerin ihres Gatten Paul Robeson

Kasper = für *Jasper* im Originaltext, ironisch-abfällige Selbstbezeichnung für Dunkelhäutige

Rudolph »Bud« Fisher (1897–1934), Arzt und einer der fleißigsten Prosaisten der Harlem Renaissance

Jean Toomer (1894–1967), Schriftsteller der Harlem Renaissance, berühmtestes Werk: *Cane* (1923)

Gwendolyn Bennett (1902–1981), Malerin, Schriftstellerin, Dozentin

Claude McKay (1889–1948), bedeutender Lyriker der Harlem Renaissance

Alain Locke (1886–1954), afroamerikanischer Intellektueller, Förderer und Herausgeber

Talentiertes Zehntel = »Talented Tenth«, Schlagwort der Negro-Bewegung, der kleine, aber gebildete, ›bessere‹ Teil der Dunkelhäutigen; soll idealerweise die restlichen 9/10tel nach oben ziehen, erhebt sich aber andererseits darüber

Nordisch = für *Nordics* im Originaltext, afroamerikanische Slang-Bezeichnung für Weiße

Darkies = afroamerikanische Slang-Bezeichnung für ›Dunkle‹, Farbige

Wallace Thurman (1902–1934), Schriftsteller, Herausgeber, u. a. *Fire!!*, zentrale Figur der Harlem Renaissance; sein Wohnsitz, 267 West 136th Street, genannt »Niggerati Manor«, bildete das Zentrum der literarisch-kulturellen Strömung

U.S.O. (United Service Organisations) = Truppenbetreuung

Phi Beta Kappa = studentische Vereinigung hervorragender Akademiker

Paul Robeson (1898–1976), Galionsfigur der »Bewegung«, zunächst All-American Football-Spieler, dann ungemein populärer Sänger und Schauspieler; Eugene O'Neill, *der* amerikanische Dramatiker der Zeit, schrieb für ihn das gemischtrassige und deshalb skandalöse Stück *All God's Chillun Got Wings* (1924)

Harlem Hellfighters = inoffizielle Bezeichnung des an anderer Stelle »Heavy Foot« genannten 369. (ursprl. 15.) Infanterie-Regiments, der ersten komplett aus afroamerikanischen Soldaten rekrutierten Einheit

Bojangles Robinson (1876–1949), eigtl. Luther Robinson, legendärer Tänzer, Performer, Vaudeville-Künstler; genannt »Mayor of Harlem«

Kapitel 13

The New York Age = eines der Blätter der Bewegung

Frederick Douglass (1817–1895), Ex-Sklave, Abolitionist (siehe auch Kap. 17), Redner

Kapitel 14

National League = eine der beiden US-amerikanischen Baseball-Profi-Ligen, deren Spitzenreiter am Saison-Ende in den sogenannten World Series gegeneinander antreten

Adelaide Hall (1901–1993), legendäre, stilprägende Jazz-Sängerin

Eubie Blake (1887?–1983) und Noble Sissle (1889–1975), die Komponisten von *Shuffle Along*, der ersten komplett mit schwarzen Künstlern besetzten Musical Comedy der 1920er Jahre

Langston Hughes (1902–1967), prominentester Dichter der Harlem Renaissance, gilt als einer der bedeutendsten amerikanischen Lyriker des 20. Jahrhunderts

Jessie Fauset (1882–1961), Schriftstellerin und Herausgeberin, u. a. *The Crisis*

Kapitel 15

Affengesicht = für *monkey chaser* im Originaltext, Spottname für Farbige aus der Karibik

Hubert Fauntleroy Julian (1897–1983), der »Schwarze Lindbergh«, in Trinidad geborener, afroamerikanischer Flugpionier. Spitzname »The Black Eagle«

Ethel Waters (1896–1977), legendäre Bluessängerin

Five Points = Viertel im Süden Manhattans

Kapitel 16

Duke Ellington (1899–1974), Pianist, Komponist, Bandleader

Zora Neale Hurston (1901–1960), Schriftstellerin und Anthropologin, gemeinsam mit Wallace Thurman Betreiberin der »Villa Niggerati« (*Niggerati Manor*)

Niggerati = der afroamerikanische literarische Zirkel, der die Harlem Renaissance ausmachte; Ausdruck geprägt von Zora Neale Hurston und/oder Wallace Thurman

Villa Niggerati = *Niggerati Manor*, 267 West 136th Street

Aaron Douglas (1898–1979), berühmtester Maler der Harlem Renaissance

Bruce Nugent (1906–1987), Illustrator, Schriftsteller, Enfant terrible

Rentner/rennen = für das Wortspiel *Russian/rushin'* im Originaltext

W. E. B. DuBois (1868–1963), bedeutender Bürgerrechtler, Gelehrter, Schriftsteller

Fenton Johnson (1888–1958), Schriftsteller

James Weldon Johnson (1871–1938), Schriftsteller, Journalist, Aktivist, leitete die NAACP während der Harlem Renaissance

Charles S. Johnson (1893–1956), Lehrer und Herausgeber der Zeitschrift *Opportunity*, von Langston Hughes als einer der drei »Geburtshelfer« der Harlem Renaissance bezeichnet (neben Jessie Fauset und Alain Locke)

Carl Van Vechten (1880–1964), Kämpfer für die »schwarze« Sache, Kritiker, Förderer und Autor des umstrittenen Erfolgsromans *Nigger Heaven* (1926)

Kapitel 17

Abolitionisten = Befürworter der Abschaffung der Sklaverei

Negrotarier = ›Neger-Freunde‹, also ›Weiße‹, die sich für ›Schwarze‹ begeistern; Ausdruck geprägt von Zora Neale Hurston

Barnard College = 1889 gegründetes, unabhängiges College der Freien Künste und Wissenschaften für Frauen in New York

Fannie Hurst (1889–1968), amerikanische Schriftstellerin

Porgy = Schauspiel von Du Bose Heyward (1927), Vorläufer des Musicals *Porgy and Bess* (1935)

Showboat = Musical Comedy von Oscar Hammerstein & Jerome Kern

Renaissance = heute bekannt als Harlem Renaissance, damals noch Negro Renaissance; von künstlerischen wie emanzipatorischen Bestrebungen gleichermaßen geprägte, vornehmlich literarische Strömung

Nella Larsen (1891–1936), Schriftstellerin

A. Phillip Randolph (1889–1979), bedeutender Bürgerrechtler und Arbeiterführer, Mit-Herausgeber der radikalen Zeitschrift *The Messenger*

Kapitel 18

Resident = Assistenzarzt in der Facharztausbildung, deren erster Abschnitt *Internship* heißt

Welfare Island = heute Roosevelt Island

Potter's Field = Friedhof auf Hart Island im Long Island Sound

Kapitel 19

Ich will euch die Jahre erstatten = Altes Testament, Joel 2,25

West Side = der westliche Teil Manhattans, wobei die Fifth Avenue die Trennlinie zwischen West und East ist; hier beginnt für beide Richtungen die Hausnummernzählung

Kapitel 21

Broadway = Der Broadway zieht sich von der Südspitze über die West Side durch ganz Manhattan und noch weiter nördlich bis in die Bronx (in eigentlicher Nord-Süd-Ausrichtung)

Walter White (1893–1955), Bürgerrechtler, Autor

Quellen:
Kellner, Bruce (Hrsg.): *The Harlem Renaissance. A Historical Dictionary of the Era.* Westport u. London 1984; Watson, Steven: *The Harlem Renaissance. Hub of African-American Culture, 1920–1930.* New York 1995.

Der Übersetzer dankt Dr. Johannes Nau, Stuttgart, und Dr. Ian Needham, Zürich, für Hinweise zu Besonderheiten der medizinischen Ausbildung in den USA, außerdem der Autorin Kuwana Haulsey, Los Angeles, für engagierte Klärung historischer bzw. werkspezifischer Details.